Artificial Intelligence in Behavioral and Mental Health Care

# 인공지능과 상담

David D. Luxton 저

신희천 · 김은하 공역

**David D. Luxton PhD., M.S.**
Department of Psychiatry and Behavioral Sciences,
University of Washington School of Medicine, Seattle, WA, USA
and
Naval Health Research Center, San Diego, CA, USA

박영story

# 역자 서문

인간이 하는 일을 컴퓨터나 기계가 대신하는 인공지능 시대에도 사라지지 않을 직업은 무엇일까? 우리나라 인공지능 전문가인 KAIST 컴퓨터공학과 김대식 교수는 1. 목사 2. 심리치료자 3. 국회의원이라고 한다. 자기 직업을 없애는 법을 만들 리 없는 국회의원은 그렇다 치고, 심리치료 고유의 특수성과 전문성을 높이 평가해 준 김대식 교수가 고맙다.

그런데 아이러니하게도 역사적으로 살펴보면 상담 분야는 인공지능이 꽤 일찍부터 적용된 영역이다. 1966년 MIT교수 Weizenbaum은 칼 로저스를 모델로 한 대화형 인공지능 상담자 '일라이자(Eliza)'를 만들었다. '일라이자'는 인간중심 심리치료자를 흉내 내는 프로그램이었다. 내담자들은 일라이자라는 상담자에 대해 어떻게 느꼈을까? 튜링 테스트(문자로 대화를 나누는 상대가 인간인지 컴퓨터인지를 판별하는 검사)에 내담자로 참여한 사람들 중에는, 마지막까지 상대가 인간이라고 믿은 사람도 있었고, 때로는 자신의 고민거리가 테스트 도중에 해결되었다는 이야기도 전해진다. 일라이자의 자연 언어 처리시스템(NLP)은 실은 이런 일을 하고 있었다. 내담자가 'I have been very depressed lately(최근 계속 몹시 침울합니다)'라고 입력한다고 치자. 그러면 일라이자는 우선 인칭(당신과 나)을 바꿔 쓴다. 'YOU HAVE BEEN VERY DEPRESSED LATELY' 그리고 'YOU SAY'를 그 앞에 붙인다는 규칙에 따라 이 문장을 변형하여 되돌려 보낸다. 내담자는 'You say you have been very depressed lately(당신은 요즘 매우 우울하다는 거군요)'라는 메시지를 받는다. 만일 내담자가 'What about my father beating me?(아버지가 저를 때리는데 어떻게 하죠?)'를 입력하면 일라이자는 인칭을 바꿔 써서 'WHAT ABOUT YOUR FATHER BEATING YOU'를 만든다. 여기에는 'YOU' 그리고 'FATHER'라는 가족관계를 나타내는 단어가 포함되어 있다. 일라이자에게 'FATHER'가 가족관계어라는 것을 미리 등록해 두었으므로 일라이자는 'YOU'와 가족관계어가 함께 포함되어 있는 문장에만 적용할 수 있는 규칙을 검색해서 'TELL ME MORE ABOUT YOUR

FAMILY'를 입력한다. 내담자는 '당신의 가족에 대해 좀 더 말해 주세요'를 보고 '음, 진짜 심리치료자 같아'라고 생각한다. 일라이자가 하고 있었던 실제 작업이 이것이다. 한마디로 말하면 미리 주어진 규칙에 따라 입력된 문장을 알고리즘으로 바꿔 쓰는 것에 불과하다. 그런데 이렇게 단순한 작동 메커니즘(내담자가 사용한 문장의 단어로 반영하고 질문하는 간단한 형식)에도 불구하고, 실제로 연구에 참여한 내담자들이 인공지능 상담자를 얼마나 진지하게 대하고 있는지를 알고, 개발자 Weizenbaum마저도 크게 놀랐다고 한다. 최근에도 이러한 시도는 계속되고 있다. 한 예로 Rizzo 등(2015)의 연구에 따르면, 인공지능 상담자 'Ellie'는 내담자가 평가한 라포 점수에서 인간 상담자와 차이가 없는 것으로 나타났으며, 얼굴표정으로 기본 정서를 파악하는 능력에서 82%의 정확도를 보였는데 이는 인간 상담자보다 더 우수한 결과였다. 이런 결과들은 나를 포함한 인간 상담자들을 살짝 긴장시킬 만하다. 평소 전구 하나 제대로 못 갈아 끼우는 역자가 인공지능이라는 첨단과학 분야에 관심을 갖게 된 이유이다.

이 책은 상담 심리치료 및 건강관리 분야에서 최근의 인공지능 기술이 어떻게 활용되는지를 다양한 뷔페음식처럼 소개하고 있다. 각 장마다 저자가 다르고 다루고 있는 주제에 따라 이해의 난이도가 다르기 때문에, 어떤 챕터는 입맛에 맞지 않을지도 모른다. 우선 1장을 통해 뷔페의 차림새를 일별한 뒤, 가장 관심이 가는 음식부터 접시에 담을 것을 추천드린다.

상담은 과학이자 예술이다. 인공지능이 과학적 기능은 대체하기 쉬우나 예술적 영역은 쉽게 대신하기 어려울 것이다. "컴퓨터에게 쉬운 일(복잡한 연산)이 인간에게는 어렵고, 인간에게 쉬운 일(걷거나 사물을 구별하는 것)이 컴퓨터에게는 어렵다"는 'Moravec의 역설'처럼, 상담 영역에서 인간만이 할 수 있는 고유의 자리는 현재로서는 인공지능이 쉽게 넘보기 어려울 것이다. 특히 상담이 지니는 기능은 단순히 내담자의 문제를 해결하고 심리적 장애를 제거하는 데 국한되기보다는, 만남을 통한 성장과 나눔의 미학에 있기에 상담의 본질적인 부분은 앞으로도 훼손될 수 없을 것이다. 상담이 지니는 예술적인 측면, 상호 영향을 통한 성장, 그리고 깊은 정서적 교류에서 오는 합일감 등은 인간 상담자가 결코 인공지능에게 내어주고 싶지 않은 영역이니까. 하나의 사피엔스가 다른 사피엔스에 갖는 동족으로서의 연민과 유대감, 같은 지구 여행자로서의 동료애, 그리고 같은 종에 대한 도움과 협력이 주는 유전적으로 전승된 만족은 '인간 대 인간'만이 나눌 수 있는 고유의 자리다. 일라이자를 발표하고 십 년이 지난 1976년, Weizenbaum은 "상호 간의 존중, 이해,

사랑과 같은 인간 기능을 컴퓨터가 대체한다는 것은 비도덕적"인 일이라고 회고하였다.

그럼에도 불구하고 어쨌거나 인공지능 분야의 첨단기술은 몹시 빠르게 발전하고 있으며, 정신건강 관련 분야 종사자들(상담심리사, 임상심리사, 정신과 의사, 사회복지사, 간호사 등)이 인공지능에 관심을 갖는지 여부와 무관하게 지금도 급속하게 발전하고 있다. 어쩌면 인공지능과 인간의 다면적인 상호작용은 예상보다 훨씬 더 빨리 현실화될 수 있다. 코로나19로 '언택트'가 뉴노멀이 되어버린 시대적 변화가 그 시기를 앞당길 것이다. 동시에 또 다른 측면에서, 상상을 통해 여백을 채우고 해석하는 인간 고유의 능력 때문에 인공지능 시대가 앞당겨질 수도 있다. 영화 <그녀 Her>에서 인공지능 '사만다'와 사랑에 빠지는 주인공이나 일본의 노인 돌봄 대화형 인공지능 로봇 Pepper에게 손수 기모노를 만들어 입혀 주는 할머니의 공통점은 바로 대상을 향한 인간의 공감능력이다. 바로 그 인간의 공감능력 덕분에 어쩌면 미완의 인공지능일지라도 인간과 꽤 깊이 있는 상호작용이 가능해질 것이다.

구글의 기술이사인 Kurzweil은 2045년 특이점(singularity)이 도래하여, 인간이 지닌 모든 능력을 뛰어넘는 인공지능이 나타날 것이라고 예측했다. 그때가 되면 인간이 지닌 치료적 능력을 뛰어 넘는 'Super Clinician(초능력 상담자)'가 탄생할 것인가? 당신 생각은 어떠한가? 이 책이 질문에 작은 단서가 되길 바란다. 끝으로 원서를 스터디하면서 발제와 초역을 맡아 준 아주대 상담전공 연구실의 제자들(민경, 수경, 수민, 경진, 은주, 솔희, 나혜, 한솔, 두호, 호민, 경희, 의석, 인숙, 영혜, 효진, 보현, 수형, 효정, 민기, 예슬, 민혜, 소정)에게 고마움을 전한다. 책의 1, 3, 5, 7, 11장은 신희천 교수가 2, 4, 6, 8, 9, 10장은 김은하 교수가 최종 수정을 하였다. 수요가 많지 않을 것이 뻔한 책임에도 소중한 출간 기회를 주신 박영스토리 대표님과 편집부 황정원 선생님께 감사드린다.

"기계가 생각할 수 있냐는 질문은<br>
잠수함이 수영할 수 있냐는 질문만큼이나 무의미하다"<br>
– 컴퓨터 과학자 에츠허르 데이크스트라

2020년 8월, 율곡관 연구실에서 역자대표 신희천

# 서 문

우리는 행동 및 정신 건강관리의 매우 흥미로운 시대로 들어섰다. 인공지능(AI)의 발전으로 인해 치료의 질, 접근성 그리고 효율성이 향상된 완전히 새로운 기능을 제공하는 지능형 기계를 만들 수 있게 되었다. 예를 들어, 자연 언어 처리(NLP)와 가상현실(VR)을 통합하여 훈련, 상담, 치료를 제공할 수 있는 상호작용이 가능한 지능형 가상인간을 만들 수 있다. 또한 인공지능 에이전트 시스템은 진단 및 평가와 같은 임상적 의사결정과 의료 관리에도 도움을 줄 수 있다. 감지 기술과 감성 컴퓨팅의 발전 덕분에 기계가 감정 상태를 감지하고 평가하고 반응할 수 있다. 환자와 상호작용이 가능한 로봇은 가정과 의료 환경에서 사용할 수 있다. 또한 기계학습(ML)과 패턴인식은 공중 보건의 감시를 향상시키고 있으며, 현재 진행되고 있는 뇌지도(brain map)계획은 행동을 모델링하고 뇌의 정상기능과 이상기능을 더 잘 이해할 수 있게 해 준다. 현재와 미래의 인공지능 발전은 앞으로 몇 년 안에 행동과 정신건강 관리를 변화시킬 것이다. 이러한 발전을 감안했을 때, 의료 전문가와 인공지능 시스템 설계자 그리고 개발자는 인공지능이 행동 및 정신 건강관리 분야에 가져다주는 새로운 가능성과 도전 그리고 기회들을 제대로 인식하는 것이 중요하다.

이 책은 건강관리 분야의 지능형 기술 개발과 연구에 대한 구체적인 경험을 가진 다양한 분야의 전문가들을 한자리에 모아놓았다. 우리의 목표는 독자들과 최신 발전된 인공 기술들을 공유하면서, 행동 및 정신 건강관리에 이러한 기술들을 적용함에 있어 이론, 기술 그리고 실용적인 측면들을 살펴보는 것이다. 이 책이 지능형 기술 개발에 관심이 있는 사람들과 이러한 기술을 사용하는 건강 관리 전문가들(예, 상담자, 심리학자, 사회 복지사, 간호사, 의사, 약사, 건강관리 기술자, 전문가 등)에게 유익한 정보가 되기를 바란다. 또한 현재 인공지능 기술과 인공지능 분야에서 떠오르는 기술에 관심이 있고 이러한 기술의 사용과 관련된 윤리적 문제에도 관심이 있는 다양한 독자들에게도 도움이 되길 바란다.

현재의 기술 개발에 대해 다루는 책은 어떤 것이든 짧은 시간 안에 금세 구식이 될 운명이다. 2013년에 이 책을 기획하고 2015년 중반에 출판하는 사이에도 책에서 언급할 가치가 있는 새롭고 흥미로운 기술 혁신들이 등장했다. 이러한 모든 인상적인 발전들을 따라잡기는 어려우며, 또한 모든 인공지능 기술과 접근방식을 단 한 권으로 다루는 것도 불가능하다. 이 책의 어느 한 장이라도 쉽게 책 전체의 주제가 될 수 있다. 따라서 이 책의 목적은 행동 및 정신 건강관리 관련 인공지능 애플리케이션에 관한 광범위한 설명을 다양한 독자층이 접근할 수 있는 방식으로 제공하는 것이다.

이 책에서 제시된 각 장에서 인공지능에 관한 지식과 통찰력을 기꺼이 공유해 주신 편저자들에게 감사의 말씀을 드린다. 출판인 Nikki Levy와 Elsevier의 프로젝트 매니저 Barbara Makinster 그리고 Nicky Carter가 준 도움과 지원에도 감사드린다. 또한 Eva Hudlicka, Jennifer June, Laurel Riek 그리고 Rudy Rull가 준 도움에도 감사를 전한다. 역경을 이겨 낼 용기와 친절한 마음씨, 그리고 Issac Asimov의 이야기에 대한 사려 깊은 대화를 해 준 나의 형제 Matthew에게 이 책을 바친다.

David D. Luxton<br>
2015년 2월<br>
Olympia, Washington, USA

# 차 례

Chapter 01

## 행동 관리와 정신건강 관리 분야의 인공지능 소개

**Chapter 02**

## 정신건강 관리에서 전문가 시스템: 의사결정과 자문 영역에서 인공지능 적용



**Chapter 03**

## 가상 인간 에이전트의 건강 관리 정보지원과 임상 면담



**Chapter 04**

## 가상 정서 에이전트와 치료적 게임

Chapter 05

## 정신건강 관리를 위한 자동화된 정신상태 탐지

Chapter 06

## 행동건강 관리에서 인텔리전스 모바일, 웨어러블, 엠비언트 기술

Chapter 07

## 인공지능과 인간행동건강 관리 모형



Chapter 08

## 정신건강 관리에서 로봇 기술

Chapter 09

## 역학조사: 예측분석과 빅 데이터

Chapter 10

## 역학조사와 연구에서 인공지능



Chapter 11

## 인공지능 기술과 윤리적 문제

# LIST OF CONTRIBUTORS

Michael Anderson
Department of Computer Science, University of Hartford, West Hartford, CT, USA

Susan Leigh Anderson
Department of Philosophy, University of Connecticut, Stamford, CT, USA

Casey C. Bennett
School of Informatics and Computing, Indiana University, Bloomington, IN, USA; Department of Informatics, Centerstone Research Institute, Nashville, TN, USA

Timothy Bickmore
College of Computer and Information Science, Northeastern University, Boston, MA, USA

Craig Bryan
Department of Psychology, The University of Utah, Salt Lake City, UT, USA

Sidney K. D''Mello
Departments of Psychology and Computer Science, University of Notre Dame, Notre Dame, IN, USA

Thomas W. Doub
Department of Informatics, Centerstone Research Institute, Nashville, TN, USA

Eric Forbell
University of Southern California Institute for Creative Technologies, Los Angeles, CA, USA

Jonathan Gratch
University of Southern California Institute for Creative Technologies, Los Angeles, CA, USA

Nancy Hanrahan
School of Nursing, University of Pennsylvania, Philadelphia, PA, USA

Lina Huang
Electrical and Systems Engineering, University of Pennsylvania, Philadelphia, PA, USA

Eva Hudlicka
Psychometrix Associates, Inc. and School of Computer Science, University of Massachusetts, Amherst, MA, USA

Jennifer D. June
National Center for Telehealth & Technology, WA, USA; Department of Human Centered Design and Engineering, University of Washington, Seattle, WA, USA
ix

Samuel Lim
Electrical and Systems Engineering, University of Pennsylvania, Philadelphia, PA, USA

David D. Luxton
Naval Health Research Center, San Diego, CA, USA; Department of Psychiatry and Behavioral Sciences, University of Washington School of Medicine, Seattle, WA, USA

Louis-Philippe Morency
University of Southern California Institute for Creative Technologies, Los Angeles, CA, USA

Yair Neuman
Department of Education, Ben-Gurion University of the Negev, Israel

Chris Poulin
Patterns and Predictions, Portsmouth, NH, USA

Emilia Flores Rabinowitz
School of Nursing, University of Pennsylvania, Philadelphia, PA, USA

Laurel D. Riek
Department of Computer Science and Engineering, University of Notre Dame, Notre Dame, IN, USA

Albert Rizzo
University of Southern California Institute for Creative Technologies, Los Angeles, CA, USA

Akane Sano
MIT Media Lab, Massachusetts Institute of Technology, Cambridge, MA, USA

Stefan Scherer
University of Southern California Institute for Creative Technologies, Los Angeles, CA, USA

Russell Shilling
University of Southern California Institute for Creative Technologies, Los Angeles, CA, USA

Barry G. Silverman
Electrical and Systems Engineering, University of Pennsylvania, Philadelphia, PA, USA

Paul Thompson
Institute for Security, Technology, and Society, Dartmouth College, Hanover, NH, USA

CHAPTER

# 01

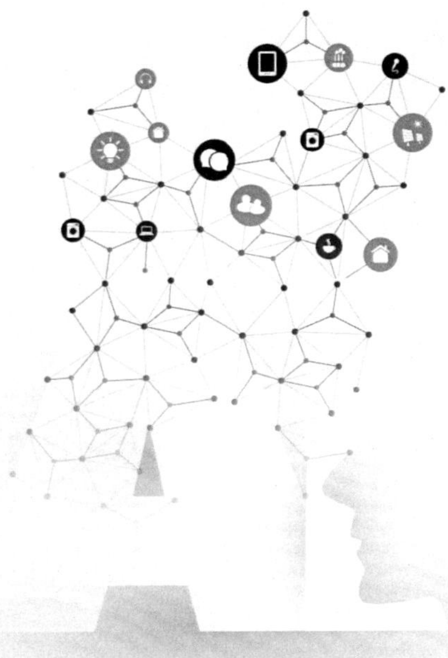

# 행동 관리와 정신건강 관리 분야의 인공지능 소개

CHAPTER 01

# 행동 관리와 정신건강 관리 분야의 인공지능 소개

David D. Luxton[1)2)]

## 도입과 개관

인공지능(AI; Artificial Intelligence)은 지능화된 기계(intelligent machines)의 설계 및 연구와 관련된 과학 분야이다. AI에 대해 익숙하지 않은 사람들에게 지능적인 기계라는 생각은 공상과학 소설에 묘사되는 카리스마 넘치는 인간 같은 컴퓨터 혹은 로봇을 떠올리게 한다. 어떤 사람들은 아마도 AI 기술을 그저 연구 실험실에 한정된 신비한 컴퓨터 또는 먼 미래에서나 일어날 수 있는 기술적인 업적이라고 생각할 수 있다. 항공 감시 드론, 무인 자동차, 또는 초지능(super−intelligent) 기계 출현의 잠재적인 위협에 관한 대중매체의 보도는 인공지능에 대한 일반적인 인식을 높여 준 것으로 보인다.

AI 기술은 잘 드러나지는 않았지만, 사실 우리 주변에 이미 존재하고 있었다. AI 기술의 활용이 너무 흔해진 바람에 우리는 더 이상 그런 곳에 AI가 관여하고 있다고 생각하지 못했는지도 모른다. 예를 들면, AI 기술은 기후 패턴, 물류, 제조,

1) Naval Health Research Center, San Diego, CA, USA
2) Department of Psychiatry and Behavioral Sciences, University of Washington School of Medicine, Seattle, WA, USA

그리고 재무(예를 들어, 은행 업무와 주식 거래 및 감시)에 사용된다. AI 기술은 또한 자동차, 항공기 유도 시스템, 스마트 모바일 장치(예를 들어, Apple의 Siri와 같은 목소리 인식 소프트웨어), 인터넷 웹 브라우저 및 기타 다양하고 실용적인 일상 기능들에서 사용된다. AI 기술들은 이러한 기술 없이는 불가능했을, 보다 더 신뢰할 수 있고 효율적이며 효과적인 방법으로 문제를 해결하고 업무를 수행할 수 있게 해 준다.

행동 및 정신건강 분야 또한 AI의 발전을 통해 이득을 얻고 있다. 예를 들면, 학습, 이해, 그리고 추론을 위한 연산 방법들은 임상적 의사결정, 검사, 진단, 그리고 진료 관리 부분에서 건강 관리 전문가들을 도울 수 있다. AI 기술들은, 사용자의 패턴과 선호를 학습하는 상호작용적인 모바일 건강 애플리케이션(apps)처럼, 사람들의 삶을 향상시키기 위한 자가-치료(self-care) 도구들을 더 발전시킬 수 있다. AI는 건강상의 위험 감지를 돕고 치료에 대한 정보를 제공함으로써 공공의 건강을 향상시키고 있다. 또 다른 예는 인공지능을 가진 가상의 인간이 건강상의 도움이 필요한 사람들과 상호작용하고 치료 권고사항을 제공하는 것이다. 이 책의 각 장에서 볼 수 있듯이, AI 기술들을 행동 관리 및 정신건강 관리에 적용할 수 있는 길은 매우 많다.

서론 부분이 되는 이 장의 목적은 책의 기본적인 배경과 맥락을 제공하는 것이다. 먼저 행동 및 정신건강 관리와의 관련성에 초점을 두고 AI의 핵심 개념과 기술에 대한 개관을 할 것이다. 비록 이 개관이 모든 것을 총망라하지는 못하겠지만, AI를 처음 접하는 독자들에게 기초적인 핵심 정보를 제공할 것이다. 또한 새로이 생겨난 기술력과 혁신들을 전반적으로 살펴보면서 최근의 기술적 발전에 초점을 둘 것이다. 그 이후 AI가 행동 및 정신건강 관리에 가져다주는 많은 실질적인 이득에 대한 몇 가지 추가 고려사항을 논의할 것이다. 특정 주제에 대해 더 자세한 정보를 원하는 독자들을 위해서 챕터의 마지막 부분에는 주요 문헌 목록을 포함시킬 것이다.

## 주요 개념 및 기술

### AI란 무엇인가?

AI의 목적은 추론, 학습, 계획, 문제해결, 그리고 지각(perception)과 같은 지적 능력을 필요로 하는 업무를 수행할 수 있는 기계를 만드는 것이다. 이 분야의 이름은 컴퓨터 과학자인 John McCarty가 만들었다. 그는 Marvin Minsky, Nathan Rochester 그리고 Claude Shannon과 함께 1956년 The Dartmouth Conference를 개최했다(McCarty, Minsky, Rochester, & Shannon, 1955). 이 학술회의의 목적은 지능화된 기계에 대한 연구와 관련된 새로운 과학 분야를 추진하기 위한 주요 전문가 모임을 결성하는 것이었다. 회의에서 논의된 핵심 전제는 "학습이나 지능의 모든 특징들을 매우 자세하게 묘사할 수 있기 때문에, 이를 모사하는 기계를 만들 수 있다"라는 것이었다(McCarty et al., 1955). 회의가 진행되는 동안 Allen Newell, J. C. Shaw, 그리고 Herbert Simon은 인간의 문제해결 기술을 모방하도록 의도적으로 설계된 최초의 컴퓨터 프로그램인 Logic Theorist(LT)를 시연해 보였다(Newell & Simon, 1956).

지난 60년 동안 AI는 컴퓨터 과학, 공학, 심리학, 철학, 윤리학 등을 포함하는 여러 학문 분야로 성장해 왔다. AI의 목표 중 하나는 컴퓨터 시각,[3] 음성처리 그리고 자료의 패턴 분석 및 예측과 같은 아주 전문적인 기능 달성을 위한 기술을 설계하는 것이다. 이처럼 특정한 지능적인 업무에 초점을 두는 인공지능을 *약 인공지능*(*Weak AI*)[4] (때로 응용 인공지능[Applied AI] 또는 협의의 인공지능[Narrow AI]이라고 불리기도 함)이라 한다(Velik, 2012). 약 인공지능(Weak AI) 기계의 예시로는 1997년도에 세계 체스 챔피언이었던 Garry Kasparov를 이긴 IBM사의 Deep Blue 체스게임 시스템이 있다. Deep Blue는 인간이 어떻게 체스를 두는지를 모사하는 대신, 공격과 방어의 확률을 계산하는 *브루트 포스*(*Brute Force*)[5] *기술*을 사용했다. 1980년도에 John Searle이라는 철학자에 의해 소개된 "강 인공지능(Strong AI)"이라는 용어(Searle, 1980)는, 인공 일반 지능(Artificial General Intelligence)[6]의 기계를 만드는 목표와 관련이 있다. 따라서 강 인공지능(Strong AI)의 목적은 인간의 지능과 구분하

---

3) 인공지능(AI)의 한 분야로 컴퓨터를 사용하여 인간의 시각적인 인식 능력 일반을 재현하는 연구 분야. 컴퓨터에서 카메라, 스캐너 등의 시각(vision) 매체를 통해 입력받은 영상에서 주변 물체와 환경 속성에 대한 이미지를 분석하여 유용한 정보를 생성하는 기술
4) 자의식 없이 명령받는 일만을 수행하는 인공지능으로, IBM의 왓슨, 구글의 알파고, 애플사의 시리 등 현재 개발된 인공지능은 모두 약 인공지능에 포함된다.
5) 암호를 풀기 위해 모든 경우의 수를 대입해 보는 기법
6) 인간이 할 수 있는 어떠한 지적인 업무도 성공적으로 해낼 수 있는 (가상적인) 기계의 지능. 인공 일반 지능은 강한 AI, 완전 AI, 또는 '일반 지능적 행동'을 실행하는 기계의 능력이라고도 한다.

기 힘든 지적 능력을 가진 기계를 설계하는 데 있다(Copeland, 2000). AI의 종합적인 목적은 그저 인간의 지능을 모방하는 기계를 만드는 것이 아니라, 인간의 지적 능력을 훨씬 뛰어넘는 지능화된 기계를 설계하는 것이다. 즉 인간의 지능을 모방하는 일반적인 수학적 연산의 수행과 같이 제한적이고 특정한 업무를 넘어서는 것이다.

또한 AI라는 용어는 우리가 때때로 기계가 지능적이라고 생각하는 업무를 수행할 때 "AI"를 장착했다고 말하는 것처럼, 기계의 지능적인 행동을 기술하기 위해 쓰이기도 한다. 한편 AI는 컴퓨터 네트워크상에서 분배되거나 또는 로봇으로 통합될 수 있는 독립적인 하드웨어 또는 소프트웨어의 형태로 만들어질 수 있다. AI는 또한 그들의 환경과 상호작용하고 그들 자신만의 결정을 내리는 것이 가능한 지능적으로 자율적인 행위자(agents)(예를 들어, 가상(virtual) 또는 기계적인(robotic))의 형태로도 만들어질 수 있다. 또한 AI 기술은 생물학적 과정과 결합될 수도 있고(두뇌-컴퓨터 인터페이스(brain-computer interfaces)[BCIs]와 같은 경우), 생물학적 물질로 만들어질 수도 있으며(생물학적 AI), 또는 분자구조(나노 기술)만큼 작게 만들어질 수 있다. 이 장에서는 AI라는 용어를 과학 분야를 지칭하는 데 사용할 것이고, 인공지능 기술 혹은 지능화된 기계는 지능적인 기능을 수행하는 기술 의미하는 데 사용할 것이다.

### 기계 학습 및 인공 신경 회로망

기계 학습(ML)[7]은 AI의 주요 분야로써 컴퓨터가 구체적으로 프로그램화되지 않고도 학습하는 능력을 갖게 하는 것을 목적으로 한다(Samuel, 2000). 기계 학습(ML)은 통계적인 학습 방법, 신경 회로망, 예시-기반 학습, 유전 알고리즘,[8] 데이터 마이닝,[9] 영상 인식, 자연 언어 처리(NLP; Natural Language Processing),[10] 계산

---

7) 방대한 데이터를 분석해 미래를 예측하는 기술. 컴퓨터가 스스로 학습 과정을 거치면서 입력되지 않은 정보를 습득, 문제를 해결한다.

8) 자연 세계의 진화 과정에 기초한 계산 모델로서 존 홀랜드(John Holland)에 의해서 1975년에 개발된 전역 최적화 기법으로, 최적화 문제를 해결하는 기법

9) 대용량의 데이터 속에서 유용한 정보를 발견하는 과정, 기대했던 정보뿐만 아니라 기대하지 못했던 정보를 찾을 수 있는 기술을 의미한다. 데이터 마이닝을 통해 정보의 연관성을 파악함으로써 가치 있는 정보를 만들어 의사결정에 적용함으로써 이익을 극대화시킬 수 있다.

10) 인간이 보통 쓰는 언어를 컴퓨터에 인식시켜서 처리하는 일. 정보검색·질의응답 시스템·자동번역 및 통역 등이 포함된다.

학습 이론, 귀납적 논리 프로그래밍 기법,[11] 그리고 강화 학습을 포함한 다수의 하위 분야 및 응용 프로그램을 가지고 있다(설명은 Mitchell, 1997을 참고).

본질적으로, 기계 학습(ML)이란 자료 및 경험에 대한 노출을 통해 업무 수행을 향상시키는 소프트웨어 또는 기계의 능력이다. 대표적인 기계 학습(ML) 모델은 먼저 노출된 자료를 통해 지식을 학습한 이후에 이 지식을 적용하여 앞으로 나타날(미래에) 새로운 자료에 대한 예측을 제공한다. 지도 기계 학습(Supervised ML)은 프로그램이 기정된(pre-defined) "훈련 예시" 또는 "훈련 세트"에서 훈련되는 경우를 말한다. 비지도(unsupervised) 기계 학습(ML)은 프로그램이 데이터를 제공받지만 그 자료에서 패턴과 관계를 발견해야 하는 것이다.

선험적인(priori) 지식 없이 다량의 자료와 일부 애플리케이션에서 패턴을 발견하고 식별할 수 있는 능력은 기계 학습(ML) 접근법의 특별한 장점이다. 예를 들어, 기계 학습 소프트웨어는 전형에서 벗어난(예를 들어, 위험을 나타내는) 데이터 기록과 속성을 식별하거나 질병과 관련된 요인들을 밝혀냄으로써, 대규모의 전자 건강 기록 자료의 패턴을 감지하는 데 사용될 수 있다(McFowland, Speakman, & Neill, 2013; Neill, 2012). 기계 학습(ML) 기법은 또한 자료의 미래 패턴을 자동으로 예측하거나(예를 들어, 예측 분석 또는 예측 모델링) 불확실한 상황에서 의사결정 업무를 수행하는 것을 돕는 데 사용될 수 있다. 또한 기계 학습(ML) 방법은 인터넷 웹사이트로 하여금 도움을 필요로 하는 사람들의 패턴을 학습하고, 그들의 선호에 적응하며, 주어진 정보 및 내용에 맞추도록 하는 데 적용된다. 뿐만 아니라 기계 학습(ML)은 로봇으로 하여금 새로운 기술을 학습하고 그들의 환경에 적응하도록 하는 데 토대가 되는 기법이다.

인공 신경 회로망(ANNs; Artificial Neural Networks)은 기계 학습(ML) 기법의 한 유형으로써 뇌의 신경망의 구조 및 기능을 모사한다. 전통적인 디지털 계산법은 계산 단계가 순차적이며 선형적인 모델링 기법을 따른다. 이와 반대로, 현대적인 신경 회로망은 자신에게 주어진 입력정보의 패턴에 병렬적으로 반응하는 비선형적인 통계적 자료 모델링 기법을 사용한다. 생물학적 신경 세포가 그렇듯, 반복적 사용을 통해 연결이 만들어지며 연결성이 더욱 강해진다(Hebbian 학습이라고도 불림;

11) 어떤 표현된 사실로부터 그것이 함축하고 있는 새로운 사실을 논리적으로 추론하여 나타낼 수 있는 프로그래밍 작성 방법

Hebb, 1949). 인공 신경 회로망(ANN) 응용의 현대적인 예시로는 필기 인식, 컴퓨터 시각 그리고 음성 인식이 있다(Haykin & Network, 2004; Jain, Mao, & Mohiuddin, 1996). 또한 인공 신경 회로망(ANNs)은 신경과학 분야에서 신경계 과정 및 학습 기제에 대한 연구를 목적으로, 생물학적 신경계 모형을 만들기 위해 사용되기도 한다(Alonso & Mondragon, 2011). 그뿐만 아니라 인공 신경 회로망(ANNs)은 정신병원에서의 입원 기간을 예측하는 것(Lowell & Davis, 1994), 정신과 약물 비용을 결정하는 것(Mirabzadeh et al., 2013), 그리고 강박장애(OCD; Obsessive-Compulsive Disorder) 치료 반응을 예측하는 것(Salomoni et al., 2009)과 같은 정신건강 관리의 실질적인 업무를 수행하기 위한 통계학적인 방법으로써 시험적으로 사용되어 왔다.

기계 학습(ML) 알고리즘과 신경 회로망은 또한 현대의 *전문가 시스템*에 유용한 방법들을 제공한다(2장 참고). 전문가 시스템이란 인간 전문가의 지식과 분석 기술을 모사하는 인공지능(AI) 프로그램의 한 형태이다. 임상적 의사결정 지원 시스템(CDSSs; Clinical Decision Support Systems)은 특히 임상적 의사결정 과정을 돕기 위해 설계된 전문가 시스템의 한 하위 유형이다(Finlay, 1994). 전통적인 임상적 의사결정 지원 시스템(CDSSs)은 의사결정 선택지를 제공하기 위해서 사전에 프로그램화된 사실들과 규칙들에 의존한다. 그러나 현대의 임상적 의사결정 지원 시스템(CDSSs)은 기계 학습(ML)과 인공 신경 회로망(ANN) 방법을 통합함으로써 사전에 만들어진 지식 없이 권고사항을 제공하는 것이 가능해진다. 퍼지 모델링(fuzzy modeling)과 퍼지 알고리즘[12)]은 규칙이나 분류를 최적화하도록 돕는 데 사용되는 보조적인 기법이다(Jagielska, Matthews, & Whitfort, 1999를 보라). 이러한 기법들은 퍼지 논리(Zadeh, 1965) 개념에 기초를 두고 있으며, 이는 고정적이고 정확한 값(예를 들어, "진실" 또는 "거짓") 대신 근사값(예를 들어, "진실"의 어느 정도)을 수반하는 추론 방법이다. 이러한 방식은 불확실한 상황에서 유용한 질적 계산 접근법을 제공하여 정신건강 관리 전문가들이 환자의 치료 결과를 향상시킬 수 있는 최적의 결정을 할 수 있도록 돕는다.

12) 퍼지 논리(Fuzzy logic)는 불분명한 상태, 모호한 상태를 참 혹은 거짓의 이진 논리에서 벗어난 논리 개념으로, 퍼지 논리는 근사치나 주관적 값을 사용하는 규칙들을 생성함으로써 부정확함을 표현할 수 있는 규칙기반 기술(rule-based technology)

### 자연 언어 처리

자연 언어 처리(NLP)란 인간의 (자연스러운) 언어를 해석하고 처리하는 기계의 능력을 일컫는다. 자연 언어 처리는 컴퓨터 과학과 언어학이 통합된 AI의 하위 분야이다. 언어를 구체적으로 검토하고 분류하는 계산법을 사용하는 것을 "컴퓨터 언어학" 또는 "통계학적 내용분류"라고 부른다(Manning & Schutze, 1999). 자연 언어 처리 사용자 인터페이스의 초기 예시 중 하나는 ELIZA 프로그램으로, 이는 1966년 MIT 컴퓨터 과학자인 Joseph Weizenbaum에 의해 만들어졌다(Weizenbaum, 1976). ELIZA는 SLIP(*S*ymmetric *LI*st *P*rocessor)이라고 불리는 간단한 프로그래밍 언어를 사용하여 만들어졌으며 심리학자인 Carl Rogers의 공감적 의사소통 스타일(Rogers, 1959)을 모방하는, 프로그램화된 모델에 기반을 두고 고안된 반응들을 제공하는 언어 구문(syntax)을 사용하였다. 사용자가 질문 또는 문장을 키보드에 치면 프로그램이 그 문장을 새로운 질문 또는 문장으로 재진술함으로써 인간의 대화를 모방한다. 1970년도 초반에, 스탠퍼드 대학의 정신과 의사인 Kenneth M. Colby는 편집성(paranoid) 조현병(schizophrenia)을 가진 사람을 모사하는 PARRY라는 프로그램을 개발했다. 이 프로그램은 ELIZA처럼 텍스트 인터페이스를 통해 다른 사람과 대화할 수 있었으며(Guzeldere & Franchi, 1995), PARRY 실험 결과는 정신과 전문의가 PARRY와 편집성 조현병을 가진 실제 환자를 구별하지 못했음을 보여 주었다(Teuscher & Hofstadter, 2006). 이러한 시스템에 사용된 자연 언어 처리(NLP) 기법들은 이후에 "챗봇(chatbots)" 또는 "채터봇(chatterbots)"으로 알려진 오늘날의 가상 에이전트(agents)의 선구자였다.

더욱 정교한 자연 언어 처리 시스템의 예시는 IBM의 Watson이다(IBM, 2015). IBM의 설립자 Thomas J. Watson의 이름을 딴 이 시스템은 고차적인 자연 언어 처리, 의미 분석, 정보 검색, 통계적 분석, 자동 추론, 그리고 기계 학습(ML)을 사용한다. Watson은 2011년도 TV에서 방송되는 시범 경기에서 미국의 TV 퀴즈쇼 *Jeopardy!*의 챔피언인 Brad Rutter과 Ken Jenning을 훌륭하게 이겼다.

Watson은 *DeepQA*(*QA*는 Question(질문)과 Answering(응답)을 의미함)라는 것을 활용한다. *DeepQA*는 자료를 분석하고, 다양한 가능성을 산출하며, 각각의 가능성을 위해 사용 가능한 자료에 기초한 증거를 평가하고, 모든 가능한 해결책의 신뢰

수준을 높임으로써 작동한다. 그렇게 하면 이 시스템은 순위가 매겨진 반응 목록을 전달하고 DeepQA 알고리즘에 의해 평가된 입증 자료를 묘사할 수 있게 된다(IBM, 2015). IBM은 현재 의학 문헌을 학습한 Watson으로 확장시켜 상업적으로 사용 가능한 버전을 개발했다. Watson은 또한 환자가 보고한 가족력, 전자 건강 기록, 사용 중인 약물, 그리고 검사 결과에 대한 자료를 분석할 수 있으며 이는 건강관리 전문가들로 하여금 진단 및 치료 옵션에 대해 최적의 결정을 내릴 수 있도록 돕는다(IBM, 2015).

자연 언어 처리는 행동 관리 및 정신건강 관리에서 큰 유용성을 갖는다. 예를 들면, 기계 학습(ML)과 결합된 자연 언어 처리는 가상의 인물로 하여금 문자 또는 음성 의사소통을 통해 사람들과 상호작용할 수 있도록 한다(3, 4, 6장을 보라). 또한 자연 언어 처리는 문자 및 음성 자료의 스캔과 의미 분석을 위해 사용되며 건강 감시(surveillance)를 위한 예측 분석에 사용될 수 있다(9, 10장을 보라). 기계 학습(ML) 기법과 결합된 자연 언어 처리는 또한 치료 회기를 검토하고 관심사의 패턴 및 내용을 식별하는 데 사용될 수 있다. 예를 들면, Imel, Steyvers, 그리고 Atkins(2015)는 서로 다른 치료 접근과 개입(예를 들면, 정신역동 vs 인본주의)에서 의미적으로 서로 다른 내용을 인식하기 위한 목적으로, 심리치료 축어록(transcript) 내용을 식별하는 데 이러한 기법들을 적용했다. 이 연구자들은 이러한 기법이 임상 훈련에서 충실도를 확인하거나, 임상 장면 혹은 자연스러운 환경에서 특정 치료 접근과 일치하지 않는 치료자의 개입 또는 치료적 충실도에서 벗어난 회기들을 자동으로 식별하는 데 유용할 수 있다고 주장했다.

### 기계 인식 및 감지

기계 인식(Machine Perception)이란 AI의 한 형태로서 인간과 기계 사이의 상호작용을 향상시킨다는 의미에서 컴퓨터 시스템이 이미지, 음성, 촉감, 그리고 심지어 냄새(즉, 기계 후각 작용)를 인식하도록, 필요한 하드웨어와 소프트웨어를 제공하는 것을 목적으로 한다. 일부 예시로 자동차의 시각적 감지(예를 들면, 구글의 자동차, 혼다의 차선 도움 장치)와 인간의 얼굴을 식별할 수 있는 비디오 카메라 소프트웨어를 포함한다. 감지기는 환경 또는 스마트폰과 같은 무선 단말기에 탑재될 수 있다. 이러한 유형의 감지기 예시로는 가속도계, 디지털 나침반, 자이로스코프, GPS, 음성마이크, 그리고 카메라가 있다. 다른 생체 감응 장치 기술 및 기법들은 혈압 및 호흡과 같은 생리학적 특성을 측정하는 것뿐만 아니라 뇌와 심장의 활동을 평가하는 것 또한 가능케 한다(6장을 보라).

### 감성 컴퓨팅

*감성 컴퓨팅*(*affective computing*)[13]이라는 용어는 MIT의 Rosalind Picard (Picard, 1997)가 쓴 세미나 저서의 제목에서 나왔다. 감성 컴퓨팅이란 컴퓨터 과학의 하위 분야로서 기계의 감정 인식, 감정 모델링, 감성 사용자 모델링, 그리고 로봇과 가상 에이전트의 감정 표현에 초점을 둔다. 감성 인간－컴퓨터 상호작용(HCI; Human Computer Interaction)의 목적은 사용자의 감정 및 다른 자극을 탐지, 분류하고, 이에 반응하는 능력을 가진 기계를 만드는 것이다. 감성 컴퓨팅은 복합 감지기, 기계 학습, 자연 언어 처리를 포함한 다양한 기술들을 활용한다.

정서탐지 시스템의 한 예시로는 미국 국방고등연구계획국(DARPA; Defense Advanced Research Projects Agency)의 심리학적 신호탐지 및 전산 분석(DCAPS; Detection and Computational Analysis of Psychological signals) 시스템이 있다. 이 시스템은 인간의 심리적 고통의 단서를 탐지하기 위해 언어, 신체적 움직임, 그리고 사회적 신호를 분석하고자 기계 학습 방식, 자연 언어 처리, 그리고 컴퓨터 시각을 사용한다(DARPA, 2013). 이 시스템의 의도는 군인들의 심리적 건강을 개선하는 것뿐만 아니라 수면 패턴, 음성 및 자료의 의사소통, 사회적 상호작용, 인터넷 사용 행동, 그리고 비언어적 단서(예를 들면, 표정과 자세, 움직임)를 포함한 다른 자료의 입력정보로부터 인간의 고통 표시를 탐지하기 위한 알고리즘을 개발하고 실험하는 것이다. 그 밖에 TV 광고 또는 정치 입후보자에 대한 사람들의 반응을 관찰하기 위한 것과 같은 상업적인 목적으로 사람들이 착용하거나 환경(주변 센서)에 내장된 정서감지 시스템이 개발되었다(McDuff, Kaliouby, Kodra, & Picard, 2013). 감정－감지 기술은 점점 상업적으로 사용 가능해지고 있으며, 이미 Microsoft의 Xbox One Kinect와 같은 게임 플랫폼의 일부로 사용되고 있다(Microsoft, 2015).

---

13) 인간의 감성을 인지, 해석, 처리할 수 있는 시스템과 장치를 설계하는 것과 관련된 인공지능을 연구하고 개발하는 분야이며, 컴퓨터 과학, 심리학, 인지과학 분야에 걸쳐 있다.

## 가상 및 증강 현실

가상 현실(Virtual reality)은 사용자로 하여금 컴퓨터가 만들어 낸 가상의 환경 안에 몰입하고 상호작용할 수 있도록 해 주는 인간-컴퓨터 인터페이스이다(Rizzo, Buckwalter, & Neumann, 1997). 임상적 가상 현실은 이 기술을 임상적 평가와 치료의 목적으로 사용한 것이며(Rizzo et al., 2011; Schultheis & Rizzo, 2001), 다양한 심리 장애를 치료하는 데 사용되어 왔다(Gorrindo & Groves, 2009; Krijn, Emmelkamp, Olafsson, & Biemond, 2004; Riva, 2005를 보라). 가상 현실은 인간이 가상 환경(컴퓨터 게임 같은) 또는 개인 컴퓨터 및 모바일 장치에서 상호작용할 수 있는 가상 인물 또는 다른 모사된 생명체(예를 들면, 가상 반려동물)를 만드는 데 사용되는 기술이다. 예를 들자면, 가상 인물 시스템은 건강 관리 정보 및 지지를 제공하고(Rizzo et al., 2011), 조현병 환자들의 약물치료 이행을 돕고(Bickmore & Pfeifer, 2008), 환자에게 병원 퇴원 계획을 제공하며(Bickmore et al., 2010), 자폐 스펙트럼 장애를 가진 사람들에게 기술 훈련을 제공하고(Parsons & Mitchell, 2002), 치료적인 컴퓨터 게임에서 훈련 및 치료를 제공하기 위해 발전되고 시험되어 왔다(4장을 보라). 기계 학습, 자연 언어 처리 그리고 감성 컴퓨팅과 같은 인공지능 기법들은 이러한 인공적인 존재들을 더욱 실제와 같고, 상호적이며 매력적으로 만든다.

*증강 현실*(AR; *Augmented Reality*) 또는 합성 현실(mixed reality)은 컴퓨터로 만든 그래픽과 실제 영상 이미지를 겹침으로써 가상 현실과 현실 세계를 결합시킨다(Caudell & Mizell, 1992; Craig, 2013). 이 기술은 상호작용 및 디지털 조작을 위해 사용자의 주변 세상에 대한 정보를 사용할 수 있도록 한다. 이 기술은 또한 실시간 위치 자료를 사용자에게 제공할 수 있는 GPS 기능과도 결합될 수 있다. 증강 현실은 스마트폰, 태블릿 PC, 그리고 다른 착용 장치와 같은 무선 단말기에 적용될 수 있다(6장을 보라). 예를 들어, 구글의 안경(착용형 지능적 안경)은 사용자에게 실시간 데이터 접속 및 공유 그리고 증강 현실 경험을 위한 인터넷 접속을 제공한다. 최첨단 연구는 이미지와 정보를 콘택트 렌즈를 통해(Lingley et al., 2011) 인간 눈의 망막으로 직접적으로 투사시키는 증강 현실(AR) 기술이다(Viirre, Pryor, Nagata, & Furness, 1988). 이런 기술은 사용자가 우주 공간을 떠다니는 것 같은 기존의 영상 화면을 그들 바로 앞에서 볼 수 있게 했다.

증강 현실(AR)은 외과의사 훈련 및 보조(Shuhaiber, 2004)와 건강 관리 교육(Zhu, Hadadgar, Masiello, & Zary, 2014)을 포함하여 건강 관리 분야에서 유용한 애플리케이션을 갖고 있다. 예를 들어, 사용자가 인터넷을 스캔하고 언제든지 의학적 자료에 접근하는 것을 가능케 한다(Lingley et al., 2011). 행동 및 정신건강 관리 분야에서 증강 현실(AR)의 임상적 사용은 자폐증을 가진 아이들이 얼굴 표정을 배울 수 있도록 돕는 것과(Kandalaft, Didehbani, Krawczyk, Allen, & Chapan, 2013), 시간표에 맞춰 약물을 복용할 수 있도록 사람들을 상기시키는 것, 그리고 장기적인 노출치료 동안에 현실-세계 환경 내에서 환자의 불안을 유발하는 가상의 자극을 만드는 것을 포함한다(Chicchi Giglioli, Pallavicini, Pedroli, Serino, & Riva, 2015; Powers & Emmelkamp, 2008). 또한 증강 현실(AR)은 화면 투사기를 이용하여 실시간으로 치료적 가상 코칭을 함으로써 환자를 돕거나 수련생이 환자/내담자와 작업하는 동안 슈퍼바이저가 실시간으로 치료 회기를 관찰하면서 지시 메시지와 제안을 제공하는 방식으로 정신건강 임상가들을 훈련시킬 수 있다.

### 클라우드 컴퓨팅과 무선 통신 기술

클라우드 컴퓨팅은 계산 및 자료 저장이 로컬 컴퓨터 기반이 아닌 인터넷과 같은 네트워크를 통해 접속이 이루어지는 상대적으로 새로운 또 다른 기술이다. 클라우드 컴퓨팅의 개념은 인터넷 이전의 ARPANET을 만드는 데 도움을 줬던 경험주의 심리학자이자 MIT 교수인 J.C.R. Licklider의 아이디어가 확장된 것이다. 클라우드 컴퓨팅은 AI의 발달과 활용에 중요한데, 그 이유는 이것이 분산 처리와 저장의 이점 덕분에 막대한 양의 처리 능력과 자료에 대한 접근성을 제공하기 때문이다. 와이파이(Wi-Fi), 블루투스(Bluetooth), 핸드폰(4G, LTE, etc.)과 같은 무선 통신 기술의 사용은 스마트폰 및 스마트 착용형 기기와 같은 다양한 유형의 하드웨어 단말기를 다른 장치 및 "클라우드 내(in The Cloud)"의 자료와 연결하고 통합시킨다.

### 로봇 공학

로봇 공학 분야는 외과, 진단학, 보철학, 물리치료, 모니터링, 시뮬레이션, 그리고 정신건강 지원을 포함한 여러 건강 관리 영역에서 호황을 맞고 있다(8장을 보라). 로봇 공학은 행동 관리 및 정신건강 관리 분야에서 관리가 제공되는 방식을 개선시키는 데 큰 잠재력을 가지고 있다. 한 예로, 로봇 치료는 동물-보조 치료(animal-assisted therapies)에 사용되는 동물들을 로봇으로 대체한다(Shibata & Wada, 2011). 다양한 유형의 로봇들이 개발되고 있으며 로봇 치료에 적용되어 사용되고 있다. 예를 들어 Paro는 치매환자를 위한 치료를 제공하기 위해 만들어진 새끼 바다표범 로봇이다(Shibata & Wada, 2011). 더 나아가, 미국 식품의약국(FDA)은 병원에서 입원실을 돌아다니며 무선 비디오 화상 회의를 통해 건강 관리 제공자들과 환자 또는 다른 건강 관리 제공자들을 연결시켜 주는 RP-VITA라고 불리는 로봇을 승인했다(InTouch Health, 2012). 혁신의 속도를 감안했을 때, 사람들은 언젠가 집 또는 의학 시설에 있는 로봇으로 구현된 AI로부터 직접적으로 정신건강 관리 상담 및 치료를 받을 수 있을 것이다.

로봇이 지능적인 기능 수행을 위한 하나의 통합된 중앙 처리 장치를 가질 수 있는 반면, 클라우드 컴퓨팅과 무선 통신 기술의 결합은 로봇 학습 및 내비게이션을 위한 새로운 가능성을 열고 있다. 예를 들어 RoboBrain 프로젝트는 로봇의 내비게이션과 주변 환경 이해를 돕는, 온라인상의 "뇌"처럼 작동하도록 의도된 큰 규모의 연산 시스템이다. RoboBrain은 국립과학재단(National Science Foundation), 해군연구소(Office of Naval Research), 구글, 마이크로소프트, 그리고 퀄컴(Qualcomm) 사의 재정지원과 UC Berkely, 브라운 대학, 그리고 코넬 대학의 연구자들의 협력 지원을 받아 개발되었다.

### BCIs(Brain Computer Interface)와 두뇌-컴퓨터 인터페이스 이식

BCIs는 뇌와 외부 하드웨어(예를 들면, 컴퓨터) 간의 직접적인 의사소통을 제공해 주는 기술적인 장치이다. 침습적 또는 비침습적인 방법을 통해 AI 기술을 인간의 뇌와 직접적으로 연결시키는 것은 많은 유용한 능력을 만들어 낸다. 예를 들면, BCIs는 로봇(Wolpaw, Birbaumer, McFarland, Pfurtscheller, & Vaughan, 2002) 및 비디오 게임(Fitzpatrick, 2006)과 같은 장치들을 통제하고 또 그것들과 의사소통하는 데 사용되어 왔다. BCIs는 의학 장면에서 보철용 팔다리를 통제하고(Wolpaw et al., 2002) 후천적 시각장애 환자를 치료하는 데(Naam, 2010; Naumann, 2012) 사용되어 왔다. AI 기술과 뇌를 연결하는 것은 언젠가 인간의 일반적인 인지 능력을 개선 및 향상시키고 또는 뇌졸중, 외상적 뇌병변, 그리고 노화로 인해 손상된 뇌 영역의 기능 회복을 도울 만한 잠재력을 가지고 있다(Grubler & Hildt, 2014; Kurzweil, 2005; Naam, 2010; Naumann, 2012).

뇌심부 자극(Deep-brain stimulation)[14]은 뇌 이식을 수반하는 매우 흥미롭고 유망한 또 다른 기술적 발전이다. 이것은 전극을 뇌에 이식하여 뇌의 표적 영역을 자극하는 신경외과적인 절차이다. 이 기술은 우울, 만성적 통증, 강박장애(OCD), 파킨슨병, 그리고 투렛 증후군[15]과 같은 증상에 치료적인 이점을 가지고 있다(Williams & Okun, 2013). 오바마 대통령의 BRAIN Initiative의 지지를 받아, 미국 국방고등연구계획국(DARPA; Defense Advanced Research Projects Agency)은 중독, 우울, 그리고 경계선 성격장애를 포함하여 7가지 정신과적 증상을 치료할 수 있는 전기적 뇌 이식을 위해 2014년도에 Massachusetts 종합병원 및 San Francisco에 있는 캘리포니아 대학과 두 건의 큰 계약을 체결했다(DARPA, 2014). 뇌심부(Deep-brain) 이식은 개인의 환경 내에서 스트레스 촉발자극에 대해 원하는 반응을 불러오는 AI 통제 시스템을 외부 센서와 결합한 시스템의 일부로 사용될 수 있다.

### 슈퍼 컴퓨터 연산과 두뇌 시뮬레이션

컴퓨터 처리 능력은 AI의 진보를 이끄는 주요 원동력 중 하나다. 개선된 설계 그리고 소프트웨어 처리와 결합된 컴퓨터의 더 빠르고 큰 기억용량은 컴퓨터 시스템이 더 적은 시간으로 더 좋은 효율성을 가지고 더 많은 작업을 성취할 수 있도록 한다. AI 발전에 큰 잠재력을 가진 슈퍼 컴퓨터 하드웨어의 최근 발전으로 IBM사는 신경구조와 유사한(두뇌를 닮은) 컴퓨터 칩인 TrueNorth를 개발하였다. 이 TrueNorth는 54억 개의 회로를 가지고 있는데 이 회로는 지금까지 만들어진 컴퓨터 칩 중 가장 크고 가장 발전된 것이다(Modha, 2015). 또한 최근 스탠퍼드 대학의 연구자들은 100만 개의 뉴런과 60억 개의 시냅스를 모사한 *Neurogrid*라고 불리는 새로운 회로판을 개발했다(Abate, 2014).

인간의 뇌를 닮은 슈퍼 컴퓨터를 만들기 위해 진행 중인 몇몇 연구와 개발 프로그램이 있다. 이러한 프로젝트의 목적은 인간의 뇌를 구성하는 신경 회로와 신경

---

14) 뇌조율기라 불리는 의료 장치를 뇌 안에 이식하는 외과적 치료법이고 전기치료(electro-therapy)의 일종이다. 뇌조율기는 전극의 한 종류인데, 이를 뇌에 집어넣어 뇌의 신호를 측정하는 역할을 한다. 이러한 뇌조율기는 뇌의 특정 부위에 전기적 자극을 보낸다.

15) 틱증과 함께 반복되는 무의식적 행동에 의해 특성화된 신경장애가 나타나는 유전병

세포의 소프트웨어 버전을 만드는 것이다. 예를 들어, 스위스의 로잔공과 대학(EPEL)의 뇌와 마음 연구소(Brain and Mind Institute)는 2005년 5월부터 Blue Brain Project를 통해 포유류의 뇌에서 분자 수준에 이르기까지 모델링함으로써 소프트웨어 뇌를 연구하고 만들어 내는 것을 목표로 하고 있다. 이 프로젝트는 생물학적으로 사실적인 뉴런 모델을 시뮬레이션할 수 있는 Blue Gene이라는 슈퍼컴퓨터와 NEURON이라는 소프트웨어를 사용한다. 2009년에 이 프로젝트 팀은 쥐의 외피 원주 모형이 성공적으로 잘 개발되었다고 발표했다(Neild, 2012). 인간 뇌 프로젝트(The Human Brain Project, HBP)는 Blue Brain Project의 다음 단계로써 2013년에 설립되었다(https://www.humanbrainproject.eu). HBP의 목표는 완전한 인간의 뇌 시뮬레이션을 가능하게 하는 기술을 개발하는 것이다. 미국에서 오바마 정부는 민간으로 구성된 뇌 영상 협력단(예, 하워드 휴스의 의학 연구소, 알렌의 두뇌과학 연구소)과 공익 기관(예, 미국 국방고등연구계획국, 국립보건원, 국립과학재단; Markoff, 2013; 국립보건원, 2014)에 10억 달러를 투자하기로 하였다. HBP와 마찬가지로, 이 프로젝트의 목적은 인간 뇌 기능의 신경망 지도를 만들어 내는 것이다(Alivisatos et al., 2012를 보라).

뉴런 수준에서 뇌 지도는 기억, 지각, 학습, 의사결정과 같이 복잡한 신경인지 과정을 이해할 수 있게 해 준다. 따라서 인간의 뇌를 모사하는 컴퓨터 시스템은 정상과 비정상적인 인간의 뇌 기능 모두를 이해시킬 수 있는 잠재력을 가진다. 한 가지 미래의 가능성은 이것들이 이전 컴퓨터 모델보다 훨씬 더 정교한 수준에서 정신질환을 모델링하고, 이러한 질병과 관련된 발전, 과정 및 결과의 모델을 검증 가능하게 할 수 있다는 것이다. 시뮬레이션된 환경 변화가 조작될 수도 있는 것과 같이, 시뮬레이션된 뇌는 가상의 몸(virtual bodies)에 이식될 수 있다. 그러므로 연구자들은 시뮬레이션된 뇌가 어떻게 소통하고, 학습하고 주어진 상황에 적응할 것인지를 검증하는 것이 가능하게 된다. 이것은 정신병리의 스트레스 모델인 병적 소질의 복잡한 검증을 가능하게 할 수 있다(Luxton, 2014a). 예를 들어, 연구자들은 우울과 관련된 다른 소인 혹은 유전적 특성을 모형화하고 그런 뒤 그 상황이 진행되는 것을 촉발시키는 환경적인 스트레스원에 대한 모의실험을 실시한다. 이러한 모의실험은 모형의 결과를 빠르게 보기 위해 실험실에서 빠른 속도로 이루어질 수 있다. 아주 흥미로운 것은 2011년 예일 대학과 텍사스 대학 Austin 캠퍼스의 연구자들은 뇌의 과도한 도파민 방출을 자극하는 ANNs를 이용한 슈퍼 컴퓨터에서 조현병의 발달을 모형화했다(Hoffman et al., 2011).

인간의 뇌 지도를 만드는 것은 AI의 발전을 크게 가속화시킬 수도 있으며 또한 아마도 인간 일반 지능(human general inelligence)을 시뮬레이션하는 분야로 옮겨 갈지도 모른다. 일부 사람들은 이 작업이 결국에는 인간의 지능을 엄청나게 뛰어넘는 지능을 가진 컴퓨터를 만드는 데까지 이어질 것이라고 믿는다(Kurzweil, 2005; Vinge, 1993). 2012년 이후로 구글의 엔지니어링 감독자이자 미래학자, 창안자인 Ray Kurzweil은 2045년에는 AI 기술이 '기술적 특이점'이라 불리는 지점에 기하급수적으로 올라갈 것이라고 예언했다(Kurzweil, 2005; Vinge, 1993; von Neumann, 2012). 특이점은 기계가 슈퍼지능을 발달시켰을 때 무슨 일이 일어날 것인지에 대한 예측이 불가능하다는 것을 의미한다. 슈퍼지능을 가진 기계가 인간에 대한 실존적 위협일지 아닐지는 최근 몇 년 동안 언론 기사와 몇몇 책들의 논쟁거리였다(Bostrom, 2015; Kurzweil, 2005; Rawlinson, 2015). 그럼에도 불구하고, 인간의 일반적인 지능을 가진 기계를 만들려는 노력은 AI의 "마음"과 심지어 의식 자체의 본질, 즉 신비주의자, 철학자 및 과학자들을 수 세기 동안 난처하게 했던 주제에 대해 더 많이 배울 수 있는 잠재력을 가지고 있다. 인공적인 인간 뇌가 무의식적인 마음, 원하지 않는 사고 혹은 억압된 기억을 발달시킬 것일지 아닐지를 검증하는 것은 분명히 흥미로울 것이다.

### 튜링 테스트

AI의 관한 어떠한 내용도 튜링 테스트와 앨런 튜링(Alan Turing)을 언급하지 않으면 설명할 수 없다. 컴퓨터 과학의 아버지라 불리는 앨런 튜링은 영국의 뛰어난 수학자였다(Beavers, 2013). 1950년 철학저널(philosophy journal mind)에서 출판된 *계산 기계와 지성*(*Computing Machinery and Intelligence*)이라는 논문에서 튜링은 "기계가 생각을 할 수 있습니까?"라고 질문하였고 이에 대한 답으로 현재 튜링 테스트라고 불리는 것을 제안하였다(Turing, 1950). 튜링 스스로가 "모방 게임"이라고 부르던 이 테스트는 근본적으로 기계가 "사고"하는 것이 가능한 것인지 아닌지 기계의 지능을 판단하는 방법이다. 컴퓨터 프로그램은 이 테스트를 통과하기 위해 실제 사람과 텍스트를 이용하는 서면 대화에서 충분히 사람인 척해야 하며, 이때 상대로 하여금 컴퓨터 프로그램이 진짜 사람인지 컴퓨터인지 구별하지 못하게 해야 한다. 이 테스트는 기계가 일반인이 할 수 있는 것과 동일한 단어를 사용하여 제시된 질문에 답할 수 있다면, 우리는 기계가 지능적인 사고를 할 수 있다고 결론지을 수 있다고 제안한다.

튜링 테스트는 AI의 역사에서 초미의 관심사였으며 중요한 철학적 논쟁의 대상이 되었다(Shieber, 2006). 이러한 논쟁의 대부분은 튜링 테스트가 지능을 검증하기 위해 충분 혹은 필요 기준인지 아닌지에 관한 것이다(Dennett, 1985; Saygin, Cicekli, & AKman, 2000; Shieber, 2006). 또 다른 철학적인 논쟁은 지능(그리고 의식)의 정의와 지능적인 기계가 무엇을 하도록 기대되어야만 하는가에 초점이 맞춰져 있다(Newell & Simon, 1956; Searle, 1980을 보라). 주목할 점은, 뢰브너 상(Loebner Prize)은 튜링 테스트를 기반으로 매년 열리는 AI 콘테스트인데(더 많은 정보가 필요하다면 http://www.loebner.net/Prizef/loebner-prize.html를 참고), 현재 테스트의 기본 규칙을 바탕으로 튜링 테스트를 통과한 기계가 있다(BBC News, 2014).

특히 관심을 끄는 것은, 튜링 테스트 개념을 사용하여 지능형 치료 제공 기계(intelligent care-providing machines)의 윤리적 의사결정을 평가하는 것이다. 예를 들어, 윤리 튜링 테스트(MTTs)는 자율적인 지능형 에이전트가 윤리적 행동에 성공했는지 여부를 판단하는 방법으로 제안되었다(Allen, Varner, & Zinser, 2000; Anderson & Anderson, 2011). 이 주제는 11장의 지능형 치료 제공 기계에서 논의된다.

### 기술적 장벽

AI의 역사에서 인공지능 분야는 높은 열의와 위대한 업적을 남겼을 뿐만 아니라 낙담할 만한 좌절 또한 경험해 왔다. 예를 들어, 1970년대는 “AI의 겨울”로 불리는데, 이때는 십 년 전 가지고 있었던 AI에 대한 높은 기대를 달성하는 데 실패하였고, 그에 따라 연구자금 제공이 현저히 줄었기 때문에 발전이 느린 기간이었다(Warwick, 2012). 1980년대에는 기술 혁신뿐만 아니라 전문가 시스템과 같은 새로운 AI의 실용적 적용에 대한 관심이 생겨 놀라운 성장과 혁신이 이루어졌다.

현재 우리는 급속한 기술 발전의 시기를 경험하고 있지만, AI 및 로봇 공학과 같은 관련 분야의 여러 기술적 장벽들이 여전히 도전 과제로 남아 있다. 일반적으로, AI 기술은 사람들이 행하기 어려워하는 것에는 능숙하지만 사람들이 자연스럽게 하는 것에 대해서는 어려워한다. 예를 들어, 컴퓨터에게 복잡한 수학적 문제를 해결하는 것은 쉽지만 표정을 인식하는 것, 언어를 이해하는 것 또는 로봇이 무언가에 부딪히지 않고 방을 건너가는 것과 같이 간단한 임무는 매우 어렵다. 이러한 문제의 일부는 '모라벡의 역설'(Moravec, 1988)로 설명되는데, 높은 수준의 추론에는 계산이 거의 필요하지 않은 반면 낮은 수준의 감각운동기능 기술은 막대한 계산 자원을 필요로 한다는 역설적인 현상을 가리킨다. 더 나아가, 사람들은 다른 사람들의 내적인 감정 상태 혹은 의도를 추론할 수 있는 것과 같이 상식적인 지식들을 일상생활에서 적용할 수 있는 타고난 능력을 가지고 있다. 상식 능력을 가진 지능화된 기계의 설계는 그들에게 사람과 같은 지능을 갖추기를 요구하며, 이는 AI 분야에 계속적인 도전을 요구하는 문제다.

기존의 제한점들 중 일부는 멀지 않은 미래에 극복될 수 있는 하드웨어적인 문제에 기인한다. 컴퓨터를 만드는 데 사용되는 하드웨어, 소프트웨어 설계, 재료의 발전은 계속 개선되고 있으며, 2년마다 컴퓨터의 속도와 메모리 용량이 두 배 정도 개선되어 왔음을 확실하게 보여 준 '무어의 법칙(Moore's Law)'은 적어도 당분간은 유효할 것으로 보인다. 정부 기관, 민간 기업(예, Google, IBM 등), 학술 기관의 상당한 연구와 개발 투자는 AI 및 기타 기술의 발전에 대한 의지를 나타내는 강력한 지표다. 우리는 혁신이 계속될 것이며 현재 상상하는 것들 대부분이 현실로 이루어질 것으로 기대할 수 있다.

## 행동 관리와 정신건강 관리에서 AI의 유용성

### 지능화된 기계가 더 유용한 경우

지능화된 기계는 인간의 건강을 전문적으로 관리하는 데 여러 강점을 가지고 있다. 최신 전문가 시스템과 다른 지능화된 기계들은 사람이 할 수 있는 것보다 더 복잡한 임무를 도와줄 수 있으며 효율성, 정확성, 신뢰도 면에서도 더 잘 기능한다(Bindoff, Stafford, Peterson, Kang, & Tenni, 2012; McShane, Beale, Nirenburg, Jarell, & Fantry, 2012). 관리 서비스를 제공하는 기계는 피로, 지루함, 소진(burnout) 혹은 건망증에 영향을 받지 않는다(Luxton, 2014b). 또한 지능화된 기계는 인간 치료자들이 가질 수 있는 개인적인 편견에 영향을 받지 않는다. 어떤 환자들은 이런 이유로 인간 치료사보다는 가상 인간 같은 지능형 기계와의 만남을 선호할 수 있으며, 돌봄을 원하는 사람들은 다른 사람과 함께 하는 것보다 기계와 친밀하고 사적인 문제를 논의할 때 불안감을 덜 느낄 수 있다. 사람들이 임상 면접 중에 가상 인간에게 정보를 더 편안하게 공개하고, 의료진보다 가상 인간과의 상호작용을 선호할 수 있음을 나타내는 초기의 증거들이 있다(Gratch, Wang, Gerten, Fast, & Duffy, 2007; Kandalaft et al., 2013; Lucas, Gratch, King, & Morency, 2014). 이러한 선호의 한 가지 이유는 가상 인간이 환자와 더 많은 시간을 함께 할 수 있고 항상 친절하며 사용자로 하여금 성급함을 느끼게 하거나 판단한다는 느낌을 주지 않기 때문이다(Bickmore et al., 2010).

### 개선된 자가-치료와 치료 접근성

또한 AI 기술은 자가-치료 혹은 건강 관련 정보를 원하는 사람들을 위한 자가-치료 선택권을 크게 개선시킬 수 있다. 미국에서는 치료를 통해 이익을 얻을 수 있는 돌봄이 필요한 성인과 아이들 대부분이 실제로는 어떠한 서비스도 받지 못한다(Merikangas et al., 2011; SAMSHA, 2013, 2014). 게다가 거의 8천만 명의 미국인들이 충분한 인원의 정신건강 관리 전문가가 없는 지역에 거주하고 있다(미국 보건복지부, 2013). 이러한 자원 격차는 언제 어디서나 모바일 기기로 접근할 수 있는 대화형 가상 치료자를 통해 해결될 수 있는데, 건강 상태에 대한 정보를 제공하고, 질의응답 평가를 수행하며, 자가-치료 상담을 제공함으로써 치료적 개입을 제공할 수 있다. AI의 이러한 응용은 단순한 정보 제공 웹사이트 혹은 대본을 읽어 주는 비디오보다 더 상호적인 경험을 제공한다. 또한 지능형 치료 제공 기계를 사용하여 멀리 떨어진 지역의 관리를 필요로 하는 사람들에게 서비스를 제공함으로써 원격의료 서비스의 이점을 증대시키고, 환자의 지역에서 이용 불가능한 특별 관리 서비스를 제공받을 수 있게 해 준다. 더 나아가, 지능형 모바일과 착용형 웨어러블 기기는 사용자가 이용할 수 있는 데이터의 양을 증가시킬 수 있으며, 사용자들의 개별적인 건강을 평가하고 맞춤형으로 진행 상황을 모니터링하는 등, 더 많은 정보를 제공할 수 있다.

### 맞춤화되고 통합된 정신건강 관리

지능형 치료 제공 기계는 치료를 맞춤화함으로써 도움이 필요한 사람들의 건강을 크게 개선할 수 있는 잠재력을 가지고 있다. 이 시스템은 다양한 근거 기반 접근 방식에 대한 기술과 지식으로 프로그래밍한 다음, 환자의 진단 프로파일, 선호도 또는 치료 진행률에 기초하여 가장 적절한 치료법을 제공하며 다양한 접근 방식을 통합시킨다.

지능형 치료 제공 기계는 인종이나 사회경제적인 지위와 같이 환자의 특수한 문화적인 측면들에 대해 조율하고 민감할 수 있다. 예를 들어, 가상 인간 심리치료사(vitrual human psychotherapist)는 주어진 문화 집단과 맞추기 위해 다른 성격 특성과 구어적 표현의 사용, 사투리, 행동습관(예, 눈맞춤)을 바꿀 수 있고, 이렇게 함으로써 환자와의 라포를 강화하고 전반적인 의사소통을 개선할 수 있다. 환경 센서, 웨어러블, 바이오피드백 기기와 같은 다른 지능 장치의 데이터를 통합함으로써, 지능형 시스템은 환자의 임상적 요구에 맞는 서비스를 더욱 맞춤화할 수 있다. 이러한 능력은 계속해서 기기가 소형화되고, 다른 기술과 더욱 통합되며, 일상생활에서 보다 더 유비쿼터스적인 환경이 구현될 때 더욱 향상될 것이다.

### 경제적 이익

건강 관리에서 지능형 기계의 개발은 정신건강 서비스 제공자와 소비자 모두에게 상당한 경제적 이익을 제공할 수 있는 잠재력을 가지고 있다. 의사결정 과정을 빠르게 함으로써 CDSS(Clinical Decision Support System, 의료 분야에서 사용되는 의사결정 지원 시스템)는 임상 전문가의 시간을 줄임으로써 의료 관리의 전반적인 효율성을 개선시킬 수 있다. 컴퓨터를 이용한 모델화와 시뮬레이션 기술은 복잡한 건강 관리 시스템을 더 효율적으로 만든다(7장을 보라). AI 시스템은 점진적으로 관리하는 접근법을 통해서 전반적인 건강 관리 비용을 줄이는 것을 도울 수 있다. 점진적 관리(Stepped-care)는 처음에는 대부분의 사람들에게 최소 자원으로 치료가 제공되고, 치료를 가장 필요로 하는 환자들에게는 좀 더 집중적인 치료가 제공되는 과정이다(Bower & Gilbody, 2005). 예를 들어, 돌봄을 원하는 사람들은 가상 치료 제공자와 자가-평가를 실시하고, 필요할 경우 인간 치료자와 함께 완전한 치료로 전환할 수 있다. 이것은 효율성을 향상시키며, 궁극적으로 건강 관리 시스템의 경제적 부담을 줄여 준다. 더 나아가, 지능형 치료 제공 기계는 쉽게 복제할 수 있기 때문에(특히 소프트웨어에 기반한 경우), 이는 규모의 경제(economy of scale)를 이끌어 낼 것이다. 지능형 치료 제공 기계의 접근 가능성 증가와 비용 절감은 현재 관리 의료 비용 때문에 제한되는 장기치료의 기회를 더 넓힐 수 있다(Luxton, 2014b). 그러므로 환자들은 장기치료에 참여할 수 있는 기회를 더 가질 것이고 또한 건강 관리 제공자에게 크게 감소한 비용으로 정기적으로 건강 진단을 받을 수 있을 것이다.

사회적 차원에서, 치료에 AI 기술을 적용하면 치료를 받지 않아서 발생하는 행동적, 정신적 건강 상태에서 비롯된 장기적인 비용을 감소시킬 뿐 아니라, 더 건강한 인구가 많아짐으로써 결과적으로 생산성 향상으로 이어질 수 있다(Luxton, 2014a). 세계적으로 정신질환의 비용은 2010년에 어림잡아 약 2.5조 달러(US) 정도로 추정되고(간접비용의 2/3), 세계경제포럼에서 보고된 바에 따르면 2030년에 6조 달러를 넘어설 것으로 추정된다(Bloom et al., 2011). 이와 동일한 보고서에서는 정신건강 비용이 건강과 관련된 암, 심혈 관계 질병, 만성호흡기병, 당뇨병을 넘어서서 세계적인 경제적 부담의 가장 큰 단일 요인이라고 밝혔다. 더 나아가, 세계보건기구(WHO, 2011)는 정신질환이 비전염성 질병으로부터 손실된 건강수명(healthy year)의 37%를 차지하면서, 전 세계적으로 장애보정수명(disability-adjusted life year)[16]의 제 1 원인이라고 보고했다(Bloom et al., 2011; WHO, 2008). AI 산업과 기술이 현대 건강 관리의 한계를 해결할 수 있는 효과적인 대안을 제공함으로써, 날로 치솟는 의료 비용을 완화하는 데 도움이 되기를 기대한다.

## 추가적인 고려사항

이 책에서 제시된 AI 기술은 AI가 인간 전문가의 필요를 대체하기 위해서가 아니라, 전문적인 작업을 돕고 환자의 치료를 보강하기 위한 것이다. 그러나 거의 모든 산업에서 자동화가 진행되고 있다는 점을 감안할 때, AI의 발전이 결국 행동

16) 질병에 시달리지 않고 건강하게 살 수 있는 기간. 장애보정수명은 심각한 질병별로 가중치를 둬 이를 일정 기간으로 환산한 뒤 전체 기대수명에서 그 기간만큼을 빼는 식으로 산출한다.

관리 및 정신건강 전문가들이 수행해 온 직업에 위협이 될 수 있다는 우려는 합리적인 것이다. 2013년, 옥스퍼드 마틴 스쿨의 미래 기술 충격 프로그램(Oxford Martin school's programme on the Impacts of Future Technology)에서 보고된 바에 따르면, 미국에 있는 직업의 45%는 앞으로 20년 안에 컴퓨터에 의해 대체될 위험에 처한다고 한다(Frey & Osborne, 2013). 게다가 금융 분야, 반도체 디자인, 고객 서비스업, 법률 분야 등의 숙련된 기술을 필요로 하는 전문직의 "지식 기반 업무"도 이미 AI 기술에 의해 대체되기 시작하였다(Brynjolfsson & McAfee, 2011; Markoff, 2011).

건강 관리 분야의 직업시장에서 AI가 어떤 영향을 미칠지 평가하는 것은 쉽지 않다. 인터넷(예, e헬스)과 휴대폰(예, 모바일 헬스)같이 건강 관리를 응용한 기술들의 등장은 정신건강 관리 전문가의 직업을 없애기보다 경제적 기회를 창출해 왔다. 정신건강 전문가들은 이러한 기술을 개발하는 사업에 참여하거나 이러한 기술을 사용하여 그들의 치료행위를 확장함으로써 이익을 얻을 수 있다. 그러나 건강 관리 전문가들에게 가장 걱정스러운 점은 지속적인 기술 발전이 인간 치료 제공자의 사회적, 지적 능력과 동등하거나 또는 능가하는 지능형 기계 시스템을 구축하고 배치할 수 있는지 여부이다.

*슈퍼 임상가(super clinician)* 개념(Luxton, 2014a)은 이 책에서 설명하는 많은 기술을 통합할 수 있도록 제안된 지능형 기계 시스템이다. 이 시스템은 안면 인식 기술을 사용하여 환자의 신원을 확인할 수 있고 또한 고급 감각 기술을 사용하여 얼굴 표정, 눈 깜박임, 음성 특성 및 기타 행동 패턴과 같은 비언어적 행동을 관찰하고 분석할 수 있다. 또한 컴퓨터 감각 기술은 적외선 카메라로 체온 변화를 관찰하거나, 해상도 높은 디지털 비디오로 얼굴의 혈류를 관찰하는 것처럼 사람의 눈으로 감지할 수 없는 내부 상태를 평가할 수 있다. 이 시스템은 전자 의료 기록, 이전 검사 결과 및 모바일 건강 기기를 통해 수집된 실시간 평가 등 환자의 모든 데이터에 접근하고 분석할 수 있다. IBM의 Watson이 사용하는 것과 같은 지식 습득과 자연언어 처리 기술은 이 시스템이 모든 치료적 접근법을 배울 수 있게 해 줄 것이며, 예측 분석을 사용하면 시스템은 최선의 치료법이나 개입을 적용하는 방법과 시기를 알 수 있을 것이다. 이 시스템과 인간의 상호작용은 로봇, 가상 인간 혹은 사무실 내에 배치된 음성 전용 기기를 통해 이루어질 수 있다.

이와 같은 기계를 구성할 수 있는 기본적인 기초 기술이 현재 존재한다. 그러나 이 장의 앞부분에서 강조했던 것처럼, 우리가 상상하는 슈퍼 임상가와 같이 충분한 능력을 갖춘 지능형 기계를 만드는 데는 기술적인 장벽이 존재한다. 그러한 시스템은 구성 요소 기술의 신뢰성 있는 통합을 필요로 하며, 시스템이 자율적으로 기능하기 위해서는 복잡하고 모호한 의미의 대화를 처리할 수 있는 능력을 필요로 할 것이다. 전통적인 치료적 만남에 한해서는, 인간 치료 제공자가 당분간 기계보다 우위를 유지할 것이다.

언급할 만한 또 다른 관심사는 건강 관리 보험회사나 정부가 언젠가 소비자들에게 서비스를 찾을 수 있는 선택권을 제공하지 않고 지능형 기계 치료 제공자의 사용을 요구할 것인지의 여부이다(Luxton, 2014a). 만일 그렇게 되면 타인을 돕는 직업들의 고유한 무언가가 사라지는 결과를 초래한다. 즉, 사람 대 사람의 공감, 돌봄, 동정의 표현과 같은 것들이 상실되는 것이다. 또 다른 결과는 회기가 시작되기 전에 환자와 악수를 하거나, 큰 슬픔을 겪고 있는 사람의 어깨를 다독이는 것, 눈물을 닦아 주기 위해 휴지를 건네는 것과 같이 사람 그 자체와의 접촉이 주는 이점이 사라진다는 것이다. 가상 인간과 로봇은 감정을 인식하고, 반응하고, 표현하는 능력을 개선시키고 있는 중이다(로봇의 경우 접촉을 제공하는 것을 포함하여). 공감과 보살핌의 행위가 실제와 유사하게 경험되는지, 혹은 만일 그럴 수 있다 하더라도 그게 중요한지 아닌지는, 지능형 치료 제공 기계가 계속 발전함에 따라 추가적인 연구가 필요한 질문이다.

## 결론

행동 관리 및 정신건강 관리에서 AI의 기술과 기법을 실용적으로 적용하는 것은 수많은 기회와 이익을 가져다줄 것이다. 지능형 기계는 건강 관리의 효율성과 질을 개선하는 유용한 도구를 제공하여 전 세계적으로 건강 관리에 직면하고 있는 많은 문제들을 해결하는 데 도움을 줄 수 있다. 또한 AI의 발전은 인류에게 잠재력의 한계를 높여 줄 것이다. 즉, 기술적 발전은 우리의 지적 및 신체적 능력을 향상시키고 전반적인 생산성을 증가시켜 줄 것이다. 개인 실무자, 작은 규모의 치료자

집단, 대형 병원과 같은 전체 건강 관리 시스템 종사자 모두, 건강과 복지를 향상시킬 수 있는 방법을 찾는 소비자와 마찬가지로 이러한 기술의 이점을 누릴 수 있다.

정신건강 관리 전문가, 윤리학자, 최신 과학기술 분야 전문가, 기술자, 건강관리자, 기업가와 같은 이들은 AI나 기술 발전이 가져올 완전한 잠재력을 성취하기 위해 함께 일해야 한다. 심리학자와 다른 정신건강 전문가들은 이러한 기술들에 대한 치료적 접근들과 근거 기반 치료 도구의 이론적이고 실제적인 전문지식을 제공함으로써 시스템 개발자를 도울 수 있다. 윤리학자는 이러한 시스템의 설계를 지원하여 윤리적인 방식으로 기능하도록 해야 하고, 윤리학자와 정신건강 관리 전문가는 실제 정신건강 관리의 윤리적 요구 사항을 해결하기 위해 함께 협력할 수 있다. 이러한 기술을 설계하고 구현하려면 최종 사용자(즉, 환자)의 참여도 필수적이다.

앞으로 많은 연구들이 수행될 필요가 있다. 치료를 필요로 하는 사람과 상호작용하기 위한 지능형 기계 시스템을 최적화하기 위해, 건강 관리의 상황에서 사람과 컴퓨터, 사람과 로봇의 상호작용에 대한 연구가 필요하다. 특히 건강 관리와 관련된 지능형 기계의 사용에 대해 사람들이 어떤 태도와 선호를 보일지 연구할 필요가 있다. 이러한 시스템을 사용하는 것의 선호에 관하여 인구통계학적이고 문화적인 차이가 존재하는지에 대한 조사가 연구에 포함되어야 한다. 기존의 치료법과 비교하여 새롭게 등장한 지능형 기계 제공 치료법을 검증하려면 무작위 비교연구가 특히 필요하다.

AI는 행동과 정신건강 관리에 대한 패러다임을 변화시켰다. 더 이상 의료 전문가의 지식과 기술은 의사, 심리학자, 상담자, 사회복지사 등의 전문직에만 국한되지 않을 것이다. 지식과 기술은 우리가 상호작용할 지능형 기계에 내장될 것이다. 이러한 기계의 사용은 또한 치료적 관계에 대해 재고할 필요성을 야기한다. 또한 환자의 프라이버시에 대한 새로운 위험성처럼 신중히 검토해야 할 윤리적 문제도 있다. 우리가 이러한 기술들을 구축하고 전개함에 따라, 우리는 치료 제공자와 내담자 사이의 관계와 우리 서로에 대한 책임 그리고 우리가 살고 있는 공동체에 대한 책임감을 잊어서는 안 된다. 우리는 항상 사람들을 행복하게 하고, 가능한 한 고통을 경감시키고, 공정하고 윤리적인 방식으로 쓰이도록 이러한 기계를 만들어야 한다.

# 참고문헌


Abate, T. (2014). *Stanford bioengineers create circuit board modeled on the human brain*. Stanford News Service. Available from: <http://news.stanford.edu/pr/2014/pr-neurogridboahen-engineering-042814.html>.

Alivisatos, A. P., Chun, M., Church, G. M., Greenspan, R. J., Roukes, M. L., & Yuste, R. (2012). The brain activity map project and the challenge of functional connectomics. *Neuron, 74*, 970-974.

Allen, C., Varner, G., & Zinser, J. (2000). Prolegomena to any future artificial moral agent. *Journal of Experimental and Theoretical Artificial Intelligence*, 12, 251-261.

Alonso, E., & Mondragón, E. (Eds.), (2011). *Computational neuroscience for advancing artificial intelligence: Models, methods and applications*. Hershey, PA: IGI Global.

Anderson, M., & Anderson, S. L. (Eds.), (2011). *Machine ethics*. New York, NY: Cambridge University Press.

BBC News. (2014). *Computer AI passes Turing test in "world first"*. <http://www.bbc.com/news/technology-27762088>.

Beavers, A. (2013). Alan turing: Mathematical mechanist. In S. B. Cooper, & J. van Leeuwen(Eds.), Alan turing: His work and impact (pp. 481-485). Waltham, MA: Elsevier.

Bickmore, T., & Pfeifer, L. (2008). Relational agents for antipsychotic medication adher-ence. In *HI'08 workshop on Technology in Mental Health*. Florence, Italy. Available at: <http://relationalagents.com/publications/CHI08-mentalhealth.pdf>.

Bickmore, T. W., Mitchell, S. E., Jack, B. W., Paasche-Orlow, M. K., Pfeifer, L. M., & O'Donnell, J. (2010). Response to a relational agent by hospital patients with depressive symptoms. *Interacting with Computers*, 22(4), 289-298.

Bindoff, I., Stafford, A., Peterson, G., Kang, B. H., & Tenni, P. (2012). The potential for intelligent decision support systems to improve the quality and consistency of medica-tion reviews. *Journal of Clinical Pharmacy and Therapeutics, 4*, 452-458. Available from: http://dx.doi.org/10.1111/j.1365-2710.2011.01327.x.

Bloom,D. E., Cafiero, E. T., Jané-Llopis, E., Abrahams-Gessel, S., Bloom, L. R., Fathima, S., et al. (2011). *The global economic burden of noncommunicable diseases*. Geneva: World Economic Forum. Available from: <http://www3.weforum.org/docs/WEF_Harvard_HE_GlobalEconomicBurdenNonCommunicableDiseases_2011.pdf>.

Boström, N. (2015). *Superintelligence: Paths, dangers, strategies.* Oxford, UK: Oxford University Press.

Bower, P., & Gilbody, S. (2005). Stepped care in psychological therapies: Access, effective-ness and efficiency: Narrative literature review. Available from: http://dx.doi.org/10.1192/bjp.186.1.11.

Brynjolfsson, E., & McAfee, A. (2011). *Race against the machine: How the digital revolution is accelerating innovation, driving productivity, and irreversibly transforming employment and the economy.* Cambridge, MA: MIT Sloan School of Management. Retrieved from: <http://ebusiness.mit.edu/research/Briefs/Brynjolfsson_McAfee_Race_Against_the_Machine.pdf>.

Caudell, T. P., Mizell, D. W. (1992). Augmented reality: An application of heads-up dis-play technology to manual manufacturing processes. In *System Sciences, 1992: Proceedings of the twenty-fifth Hawaii international conference on system sciences* (Vol. 2, pp. 659-669). New York, NY: IEEE. Available from: http://dx.doi.org/10.1109/HICSS.1992.183317.

Chicchi Giglioli, I. A., Pallavicini, F., Pedroli, E., Serino, S., & Riva, G. (2015). Augmented reality: A brand new challenge for the assessment and treatment of psychological disorders. *Computational and Mathematical Methods in Medicine.* Available at: <http://www.hindawi.com/journals/cmmm/aa/862942/>.

Copeland, B. J. (2000). *What is artificial intelligence?* Available from: <http://www.alanturing.net/turing_archive/pages/Reference%20Articles/what_is_AI/What%20is%20AI02.html>.

Craig, A. B. (2013). *Understanding augmented reality: Concepts and applications.* Amsterdam: Morgan Kaufmann.

Defense Applied Research Projects Agency. (2013). *Detection and computational analysis of psychological signals (DCAPS).* Retrieved from: <http://www.darpa.mil/Our Work/I2O/Programs/Detection and Computational Analysis of Psychological Signals-(DCAPS).aspx>.

Defense Applied Research Projects Agency. (2014). *Journey of Discovery starts toward understanding and treating networks of the brain.* Available from: <http://www.darpa.mil/newsevents/releases/2014/05/27a.aspx>.

Dennett, D. (1985). Can machines think? In M. Shafto (Ed.), *How we know* (pp. 121-145). San Francisco, CA: Harper & Row.

Finlay, P. N. (1994). *Introducing decision support systems.* Cambridge, MA: Blackwell Publishers.

Fitzpatrick, T. (2006). *Teenager moves video icons just by imagination.* Washington University, 9. Available from: <http://news.wustl.edu/news/Pages/7800.aspx>.

Frey, C. B., & Osborne, M. A. (2013). The future of employment: How susceptible are jobs to computerization? Available at: <http://www.oxfordmartin.ox.ac.uk/downloads/academic/The_Future_of_Employment.pdf>.

Gorrindo, T., & Groves, J. E. (2009). Computer simulation and virtual reality in the diag-nosis and treatment of psychiatric disorders. *Academic Psychiatry*, 33, 413-417.

Gratch, J., Wang, N., Gerten, J., Fast, E., & Duffy, R. (2007). Creating rapport with virtual agents. In C. Pelachaud, et al. (Eds.), *Intelligent virtual agents* (pp.

125–138). Springer: Berlin, Heidelberg.

Güzeldere, G., & Franchi, S. (1995). Dialogues with colorful "personalities" of early AI. *Stanford Humanities Review, 4,* 161–169.

Haykin, S., & Network, N. (2004). *Neural networks: A comprehensive foundation.* Prentice Hall, NJ.

Hebb, D. O. (1949). *The organization of behavior.* New York, NY: Wiley & Sons.

Hoffman, R. E., Grasemann, U., Gueorguieva, R., Quinlan, D., Lane, D., & Miikkulainen, R. (2011). Using computational patients to evaluate illness mechanisms in schizophrenia. *Biological Psychiatry, 69*(10), 997–1005. Available from: http://dx.doi.org/10.1016/j.biopsych.2010.12.036.

IBM. (2015). *IBM Watson.* Retrieved from: <http://www.ibm.com/smarterplanet/us/en/ibmwatson/>. Accessed on February 6, 2015.

Imel, Z. E., Steyvers, M., & Atkins, D. C. (2015). Computational psychotherapy research: Scaling up the evaluation of patient–provider interactions. *Psychotherapy,* 52(1), 19–30. Available from: http://dx.doi.org/10.1037/a0036841.

InTouch Health. (2012). RP–VITA robot. Retrieved from: <http://www.intouchhealth.com/products–and–services/products/rp–vita–robot/>. Accessed 02.11.14.

Jagielska, I., Matthews, C., & Whitfort, T. (1999). An investigation into the application of neural networks, fuzzy logic, genetic algorithms, and rough sets to automated knowledge acquisition for classification problems. *Neurocomputing, 24,* 37–54. Available from: http://dx.doi.org/10.1016/S0925–2312(98)00090–3

Jain, A. K., Mao, J., & Mohiuddin, K. M. (1996). Artificial neural networks: A tutorial. *IEEE Computer Society Press, 29*(*3*), 31–44.

Kandalaft, M. R., Didehbani, N., Krawczyk, D. C., Allen, T., & Chapman, S. B. (2013). Virtual reality social skills training for young adults with high–functioning Autism. *Journal of Autism and Developmental Disorders, 43,* 34–44.

Krijn, M., Emmelkamp, P. M., Olafsson, R. P., & Biemond, R. (2004). Virtual reality expo–sure therapy of anxiety disorders: A review. *Clinical Psychology Review, 24*(3), 259–281.

Kurzweil, R. (2005). *The singularity is near: When humans transcend biology.* New York: Viking Penguin.

Lingley, R., Ali, M., Liao, Y., Mirjalili, R., Klonner, M., Sopanen, M., et al. (2011). A single–pixel wireless contact lens display. *Journal of Micromechanics and Microengineering, 21,* 125014. Available from: http://dx.doi.org/10.1088/0960–1317/21/12/125014.

Lowell, W. E., & Davis, G. E. (1994). Predicting length of stay for psychiatric diagnosis–related groups using neural networks. *Journal of the American Medical Informatics Association: JAMIA, 1,* 459–466.

Lucas, G. M., Gratch, J., King, A., & Morency, L. P. (2014). It's only a computer: Virtual humans increase willingness to disclose. *Computers in Human Behavior, 37,* 94–100.

Luxton, D. D. (2014a). Artificial intelligence in psychological practice: Current and future applications and implications. *Professional Psychology: Research & Practice, 45*(5), 332–339. Available from: http://dx.doi.org/10.1037/a0034559.

Luxton, D. D. (2014b). Recommendations for the ethical use and design of artificial intelligent care providers. *Artificial Intelligence in Medicine, 62*(1), 1–10. Available from: http://dx.doi.org/10.1016/j.artmed.2014.06.004.

Manning, C., & Schütze, H. (1999). *Foundations of statistical natural language processing.* Cambridge, MA: MIT Press.

Markoff, J. (2011). *Armies of expensive lawyers, replaced by cheaper software.* The New York Times. Retrieved from: <http://www.nytimes.com/2011/03/05/science/05legal.html>.

Markoff, J. (2013, February 18). Obama seeking to boost study of human brain. The New York Times. Retrieved from: <http://www.nytimes.com/2013/02/18/science/project–seeks–to–build–map–of–human–brain.html?>.

McCarthy, J., Minsky, M., Rochester, N., Shannon, C. (1955). *A proposal for the dartmouth summer research project on artificial intelligence.* Available from: <http://www–formal.stanford.edu/jmc/history/dartmouth/dartmouth.html>. Retrieved 16.10.14.

McDuff, D., Kaliouby, R., Kodra, E., & Picard, R. W. (2013). Measuring voter's candi–date preference based on affective responses to election debates. In *Proceedings of the 5th biannual humaine association conference on affective computing and intelligent interaction* (ACII 2013), pp. 2–5.

McFowland, E., III, Speakman, S., & Neill, D. B. (2013). Fast generalized subset scan for anomalous pattern detection. *Journal of Machine Learning Research, 14*, 1533–1561.

McShane, M., Beale, S., Nirenburg, S., Jarrell, B., & Fantry, G. (2012). Inconsistency as a diagnostic tool in a society of intelligent agents. *Artificial Intelligence in Medicine, 55*, 137–148. Available from: http://dx.doi.org/10.1016/j.artmed.2012.04.005.

Merikangas, K. R., He, J. P., Burstein, M., Swendsen, J., Avenevoli, S., Case, B., et al. (2011). Service utilization for lifetime mental disorders in U.S. adolescents: Results of the National Comorbidity SurveyAdolescent Supplement (NCS–A). *Journal of the American Academy of Child & Adolescent Psychiatry, 50*(1), 32.

Microsoft. (2015). XBOX. <http://www.xbox.com/>.

Mirabzadeh, A., Bakhshi, E., Khodae, M. R., Kooshesh, M. R., Mahabadi, B. R., Mirabzadeh, H., et al. (2013). Cost prediction of antipsychotic medication of psychiatric disorder using artificial neural network model. *Journal of Research in Medical Sciences, 18(9)*, 782–785.

Mitchell, T. M. (1997). *Machine learning.* Burr Ridge, IL: McGraw Hill. p. 45.

Modha, D. S. (2015). *Introducing a Brain–inspired computer: TrueNorth's neurons to revolutionize system architecture.* Available from: <http://www.research.ibm.com/articles/brain–chip.shtml>.

Moore, G. E. (1965). Cramming more components onto integrated circuits. *Electronics, 38*, 114–116. Available from: http://dx.doi.org/10.1109/N–SSC.2006.4785860.

Moravec, H. (1988). *Mind Children: The future of robot and human intelligence.* Cambridge, MA: Harvard University Press.

Naam, R. (2010). *More than human: Embracing the promise of biological enhancement.* New York, NY: Broadway Books.

National Institutes of Health. (2014). *BRAIN 2025: A scientific vision.* Retrieved from: <http://www.braininitiative.nih.gov/2025/BRAIN2025.pdf>.

Naumann, J. (2012). *Search for paradise: A patient's account of the artificial vision experiment.* Xlibris Corporation.

Neild, B. (2012, October 12). Scientists to simulate human brain inside a supercomputer. CNN Labs. Retrieved from: <http://www.cnn.com/2012/10/12/tech/humanbrain-computer>.

Neill, D. B. (2012). Fast subset scan for spatial pattern detection. *Journal of the Royal Statistical Society (Series B: Statistical Methodology), 74(*2), 337-360.

Newell, S., & Simon, H. A. (1956). *The logic theory machine: A complex information processing system.* Santa Monica, CA: The Rand Corporation.

Parsons, S., & Mitchell, P. (2002). The potential of virtual reality in social skills training for people with autistic spectrum disorders. *Journal of Intellectual Disability Research: JIDR, 46*(Pt 5), 430-443.

Picard, R. (1997). *Affective computing.* Cambridge, MA: MIT Press.

Powers, M. B., & Emmelkamp, P. M. (2008). Virtual reality exposure therapy for anxiety disorders: A meta-analysis. *Journal of Anxiety Disorders, 22*(3), 561-569.

Rawlinson, K. (2015). *Microsoft's Bill Gates insists AI is a threat.* BBC News. Available from: <http://www.bbc.com/news/31047780>.

Riva, G. (2005). Virtual reality in psychotherapy: Review. *CyberPsychology & Behavior, 8*(3), 220-230.

Rizzo, A. A., Buckwalter, J. G., & Neumann, U. (1997). Virtual reality and cognitive rehabilitation: A brief review of the future. *The Journal of Head Trauma Rehabilitation, 12*(6), 1-15.

Rizzo, A. A., Lange, B., Buckwalter, J. G., Forbell, E., Kim, J., Sagae, K., et al. (2011). An intelligent virtual human system for providing healthcare information and support. *Studies in Health Technology and Informatics, 163,* 503-509.

Rogers, C. (1959) A theory of therapy, personality and interpersonal relationships as developed in the client-centered framework. In S. Koch (Ed.), *Psychology: A study of a science. Vol. 3, formulations of the person and the social context* (pp. 184-256). New York, NY: McGraw Hill.

Salomoni, G., Grassi, M., Mosini, P., Riva, P., Cavedini, P., & Bellodi, L. (2009). Artificial neural network model for the prediction of obsessive-compulsive disorder treatment response. *Journal of clinical psychopharmacology, 29*(4), 343-349.

Samuel, A. L. (2000). Some studies in machine learning using the game of checkers. *IBM Journal of Research and Development, 44*(1.2.), 206-226.

Saxena, A., Jain, A., Sener, O., Jami, A., Misra, D. K., & Koppula, H. S. (2014). RoboBrain: Large-scale knowledge engine for robots. *arXiv preprint arXiv:1412.0691.*

Saygin, A. P., Cicekli, I., & Akman, V. (2000). Turing test: 50 years later. *Minds and Machines, 10,* 463-518.

Schultheis, M. T., & Rizzo, A. A. (2001). The application of virtual reality technology in rehabilitation. *Rehabilitation Psychology, 46*(3), 296.

Searle, J. (1980). Minds, brains and programs. *Behavioral and Brain Sciences, 3*(3), 417−457. Available from: http://dx.doi.org/10.1017/S0140525X00005756.

Shibata, T., & Wada, K. (2011). Robot therapy: A new approach for mental healthcare of the elderly− a mini−review. *Gerontology, 57*(4), 378−386.

Shieber, S. M. (2006). Does the turing test demonstrate intelligence or not? In *Proceedings of the twenty−first national conference on artificial intelligence (AAAI−06),* Boston, MA, 16−20 July.

Shuhaiber, J. H. (2004). Augmented reality in surgery. *Archives of Surgery, 139*(2), 170−174.

Substance Abuse and Mental Health Services Administration. (2013). *Behavioral health, United States, 2012.* HHS Publication No. (SMA) 13−4797. Rockville, MD: Substance Abuse and Mental Health Services Administration. Available at: <http://www.in.gov/cji/files/G_US_Behavioral_Health_2012.pdf.>.

Substance Abuse and Mental Health Services Administration. (2014). Use of behavioral health services is expected to increase under the Affordable Care Act. *The CBHSQ Report.* Retrieved from: <http://www.samhsa.gov/data/sites/default/files/spot139−ACA−behavioral−health−2014.pdf>.

Teuscher, C., & Hofstadter, D. R. (2006). *Alan Turing: Life and legacy of a great thinker.* New York, NY: Springer.

Turing, A. M. (1950). Computing machinery and intelligence. *Mind,* 433−460.

Velik, R. (2012). AI reloaded: Objectives, potentials, and challenges of the novel field of brain−like artificial intelligence. *BRAIN. Broad Research in Artificial Intelligence and Neuroscience, 3*(3), 25−54.

Viirre, E., Pryor, H., Nagata, S., & Furness, T. A., 3rd (1998). The virtual retinal display: A new technology for virtual reality and augmented vision in medicine. *Studies in Health Technology and Informatics, 50,* 252−257.

Vinge, V. (1993). *The coming technological singularity: How to survive in the post−human era.* Retrieved from: <http://www−rohan.sdsu.edu/faculty/vinge/misc/singularity.html>.

von Neumann, J. (2012). *The computer and the brain (The Silliman Memorial Lectures Series).* New Haven, CT: Yale University Press.

Warwick, K. (2012). *Artificial intelligence: The basics.* New York: Routledge.

Weizenbaum, J. (1976). *Computer power and human reason: From judgment to calculation.* San Francisco, CA: W. H. Freeman.

Williams, N. R., & Okun, M. S. (2013). Deep brain stimulation (DBS) at the interface of neurology and psychiatry. *Journal of Clinical Investigation, 123*(11), 4546−4556. Available from: http://dx.doi.org/10.1172/JCI68341.

Wolpaw, J. R., Birbaumer, N., McFarland, D. J., Pfurtscheller, G., & Vaughan, T. M.(2002). Brain−computer interfaces for communication and control. *Clinical Neurophysiology, 113,* 767−791. Available from: http://dx.doi.org/10.1016/S1388− 2457(02)00057−3.

World Health Organization (2008). *The global burden of disease: 2004 update.* Geneva: WHO.

World Health Organization (2011). *Global status report on non−communicable diseases 2010*. Geneva: WHO.

Zadeh, L. A. (1965). Fuzzy sets. *Information and Control, 8*(3), 338–353. Available from: http://dx.doi.org/10.1016/S0019–9958(65)90241–X.

Zhu, E., Hadadgar, A., Masiello, I., & Zary, N. (2014). Augmented reality in healthcare education: An integrative review. *Peer Journal, 2*, e469. Available from: http://dx.doi.org/10.7717/peerj.469.

## ADDITIONAL RESOURCES

*Affective Computing: Theory, Methods, and Applications* by Eva Hudlicka, published by Chapman and Hall (2013).

*Artificial Intelligence: A Modern Approach (3rd Edition)* by Stuart Russell and Peter Norvig, published by Pearson Education Limited, Essex.

*Artificial Intelligence: The Basics* by Kevin Warwick published by Routledge (2011).

*Brain–Computer–Interfaces in Their Ethical, Social and Cultural Contexts* by Gerd Grübler & Elisabeth Hildt, published by Springer (2014).

*Foundations of Statistical Natural Language Processing*. Chris Manning and Hinrich Schütze, Cambridge, MA: MIT Press (1999).

*Intelligence: A Very Short Introduction* by Ian J. Deary, published by Oxford Paperbacks (2001).

*Machine Ethics* by Michael Anderson & Susan Leigh Anderson, published by Cambridge University Press (2011).

*Machine Learning* by Thomas M. Mitchell, published by McGraw Hill (1997).

*Neural Networks and Learning Machines* by S. Haykin, published by Pearson Education (2008).

*The Oxford Handbook of Affective Computing* edited by Rafael A. Calvo, Sidney D'Mello, Jonathan Gratch, and Arvid Kappas, published by Oxford Library of Psychology– Oxford University Press (2015).

CHAPTER

# 02

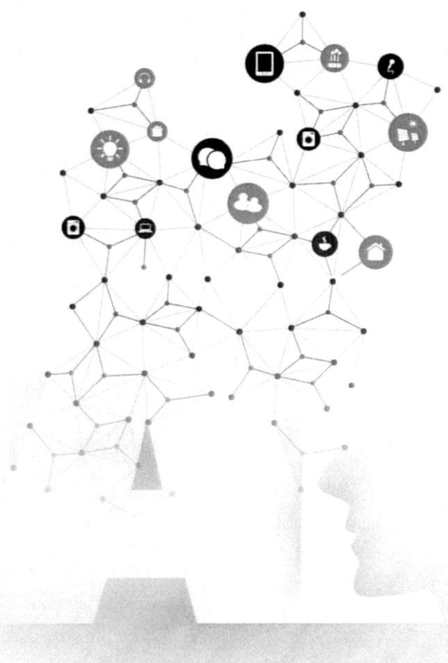

# 정신건강 관리에서 전문가 시스템

## : 의사결정과 자문 영역에서 인공지능 적용

CHAPTER 02

# 정신건강 관리에서 전문가 시스템
## : 의사결정과 자문 영역에서 인공지능 적용

Casey C. Bennett[1)2)] and Thomas W. Doub[3)]

## 서론

현실 세계의 시나리오(임상적 영역 포함)에서 지각(예, 관찰)과 행동(예, 치료)은 서로 순환적이다. 우리가 취하는 행동들은 미래에 우리가 지각하는 것을 변화시키고, 우리가 지각하는 것은 미래에 우리가 취할 행동들을 변화시킨다(세상의 움직임에 따른 인간의 시각계 변화와 동일한 구조(Gibson, 1979)). 이와 같은 역동적인 과정에는 *정보*가 내재되어 있고, 우리는 매일 "현명하게" 행동하기 위해 이 정보를 활용하게 된다. 내담자를 상담하거나 운전하면서 좌회전을 할 때 우리는 일시적으로 확장된 사고를 한다. 예를 들어, 운전을 할 때, 우리는 단순하게 좌회전을 하기로 결심하고 좌회전을 하기보다는 지속적인 지각적 피드백을 토대로 행동을 하게 되고(예, 보행자가 횡단보도에 갑자기 나타나면 브레이크를 밟음), 이는 이후 우리의 지각들을 변화시킨다(그 보행자를 피하기 위해 우리의 회전반경을 바꾸고 길에 있는 소화전을 보게 됨). 이러한 연속적인 사건들(예, 횡단보도에 사람이 얼마나 많은지)의 가능성을 고려하여 우

1) School of Informatics and Computing, Indiana University, Bloomington, IN, USA
2) Department of Informatics, Centerstone Research Institute, Nashville, TN, USA
3) Department of Informatics, Centerstone Research Institute, Nashville, TN, USA

리는 교차로에서 아예 좌회전을 하지 않거나 다른 길을 찾는 것을 선택할 수도 있다. 여기서 중요한 것은 우리의 행동이, 우리가 결정을 할 때 사용하는 특정한 지각을 이끌어 낸다는 것이다. 이는 임상적 의사결정에도 동일하게 적용된다. 우리는 단지 "자료"의 수동적인 관찰자가 아니다–자료는 상호작용의 과정이다. 임상적 컴퓨팅 도구들도 이러한 과정과 유사할 수 없을까? 만약 도구들이 우리의 인지와/혹은 의사결정을 향상시키기를 원한다면 이들은 우리가 세상에 대해 생각하는 방식과 일치해야 한다. 다시 말하면, 도구들은 사람들이 하고 일을 더 잘할 수 있도록 일종의 *인지적 발판*을 제공해야 한다는 것이다(Clark, 2004, 2013; Sterelnt, 2007).

이 장에서 우리는 그런 역할을 하는 최근의 접근법, 즉 시간 모델링(temporal modeling)에 관해 설명하고자 한다. 이러한 접근법들은 개별 환자에게 시간에 따라 치료 결정을 내리거나 또는 진행 중인 치료에 대한 지속적인 재평가를 가능케 하여 임상적 관리를 최적화할 수 있다. 이는 미국에서 관리 비용이 많이 드는 정신병과 같은 만성적인 건강 문제를 관리하는 데 특히 사용될 수 있다(Orszag & Ellis, 2007). 임상가들은 단순하게 의사결정을 하고 다음으로 넘어가는 것이 아니라 자신들의 결정을 계속 재평가하고, 적절한 약물을 처방하고, 개입을 수정하고, 새로운 관찰들을 한다. 이것은 치료를 하는 면에서나 임상가와 환자의 인지 과정 모두에 있어서 매우 역동적인 과정이다(예, 그들이 시간에 따라 어떻게 정보들을 통합시켜서 의사결정을 하는지(Patel, Kaufman, & Arocha, 2002)). 이 점이 AI와 의학적 의사결정 지원 시스템(CDSS)의 한계점을 시사하는데, 즉 현재 AI와 CDSS에 대한 연구와 논의의 대부분이 한 시점에 하나의 결정만 내리는 것에 초점이 맞춰져 있지만, 실제 건강 관리는 이보다 훨씬 더 복잡하게 진행된다는 것이다.

이 장은 다음과 같이 구성된다. 먼저 "역사 – 건강 관리에서의 전문가 시스템과 임상적 인공지능"에서는 신체적 정신적 건강 관리에서의 AI, 전문가 시스템과 CDSS의 역사를 다룬다. 이러한 과거 노력의 성공과 실패들이 "현재 – 임상적 AI와 전문가 시스템에의 역동적 접근들"로 이끌었는데, 여기서는 시간을 반영한 역동적인 접근들을 포함, 건강 관리에서의 인공지능에 대한 현재 연구들에 대해 설명한다. 또한 "미래"에서는 현재의 업적들을 어떻게 더 넓은 건강 관리 영역, 예를 들어, 인지적 컴퓨팅, 스마트 홈, 사이보그 임상가, 로봇 공학 등으로 적용될 수 있는지에 대한 미래의 연구 방향을 제시한다. 마지막으로, 이 모든 것들이 미래의 건강 관리, 정신건강과 임상가, 환자들에게 어떤 의미가 있을지에 대해 논의한다. 현재 AI라는 용어는 정확이 정의되지 않은 채, "intelligence"에 붙여 막연하게 사용되는 경우가 많다(Brooks, 1991). 이 장에서는 임상적 적용 등에 있어서 "intelligence"를 AI에 붙이는 과정에 대한 연구의 과거와 현재 그리고 미래에 대해 독자들이 이해할 수 있도록 돕는 데 그 목표가 있다.

## 역사 - 건강 관리에서의 전문가 시스템과 임상적 인공지능

건강 관리 분야에 적용할 수 있는 AI를 개발하기 위한 노력은 오랫동안 지속되어 왔다. 건강 관리에서 AI가 최초로 성공적으로 적용된 예는 전문가 시스템(expert systems)으로(Jackson, 1998; Luxton, 2014), 전문가 시스템은 인간 전문가 수준으로 의사결정과 수행을 할 수 있도록 만든 컴퓨터 시스템이다. 전통적으로 전문가 시스템의 기본구조는 그림 2.1이 보여 주는 바와 같이, 전문가들의 규칙 지식베이스 그리고 최종 사용자들의 현재 상태나 미래에 대한 추론을 토대로 구성된다. 규칙들은 "만약-그렇다면(if-then)"의 형식을 자주 취하는데, 여기서 "그렇다면(then)"이라는 요소는 보통 가능성으로 구성되어 있었다. 예를 들어, *만약* 환자가 x라는 증상이 있다. *그렇다면* 질병 y일 가능성은 약 0.6이다. 이러한 규칙들의 다수는 그 시점에 확률론적인 권고를 계산하는 데 사용된다.

건강 관리에서 널리 알려진 전문가 시스템의 초기 예시 중 하나는 MYCIN으로, 1970년대에 Stanford university에서 개발되었다. 이 시스템은 세균성 감염증을 확인하고 적합한 항생제 치료를 추천하기 위해 만들어졌다(Shortliffe, 1976). 같은 시기에 정신건강 분야에서도 유사한 시스템이 개발되고 있었는데, 가령, 1960년대와 1970년대에 Columbia university에서 개발된, 컴퓨터의 지원을 받아 정신과적 진단을 내리는, DIAGNO라는 도구가 있었다. 이 도구는 투입한 39가지의 임상-관찰 점수를 의사결정 트리(decision tree)를 통해 처리하여 진단 결과를 내 주는 방식으로 개발되었는데, 임상가들과 비슷한 수준으로 다양한 정신장애를 진단하는 것으로 밝혀졌지만(Spitzer & Endicott, 1974), 실제 임상 장면에서는 한 번도 사용되지 못하였다.

그림 2.1 전문가 시스템의 기초틀

이후 다양한 CDSS에 전문가 시스템들이 포함되었다. 예를 들어, 의사결정 지원은, 이름이 시사하는 바와 같이, 일반적으로 의사결정을 하는 지점에서 임상가들에게 정보를 제공하는 것을 말한다(Osheroff et al., 2007). 그러나 모든 CDSS 도구들이 전문가 시스템 또는 AI가 아니라는 점에 주목해야 한다 – 많은 도구들이 확률적 규칙이나 추정적 추론을 담지 않은 단순한 경고나 메시지를 작동시키는 하드코딩된 규칙들이다. 그럼에도 불구하고 몇몇 CDSS 도구들은 전문가 시스템의 원리들을 포함한다. 정신건강 관리에서 최근의 한 가지 예시는 US–Southwestern 의대에서 개발한 TMAP 프로젝트로, 컴퓨터 지원을 받은 우울증 약물 치료이다(Shelton & Trivedi, 2011; Trivedi et al., 2009; Trivedi, Kern, Grannemann, Altshuler, & Sunderajan, 2004). 이 시스템은 약물 처방과/또는 전자 건강 관리 시스템에 의한 투약에 적절한 변경을 제안하기 위한 알고리즘을 사용하였고, 예비 연구에서는 잘 작동되었지만, 실제에서는 실행에 있어서 여러 문제에 직면하게 되었다(하단의 "윤리와 도전" 참조).

CDSS 도구들–전문가 시스템 모델에 기반을 둔 것과 아닌 것 모두–은 그 성공과 실패에 있어 엇갈리는 평가를 받았다(Garg et al., 2005; Jaspers, Smeulers, Vermeulen, & Peute, 2011; Kawamoto, Houlihan, Balas, & Lobach, 2005). 도구들 중 다수는 많은 환자들에게 두루 사용될 수 있도록 만들어진 최적의 치료 또는 가능한 치료 방법들의 표준화된 순서를 적용하는(일반적으로 전문가들의 의견 또는 통계적 평균으로부터 온) 증거–기반 규칙에 기반을 두고 있다(Bauer, 2002; Bennett, Doub, & Selove, 2012; Green, 2008). 하지만 실제 현장에서 환자들은 치료 효과에 영향을 주는 개별화된 특성과 증상들을 가지고 있다. 이로 인해 임상가들은 모든 환자에게 같거나 비슷한 권고사항들을 믿지 못하게 되었고, 임상 실험과 연구 대상자들에게 굉장히 효과적이었던 치료들도 실제 상황에서는 똑같이 적용되지는 않는다는 것도 알게 되었다(Benett et al., 2012; Green, 2008). 더구나 이러한 증거－기반 규칙들은 금세 시대에 뒤떨어지게 되는 경우가 많았다.

전통적인 전문가 시스템들과 CDSS는 *지식 공학* 문제, 즉 규칙들의 지식 베이스를 만들고 유지하는 과제에 부딪히게 되었는데, 특히 이 과정을 단순화시켜야 할 필요성이 있기 때문에 이는 어려운 과제이다. 아무리 많은 규칙들을 만들어도 항상 예외가 존재하고 이로 인해 더 많은 규칙들을 만들어야 할 필요성이 있다. 문제는 무한 후퇴였다. 무한한 규칙 없이 어떻게 완벽하게 세계를 반영할 수 있겠는가? 이는 AI를 다른 분야들에 적용하는 데 있어서도 나타나는 문제이다.

건강 관리에서 AI를 사용하려는 최근의 시도들은 확률적 추론을 위한 규칙들의 지식 베이스를 넘어서 *자료－주도적인* 확률 추론을 하기 위해 복잡한 기계－학습 알고리즘을 결합시켰다(Bellazzi & Zupan, 2008). 한 예시로 IBM의 Watson은 현재 암과 같은 특정 문제에 적용되고 있으며 실제 운영을 목적으로 한 연구들이 실시되고 있다(Ferrucci, Levas, Bagchi, Gondek, & Mueller, 2013). 이러한 AI의 새로운 형태들은 많은 초기 전문가 시스템의 원칙들을 압축했지만, 더 융통성 있고 개별화된 방식을 사용하고 있다. 예를 들어, 최근의 AI 접근들은 임상적 자료로부터 "학습"할 수 있고, 자기의 예측과 추천이 얼마나 정확한지 평가할 수 있으며, 더 나아가 자기의 실수로부터 "학습"할 수 있다(Bennett & Doub, 2010; Bennett et al., 2011, 2012). 이와 같은 시스템들은 인간 전문가들이 알지 못하는 패턴들을 발견할 수도 있고, 이를 자동적인 방식으로 실행할 수 있다. 새로운 지식을 형성하고 활용하는 데 걸리는 시간이 몇 년에서 몇 주 혹은 며칠로 줄어들 수도 있다. 이러한 접근은 효과적인 임상 실습을 위한 새로운 지식을 개발하는 동시에 기존의 지식과 증거－기반 모델을 실제 상황에 맞도록 수정할 수도 있다(Benett & Douub, 2010).

더 광범위하게, AI에 대한 발상의 전환이 있었는데, 즉 '마음'과 '컴퓨터'가 본질적으로 동일하다는 생각 그리고 지배적인 알고리즘을 추구했던 예전 방식(GOFAI)에서 자기생산,[4] 연결주의[5]와 같은 시스템 사고 출현을 거쳐 현대의 임바디드된/상황화된/역동적인 AI, 제정, 머신러닝 접근까지 이르게 된 것이다(Beer, 2000;

4) 자기 자신을 재생산하고 유지해 가는 체계
5) 인공 신경망을 사용하여 인지적 능력을 설명하려고 하는 심리철학의 이론

Brooks, 1991). 이러한 변화가 나타난 이유는 기존의 알고리즘과 시스템들이 자연지능이 지닌 특수성과 적응성을 보여 주기에는 역부족이었기 때문이다. 다시 말해, 인공지능 시스템들이 세상을 이해하고 세상과 지능적으로 상호작용하기 위해서는 특수성과 융통성(적응성)이 필요하다는 것이다(증거-기반 치료 프로토콜도 이러한 문제점이 있다. Green(2008) 참조). 예를 들어, 전통적인 탐색과 계획에 기반하여 개발된 체스 AI는 대체로 잘 기능하지만 만약 게임의 규칙이 바뀐다면 이에 대처할 수 없다. 즉, 하나의 맥락에 적용된다 하더라도 다른 맥락에 적용되지 않을 수도 있다는 것으로(Brooks, 1991), 매우 좁은 범위 그리고 고정된 세상에서만 유용하다는 것이다. 기술적이지만, 융통성이 없다. 융통성은 시간이 흐르면서 세상이 변할 수 있다는 것, 즉 세상은 역동적이라는 것에 대한 이해에서 출발한다. AI에 대한 최근의 관점들은 이것을 문제로 보지 않고, 기회로 본다. 우리는 그들의 구조를 익힘으로써 이러한 역동을 이용할 수 있을 것이다(Beer, 2000).

유사하게 임상 과정도 시간에 따라 변화는 역동적인 과정이다. 전통적인 규칙-기반 AI 접근에서 벗어나고 있는 것은 분명 한 단계 진전한 것이지만, 아직도 임상 장면에서 중요한 시간적 측면이 반영되지 못하고 있다. 임상 장면에서 우리가 내리는 결정들과 그에 따른 개입들은 향후 환자의 상태에 영향을 미친다. 즉, 결정들이 세상을 *바꾸고*, 그렇게 하는 것은 우리가 만들게 될 미래의 결정들을 *하게 만든다*는 것이다. 그 역동적인 과정에 고유한 정보가 있다. 하지만 어떻게 그것을 활용할 수 있을까?

## 현재-임상적 AI와 전문가 시스템에의 역동적 접근

### 시간 모델링 개요

전통적인 통계적 방법에서 데이터-마이닝/기계-학습 방법에 이르기까지 다양한 컴퓨터 접근들은 한 시점에 최적의 임상적 결정(예, 가장 효과적인 처치)을 내리기 위해 사용되었다(Bellazzi & Zupan, 2008; Bennett & Doub, 2010; Boulesteix, Porzelius, & Daumer, 2008). 앞서, 이들 중 일부에 대해 다루었는데, 역동적인 정보를 활용하는 이유는 다양한 시점에서 이러한 방법을 사용하기 위해서(즉 순차적 의사결정을 위해)이다. 다시 말해 단일-결정 시점 모델들의 예측/확률은 개별화된 예측(예, 개인 맞춤형 약물)을 하기 위해 다양한 시점 시간 모델링과 동시에 활용될 수 있다는 것이다("맞춤의학을 위한 다중-에이전트 모델" 섹션 참고).

실제로 관련 연구들은 마르코비안 모델(Markovian models)(Alagoz, Hsu, Schaefer, & Roberts, 2010; Beck & Pauker, 1983), 시간 데이터 마이닝(bellazzi, Larizza, Magni, & Bellazzi, 2005), 강화 학습(Shortreed et al., 2011; Zhao, Kosorok, & Zeng, 2009)과 같은 시간 모델링을 사용하는 것이 시간에 따른 환자들의 임상적 변화 패턴을 이해하기 위한 도구로서 잠재력이 있음을 밝혀냈다(Hauskrecht & Fraser, 2000; Scechter, Bailey, Schaefer, & Roberts, 2008). 이런 모델링은 치료 계획을 용이하게 하고, 임상적 의사결정을 강화시켜 주는데, 이는 환자와 임상가 모두에게 더 정교화된 임상적 의사결정 지지 도구를 제공하는 데 기여할 수 있다(Chakraborty & Murphy, 2014; Patel et al., 2009). 여전히 남은 문제는 이것을 어떻게 실제 임상적 과정에 적용시키는가이다.

### 실제 임상적 적용 – 역동적인 세상에서 예측하기

이전 연구에서 우리는 실제 임상적 자료를 통해 특정한 시간 모델링 기법들(Markov 의사결정 과정과 역동적 의사결정 네트워크, 하단 참조)을 결합하는 것이 임상적 영역에서 인간이 내리는 의사결정과 비슷하다는 것을 보여 주었다(Bennett & Hauser, 2013). 이 결과는 임상적 관리에서의 의사결정 과정을 시뮬레이션한, 특정한 질병에 국한되지 않는, 컴퓨터 응용 AI 체계였다. 이것은 2가지 잠재적인 기능을 갖고 있다: (i) 다양한 건강 관리 방침들, 지불 방법론 등을 탐색할 수 있는 자극 환경과 (ii) 임상적 AI의 베이스 – "의사처럼 생각할 수 있는" AI.

이 AI 체계는 약 6,000명의 실제 환자 자료를 이용하여 평가되었다. 연구에 포함된 환자들은 대부분 정신장애와 신체장애를 동시에 경험하고 있었는데(주로 임상적 우울증과 고혈압, 당뇨, 만성 통증과 심혈관 질환을 포함한 만성적인 신체장애), 만성적 질환은 미국에서 저소득층 의료보장제도 혹은 노인 의료보험제도를 받고 있는 사람들이 주로 호소하는 문제이지만, 실제 연구에 포함된 환자들은 다양한 보험을 가지고 있었다. 본 연구에서는 결과의 지표로 환자들의 증상이 아닌 기능 수준이 사용되었는데, 즉 만성적 질환의 치료에서 중요하게 여겨지는 환자의 일상생활에서

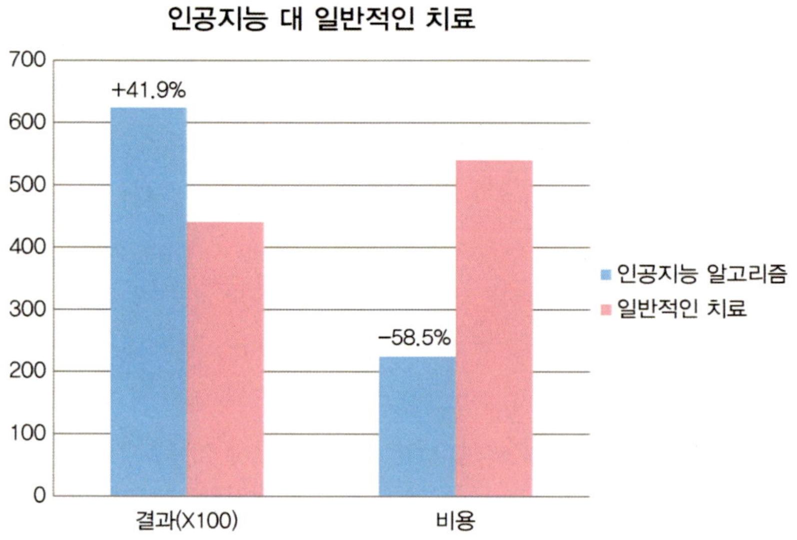


그림 2.2 인공지능 대 일반적인 치료(Bennett & Hauser, 2013)

의 기능("환자가 일상생활에서 얼마나 잘 기능하는가")에 대한 개선/악화를 추적하였다. 이때 기능 지표들은 치료 비용 대비(CPUC, 변화수치당 든 비용) 효율성 점수로 전환된 다음, 절댓값이 아닌 델타값(시간 대비 효과)으로 계산되었다. 달리 말하면, 우리가 주목한 것은 어떤 임상적 관찰이나 결과의 절댓값(예, 환자의 현재 포도당 수치)이 아니라 *시간에 따른 변화*였다. 상대적 척도(CPUC)는 특정 질병에 대한 결과[6]나 임상적 측정, 예를 들어 혈압, 암 전이 단계, 입원 기간, 의학적 처치로 인해 추가적으로 얻게 되는 수명(Quality-adjusted life years; QALY 등)에도 사용될 수 있기 때문에 AI 체계가 다양한 질병에 적용될 수 있다(Bennett & Hauser, 2013의 2.1 부분 참고). 이러한 접근은 성과에 있어서는 거의 50%를 향상시키고 건강 관리에 있어 기존 방식 치료 접근에 비해 거의 반 정도의 비용을 절감하는 것으로 나타났다(그림 2.2).

그림 2.2는 질이 아닌 양으로 서비스에 대한 비용을 지급받는 임상가들(적어도 미국에서는)의 한계점을 보여 주는 것이 아니라 시스템의 한계점을 보여 주는 것이

6) 진료횟수를 늘리고 강도를 높일수록 의료 기관의 수익이 증가하므로 의료 서비스 공급자들은 그렇게 하고 싶은 인센티브가 작용한다. 하지만 이러한 인센티브는 의료비를 증가시켜 환자에게 경제적 부담을 늘리고 건강 보험의 재정 악화를 초래할 수 있다.

다 – 우리는 현재 행위별 수가제 혹은 건강 관리의 수정 모델보다 더 잘할 수 있다. 여기서 소개하는 접근법들이 이를 가능케 하는 데 기여할 수 있을 것이다.

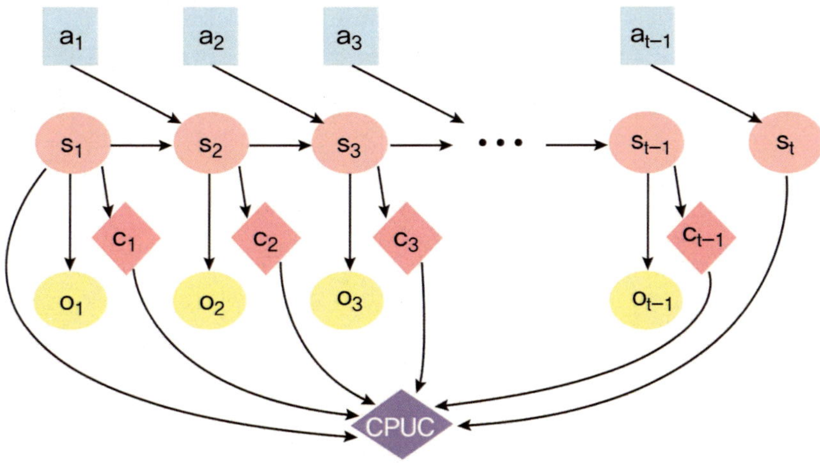


**그림 2.3** 의사결정에 있어 POMDP/DD의 예시

a=개입(치료), s=상태(환자의 건강 상태), o=관찰(임상적 관찰), c=비용(치료 비용), CPUC=변화에 따른 비용(결과 측정, 예, 비용-효과적 치료), 아래첨자는 시간을 의미함.

위에서 언급한 것처럼 AI 체계는 부분적으로 관찰 가능한 Markov 의사결정 과정(POMDPs)과 역동적 의사결정 네트워크(DDNs), 가능한 대안적 미래의 궤적과 신념에 따른 이유를 이끌어 내고 그들의 선택과 계획을 주어진 새로운 정보에 맞춰 끊임없이 재평가하는 온라인 에이전트인 다중 에이전트 시스템(multiagent system(MAS))을 결합한 접근법을 활용한다(Bennett & Hauser, 2013). 여기서 중요한 점은 임상 상황에서 특정 결과 혹은 비용와 관련이 있는 지각(관찰)과 행동(치료)이 순환적으로 연결되어 있다는 것이다(그림 2.3). 우리의 행동들은 미래에 우리가 지각할 것을 변화시키고, 같은 방식으로 지각 역시 우리의 행동을 변화시킬 수 있다(세상에서 움직임으로 인한 인간 시각 시스템에서의 변화와 동일한 구조(Gibson, 1979)). 즉, *지각적 피드백의* 구조 안에 정보가 있다는 것이다 – 그림 2.3와 같이 개별적이든 연속적이든 시점들 간 상대적 차이(즉 델타값)에 내포된 정보는 문제에 대한 절대적 이론이 없어도 세상에 최적화되어 작동할 수 있도록 문제를 단순화시킬 수 있다.

이러한 델타값의 대표적인 예는 임상적 성과 측정으로, 특히 신체적, 정신적 만성장애와 같이 시간에 따라 변하는 경우는 더욱 그러하다. 이것들은 증상 위주의 측정(예, 포도당 수치, 우울증 척도) 또는 환자의 일상생활에서의 기능 측정(예, 삶의 질)이 될 수 있다. 요점은 그들의 절대적 가치가 아닌 시점들 간 이러한 가치들의 *변화*가 근본적으로 중요하다는 것이다.

델타값은 *절대적* 상태와는 대조되는 *상대적* 상태의 지표로 간주될 수 있다(Benett & Hauser, 2013). 상대적 상태는 현재의 상황과 미래에 대한 예측을 함께 인식하는 틀을 형성한다. 이와 같이(그리고 절대적 상태와는 대조적으로) 그들의 구조에는 순환되는 자연 고유의 것이 있다. 각각의 예측은(예, 시점 2)는 여러 델타값(시점 1－시점 0)을 토대로 계산되고, 이는 새로운 델타를 이끌어 내는 행동으로 이어지는데, 즉 원래의 한 단위 시점의 차이(시점 1－시점 0)뿐만 아니라 그 이상 단위의 차이(시점 2－시점 0)가 계산된다는 것이다(Wingate, 2012). 달리 말하면, 이 방식은 행동의 효과와 행동의 순서를 반영하는 델타값들(예, 환자 성과와 치료 비용) 간의 관계를 구조화하여 특정한 예측을 하게 되는 것이다(Keijzer, 1998; Warren, 2006). 사실상 이것은 생성 과정이 된다. 하나의 델타값의 "의미"(예, 성과 변인들에서의 변화)는 세상에서의 *행동*과 *예측* 두 가지 모두의 과정에서 나타난다(Barsalou, Breazeal, & Smith, 2007; De Jaegher & Di Paolo, 2007).

여기서의 목표는 사람과 비슷하게 자료에서 의미를 추론하는 임상적 AI 도구들을 만드는 것이다. 의미는 상대성에 집중되어 있다－사물들(또는 시점들, "인지적 컴퓨팅" 섹션 참고) 간의 차이에 기반한 상대성.

이것은 임상적 현장 그리고/또는 CDSS 도구들을 만들어 내는 데 여러 시사점을 제시한다. 첫째, 이전 장에서 언급한 바와 같이 정보를 어떤 형태, 예를 들어 선 그래프로 보여 주는 데에는 한계가 있는데, 선 그래프는 트렌드에 관한 정보를 주지만, *무엇을 해야 한다*고 꼭 알려 주는 것은 아니다. 실제 인간의 인지 과정은 시간에 따라 역동적으로 지각들(즉 자료)과 행동이 얽히면서 상호작용하는 결과로 나타난다. 우리의 컴퓨터를 사용한 임상적 도구들은 이와 같아야 한다. 둘째, 여기서 설명한 접근법들은 믿음 상태의 공간에서 작동한다. 그림 2.3에서 환자의 "상태"(예, 건강 상태)는 확실하지 않아도 된다. 정확한 진단이 어렵거나 몇 가지 임상적 관찰이 빠져 있거나 확실치 않아도 괜찮다. 믿음 상태의 공간에서 작동하면 흑과 백으로만 이루어지지 않은 세상을 다룰 가능성이 높아진다. 셋째, 여기서 설명한 접근은 *온라*

*인* AI인데, 이는 행동이 실행되고 새로운 자료가 축적되면서 지속적으로 계획하고 재계획한다는 뜻이다. 즉 단일 시점(예, 접수면접)에서 단순하게 치료 권고를 하는 것이 아니고, 증거/자료의 변화에 따라 지속적으로 최적의 치료 계획 예측을 조정한다는 것이다. 또한 더 나아가 예측에 있어 성공과 실패를 반복하면서 미래에 더 나은 예측을 하기 위해 학습할 수도 있다(Bennett et al., 2012; Bennett & Hauser, 2013).

우리의 구체적인 체계나 도구, 또는 기술이 중요한 것이 *아니라는* 점을 강조하고 싶다. 근본적인 것은 시간에 따라 판단하고, 불확실성을 처리하고, 학습하는 것을 아우르는 *원리/원칙들*이다. 목표는 우리의 인지 과정과 유사한 기술을 개발하여, 우리가 하는 일을 더 잘하고/또는 머릿속에서 치료의 성공 가능성을 계산하는 대신 임상적 관리와 같은 다른 업무에 집중하는 데 있다. 또한 예를 들어, 이러한 건강 정책 연구, 비교 효과 연구 등과 같이 임상적 치료 결정들을 이해하고/모방하는 데 기여할 것이다(Bennett & Doub, 2014; Rogers, 2013).

### 맞춤 의학을 위한 다중-에이전트 모델

실제 시행될 때, 이전에 설명했던 구조(framework)는, 실제 시행될 때, MAS처럼 작동된다(Bennett & Hauser, 2013). 이것은 그림 2.4에서 볼 수 있다(Bennett & Hauser, 2013). Agent(예를 들어, 의사, 환자)는 왼쪽에 있다. 실제 개개인 환자들과 임상의들(각 박스 안에서 보여진)의 다양한 특징들을 가지고 있는 에이전트들은, 어떤 의미에서 그들의 실제-세계 상대의 *디지털-아바타*라고 볼 수 있다. 이들은 실제 개개인을 나타내는 수백 또는 수천 개로 존재할 수 있다. 그림 2.4의 오른쪽에 제시한 바와 같이, 이들 모형의 다양한 다른 양상과 과정들은 크게 세 단계로 구분할 수 있다. 이것은 증거-기반 또는 결정 의사결정과 같은 임상적 과정의 특정한 단계를 반영하는 것이다.

우리가 강조하고 싶은 것은-실제 시행에서(MAS)처럼-각 환자에 대한 치료적 추천이 환자의 특성을 고려한 맞춤형이라는 것이다. 더 나아가, 다양한 임상의의 특성과 선호 또한 반영될 수 있다. 각각의 환자는 다르고, 각각의 임상의 또한 다르다. 단순히 통계 평균을 토대로 모든 환자에게 적합한 치료를 추천하는 것이 아니다. 이것의 목표는 시간에 따라 나타나는 행동의 변화를 포착하여, 각 환자에 대해 맞춤형 *전환 모델*을 세우는 것이다. 이것은, 예를 들어, 신경 회로망 또는 반

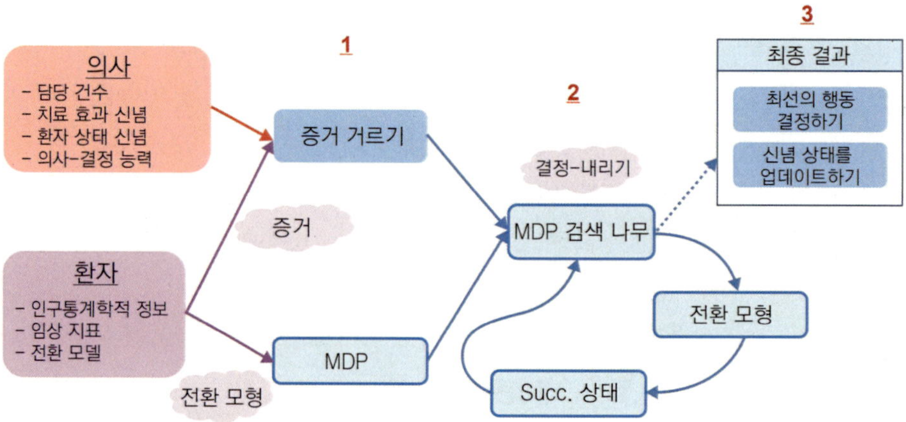


**그림 2.4**

프레임에 대한 개관(Bennett & Hauser, 2013). 에이전트의 유형은 이중 라인 박스에 나타나 있다. 다른 박스들은 모델의 다양한 다른 측면을 나타냄. 총괄 흐름도는 다음과 같음: (1) 기존의 신념을 토대로 환자에 맞는 MDP/의사 에이전트를 만듦; (2) MDP 검색 나무를 통해 최적의 행동을 결정함; 그리고 (3) 치료 개입을 실시하고 신념을 업데이트함.

응 가능성에 기반하여 환자들을 "치료 X에 반응할 가능성이 있는 집단"과 "치료 Y에 반응할 가능성이 있는 집단"으로 분류하도록 훈련 받은 서포트 벡터 머신[7]과 같은 하나의 시점을 데이터-마이닝[8]하는 환자-특정 결과 전환 모형의 확률을 구성함으로써 달성할 수 있다(Bennett & Doub, 2014). 달리 말하면, 우리는 확률에 기반하여 환자의 독특한 유전, 임상적, 그리고/또는 사회 인구통계학적 특성에 따라 어떻게 시간의 흐름에 따라 각 환자들이 변화할지 예상할 수 있다는 것이다. 이 접근은 환자 맞춤 의학을 실생활에서 전달해 주는 기술적 인프라 제공의 가능성을 담고 있다.

---

7) 서포트 벡터 머신은 패턴 인식과 자료 분석을 위한 지도(감독/교사) 학습(supervised learning)의 모델이며, 주로 분류와 회귀 분석을 위해 사용한다.

8) 요약 많은 데이터 가운데 숨겨져 있는 유용한 상관 관계를 발견하여, 미래에 실행 가능한 정보를 추출해 내고 의사결정에 이용하는 과정을 말한다.

## 기술적으로 향상된 임상의들

이쯤에서 이러한 연구들의 가장 중요한 목표는 인간 임상의를 대체하는 것이 아니라 그들이 더 효과적으로 일할 수 있도록 도와주는 것에 있다는 것을 강조하고 싶다. Eric Topol은 최근 자신의 책에서 다음 세대의 의사들은 *기술-향상된 임상의들로써,* 건강 보건의 디지털 세대에서 정보 결정권자로 기능할 것이라고 주장하였다(Topo, 2012). 미래의 난제 중 하나는 여러 출처로부터 수집하는 데이터들(우리 몸 안에 있는 내장형 센서로부터 온 데이터도 포함; 이 장의 다음 부분인 "The intersection Between Other Emerging Technologies and Clinical AI"를 보아라)로 인한 정보 과부화이다. 어떤 정보를 주목하고 어떤 정보를 무시하고, 어떻게 모든 정보를 이해할지가 어려운 문제가 될 것이다. 미래의 임상의들은 이런 난제를 해결하는 데 기여할 것이다. 어떤 의미에서, 이것은 그들이 이미하고 있는 것과 다르지 않다. 여기에서의 요점은 임상 AI를 연구하는 주요 목적 중 하나는 그들이 하고 있는 것을 더 잘할 수 있도록 돕는 데 있다는 것이다. 그들이 하고 있는 것에 대한-그들이 생각하는 방식으로 생각하는-도구를 만듦으로써 우리는 그들이 이러한 인지적 업무의 짐을 덜어 내고 실제 환자 돌봄과 같은 다른 업무에 더 집중할 수 있도록 돕고자 하는 것이다. 이런 의미에서, 일부는 미래의 임상의를 "사이보그 임상의"라고 상상할 수 있다. 정말로, 어떤 사람은 이미 그들이 그렇다고 주장할 수도 있을 것이다(Clark, 2004). 우리는 이에 대해 "결론" 부분에서 더 논의하겠다.

## 임상적 AI에 대한 역동적 접근 요약

여기서 주요 요점은, 임상적 AI에 대한 일시적 모델링 그리고/또는 역동적인 접근은 우리가 이 세상에 대해 생각하는 방식, 그리고 의사결정에서 우리가 마주하는 문제들과 잘 부합된다는 것이다. 그들은 인식(관찰)과 행동(치료)의 역동적인 과정에 내재된 정보를 활용한다. 최근 연구에서 이런 접근들은, 대략 절반의 비용으로 50%에 가까운 효과를 낼 수 있다는 결과를 밝힘으로써 건강 관리의 현재 모형이 더 나은 결과를 낼 수 있다는 가능성을 객관적으로 보여 주었다(Bennett & Hauser,

2013). 더 나아가, 일시적 모델링은 존재하는 단일-결정 시점(single-decision time-point) 모델을 토대로 개발할 수 있다. 지난 20년에 걸친 우리의 연구와(Bennett & Doub, 2010; Bennett et al., 2011) 다른 연구를 통해(Bellazzi & Zupan, 2008; Boulesteix et al., 2008) 단일-결정 시점 time point 모델링(예, 데이터 마이닝)이 다양한 건강 관리 환경에-암부터 정신건강까지-효과적인 것으로 확인되었다. 일시적 모델링은 지난 20년 동안 데이터 마이닝의 엄청난 발전의 결과로 나타난 자연스러운 현상이며, 환자 맞춤 의학을 전달하는 데 있어 실제적 방법과 기술적 인프라를 제공한다.

현재 학계에서는 다양한 임상적 영역에서 어떤 특정한 방법을 수행하는 것이 가장 효과적인지에 대한 논쟁(예를 들어 네트워크 신경망, 랜덤 포레스트(random forest), 통계 관련 학습 중 어떤 것이 "최고"인지)이 활발하게 이루어지고 있고 더 나은 알고리즘을 만드는 데 주력하고 있다(Demsar, 2006). 하지만 이러한 논쟁들은 실용성 측면에서 한계가 있으며, 혼란을 야기한다. 만약 우리가 미래에 대해 예측할 수 있다면(우리가 선택하는 알고리즘과 상관없이), 우리는 시간에 따라 어떻게 세계가 변할지 더 이해할 수 있게 될 것이다. *그리고 시간에 따라 어떻게 세계가 변할지 이해하는 것은 궁극적으로 어떻게 그 안에서 행동할지 알려 주는 열쇠가 될 수 있다.* 여기서 무엇보다 중요한 목표는 임상의를 대체하는 것이 아니라, 인간과 기계의 잠재력을 극대화하는 데 있다.

## 미래

### 건강 관리에서의 인지적 컴퓨팅

건강 관리와 임상적 의사결정 분야에 있어 앞으로 기대되는 기술은 *인지적 컴퓨팅*이다. 이것의 간단한 원리는 우리가 이 장에서 이미 논의한 아이디어들과 유사하다-하드웨어와 어떻게 프로그램하는가의 관점에서, 이미 우리의 뇌가 환경과 상호작용하고 있는 방식(Bennett & Doub, 2014; Modha et al., 2011)을 향상시키기 위해 우리의 컴퓨팅 도구를 인지적 발판의 형식으로 재개념화하는 것(Esser et al., 2013)-기본적인 차원에서, 이것은 노트 패드와 계산기가 제한적이지만 이미 하고 있는 일이다. 노트 패드와 계산기는 "의미"를 끌어내거나 학습할 수 있는 능력은 조금밖에 없어 우리가 이 세계와, 이 세계가 가지고 있는 미스터리를 더 잘 이해하는 데는 많은 도움을 주지 못한다. 하지만 AI와 일시적 모델링 접근은 이러한 한계점을 보완할 수 있다.

일시적 역동은 시간의 흐름에 따른 변화에 초점을 맞춘다. 전통적인 인지적 관점에 적합한 질문은 이것이다-우리가 인식하는 모든 것을 델타로 정의할 수 있다면(예를 들어 시간에 따른 변화), "우리가 아는 것은 무엇인가?"-이것은 절대적 지식을 설명하는 것과 관련이 있는 것인가, 아니면 모든 관련된 지식을 설명하는 것과 관련이 있는가? 이는 절대적인 정의라기보다는 대조의 개념에서 이해될 수 있다. 이는 사람들은 '정반대를 사용하여' 타인의 얼굴을 확인하거나 타인의 정서를 판단한다고 밝힌 신경과학 연구와 그 맥을 같이 한다(Anastasi & Rhodes, 2005). 또는 인간의 시각계에서 측면 억제와 관련이 있다(Blakmore, Carpenter, & Feorgeson, 1970). 아마도 이것은 우리가 절대적으로 어떤 것을 "아는"게 아니라, 어떤 것들의 차이점을 안다는 의미일 것이다. 실제로, 이러한 관점을 감각운동 협응 그리고/또는 체화된 인지를 상위 인지와 추상적 생각과 연결한다고 볼 수 있다(Clark, 2013). 만약 우리의 움직임/행동이 우리 행동에 따라 어떻게 지각된 환경이 바뀔 것인지에 대한 예측들을 토대로 하는 지각적 피드백에 영향을 받는다면, 기본적으로 중요한 것은 두 시점(timepoint) 간의 상대적 차이일 것이다(예를 들어 deltas). 만약 우리가 이 개념을 추상적이든 혹은 구체적이든 두 개의 대상으로 확장한다면, 이는 근본적으로 같은 원리가 아닌 것일까?(Botvinick, 2012). 즉, 개인/대상은 그들이 무엇인가 그리고 무엇이 아닌가로 정의된다.

좀 더 구체적인 예시가 도움이 될 것 같다. 예를 들어, 집단 유전학에서는 다른 개체들보다 서로 간의 이종교배의 가능성이 더 큰 종들을 같은 집단으로 분류한다. 이러한 인구구조는 집단의 선택과 진화론적 장치 안에서 중요한 톱니 역할을 한다(Wade & McCauley, 1988). 기본적 원리는 개인은 집단의 다른 구성원들과 얼마나 가까운가로 정의될 뿐만 아니라, 집단 밖에 있는 사람들과 얼마나 다른지로도 정의된다는 것이다. 이 두 개의 구성 요소 없이는, 비록 사람들의 분포의 어떤 패턴이 있을지 몰라도, 인구구조는 없다. 진화의 궤적은 개인/대상 간의 *상대적* 차이에 의해 영향을 받았다. 즉, 어떤 시점에서 새로운 환경에 적응할 때 이러한 상대적 차이에 따라 필요한 유전자 이동/선택이 발생하는 것이다. 개인이나 대상이 무엇인지에 대해서만 초점을 맞추는 것은, 예를 들어, 집단 구성원을 나타내는 절대적인 몇 가지 특징들은, 무엇이 발생하느냐에 대한 궁극적인 측면을 설명하지 못한다.

같은 맥락에서, 역동적 관점에 따르면, 인지는 이것이 연속적(두 시점) 혹은 분류적(두 대상)이든 상관없이, 더 큰 몇 가지 인지적 상태로 통합하는 데 있어 같은 원칙이 적용된다(Beer, 2000). 건강 관리 환경에서도, 특정한 환자에 대한 여러 가능한 진단을 구별 혹은 만성적 질병의 과정을 예측할 때, 매일 이러한 문제에 당면하게 된다.

이러한 관점은 임상적 AI의 디자인 그리고 전문 시스템을 발전시키는 것에 있어서 유의한 시사점을 지닌다. 전통적으로, 의학에서의 AI는 – 정보를 통해 현장에서 적용할 수 있는(예, 더 나은 의사결정을 내림) 특정한 팩트나 지식과 같이 임상적 규칙을 이끌어 내기 위한 것으로 간주되어 왔다. 하지만 *이러한 접근은 실제 이들이 작동하는 세상과 동떨어져 있다.* 자연 유기체가 가진 장점은 자신들이 사는 환경에 임베디드(embedded)되어 있어 감각운동적 과정이 자신들의 문제를 해결(예, 음식을 찾는 것)하는 데 최적화되어 있다는 것이다. 자연 유기체는 의심할 여지없이 어떤 특정한 상호작용을 요구하고, 빛이나 소리의 파장과 같은 특정한 물리적 현상으로 채워져 있는 3 – D 세상에 거주하면서 일정한 임베드먼트를 가지고 있다. 임상적 환경은 다른 지각현상 중 하나로, 자연 환경만큼 풍부한 감각적 정보 – 방사선 이미지, 심전도(ECG) 모니터 데이터, 혈당 기록, 우울 결과 측정 – 가 있다. 자연 유기체처럼, 행동(치료 개입을 결정함)이 미래의 인식(임상적 관찰)에 영향을 미칠 수 있도록 AI를 디자인할 수 있다면 예를 들어, 지각적 피드백(*perceptual feedback*)("Real – World Clinical Applications" 부분을 보아라), AI의 환경적 상호작용이 자신의 존재(being)와 접목될 것이다. 이것의 성공(존재와 생존)은 우리가 해결해야 할 건강 관리 문제와 동일한 것이다. 즉, 우리가 AI를 임상의 의사결정 과정에 적절하게 임베디드시킬 수 있다면, 임상 현장에서 풀어야 할 과제를 해결할 수 있을 것이다(마치 자연 유기체들이 자연 환경에서 장애물에 대처하고 음식을 찾는 것과 같이).

요약컨대, 자연 유기체들이 그들의 환경에 적응/살아가는 방식과 유사하게 우리의 AI와 CDSS 도구를 연합시킬 필요가 있다. 이러한 연합은 임상적 영역에 존재하는 풍부한 물리적 자원이 아닌 컴퓨터 기술로 인해 가능하다. 목표는 간단히 미래의 임상적 AI 그리고 전문가 시스템을 디자인하고, 더 똑똑한 체계를 더 똑똑한 방식으로 향상시키기 위해 자연과 진화에서 관찰된 원칙으로부터 이점을 취하는 것이다. 이것이 건강 관리 안에서 인지적 컴퓨팅이 가야 할 방향이다.

### 다른 떠오르는 기술들과 임상적 인공지능 간의 교차점

떠오르는 다른 기술들은 미래의 CDSS, AI/전문가 시스템, 그리고 임상적 의사결정 차원에서 상당한 잠재력을 가지고 있다. 이들은 주로 과거에는 어렵거나 불가능했던 새로운 방식 또는 환경에서 (예를 들어 병원 밖에서) 데이터를 수집하는 것을 가능케 한다. 이 책의 다른 장에서 이들 중 몇 가지 기술에 대해 구체적으로 논의하였는데, 예를 들어, 가정 내 임상적 관리에 사용되는 가상의 에어전트(4장)와 로봇(5장)이 있다. 여기서, 우리는 미래의 AI와 CDSS 도구에 대해 언급하고자 한다.

임상 치료(특히 정신건강)를 제공하는 것에 있어 가장 큰 어려움 중 하나는 환자들이 보통 한 주나 한 달에 한 번씩 만나기도 하지만, 어떤 경우에는 일 년에 한 번만 치료자를 만난다는 점이다. 치료실 내에서 치료자가 환자를 관찰하는 것만으로는 실제 환자들의 질병이 이들에게 어떤 영향을 미치는지 제대로 이해할 수 없다. 기껏해야, 치료자들은 환자가 치료실을 방문했을 때 환자의 진술 그리고 임상적 면담 과정에서 환자의 행동을 관찰함으로써 이를 추론할 수 있다. 이에 반해, 어디에나 있는 in-home 센서 기술들 그리고/또는 스마트 홈은 이러한 한계점을 보완할 수 있다(Skubic, Alexander, Popescu, Rantz, & Keller, 2009; Zhou et al., 2009). 예를 들어, 집 안에 배치된 센서들은 임상적 우울증이 있는 사람의 활동 수준을 모니터링할 수 있다(Van Kasteren, Noulas, Englebienne, & Krose, 2008; Wilson & Atkeson, 2005). 또한 영양 상태, 식생활 습관, 약 복용, 그리고 심리적 상태를 모니터링함으로써 매일 환자의 상태를 확인할 수 있다(Ko et al., 2010). 이외에도 노인들로 하여금 돈이 많이 드는 요양 시설에 의지하지 않고 자신의 집에서 살 수 있도록 도울 수 있다. 이러한 기술들은 단지 질병을 치료한다기보다는 건강을 증진시키는 데 초점을 두는 최근 건강 관리 분야의 흐름(예, 정신건강에서의 회복-지향적 치료(Davidson, Rowe, Tondora, O'Connell, & Lawless, 2008))을 반영한다.

CDSS 그리고/또는 임상적 AI 관점에서, 이러한 in-home 센서 기술은 환자, 그들의 질병, 그리고 그들의 일상에서의 기능에 대한 정보를 즉각적으로 제공할 수

그림 2.5 PARO-사회적 도움을 제공하는 로봇

있다(이는 환자의 기억에 의존하는 정보보다 더 요긴하게 사용될 수 있음). 보통 치유가 불가능한 만성적 질병을 효과적으로 치료 및 관리하기 위해서는 환자들이 일상에서 어떻게 기능하는지 이해하는 것이 필수적이다(Bennett & Doub, 2014). 따라서 병원 *밖에서* 환자의 상태에 대한 자료는 차후에 *병원 내에서도* 적용될 수 있는 더 예측력이 뛰어난 모형이나 CDSS 도구를 개발하는 데 중요하다.

더 나아가 in-home 센서 기술에서 흥미진진한 진전은 in-home 로봇 기술의 발전이다. 이는 업무-지향적 서비스 로봇(예를 들어 Rooba)과 사회 상호작용 동료 로봇(예, PARO)이 포함된다. 이러한 로봇에는 특정한 업무를 수행하는 데 필요한 센서들이 부착되어 있고, 이러한 센서들은 위에서 설명한 스마트 홈과 같은 방식으로 임상적 의사결정에 영향을 주는 자료들을 제공할 수 있다. 이에 관한 하나의 예시로, 사회적으로 도움이 되도록 만들어진 상호작용 로봇 PARO(그림 2.5)가 있다(Shibata & Wada, 2011). 다수의 연구를 통해 PARO는 요양소에 있는 치매노인 환자들에게 유익한 치료적, 사회적 효과를 야기하는 것으로 나타났다(Sabanovic, Bennett, Chang, & Huber, 2013; Wada & Shibata, 2006)(예, 사회적 기능 증진, EEG(Wada, Shibata, Musha, & Kimura, 2005)와 소변 호르몬 수준(Wada & Shibata, 2006)으로 측정한 스트레스 수준의 감소). 현재, 우리는 만성적인 임상적 우울증 때문에 고통받고 있는 노인 환자들을 대상으로, in-home 환경에서 PARO의 잠재력인 치료적 그리고 사회적 효과를 평가하는 협력 프로젝트를 진행하고 있다. 임상적 우울증은 독립적으로 생활하다가 요양원에 들어간 노인들의 정신 그리고 신체적 건강을 저하시키는 주요 요인 중 하나이다. 이 프로젝트의 일부는 로봇 센서가 얼마나 임

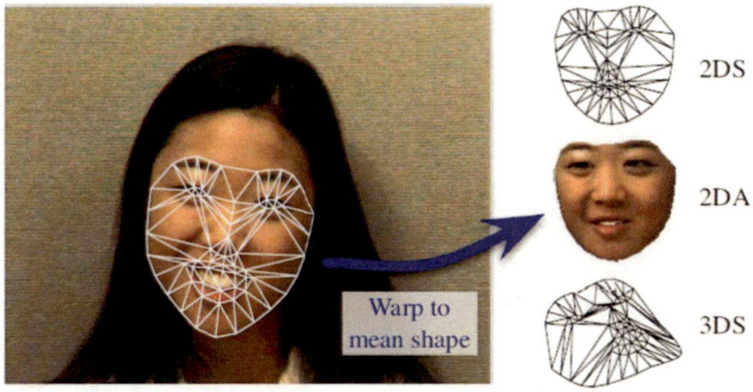


그림 2.6 안면 표정 인식(Lucey et al., 2006).

상적 의사결정과 치료(예, AI/전문가 시스템을 통하여)를 향상시키는 데이터를 제공하는지 그리고 어떻게 이런 정보를 독립적으로 사는 노인들을 돕는 데 사용할 수 있을지 살펴보는 데 그 목적이 있다.

더 직접적으로, 로봇 기술들은 특히 사람들과의 상호작용을 통해 다양한 건강 보건 문제(특히 인지적 장애)들을 이해하고 치료하기 위해 발전되어 왔다. 하나의 예로, 자폐아에 대한 많은 관련 연구가 실시되었는데, 특히, 사람들과 상호작용하는 로봇이 자폐자의 감각 과부화(Dautenhahn et al., 2009) 그리고 사회 관여 부족(Pioggia et al., 2007)에 효과적인지 살펴보았다(Scassellati, Admoni, & Mataric, 2012). 더 넓게, 로봇들은 운동장애와(Riek & Robinson, 2011) 알츠하이머가 있는 환자들을 돕기 위해 사용되어 왔다(Tapus, Tapus & Mataric, 2009). 이러한 로봇들은 센서들의 배열을 장착하고 있고, 위와 유사하게, 간단히 환자와의 상호작용을 통해 풍부한 자료를 임상적 환경에서 다시 사용할 수 있게 전달할 수 있고, 이는 자연스럽고 덜 침투적인 방식으로 적절한 임상적 데이터를 모으는 것을 가능하게 할 것이다(8장을 보아라).

이런 종류의 스마트 홈과 로봇 기술들의 능력은 웨어러블 기기(Pantelopoulos & Bourbakis, 2010), 모바일 기기, 스마트폰, 앱(Luxton, McCann, Bush, Mishkind, & Reger, 2011; 6장을 보아라)과 연관되어 사용될 수 있다. 미래에 이러한 기기들은 심지어 우리 신체 안에 장착될지도 모르며, 아마도 "측정된 자기(quantified self)" 흐름의 새 장을 열 수 있을 것이다(Topol, 2012).

마지막으로, 자동화된 안면 표정 인식과 관련하여 흥미로운 연구들이 진행되고 있다(Cohn, 2010; Pantic, 2009). 연구자들은 환자들의 얼굴을 자동으로 평가함으로써 고통(pain)을 자동적으로 인식하고(Littlewort, Bartlett, & Lee, 2007) 임상적 우울증이 있는 환자와 임상적 우울증이 없는 환자를 구분할 수 있는 컴퓨터 시스템을 개발하였다(Cohn et al., 2009)(그림 2.6). 이러한 도구는 병원에서 사용할 수 있고(예, 접수 공간에서), 시간이 많이 소요되는 검사를 거치지 않고－임상적 AI와/또는 CDSS를 위한 정보를 제공할 수 있다.

여기서 핵심은 AI와 CDSS 관점에서 이러한 모든 기술들은 우리로 하여금 이전에는 얻지 못했던 매일매일 환자의 건강과 기능에 대한 임상적인 자료를 더 자연스럽게 수집하는 것을 가능케 한다는 데 있다. 자료는 건강과 질병의 순간적 역동에 대한 관점을 더 풍부하게 하고, "현재"에서 논의했던 임상적 컴퓨팅 도구를 향상시키는, 궁극적으로 더 나은 임상적 결정을 내릴 수 있도록 할 것이다.

## 윤리와 도전

이 장에서 우리가 설명한 대부분의 기술들을 실제－세상의 임상 치료에 적용하는 데 있어 다수의 윤리적 문제를 고려해야 한다. 한 가지 중요한 이슈는 증거기반 임상적 기준을 임베디드하는 것이다. 즉, 본질적으로 시스템에 증거 기반 임상적 기준 혹은 치료 규칙을 넣으면, 다른 가능한 치료 방법이 존재할 수 있음에도 불구하고 한 가지 치료만 시행될 수 있다는 것이다. 예를 들어, 정신분열증 환자를 치료하는 방법은 다양하지만 환자는 항상 특정 수준의 약물을 처방받게 된다. 시스템에 이러한 임상적 기준을 넣는 것은 임상적, 윤리적 차원에서 모두 필요한 절차이다. 다행스럽게도, 우리는 시스템으로 하여금 특정한 조건이나 상황에서는 증거기반 임상적 기준 대신 다른 학습된 규칙을 적용할 수 있도록 프로그램할 수 있다(Benett et al., 2012). 임상적 컴퓨팅 도구는 의사결정자가 아닌 의사결정을 도와주는 역할을 하도록 '발표'되어야 한다. 이는 발표의 문제와 더불어 특정한 방법론적인 접근들(예, 실행적 과학, 참가적 디자인)(Bennett et al., 2011; Sabonovic et al., 2001)을 요구한다. 유사하게, AI로부터 의사나 환자에게 정보를 전달해 주는 시스템 인터페이스의 디자인(Benett, 2012)에 대한 우려(예, 어떻게 사람들이 시스템과 상호작용을 하고 어떻게 이러한 디자인이 현재 임상 작업의 흐름을 방해하지 않고 적용될 수 있는가를 이해하기 위해 인간 요인과 심리 업무 접근을 고려할 필요성)도 있다. 요약하자면, 임상적 기준들에 부합하고, 건설적인 방식으로 의사결정에 도움이 되는 적절한 정보를 제공하고, 인간의 특성이나 요소에 따라 적응할 수 있는 사용자 인터페이스를 만드는 것이 핵심이다(Bennett et al., 2012; Saleem et al., 2009).

또 한 가지 어려운 점은 이러한 기술들이 검증된 모델(예, 실제 임상 치료에서 사용할 수 있는 시스템)을 만들어 내기 위해서는 꽤 큰 모집단과(예, 표본 수)과 타당한 데이터가 필요하다는 것이다. 규모가 작은 공급자 기업의 경우에는 지역 전자 건강 기록(Electronic Health Record; EHR)에 이러한 기술을 활용하기 위해(예측 모델링, 분석적, AI) 데이터 병합을 고려해야 할 것이다(예, 건강 정보 교환(HIE)). 물론, 데이터 병합과 공유는 윤리적 문제를 제기한다. 건강 정보에서 개인의 사생활과 안전이 가장 우선시되어야 하며, 이를 위해 개인의 사생활 보호와 더 나은 그리고 의미 있는 건강 관리를 위해 필요한 정보 병합 간에 최선의 균형을 이루는 것이 중요하다(Bennett et al., 2012).

## 결론

인류는 인간 대신에 특정한 과제를 할 수 있는 도구를 발명하면서 진화되어 왔다. 인지적 과제 또한 다르지 않다 – 처음으로 사람이 돌을 쪼아 글을 쓴 것이 예가 될 수 있다. 이는 시간이 지나면서 노트, 펜, 계산기, 주판, 컴퓨터 등으로 지속되어 왔다. 이러한 점에서, AI는 사실 새로운 것이 아니며 수천 년의 인류 진화가 지속되고 있음을 반영한다. 여기서 중요한 질문은 어떻게 이 진화를 이어 나가느냐이다.

인간의 인지적 업무를 덜어 줄 수 있는 도구의 이점은 인간으로 하여금 보다 복잡한 문제 그리고 더 큰 그림에 초점을 맞출 수 있도록 한다는 데 있다. 이것은 확실히 현대 건강 관리 환경에서 유용하다. 매년 새로운 약물과 치료가 개발되면서, 건강 관리 서비스를 제공하는 것이 더 복잡해지고 있다(Bauer, 2002; Jackson & Tarpley, 2009; Orszag & Ellis, 2007). 특히 정신건강 같은 만성적 돌봄 서비스의 경우에는 개개인 환자의 건강 상태/질병이 각기 다른 특성을 가지고 있고 시간에 따라 내려야만 하는 결정이 너무 많기 때문에 그 과정이 매우 복잡할 수 있다. 그동안 질병의 분류와 진단에 대해 수많은 논쟁이 있어 왔지만(Cuthbert & Insel, 2013), 암이나 임상적 우울증은 증상, 발현 양상뿐만 아니라 심지어 원인도 환자마다 다르다.

임상적 컴퓨팅 도구가 임상가를 잘 돕기 위해서는 "임상가처럼 생각"해야 할 필요가 있다(Bennett & Hauser, 2013). 인간은 단지 "자료"의 수동적 관찰자가 아니다. 그보다, 인간은 시간에 걸쳐 문제에 대해 생각하며－이것은 역동적인 과정이다. 인간의 행동은 특정한 인식으로 이끌며－이는 인간이 지능적인 결정을 사용한다는 증거이다. 이 장을 통하여 우리는, 예를 들어, 임상적 결정 도움 시스템, 스마트 홈, 사이보그 의사들과 로봇들같이, 어떻게 이러한 방식들이 건강 관리 공간에 통합되는지 논의하였고, 실용적인 컴퓨팅 방법들과 정확히 이것이 하는 일을 보여 주었다. 하지만 우리는 지속되고 있는 더 큰 논쟁－건강 관리에서 이러한 도구들의 예측과 예측 모델의 역할－"예술(art)"과 "과학(science)" 간에 미묘한 긴장에 대한 의논은 많이 하지 못하였다. Paul Meehl은 약 50년 전에 "수많은 연구를 통해 풋볼 게임의 결과에서부터 간 질병의 진단까지 모든 걸 예측하려 하고, 임상가에게 별로 도움이 되지 않는 연구 결과마저도 보여 줄 수 없을지라도, 이제 유용한 결론을 내놓을 때가 되었다"(Meehl, 1986, pp. 372－373)라고 주장하였다. 확실히, 인식 패턴과 예측 능력의 확장은 미래의 학자들로 하여금 세상이 어떻게 될지 다시 상상하도록 할 것이다(Kurzweil, 2002).

하지만 우리가 여기서 중점을 두고 싶은 점은(그리고 이전에 우리가 주장해 온 의견은), 건강 관리 같은 영역에서 가장 효과적인 모습은 자동적 AI와 인간 임상가의의 결합이다. 인간이 잘하는 것을 하도록 하고, 기계가 잘하는 것을 하도록 하자. 마지막으로 우리는 이 인간과 기계의 잠재력을 극대화할 수 있을지도 모른다(Bennett & Hauser, 2013). 위에서 언급하였듯이, 이러한 도구들은 우리의 인지적 과제를 일부 대신할 수 있다(Clark, 2004). 건강 관리 현장에서 이들이 사용되면 임상가들이 실제로 환자를 돌보는 것과 같은 더 큰 그림에 집중할 수 있을 것이다. 그러나 더 중요하게, 이들은 인간의 능력을 바꿀 필요 없이 인간의 능력 범위를 확장시킬 것이다. 짧은 시간 동안에 한 사람이 처리할 수 있는 정보의 양은 제한적이기 때문에 우리가 행동하고, 배우고, 이해하는 양에는 한계가 있다. 인간의 뇌가 뛰어난 이유는 정보－과정 처리의 양 자체 때문이 아니라, 정보 내에 패턴을 파악하고 그 정보에 유연하고 적응적으로 반응하는 능력 때문이다. 높은 지능의 강점은 이것이 가진 반응성이다. 예를 들어, 이것이 인간과 바다민달팽이와의 큰 차이점이다. 일부 인지적 업무로부터 우리가 자유로워지는 것은 우리의 반응성을 향상시키며 궁극적으로 우리가 받아 사용하는 다양한 패턴을 제공한다. AI는 단지 스스로 운전하는 자동차를 만들거나 자동적으로 진단을 내리는 로봇 임상가가 아니라 사람의 역량을 증진시키는 데 그 목적이 있다. 우리가 선천적으로 가지고 태어난 능력 그 이상을 넘어 더 잘 볼 수 있고, 더 잘 알 수 있다면, 우리는 더 잘할 수 있다. 더 깊은 통찰을 취해라. 무엇이 지평선 위에 있는지 더 잘 이해해라. 정신건강도 예외가 아니다.

가장 희망 없는 멍청한 인간은
그가 현명하다는 것을 알지 못하는 사람이다.
–Isaac Asimov, Second Foundation(1953)

# 참고문헌

Alagoz, O., Hsu, H., Schaefer, A. J., & Roberts, M. S. (2010). Markov decision processes: A tool for sequential decision making under uncertainty. *Medical Decision Making, 30*(4), 474–483.

Anastasi, J. S., & Rhodes, M. G. (2005). An own–age bias in face recognition for children and older adults. *Psychonomic Bulletin & Review, 12*(6), 1043–1047.

Barsalou, L. W., Breazeal, C., & Smith, L. B. (2007). Cognition as coordinated non–cognition. *Cognitive Processing, 8*(2), 79–91.

Bauer, M. S. (2002). A review of quantitative studies of adherence to mental health clini–cal practice guidelines. *Harvard Review of Psychiatry, 10*(3), 138–153.

Beck, J. R., & Pauker, S. G. (1983). The Markov process in medical prognosis. *Medical Decision Making, 3*(4), 419–458.

Beer, R. D. (2000). Dynamical approaches to cognitive science. *Trends in Cognitive Sciences, 4*(3), 91–99.

Bellazzi, R., Larizza, C., Magni, P., & Bellazzi, R. (2005). Temporal data mining for the quality assessment of hemodialysis services. *Artificial Intelligence in Medicine, 34*(1), 25–39.

Bellazzi, R., & Zupan, B. (2008). Predictive data mining in clinical medicine: Current issues and guidelines. *International Journal of Medical Informatics*, 77(2), 81–97.

Bennett, C. C. (2012). Utilizing RxNorm to support practical computing applications: Capturing medication history in live electronic health records. *Journal of Biomedical Informatics, 45*(4), 634–641.

Bennett, C. C., & Doub, T. W. (2010). Data mining and electronic health records: Selecting optimal clinical treatments in practice. In *International conference on data mining (DMIN)* (pp. 313–318).

Bennett, C. C., & Doub, T. W. (2014). Temporal modeling in clinical artificial intelli–gence, decision–making, and cognitive computing: Empirical exploration of practical challenges. *Proceedings of the 3rd SIAM Workshop on Data Mining for Medicine and Healthcare (DMMH)*. Philadelphia, PA, USA.

Bennett, C. C., Doub, T. W., Bragg, A., Luellen, J., Van Regenmorter, C., & Lockman, J., et al. (2011). Data mining session–based patient reported outcomes (PROs) in a mental health setting: Toward data–driven clinical decision support and personalized treatment. In *IEEE health informatics and systems biology conference (HISB)* (pp. 229–236).

Bennett, C. C., Doub, T. W., & Selove, R. (2012). EHRs connect research and practice: Where predictive modeling, artificial intelligence, and clinical decision support inter–sect. *Health Policy and Technology, 1*(2), 105–114.

Bennett, C. C., & Hauser, K. (2013). Artificial intelligence framework for simulating clinical decision–making: A Markov decision process approach. *Artificial Intelligence in Medicine, 57*(1), 9–19.

Blakemore, C., Carpenter, R. H., & Georgeson, M. A. (1970). Lateral inhibition between orientation detectors in the human visual system. *Nature, 228*(5266), 37–39.

Botvinick, M. M. (2012). Hierarchical reinforcement learning and decision making. *Current Opinion in Neurobiology, 22*(6), 956–962.

Boulesteix, A. L., Porzelius, C., & Daumer, M. (2008). Microarray–based classification and clinical predictors: On combined classifiers and additional predictive value. *Bioinformatics, 24*(15), 1698–1706.

Brooks, R. A. (1991). Intelligence without reason. *Robotics and Autonomous Systems, 20*(2–4), 291–304.

Chakraborty, B., & Murphy, S. A. (2014). Dynamic treatment regimes. *Annual Review of Statistics and Its. Application, 1*(1).

Clark, A. (2004). *Natural–born cyborgs: Minds, technologies, and the future of human intelligence*. Oxford: Oxford University Press.

Clark, A. (2013). Whatever next? Predictive brains, situated agents, and the future of cognitive science. *Behavioral and Brain Sciences, 36*(3), 181–204.

Cohn, J. F. (2010). Advances in behavioral science using automated facial image analysis and synthesis. *IEEE Signal Processing Magazine, 27*(6), 128–133.

Cohn, J. F., Kruez, T. S., Matthews, I., Yang, Y., Nguyen, M. H., & Padilla, M. T., et al. (2009). Detecting depression from facial actions and vocal prosody. In *Third international conference on affective computing and intelligent interaction (ACII)* (pp. 1–7).

Cuthbert, B. N., & Insel, T. R. (2013). Toward the future of psychiatric diagnosis: The seven pillars of RDoC. *BMC Medicine, 11*(1), 126.

Dautenhahn, K., Nehaniv, C. L., Walters, M. L., Robins, B., Kose–Bagci, H., Mirza, N. A., et al. (2009). KASPAR–a minimally expressive humanoid robot for human–robot interaction research. *Applied Bionics and Biomechanics, 6*(3–4), 369–397.

Davidson, L., Rowe, M., Tondora, J., O'Connell, M. J., & Lawless, M. S. (2008). *A practi–cal guide to recovery–oriented practice: Tools for transforming mental health care*. Oxford: Oxford University Press.

De Jaegher, H., & Di Paolo, E. (2007). Participatory sense–making. *Phenomenology and the Cognitive Sciences, 6*(4), 485–507.

Demšar, J. (2006). Statistical comparisons of classifiers over multiple data sets. *The Journal of Machine Learning Research, 7*, 1–30.

Esser, S. K., Andreopoulos, A., Appuswamy, R., Datta, P., Barch, D., & Amir, A., et al. (2013). Cognitive computing systems: Algorithms and applications for networks of neurosynaptic cores. In *IEEE international joint conference on neural networks (IJCNN)* (pp. 1–10).

Ferrucci, D., Levas, A., Bagchi, S., Gondek, D., & Mueller, E. T. (2013). Watson: Beyond Jeopardy!. *Artificial Intelligence, 199*, 93–105.

Garg, A. X., Adhikari, N. K., McDonald, H., Rosas–Arellano, M. P., Devereaux, P.

J., Beyene, J., et al. (2005). Effects of computerized clinical decision support systems on practitioner performance and patient outcomes: A systematic review. *The Journal of the American Medical Association, 293*(10), 1223–1238.

Gibson, J. J. (1979). *The ecological approach to visual perception.* Boston, MA: Houghton, Mifflin and Company.

Green, L. W. (2008). Making research relevant: If it is an evidence–based practice, where's the practice–based evidence?. *Family Practice, 25*(Suppl. 1), i20–i24.

Hauskrecht, M., & Fraser, H. (2000). Planning treatment of ischemic heart disease with partially observable Markov decision processes. *Artificial Intelligence in Medicine, 18*(3), 221–244.

Jackson, G. P., & Tarpley, J. L. (2009). How long does it take to train a surgeon? *British Medical Journal, 339*, b4260–b4260.

Jackson, P. (1998). *Introduction to expert systems.* (3rd ed.). Harlow, England: Addison–Wesley.

Jaspers, M. W., Smeulers, M., Vermeulen, H., & Peute, L. W. (2011). Effects of clinical decision–support systems on practitioner performance and patient outcomes: A syn–thesis of high–quality systematic review findings. *Journal of the American Medical Informatics Association, 18*(3), 327–334.

Kawamoto, K., Houlihan, C. A., Balas, E. A., & Lobach, D. F. (2005). Improving clinical practice using clinical decision support systems: A systematic review of trials to identify features critical to success. *British Medical Journal, 330*(7494), 765–765.

Keijzer, F. A. (1998). Doing without representations which specify what to do. *Philosophical Psychology, 11*(3), 269–302.

Ko, J., Lu, C., Srivastava, M. B., Stankovic, J. A., Terzis, A., & Welsh, M. (2010). Wireless sensor networks for healthcare. *Proceedings of the IEEE, 98*(11), 1947–1960.

Kurzweil, R. (2012). *How to create a mind: The secret of human thought revealed.* New York, NY: Penguin Group.

Littlewort, G. C., Bartlett, M. S., & Lee, K. (2007). Faces of pain: Automated measure–ment of spontaneous facial expressions of genuine and posed pain. In *Proceedings of the ninth international conference on multimodal interfaces* (pp. 15–21).

Lucey, S., Matthews, I., Hu, C., Ambadar, Z., De la Torre, F., & Cohn, J. (2006). AAM derived face representations for robust facial action recognition. In *IEEE international conference on automatic face and gesture recognition (FGR)* (pp. 155–160).

Luxton, D. D. (2014). Artificial intelligence in psychological practice: Current and future applications and implications. *Professional Psychology: Research and Practice, 45*(5), 332–339.

Luxton, D. D., McCann, R. A., Bush, N. E., Mishkind, M. C., & Reger, G. M. (2011). mHealth for mental health: Integrating smartphone technology in behavioral health–care. *Professional Psychology: Research and Practice, 42*(6), 505–512.

Meehl, P. (1986). Causes and effects of my disturbing little book. *Journal of*

*Personality Assessment, 50*(3), 370–375.

Merleau–Ponty, M. (1945). *Phénoménologie de la Perception.* Paris: Gallimard.

Modha, D. S., Ananthanarayanan, R., Esser, S. K., Ndirango, A., Sherbondy, A. J., & Singh, R. (2011). Cognitive computing. *Communications of the ACM, 54*(8), 62–71.

Orszag, P. R., & Ellis, P. (2007). The challenge of rising health care costs–a view from the Congressional Budget Office. *The New England Journal of Medicine, 357*(18), 1793–1795.

Osheroff, J. A., Teich, J. M., Middleton, B., Steen, E. B., Wright, A., & Detmer, D. E. (2007). A roadmap for national action on clinical decision support. *Journal of the American Medical Informatics Association, 14*(2), 141–145.

Pantelopoulos, A., & Bourbakis, N. G. (2010). A survey on wearable sensor–based systems for health monitoring and prognosis. *IEEE Transactions on Systems, Man, and Cybernetics, Part C: Applications and Reviews, 40*(1), 1–12.

Pantic, M. (2009). Machine analysis of facial behaviour: Naturalistic and dynamic behav–iour. *Philosophical Transactions of the Royal Society B: Biological Sciences, 364*(1535), 3505–3513.

Patel, V. L., Kaufman, D. R., & Arocha, J. F. (2002). Emerging paradigms of cognition in medical decision–making. *Journal of Biomedical Informatics, 35*(1), 52–75.

Patel, V. L., Shortliffe, E. H., Stefanelli, M., Szolovits, P., Berthold, M. R., Bellazzi, R., et al. (2009). The coming of age of artificial intelligence in medicine. *Artificial Intelligence in Medicine, 46*(1), 5–17.

Pioggia, G., Sica, M. L., Ferro, M., Igliozzi, R., Muratori, F., & Ahluwalia, A., et al. (2007). Human–robot interaction in autism: FACE, an android–based social therapy. In *16th IEEE international symposium on robot and human interactive communication, (ROMAN)* (pp. 605–612).

Riek, L. D., & Robinson, P. (2011). Using robots to help people habituate to visible dis–abilities. In *IEEE international conference on rehabilitation robotics (ICORR)* (pp. 1–8).

Rogers, M. A. M. (2013). *Comparative effectiveness research.* Oxford: Oxford University Press.

Šabanović, S., Bennett, C. C., Chang, W.–L., & Huber, L. (2013). PARO robot affects diverse interaction modalities in group sensory therapy for older adults with dementia. In *IEEE international conference on rehabilitation robotics (ICORR)* (pp. 1–6).

Šabanović, S., Bennett, C. C., Piatt, J. A., Chang, W.–L., Hakken, D., & Kang, S., et al. (2014). Participatory design of socially assistive robots for preventive patient–centered healthcare. In *IEEE/RSJ IROS workshop on assistive robotics for individuals with disabilities.*

Saleem, J. J., Russ, A. L., Sanderson, P., Johnson, T. R., Zhang, J., & Sittig, D. F. (2009). Current challenges and opportunities for better integration of human factors research with development of clinical information systems. *Yearbook of Medical Informatics*, 48–58.

Scassellati, B., Admoni, H., & Matarić, M. (2012). Robots for use in autism research. *Annual Review of Biomedical Engineering, 14,* 275–294.

Shechter, S. M., Bailey, M. D., Schaefer, A. J., & Roberts, M. S. (2008). The optimal time to initiate HIV therapy under ordered health states. *Operations Research, 56*(1), 20–33.

Shelton, R. C., & Trivedi, M. H. (2011). Using algorithms and computerized decision sup–port systems to treat major depression. *The Journal of Clinical Psychiatry, 72*(12), e36.

Shibata, T., & Wada, K. (2011). Robot therapy: A new approach for mental healthcare of the elderly–a mini–review. *Gerontology, 57*(4), 378–386.

Shortliffe, E. (1976). *Computer–based medical consultations: MYCIN.* New York: Elsevier.

Shortreed, S. M., Laber, E., Lizotte, D. J., Stroup, T. S., Pineau, J., & Murphy, S. A. (2011). Informing sequential clinical decision–making through reinforcement learn–ing: An empirical study. *Machine Learning, 84*(1–2), 109–136.

Skubic, M., Alexander, G., Popescu, M., Rantz, M., & Keller, J. (2009). A smart home application to eldercare: Current status and lessons learned. *Technology and Health Care, 17*(3), 183–201.

Spitzer, R. L., & Endicott, J. (1974). Can the computer assist clinicians in psychiatric diagnosis? *The American Journal of Psychiatry, 131*(5), 522–530.

Sterelny, K. (2007). Social intelligence, human intelligence and niche construction. *Philosophical Transactions of the Royal Society B: Biological Sciences, 362*(1480), 719–730.

Tapus, A., Tapus, C., & Mataric, M. J. (2009). The use of socially assistive robots in the design of intelligent cognitive therapies for people with dementia. In *IEEE interna–tional conference on rehabilitation robotics (ICORR)* (pp. 924–929).

Topol, E. J. (2012). *The creative destruction of medicine: How the digital revolution will create better health care.* New York: Basic Books.

Trivedi, M. H., Daly, E. J., Kern, J. K., Grannemann, B. D., Sunderajan, P., & Claassen, C. A. (2009). Barriers to implementation of a computerized decision support system for depression: An observational report on lessons learned in. *BMC Medical Informatics and Decision Making, 9*(1), 6.

Trivedi, M. H., Kern, J. K., Grannemann, B. D., Altshuler, K. Z., & Sunderajan, P. (2004). A computerized clinical decision support system as a means of implementing depression guidelines. *Psychiatric Services, 55*(8), 879–885.

Van Kasteren, T., Noulas, A., Englebienne, G., & Kröse, B. (2008). Accurate activity recognition in a home setting. In *Proceedings of the tenth ACM international conference on ubiquitous computing* (pp. 1–9).

Wada, K., & Shibata, T. (2006). Robot therapy in a care house its sociopsychological and physiological effects on the residents. In *IEEE international conference on robotics and automation (ICRA*) (pp. 3966–3971).

Wada, K., Shibata, T., Musha, T., & Kimura, S. (2005). Effects of robot therapy for demented patients evaluated by EEG. In *IEEE/RSJ international conference on intelligent robots and systems, 2005. (IROS)* (pp. 1552–1557).

Wade, M. J., & McCauley, D. E. (1988). Extinction and recolonization: Their effects on the genetic differentiation of local populations. *Evolution, 42*(5), 995–1005.

Warren, W. H. (2006). The dynamics of perception and action. *Psychological Review, 113*(2), 358–389.

Wilson, D. H., & Atkeson, C. (2005). Simultaneous tracking and activity recognition (STAR) using many anonymous, binary sensors. In H.–W. Gellersen, R. Want, & A. Schmidt (Eds.), *Pervasive computing* (pp. 62–79). Berlin: Springer.

Wingate, D. (2012). Predictively defined representations of state. In M. Wiering, & M. van Otterlo (Eds.), *Reinforcement learning* (pp. 415–439). Berlin: Springer.

Zhao, Y., Kosorok, M. R., & Zeng, D. (2009). Reinforcement learning design for cancer clinical trials. *Statistics in Medicine, 28*(26), 3294–3315.

Zhou, Z., Dai, W., Eggert, J., Giger, J. T., Keller, J., & Rantz, M., et al. (2009). A real–time system for in–home activity monitoring of elders. In *International conference of the IEEE engineering in medicine and biology society (EMBC)* (pp. 6115–6118).

CHAPTER

# 03

# 가상 인간 에이전트의 건강 관리 정보지원과 임상 면담

CHAPTER 03

# 가상 인간 에이전트의 건강 관리 정보지원과 임상 면담

Albert Rizzo, Russell Shilling, Eric Forbell, Stefan Scherer, Jonathan Gratch and Louis–Phillippe Morency[1]

## 도입

임상적인 목적으로 시뮬레이션 기술을 활용하는 가상 현실 혁명은 계속해서 진행되고 있다. 1990년대 초, 가상 현실 프로그램을 인간 연구와 임상적 개입에 사용할 수 있는지에 관한 논의가 처음 나왔을 때, 이러한 "비전"을 실현시키기 위해 필요한 기술력은 아직 준비되어 있지 않았다. 그 결과, 초기 시스템을 접해 본 대부분의 사용자들이 보고하듯이, 초기의 가상 현실(VR)은 "기대했던 것"과 많이 달라 어려움을 겪었다. 하지만 이 시기는 행동건강 관리 기술이 혁신되면서 기반을 만들어 가던 "컴퓨터 혁명"의 시대였다. 이 시기에 있었던 초기의 노력은 초기 연구 개발에 잘 나타나 있는데, 컴퓨터 기술로 서류 발급 및 기록 관리의 생산성을 높이고, 환자에게 인지적인 훈련과 재활을 제공하고, 인터넷-기반 원격치료를 통해 환자가 임상 진료에 좀 더 수월하게 접근할 수 있도록 하며, 특정 공포증을 치

---

1) University of Southern California Institute for Creative Technologies, Los Angles, CA, USA

료하기 위해 VR 시뮬레이션을 사용하여 노출치료를 하려고 했다. 지난 20년간 행동건강 관리 프로그램을 전달하기 위해 필요한 기술은 상당히 발전해 왔다. 특히, VR 체계를 구축하는 데 필요한 핵심 기술이 크게 발전하였고, VR 체계에서 이러한 근원적인 기술(예를 들어, 계산속도, 3D 그래픽 렌더링, 청각/시각/촉각적 디스플레이, 유저 인터페이스/트랙킹, 음성 인식, 인공지능, 저작 소프트웨어)이 발전하면서 저가이면서도 정교한 VR 체계가 일반 개인 컴퓨터나 휴대 기기에서도 사용 가능해졌다. 게임이나 오락 영역, 그리고 휴대폰이나 네트워크화된 소비재에 대한 끊임없는 수요로부터 나오게 된 이러한 기술적인 "솜씨"와 접근성의 발전으로, 인간 연구와 임상적인 개입을 수행하는 데 있어 더 유용하고, 고성능인 VR 시나리오를 만들기 위해 필수적인 하드웨어/소프트웨어 플랫폼이 나오게 되었다. 21세기에 접어들면서 기술이 보다 빨라지고, 이전보다 양질이면서 가격도 저렴해졌기에, 행동 정신건강 프로그램은 VR이 가지고 있는 상호작용적이고 몰입감 있는 중요한 특징들을 편리하게 사용할 수 있게 되었다.

오늘날 이러한 발전으로 더 신뢰할 수 있고, 현실과 똑같은 "구성된" VR 환경(예를 들어, 전투 장면, 가정, 교실, 사무실, 시장)을 만들어 낼 수 있게 되었지만, 임상적인 VR이 발전하기 위한 다음 단계는 인간 사용자와 실제 같으면서도 유익한 상호작용을 할 수 있는 가상 인간(VH; Virtual Human) 표상을 만들어 내는 것이다. 최근 나타난 이러한 기술적 가능성은 다양한 임상적인 목적으로 가상의 상호작용을 할 수 있는 똑똑한 VH 에이전트를 "탄생"하게 만들어, VR을 임상적 목적으로 사용하기 위한 차후의 토대를 마련했다. VH 에이전트는 완전히 몰입형인 가상 현실 환경 안에서 사용자와 상호작용하기 위해 사용될 수도 있고, 비몰입형인 기존의 디스플레이에 사용되어 사용자와 상호작용을 할 수도 있다. 가상 현실 안에 존재하든 컴퓨터 디스플레이에 팝업처럼 나타나든 간에 이러한 VH 대화 기기는 건강 관리 지원과 진단 영역에서 새로운 기회를 제공할 것이다. 한 사람이 온라인으로 "가상 인간 코치"와 상호작용하고 있다고 생각해 보자. 그 코치는 임상적 문제와 관련된 질문에 답변을 해 줄 수도 있고, 치료 옵션에 대해 같이 논의해 줄 수도 있으며, 당신이 필요로 하는 치료센터를 추천해 줄 수도 있고, 자가진단 질문지를 하게 할 수도 있고, 평상시에도 당신을 위한 건강 관리 지식을 알려 주고 당신이 그 지식에 접근할 수 있도록 마치 사람 같은 면대면 상호작용을 제공해 줄 것이다. 이뿐만 아니라

VH는 당신이 진료실에 도착하면 실제 임상의가 하는 것처럼 치료 계획을 세우는 초기 단계에서 필요한 정보를 수집하기 위해 개인적인 키오스크에서 당신과 초기 임상 면접을 진행할 수도 있다. 동시에, 키오스크 기반 VH 에이전트는 당신의 표정, 몸짓, 음성 특징들을 관찰하기 위해 감지 기술(예를 들어, 카메라나 마이크)을 사용할 수도 있다. 이렇게 감지된 신호들은 당신의 행동에서 심리상태를 추론하는 데 사용될 수 있고 이를 토대로 상호작용의 질을 향상시키거나 시간의 흐름에 따른 사용자의 정신상태 변화를 기록할 수 있을 것이다. 이러한 VH 유형의 상호작용은 21세기 후반에야 이루어질 것 같은 먼 미래의 꿈이 아니다. 사실 오늘날 이미 존재하고 있다. 상품의 초기 프로토타입(prototype)[2] 형태로 출시되기도 하고, 가치를 검증하고 이를 상용화하기 위해 필요한 윤리적 제한 사항들을 확인하는 연구 과정들을 다 거친 뒤 이제 막 실험실에서 나오려는 상태일 수도 있다.

이 장의 초점은 건강 관리 장면에서 내담자와의 상호작용을 돕는 자율적인 VH 대화 기기가 어떻게 활용되는가에 있다. 다양한 인공지능 수준을 갖춘 VH 에이전트들은 잘 훈련된 상담자들의 자리를 대체하는 것이 목적이 아니기 때문에 건강 관리 지원 차원에서 중요한 역할을 할 수 있다. 오히려, VH 에이전트는 꼭 사람이 하지 않아도 되는 영역들을 메우기 위해 고안된 것이라고 볼 수 있다. 이 장에서 우리는 임상적인 VR 영역에서 VH 에이전트의 역사에 대해 간단히 논의한 후, VH가 개인적인 온라인 건강 관리 정보와 지원을 제공할 수 있는 분야(예, SimCoach)와 VH가 임상 면담자(예, SimSensei)로서의 역할을 수행할 수 있는 분야에 대해 자세히 서술할 것이다. 이렇게 지능을 갖춘 VH 에이전트는 임상 훈련 목적에서 환자로 사용될 수도 있고, 다른 목적으로도 사용될 수도 있다(Rizzo et al., 2011; Swartout et al., 2013; Talbot, Sagae, John, & Rizzo, 2012).

## VH 에이전트의 임상적인 활용 근거와 역사

오늘날 사회과학 분야에서 일어난 최근의 변화는 똑똑한 VH 에이전트가 "탄

---

2) 새로운 컴퓨터 시스템이나 소프트웨어의 설계 또는 성능, 구현 가능성, 운용 가능성을 평가하거나 요구 사항을 좀 더 잘 이해하고 결정하기 위하여 전체적인 기능을 간략한 형태로 구현한 시제품

생"하고 임상 VR 분야에서 다음 발돋움을 위한 장을 마련하고 있다는 것이다. 이제는 *실제* VR 사용자들과 현실처럼 상호작용을 할 수 있는 VH 표상을 만드는 것이 기술적으로 실현 가능해졌다. 이러한 가능성은 1990년대부터 존재해 왔지만, 그래픽 렌더링, 자연어 처리, 음성 인식, 표정 및 몸짓을 애니메이션화 하는 것 등에서의 한계들 때문에 실제와 비슷한 상호작용이 가능한 VH 에이전트가 탄생하는 데 보다 많은 비용과 집약적인 노동 과정이 필요했다. 때문에, 지금까지의 VH 에이전트들은 주로 영화나 게임 산업에 공급되는 고급 특수 효과에서만 쓰여 왔고, 임상적 건강 프로그램에 VH 에이전트를 사용하는 데는 어려움이 있었다.

그렇다고 임상적인 VR 시나리오에서 인간 형태 표상이 유용하지 않았다는 말은 아니다. 사실 VR 프로그램은 1990년대 중반부터 가상 세계에서 리얼리즘을 향상시키기 위해 움직이지 않는 인물을 적용한 초창기 VH(예, 퀄리티 낮은 그래픽, 비언어적인 상호작용, 제한된 표정과 몸짓)를 사용했다. 예를 들어, VR 노출치료 프로그램은 정지화면 그래픽 기반 캐릭터나 2D 사진(예, 초록 화면 안에 한 사람의 전신 사진을 배치)으로 사용자들이 몰입감 있는 가상체험을 하도록 만들어 특정 공포증(즉, 대중 연설에 대한 공포, 사회 공포증) 치료에 성공적으로 활용되었다(Anderson, Zimand, Hodges, & Rothbaum, 2005; Klinger, 2005; Pertaub, Slater, & Barker, 2002). 단순히 VH 표상들의 수나 위치를 조정하여 불안을 유발하는 VR 상황의 강도를 체계적으로 조절했고, 이를 통해 특정 공포증 환자들이 두려워하는 대상에 점진적으로 적응할 수 있도록 도왔으며, 특정 공포증 환자들이 현실에서도 실제 사람들과 보다 적응적으로 기능할 수 있도록 이끌었다. 이러한 초창기 VH 에이전트에도 공포증 내담자들은 반응하려고 하기 때문에 VH 에이전트는 이러한 노출 기반 인지행동치료 유형에 효과적이고 필수적인 자극 요소를 제공한다고 볼 수 있었다.

다른 임상 프로그램들 또한 VH 에이전트의 애니메이션 그래픽을 고기능군의 자폐증 환자들에게 안전 기술 및 사회적 기술을 지원하고 훈련시키기 위한 자극물이나(Padgett, Strickland, & Coles, 2006; Parsons et al., 2012; Rutten et al., 2003), 가상 교실에서 집중력을 평가하기 위한 방해자극으로 사용하였다(Parsons, Bowerly, Buckwalter, & Rizzo, 2007; Rizzo et al., 2006). 이외에도, VH 에이전트는 사회 심리학 실험에서도 유용하게 사용되었는데, 그중에서도 특히 실제 사람들을 대상으로 진행한 사회적 영향력, 동조현상, 인종적 편견, 사회적 거리 등의 연구 결과들을 반복실험하고 확장시켜 나가는 데 효과적이었다(Bailenson & Beall, 2006; Blascovich et al., 2002; McCall, Blascovich, Young, & Persky, 2009).

공포증 치료에 있어서 이러한 VH 에이전트의 시각적인 현실성을 더 증가시키기 위한 노력의 일환으로, Virtually Better Inc.(www.virtuallybetter.com)는 대중 연설에 대한 두려움으로 고통받는 내담자들을 치료적으로 노출시키기 위해 군중이 담긴 비디오클립을 그래픽 VR 시나리오로 통합하기 시작했다. 그런 다음, 사회 공포증 치료, 단서노출 물질 남용 치료(Bordnick, Traylor, Carter, & Graap, 2012) 등에 적용했다. 즉, 다양한 정도로 행동하고 말하는 배우들이 등장하는 많은 비디오 스프라이트를 시나리오에 삽입하여 내담자가 2D 비디오 VH 표상과 만나도록 하고, 이를 통해 내담자의 정서적 상태를 조절하고자 했다.

이러한 보다 더 현실적인 가상 인간 상호작용 상황에 대한 지속적인 수요 덕분에, 일부 연구자들은 분노관리 연구에서 VR 시나리오를 만들어 내기 위해 적대적인 동료와 상사들이 도사리는 실제 오피스 공간의 파노라마 비디오 캡처(Macedonio, Parsons, Wiederhold, & Rizzo, 2007; Rizzo, Ghahremani, Pryor, & Gardner, 2003)를 사용하기도 했다. 이러한 방법을 기반으로 근무자의 책상에 위치시킨 360도 파노라마 카메라를 사용하여 VR 시나리오들이 만들어지고, 배우들은 배치된 업무공간으로 걸어 들어가(회사에 있는 사용자를 타깃으로 설정한 것처럼), 근무자에게 하는 것처럼 카메라에 대고 위협하고 학대한다. 이렇게 실제와 같은 시나리오 내에서, VH 비디오 자극들은 정서적인 반응의 지표로 알려진 증가된 각성(예, 피부 전도 및 심박) 같은 사용자의 정서표현과 정신적 신체적 측정치들을 이끌어 낼 수 있다(Macedonio et al., 2007). 하지만 사용할 수 있는 비디오 클립의 수가 제한되어 있다는 한계점이 있고, 초기 연구에서 이러한 자극이 비임상 집단을 활성화시킬 수 있다는 것은 증명되었지만, 이 시스템이 실제 분노관리 내담자들을 대상으로 진행되었을 때 내담자들이 더 적절한 대처 반응을 할 수 있도록 역할연기 연습을 이끌어 낼 수 있는지는 전혀 증명되지 않았다.

이와 유사하게 비디오로 캡처된 인간 콘텐츠를 임상 훈련 시스템(Simmersion (2015)의 연구를 참조하라)에 상업적으로 사용하기도 하였으나, 고정된 비디오 콘텐츠를 사용하는 데 따르는 한계점들이 많이 있었다. 예를 들면, 비디오 캡처법은 관련 있는 가능한 모든 실제 언어적, 행동적 클립 목록을 대량으로 필요로 한다. 그래야

치료적 접근이나 훈련에서 필요로 하는 것들을 충족시킬 수 있고 실제 사용자에게 상황을 전략적으로 보여 줄 수 있기 때문이다. 이를 위해서는 상당한 비용과 시간이 필요하며, 특정한 상황(예를 들어, 사용자가 사회적인 상호작용을 피하거나 적대적인 대화를 하는 등 모든 환경)에서 필요한 것들을 보장하기 위해서는 무엇이 캡처되어야 하는지 사전에 철저하게 고려되어야 한다. 이는 개발자가 많은 비디오 클립들을 캡처하고, 사용자들에게 이를 검증해 본 뒤, 프로그램을 보다 풍성하게 만들기 위해서는 무엇이 필요한지 결정하는 일련의 과정들을 필요로 한다. 이러한 고정된 콘텐츠들은 움직이는 방식으로 쉽게 업로드될 수 없기 때문에, 새로운 클립들은 동일한 배우가 동일한 환경 내에서 동일한 옷과 조명을 갖춘 곳에서 캡처되어야만 한다. 이러한 방법은 현실감을 줄 순 있지만 새로운 정보로 업그레이드하거나 발전시키는 데는 유연함이 부족하다는 제한점이 있다. 이 과정은 임상 프로그램에 더 적합한데, 그 이유는 임상 프로그램에 필요한 것은 단지 사용자가 반응할 수 있도록 개방형 말이나 질문을 던지는 것이기 때문이다. 하지만 사용자가 반응한 이후에는 유창하고 실제와 같은 상호작용이 자연스럽게 더 이어지지는 못한다. 결과적으로 "화면" 뒤에서 사용자의 행동에 반응할 새로운 클립들을 활성시켜 줄 실제 사람이 없기 때문에 비디오 표상들과 역동적이고 양방향적인 상호작용이 이루어지지 않는다는 것이 커다란 한계점이다. 이로 인해 몇몇 연구자들은 인간 대 인간 상호작용을 모방하는 실체로 인공지능을 갖춘 자율적인 VH 에이전트를 개발하게 되었다.

인간과의 상호작용을 위해 설계된 인공지능 VH 에이전트에 대한 임상적인 관심은 MIT의 AI 연구자인 Joseph Weizenbaum의 연구에서 시작되었다. 1966년, 그는 인본주의 치료자(Rogerian)를 모방하기 위해 고안된 ELIZA라는 언어 분석 프로그램을 만들었다. 그 시스템에서 사용자는 컴퓨터화된 치료자의 질문에 단순한 문장을 입력하기만 하면 가상의 치료자와 상호작용할 수 있었다. Weizenbaum은 비지시적인 치료자를 모방하는 것이 인간의 언어적인 상호작용을 모방하는 가장 쉬운 방법 중 하나라고 생각했고, 그것이 원격 컴퓨터에서 잘 작동할 수 있는 시뮬레이션일 거라고 판단했다(인터넷에서 그 예시를 볼 수도 있다; http://www-ai.ijs.si/eliza-cgi-bin/eliza_script). ELIZA는 복잡한 것들이나 뉘앙스는 파악하지 못했기 때문에 ELIZA의 지능에 대한 환상이 점점 사라져 감에도 불구하고, Weizenbaum는 사람들이 ELIZA 프로그램을 얼마나 진지하게 대하고 있는지 알고 크게 놀랐다고 한다(Howell & Muller, 2000). 그는 "상호 간의 존중, 이해, 사랑과 같은" 인간의 기능을 컴퓨터가 대체한다는 것은 비도덕적이라는 결론을 내렸다(Weizenbaum, 1976). 이와 같은 Weizenbaum의 의견은 그가 연구했던 시대에서는 이해할 만했지만, 사람이 할 수 없는 분야에서 유용한 목적으로 VH와의 상호작용을 발전시키려는 현대식 접근은 그가 이야기했던 "대체"의 개념과는 조금 다르다.

최근에는 상호작용에 매우 능하고, 인공지능을 갖추고 있으며 자연스러운 언어 능력을 구사하는 VH 에이전트 제작과 관련된 세미나 연구 및 개발이 등장하기 시작했다. 이러한 VH 에이전트들은 더 이상 가상 세계에서 상황을 추가하거나 최소한의 인공적인 상호작용을 덧붙이는 수준에서 기능하는 것이 아니라, 3D의 가상 세계 안에서 인식하고 행동하며, 실제 사용자와(이외에도 다른 VH 에이전트와도) 면대면 음성 대화에 참여하도록 설계되었고, 몇몇 경우에 인간과 같은 정서반응을 보일 수도 있다. 컴퓨터 그래픽 커뮤니티에서 이루어진 VH 에이전트에 대한 고전적인 연구는 3D 세계에서의 인식과 행동에 초점을 두었고, 대화와 정서는 대체로 무시했다. 지금은 그때와 달라졌다. 지능을 갖춘 VH 에이전트들은 컴퓨터로 생성된 몸체를 통제하도록 만들어졌고, 사용자들과 가상 세계 안에서 언어와 몸짓으로 상호작용할 수 있다(Gratch et al., 2002, 2013). 보다 발전한 VH 에이전트는 더 많은 대화에 참여할 수 있고(Traum et al., 2008), 비언어적인 단서들을 알아차릴 수 있으며(Morency, de Kok, & Gratch, 2008; Rizzo et al., 2014; Scherer et al., 2014), 사회적, 정서적 요인들을 추론할 수 있을 뿐만 아니라(Gratch & marsella, 2004), 인간의 의사소통과 비언어적인 표현들을 통합할 수도 있다(Thiebaux et al., 2008).

이처럼 완전한 육체의 형태를 갖춘 대화형 캐릭터들은 1990년대 초반 이후부터 존재해 왔고(Bickmore & Cassell, 2005), 훈련(Kenny, Rizzo, Parsons, Gratch, & Swartout, 2007; Prendinger & Ishizuka, 2004; Rickel, Gratch, Hill, Marsella, & Swartout, 2001; Talbot et al., 2012), 똑똑한 키오스크(kiosks)(McCauley & D'Mello, 2006), 가상의 접수 담당자(Babu et al., 2006)를 위해 설계된 시스템에 대한 많은 연구들이 이루어졌다. 오늘날의 VH 에이전트는 외양과 행동 모두 "유아적인 단계"는 지났고, 이제는 다양한 임상 및 연구 프로그램에 서비스를 제공할 준비가 되어 있다.

VH 기술의 발전으로 크게 두 가지 핵심 영역에서 임상적 VR 프로그램을 위한 연구 및 개발이 이루어졌다. 첫째, 심리건강 정보와 자조(self-help) 활동에 사용자가 익명으로 접근할 수 있도록 온라인 가이드 역할을 하는 VH 건강 관리 지원 에이전트(예를 들어, SimCoach). 둘째, 20분간의 면담 동안 사용자의 행동신호(즉, 표정, 신체, 음성 특징)를 감지하여 사용자의 상태를 추론하고, 실시간으로 행동을 업데이트하고, 그 행동들을 수치화하며 임상 면접자로서의 역할을 수행하는 VH 에이전트(예를 들어, SimSensei). 이에 대해서는 아래에서 더 자세히 다룰 것이다.

## 심코치와 심선생 사례: SIMCOACH & SIMSENSEI

### SimCoach(심코치): 의료정보 접근을 지원하는 VH 에이전트

심코치 프로젝트 개발은 군복무자와 퇴역 군인들이 정신건강 치료에 찾아오기를 꺼린다는 연구들로부터 영향을 받아 시작하게 되었다. Hoge 등(2004)의 초기 보고에서 발견된 전조 중 하나는 이라크와 아프가니스탄 퇴역 군인들 사이에서 관찰된 것이었다. 내용은 다음과 같다. "*...정신장애가 있다고 응답한 사람들 중 23-40%만이 정신건강 관리 시설을 찾았다. 정신장애가 있다고 응답한 사람들은 정신장애가 없다고 응답한 사람보다 정신건강 치료를 받는 것에 대한 낙인이나 정신건강 치료를 받는 것과 관련된 여러 장애물에 대한 걱정을 약 2배 더 많이 보고하였다*"(p.13). 미국의 군사 훈련법은 최근에 들어서 병사들을 전쟁에 더 잘 대비시키고 있지만, 전쟁에서 돌아오자마자 발생한 어려움으로 치료를 찾는 것을 망설이는 것, 특히 가장 치료가 필요한 사람들이 이렇게 망설인다는 것은 군이 정신건강 관리 영역에 더 많은 관심이 필요하다는 것을 시사한다. 더욱이, 군복무자, 퇴역 군인, 그리고 그들의 가족들에게 정신건강 정보를 전달하는 것은 꾸준히 계속되어 온 문제이다. 웹사이트를 통해 의학정보를 점점 더 활용할 수 있게 되었지만, 사용자들은 이것에 접근하는 과정을 어렵다고 느끼고, 모순적이게도 자신과는 더 상관없는 일이라고 생각한다.

미 국방부(US department of defense; DOD)가 군복무원들과 그 가족들에게 행동건강 프로그램을 만들어 배포하려고 노력했음에도 불구하고, 이와 관련된 복잡한 문제 때문에 군 정신건강 관리 전문가, 관리자 및 서비스 제공자들이 기울인 노력들이 헛수고가 되곤 하였다. 2004년부터 수많은 최상급 전문가들이 현 국방부와 보훈처의 건강 관리 전달 시스템을 평가하고, 이를 개선하도록 권고해 왔다(DOD 정신건강 전담반(DOD, 2007), 국가 의과학 학술 연구원(IOM, 2007, 2012), Dole−Shalala 위원회 보고(Dole et al., 2007), Rand 보고(Tanielian et al., 2008), 미국심리학회(APA, 2007)).

예를 들면, APA가 주관하는 '청년, 그 가족, 군인의 군 배치 서비스를 위한 대책위원회'(APA, 2007)는 "군인과 그 가족에게 행동건강 관리를 제공하려는 잘 조직되고 보급된 접근을 전혀 찾아볼 수 없었다"고 보고하였다. 또한 APA 보고서는 군 정신건강 치료에 방해가 되는 주된 세 가지 방해물을 기술했는데, *활용 가능성*(availability), *수용 가능성*(acceptability), 그리고 *접근 가능성*(accessibility)이다. 더 자세히 설명하자면,

1. 잘 훈련된 정신건강 전문가가 충분히 공급되고 있지 않다.
2. 정신건강 서비스가 더 잘 *받아들여지고,* 정신건강 서비스를 받는 것이 낙인으로 남지 않도록 군 문화는 변화할 필요가 있다.
3. 또한 전문가들이 충분하고 치료를 찾는 것이 사람들에게 쉽게 받아들여진다고 하더라도, 적절한 정신건강 서비스는 다양한 요인들(예, 긴 대기자 명단, 한정된 진료 시간, 형편없는 소개 절차와 지리적인 위치) 때문에 종종 쉽게 접근하기 힘들다.

잘 훈련된 전문가들을 이용할 수 있는지, 먼 거리에서도 치료를 받을 수 있는지, 도움을 구하는 것을 약하다고 바라보는 일부 사람들이 치료를 실용적인 해결책으로 받아들이는지와 관련된 문제 외에도, 치료를 선택했을 때 따라오는 이점들을 이용자가 분명히 알지 못한다면 최상의 지원을 받기 어려울 수 있다. 근본적으로는, 치료에 대한 이러한 장벽들을 낮출 새로운 방법들이 필요하다.

심코치 프로젝트는 사용자들이 똑똑하고 상호작용이 가능하며 인간 형태를 갖추고 있는 VH 건강 관리 가이드와 온라인으로 상호작용하면서 건강 관리 정보 및 진단을 익명으로 찾을 수 있도록 도와주어 이러한 어려움들을 다루고자 하였다. 심코치 프로젝트의 주된 목적은 군복무자, 퇴역 군인, 그들에게 중요한 타인들이 건강 관리 콘텐츠를 찾고 접근할 때 은밀하게 도움을 주고, 필요하다면 실제 치료자와의 치료를 격려하고 지원함으로써 장벽을 낮추는 것이다. 심코치는 전통적인 웹

그림 3.1 심코치 자료 화면

포털이 아니라, 사용자들이 상호작용이 가능한 VH와 그들의 건강 관리 문제에 대한 대화를 시작하고 그 대화에 참여할 수 있도록 한다. 일반적으로, 이렇게 지능을 갖춘 그래픽 캐릭터는 말, 제스처, 감정을 사용하도록 설계되었다. 사용자의 과거사나 임상적/심리적 문제와 관련하여 익명으로 된 배경정보를 구하고, 사용자에게 조언과 지지를 전달하고, 관련 있는 온라인 콘텐츠를 제공하며, 실제 임상가와 적절한 치료를 연결하는 과정을 촉진시키기 위해서 말이나 제스처, 그리고 감정을 사용한다. 심코치 프로젝트에 숨겨진 동기는 도움이 필요한 사용자들이 실제 치료자와 심리적 혹은 의학적 치료를 시작할 수 있도록 발판을 마련하는 것이다.

하지만 그렇다고 심코치의 목적이 치료에 대한 모든 장벽을 무너뜨린다거나, 실제 임상가에 의해 가장 잘 실행될 수 있는 진단적 혹은 치료적 서비스를 제공하려는 것은 아니다. 심코치는 사용자의 프라이버시와 익명성을 보장하여 사용자들이 그들의 상황을 더 잘 이해하고 그들에게 가능한 선택지들을 탐색하여 적절할 때 치료를 시작할 수 있도록 사용자들에게 편안함과 자신감을 제공하기 위해 설계되었다. 많은 기본 캐릭터 선택지들 중 사용자가 택한 VH 심코치는(그림 3.1을 참고하라) 이러한 경험들을 통합시키는데, 심코치는 질문에 직접 답할 수도 있고, 사용자에게 특화된 질문이나 훈련, 평가를 통해 사용자를 안내할 수도 있다. 또한 PCL-M(PTSD 증상 체크리스트)과 같은 간단한 스크리닝 문항들에 사용자들이 답하도록 하는 옵션이 프로그램 내에 배치되어 있으며, 이때 스크리닝 문항들은 피드백 받은 결과와 함께 사용자에게 지지적인 대화형식으로 전달된다. 이러한 스크리닝 검사 결과를 토대로 심코치는 사용자의 모형을 만들게 되는데, 이는 심코치가 사용자에게 내놓는 결과의 신뢰도와 정확도를 높여, 피드백을 통해 사용자의 자기 인식을 돕고, 이러한 자기 보고식 데이터에 근거해 관련된 정보를 더 잘 전달하기 위함이다. 더욱이, 상호작용이 적절한지 여부를 알려 주는 과정을 통해 사용자의 욕구가 더 정확히 평가될 수 있게 되면 사용자가 심코치와의 대화에 더 많이 참여할 것이라 예상된다. 이러한 VH와 사용자 간의 상호작용은 사용자가 시스템에 참여하도록 하거나 실제 치료자와의 만남을 시작하도록 격려하는 등 사용자를 다음 단계로 안내하기 위해 필요한 정보들을 시스템에 제공한다. 다시 한 번 말하지만 심코치 프로젝트는 실제 임상가나 전문가를 대체하려는 것이 아니다. 그 대신 심코치는 사용자에게 지지와 격려를 제공하고, 사용자들이 자신의 상황과 치료적 선택지들을 알게 하며, 실제 치료자에게 말하는 것이 불편한 사람들을 도와 사용자들이 이에 참여하는 과정을 시작할 수 있게끔 고안되었다.

사용자들은 글을 입력하거나 캐릭터 옆의 메뉴 버튼을 클릭해서 심코치 캐릭터들과 원활하게 소통할 수 있다. 심코치는 쉽게 접근 가능한 웹-기반 프로그램으로 설계되었기 때문에 따로 소프트웨어를 다운로드할 필요가 없다. 2010년에 프로젝트를 시작했을 당시에는, 음성 인식이 믿고 사용할 수 있는 단계가 아니었다. 완전히 자연스러운 언어로 대화하는 옵션을 제공할 가능성은 시장에 나와 있는 음성 인식 프로그램이 심코치-사용자 간의 상호작용을 이어 나갈 수 있을 만큼 충분히 정확한지 판단하기 위해 현재 연구 중에 있다. 심코치의 외양, 행동, 대화 옵션들은 임상적으로 관련된 정보들을 유창하고 믿을 수 있게 전달하기 위해서 뿐만 아니라 사용자의 편안함과 만족을 극대화하기 위해 설계되었다. 우리가 타깃으로 삼은 사용자 집단의 다양한 특성들을 기반으로 이 표적 집단의 욕구에 맞는 매력 있고 유용한 심코치 상호작용 옵션들을 만들어 내기 위해 포커스 그룹 인터뷰, "오즈의 마법사(Wizard of OZ)" 연구, 반복적인 시스템 형성평가 등이 활용되었다. 이러한 사용자 검증의 결과들은 중요하다고 여겨지는 핵심 영역들, 예를 들면 성별과 나이에 따라 고르는 기본 캐릭터, 일상적인 대화 상호작용, 유니폼을 입지 않은 캐릭터에 대한 선호 등을 보여 주었다. 또한 심코치가 사용자에게 전달할 수 있는 특정 건강 관리 콘텐츠가 군복무 경력이 있는 사람들(물론 그들에게 중요한 타인들도)과 관련이 있다는 것을 보장해 줌으로써 치료적 몰입 또한 지지되었다. 본래 사용자 집단(예, Afterdeployment, Military OneSource, National Center for PTSD)의 요구들을 다루고자 특수하게 설계된 DOD(국방부)와 VA(국가보훈처) 웹사이트를 위해 만들어진 콘텐츠를 활용할 수 있게 되면서 개선이 가능해졌다. 그런데 사용자들이 행동건강 정보들을 찾을 때 이런 사이트를 이용하는지 추적당하고 이런 사이트를 이용하게 되면 그들의 군생활 커리어에 있어 승진이나 후에 장애급여를 받는 데 방해가 될 것 같다는 두려움 등 공통적인 불평들을 가지고 있기 때문에, 이러한 사이트에 직접 접속하기 전에 망설이게 되는 문제가 있었다(Rizzo et al., 2011). 이러한 사이트에서 사용자 추적이 이루어진다는 생각들을 털어 내기 위해 국방부와 국가 보훈처가 엄청난 노력을 했음에도 불구하고, 이미 이러한 의혹들이 만연해 있어서 우리 표본 중에서도 많은 사용자들이 Google, Yahoo, Medscape 등을 통해 건강 관리 관련 설문지를 진행하게 되었다. 사용자들의 이러한 걱정들을 덜기 위해, 심코치가 제공하는 추가적인 콘텐츠들(예, 비디오, 자기 보고식 질문지, 출처 링크 등)은 사용자들을 타 사이트들"로" 이동시키는 것이 아니라, 아예 그 사이트를 끌어들였다. 또한 사용자들은 심코치 회기 요약본을 PDF로 프린트할 수도 있다. 이는 사용자가 나중에 개인적으로 기록을 돌아보거나 심코치가 그 회기 중에 알려 준 관련된 웹 콘텐츠 링크에 접속하기 위해서 중요하다. 또한 사용자가 좀 더 편해지고자 임상적 치료를 찾을 때, 실제 인간 임상 치료자나 전문가를 찾게 될 때에도 요약본에는 심코치와 상호작용하면서 얻은 지식들이 있기 때문에 유용할 것이다.

시스템이 점점 발전하게 되어, 사용자들이 심코치와 계속해서 반복적으로 상호작용할 수 있게 된다면 개입법이 더 나아질 것이라는 것이 우리의 관점이다. 이상적으로는 사용자들이 믿을 만하고 기댈 수 있는 건강 관리 정보 및 피드백의 자원으로써 심코치 캐릭터와의 "관계"를 발전시켜 나갈 때, 그들 자신만의 속도로 점차 발전해 나갈 수 있을 것이다. 하지만 이처럼 사용자와 심코치가 시간이 지나면서 점점 편해지는 옵션은 인간 관계를 쌓는 방식과 유사하게, 심코치가 이전 방문에서 얻은 사용자 정보들을 "기억"하고 그 정보를 토대로 관계를 세워 나가는 데 필요한 데이터베이스들을 상당히 많이 필요로 한다. 더욱이, 이전 회기에 대한 심코치 기억이 지속되려면 사용자가 시스템에 사용자 이름과 비밀번호를 입력해서 로그인을 해야 한다. 심코치 시스템은 이전 방문에서 나누었던 내용들을 보안 서버에 "저장"해 두어서 다음 방문에서도 그 내용들에 접근할 수 있도록 해야 한다. 이러한 기능은 양날의 검이 될 수 있는데, 왜냐하면 대화가 저장되었을 때 시간이 지나면서 심코치와 더 관련 있고 유의미한 상호작용이 가능하게 될지라도, 그들의 상호작용이 저장된다는 이유 때문에 익명성이 위협받을 수 있다. 망설이는 사용자들을 끌어모을 수 있는 주된 특성이 익명성이었기 때문이다. 유사하게, 미래에 기술이 받쳐 줄 수 있다면 이러한 기능은 반드시 "사전 동의" 기능으로 명확하게 기술되어야 한다. 심코치 플랫폼과 관련한 최근의 발전은 독립적인 심코치 기반 프로젝트에 있는 데이터베이스들에 접근할 수 있다는 것이다. 심코치가 국가보훈처(VA)나 다른 의학적인 임상 관련 사용을 위한 프론트-엔드 방식의(front-end)[3] 인터페이스로 기능하는 프로그램에서 "사전 동의를 한" 사용자들의 전자 의무 기록에 접근할 수 있다는 의미이다. 본질적으로, 심코치 설계는 본래의 의도를 넘어설 정도로 발전하고 있으며, 실제로 최근에는 온라인 심코치 저작 도구(authoring tool)[4]가 만들어지고 있다. 이는 다른 임상 전문가들이 심코치 콘텐츠들을 만들어서 다른 치료적 관점들을 이 플랫폼 내에서 향상시키고 발전시켜 나갈 수 있게 해 줄 것이다(cf., https://authoring.simcoach.org/sceditor/landing.html).

비록 이 프로젝트가 이 분야의 초기(또는 계속 반복되어 온) 노력만을 보여 준다고 할지라도, 우리는 치료에 대한 장벽을 무너뜨리려는 애초의 임상적인 목적이 이 시스템의 초기 버전으로도 쉽게 달성될 수 있을 것이라 보고 있다. 심코치의 현 버전은 온라인에서 이용 가능하며(http://www.simcoach.org/), 앞으로 시스템을 계속 발전시키기 위해 실제 사용자와의 상호작용을 검토하면서 신분이 확인되지 않는 사용자와의 대화를 주기적으로 개선해 나갈 것이다. 우리는 심코치가 사용자와 상호작용을 계속하면서 수집한 데이터를 기반으로 계속 발전해 나갈 것으로 보고 있으며 기술, 특히 음성 인식 기술 또한 함께 발전할 것으로 보고 있다. 그 과정에서, 본 연구는 임상 혹은 건강 관리 지원 상황에서 VH 제작 및 VH와의 상호작용 과정과 관련된 기능적 및 윤리적 문제를 탐구할 수 있도록 많은 연구 기회를 제공해 줄 것이다.

더 많은 정보를 원한다면, 심코치 유투브를 참고하길 바란다: https://www.youtube.com/watch?v=PGYUqTvE6Jo/.

---

3) 사용자와 시스템 간의 직접적인 접속이 되는 입력 부문 또는 데이터 처리 시스템의 시작점. cf. 백 엔드(back-end): 시스템 후면에서 시스템을 지원하는 부분(예, 데이터베이스)
4) 저작에 사용되는 소프트웨어. 저작이란, 텍스트나 그래픽, 음성 데이터, 디지털 영상 데이터 등 여러 가지 형태의 데이터를 1개의 멀티미디어 콘텐츠로 정리하는 작업을 말한다.

### SimSensei(심선생): 심리적 신호감지와 컴퓨터 분석이 가능한 가상 인간 에이전트

*심선생*은 사용자의 시청각 행동 신호들을 실시간으로 감지하고 해석할 수 있는 VH 상호작용 플랫폼이다. 이 시스템은 사용자의 표정, 몸짓, 음성 특징 등에서 나온 행동 신호들을 분석하여 사용자의 상태를 추론하고 이에 자동적으로 반응할 수 있는 VH와 사용자 간의 면대면 상호작용을 제공함으로써 임상적 면담과 건강 관리 지원이 가능하도록 특별히 고안되었다. 사용자의 행동은 다양한 센서들(예를 들어, 웹캠, 마이크로소프트 키넥트,[5] 마이크)을 통해 포착되고 정량화된다. 비언어적 행동 신호들이 사람 대 사람의 상호작용과 의사소통에 영향을 미치는 방식과 유사하게, 심선생은 VH와 사용자 사이의 관계를 발전시키기 위해 사용자의 비언어적 의사소통을 포착하고 그것으로부터 사용자의 상태를 추론하는 것을 목표로 한다. 이 시스템은 또한 임상적 맥락에서 진단적인 평가 정보를 제공하기 위해서 감지된 행동 신호들을 종단적으로 정량화하고 해석할 수 있다.

심선생을 개발하기 위해서는 감정 표현과 의사소통에 관한 기존의 문헌들을 철저하게 이해할 필요가 있었다. 인간의 의사소통 신호에서 표정과 몸짓이 중요한 역할을 한다는 것은 이미 오래전에 확인된 사실이다(Ekman & Rosenberg, 1997; Russell & Fernandez－Dols, 1997). 게다가 음성 특징(예를 들어, 운율, 음의 높낮이 변동 등) 또한 실제 언어 내용 너머 화자의 "상태"에 대한 추가적인 정보를 제공한다고 보고되어 왔다(Pentland, Lazer, Brewer, & Heibeck, 2009). 어떤 연구자들은 다윈이 백 년 전에 주장한 것처럼 보편적인 얼굴 표정, 몸짓, 음성 특징과 이에 대한 보편적인 해석이 있다는 것은 포유류에게 유전적으로 "타고난" 신경 회로가 있다는 것을 의미하는 것이라고 주장하는 반면(Darwin, 2002), 어떤 연구자들은 기저에 깔린 메커니즘을 연구하는 것보다 암묵적인 의사소통 신호들을 경험적으로 분석하고 그것으로부터 나오는 의미 있는 것들에 더 초점을 맞추려 한다. 후자의 경우인 Pentland의 MIT 연구 그룹은 이러한 행동 표현의 요소들을 "정직한 신호"라고 규

5) 키넥트는 컨트롤러를 사용하지 않고 센서 앞에 다가서기만 하면 사용자를 인식하고 동작에 반응하는 시스템이다. 사람의 48개 관절 움직임을 1초에 30번씩 읽어 들인다. 카메라 모듈이 장착되어 모션 캡처로 플레이어의 동작을 인식하며, 마이크 모듈로 음성을 인식한다.

그림 3.2 심선생과 가상 현실에서 상담하는 내담자

명했다(Pentland, 2008). 상호작용하는 집단에 대한 연구에 기초하여, 그는 이렇게 말했다. "*의사소통의 이러한 이차 경로는, 단어가 아니라 사회적 관계를 중심으로 전개되기 때문에, 우리가 거의 자각하지 못함에도 불구하고 우리 삶의 주요 결정들에 깊게 영향을 미친다.*" Pentland는 이렇게 신호를 주는 행동의 신체적인 속성들은, 단순히 의식적인 언어를 보완해 주는 역할만 하는 것이 아니라, 독립된 의사소통 네트워크로써 지속적으로 활성화된다고 본다. 고대 영장류의 비언어적 의사소통 메커니즘으로부터 진화되어 온 것으로 보이는, 이러한 신호주기 행동들은 우리의 의도, 목표, 가치, 그리고 감정적 상태를 들여다볼 수 있는 창이 되어 줄 것이라 추측된다. 이러한 견해를 바탕으로, 비언어적 행동을 포착하고 정량화할 수 있는 컴퓨터-기반 감지 시스템으로 여러 사례들이 표집될 수 있고, 그러한 활동 데이터를 가지고 사용자의 인지 및 감정 상태를 추론해 낼 수 있을 것이다. 감지된 신호들로부터 나온 추론들은 다양한 목적으로 말의 내용 그 자체에서만 모아진 정보를 보완하는 데 사용될 수 있다.

최근 저비용의 감지 기술과 컴퓨터 시각 방법(computer vision method)[6]이 발전하면서, 이러한 상상은 현실이 되고 있다. 실제로 최근 안면 특징 추적(facial

6) 시각(vision) 능력을 통해 영상 정보를 받아들인 컴퓨터가 주변 물체와 환경 속성에 대한 이미지를 분석해서 유용한 정보를 생성하는 기술. 화상 처리와 배경 분석을 거쳐 각종 임무 수행에 필요한 정보 형태를 생성해 낸다.

feature tracking), 관절 추적(articulated body tracking), 음성 분석 등과 같은 소프트웨어(Baltrusaitis, Robinson, & Morency, 2012; Morency, Whitehill, & Movellan, 2008; Whitehill, Littlewort, Fasel, Bartlett, & Movellan, 2009)와 결합된 저비용 센서(웹캠, 마이크로소프트의 키넥트, 마이크)가 광범위하게 이용 가능해지면서 자동적 비언어적 행동 분석에 대한 새로운 애플리케이션이 등장하기 시작했다. 비언어적 행동단서를 감지하고 수치화하여 추론할 수 있다면 VH 면담자는 짧은 면담 시간 동안 사용자가 보이는 고통이나 불안의 신호들에 대한 추론을 활용하여 사용자에게 이어지는 질문을 할 수 있을 것이다. 이것이 "심선생" 면담 에이전트에 깔려 있는 기본적인 개념이다(그림 3.2).

심선생은 하나의 애플리케이션 구성 요소인데, DARPA(미국 방위고등연구계획국)가 지원한 "심리학적 신호 감지와 컴퓨터 분석(DCAPS; Detection and Computational Analysis of Psychological Signals)" 프로젝트로부터 개발되었다. DCAPS 애플리케이션은 임상 면담가로 활용할 수 있는 공감적인 VH 건강 에이전트의 제작 가능성에 대해 탐구하고 정신건강 스크리닝에 도움을 주는 것을 목표로 하고 있다. 이 시스템은 전통적인 웹-기반 자기-관리 스크리닝의 장점인(Weisband & Kiesler, 1996) 익명성과, 면대면 상호작용의 유익한 사회적 효과들을 향상시킬 수 있는 인간 형태 인터페이스(Kang & Gratch, 2012)를 결합하고자 하였다. 심선생 시스템이 개인적인 키오스크 기반 세팅에서 구동된다면, 초기에 실제 인간 정신건강 관리 치료자와 상호작용하는 것을 망설이거나 여기에 저항하는 환자들과 임상적 면담을 실시할 수 있을 것이다. 이러한 관점에서, 심선생은 자연어를 사용하는 개인적이고 구조화된 면담에 사용자를 참여시키기 위해서 초기 웹-기반 선별 도구인 심코치에서 발전된 것이라 볼 수 있다. 여기에 심선생이 추가로 결합한 것은 사용자 행동 감지로, 이는 불안, 우울, 외상 후 스트레스 장애(PTSD)와 관련된 사용자의 행동들을 확인하는 것을 목표로 한다. 행동적 신호들은 카메라와 마이크를 통해 감지되고, 면담 동안 사용자의 상태를 수치화하기 위해 이렇게 감지된 신호들을 기반으로 추론이 만들어지고, 그 정보는 또한 심선생의 추후 질문 스타일과 내용을 업데이트하기 위해 실시간으로 사용된다.

이러한 심선생의 능력은 "멀티센스(MultiSense)" 지각 시스템과(Morency, 2010; http://multicomp.ict.usc.edu/?p=1799; Devault, Rizzo, & Morency, 2014), 오디오와 비

디오 같은 다른 모델들의 동시 캡처가 가능하고 실시간 추적을 위한 유연한 플랫폼을 제공하는 멀티모달 시스템(multimodal system) 그리고 멀티모달 융합(multimodal fusion)을 통해 가능하다. 멀티센스는 모델 "지표(marker)"들을 융합하여 사용자 상태에 대한 더 복잡한 멀티모달 지표들을 개발하도록 한다. 즉, 멀티센스는 웹 카메라, 마이크로소프트 키넥트, 오디오 캡처 등을 통해 수집한 정보와 심리적 고통을 나타낸다고 사전에 결정한 비언어적 지표들이 나타났는지 식별하는 하드웨어 처리 과정을 결합시킨다. 이는 다양한 음성 변수(예, 말하는 부분, 음성 역동, 대답하기 위한 대기 시간)들과 더불어, 3차원의 머리 위치와 방향, 감정에 대한 표정, 표현의 종류, 밀도, 빈도(예, 두려움, 분노, 혐오, 그리고 즐거움), 안절부절못함, 구부정한 신체 포즈와 같은 행동 신호들을 역동적으로 포착하여 정량화할 수 있도록 해 준다. 이와 같이 정보를 제공하는 행동 신호들은 두 가지 목적을 만족시킨다. 첫째, 심리적 상태를 탐지할 수 있는 행동의 출현 및 빈도를 분석할 수 있도록 한다. 둘째, 심선생 키오스크의 다른 소프트웨어 구성 요소에도 제공되어 VH 면담자에게 사용자의 상태와 행동에 대한 정보를 줄 수 있도록 한다. 이 정보는 후에 VH와 대화를 주고받고, 라포를 형성(예, 말투, 제스처/표정 표현에 대한 알아차림)하며, 추후 질문들을 주고받는 것을 도와주기 위해 사용된다. 심선생 대화 관리, 자연어 시스템, 에이전트의 얼굴 및 신체 제스처 생성 방법뿐만 아니라 멀티센스 소프트웨어에 대한 심도 있는 기술적 세부사항은 이 챕터에서 다루기는 힘들고 다른 논문에서 찾아볼 수 있다(Devault et al., 2014; Scherer et al., 2014).

*비언어적 행동과 임상적 상태*

심선생 애플리케이션에 사용될 멀티센스가 기록할 수 있는 자동적인 비언어적 행동 기술자(descriptors)[7] 말뭉치(corpus)를 개발하기 위해서, 우리는 먼저 비언어적 행동과 임상적 상태 간의 관계를 다룬 많은 문헌들을 조사했다. 이러한 연구의 대부분이 임상 및 사회 심리학 문헌에 속해 있었으며 매우 최근까지 대다수가 제

7) 컴퓨터에서 프로그램 단위의 성질을 정하거나 파일의 각 블록마다 레코드마다의 특성을 정의(define)하는 데 쓰이는 용어이며 「기술자(記述子)」, 「기술어」로 번역된다. 이 기술자는 정보의 내용을 적절히 표시하는 짧은 단어이다. 파일 내에서 목적 레코드와 목적 프로그램 등을 발견하기 위한 키워드로서 사용되며, 어휘의 사용을 한정한 시스템 검사에 쓰인다.

스처와 표정에 대한 수동 주석(annotation)[8]에 의존하고 있었다. 적어도 40년 동안 집중적으로 연구했음에도 불구하고, 임상적 장애와 표현된 행동 사이의 관계를 명백히 하기에는 아직 쉽지 않다. 데이터를 수동으로 주석 다는 것의 어려움, 임상적 상태와 표현된 행동에 대한 정의가 연구마다 다른 것, 그리고 행동이 유도되고 관찰되는 사회적 상황이 너무 광범위하기 때문이다. 그러나 이러한 복잡함에도 불구하고, 몇몇 임상적 상태(특히 우울이나 불안)와 비언어적 단서들 간의 관계에 대해 일반적으로 연구자들이 동의하는 부분이 있다. 이러한 발견은 자동적인 비언어적 행동 기술자에 대한 우리의 초기 연구에 중요한 정보를 제공해 주었다.

예를 들어, 시선처리와 서로에게 집중하는 것은 대화를 하는 데 중요한 행동이기 때문에 많은 임상적 상태가 전형적이지 않은 시선처리와 연관되어 있다는 것은 놀랍지 않은 사실이다. 우울한 내담자들은 유의미하게 눈맞춤이 적고(Waxer, 1974), 허공을 바라보는 것과 같은 멍한 시선을 보이며(Schelde, 1998), 고개를 숙이는 등 종종 시선을 돌리는 경향이 있다(Perez & Riggio, 2003). 임상가와 직접적인 눈 맞춤을 종종 피하는 내담자들의 경우에는, 우울증과 PTSD에서 보이는 양식이 비슷하다. 미소의 빈도나 지속 기간과 같은, 정서표현을 통해서도 임상적 상태를 진단 내릴 수 있다. 예를 들어, 우울한 내담자들은 감정 표현을 적게 하고(Bylasm et al., 2008; Perez & Riggio, 2003), 입을 적게 움직이며(Fairbanks, Mcguire, & Harris, 1982; Schelde, 1998), 더 많이 찌푸린다(Fairbanks et al., 1982; Perez & Riggio, 2003). 그리고 제스처를 적게 하는 등(Hall, Harrigan, & Rosenthal, 1995; Perez & Riggio, 2003) 정서의 부재나 부정적 정서를 보이곤 한다. 몇몇 결과들은 표현의 양보다 표현의 역동이 더 중요하다는 것을 시사한다. 예를 들어, 우울한 내담자들이 종종 미소를 지을 수 있으나, 비임상 집단에서 볼 수 있는 것보다 지속 기간이 더 짧고 덜 진실된 것으로 지각되곤 한다(Kirsch & Brunnhuber, 2007). 사회 불안과 PTSD 또한 우울증과 몇몇 특징들을 공유하는 한편, 이 장애들은 자극에 대한 과민성(예, 더 놀라는 반응, 그리고 분노를 표현하는 더 큰 경향성)(Kirsch & Brunnhuber, 2007)이나 수치심과 같은(Menke, 2001) 고조된 감정적 민감성과 더 활동적인 반응들을 보이는 경향이 있다. 안절부절못함은 임상 집단에서 종종 많은 빈도로 보고된다. 이는 손이나

8) 프로그램이나 문서에 덧붙여진 기술적, 설명적 주해. 원시 프로그램(source program)의 명령문으로 삽입 또는 추가되는 기술이나 참조, 설명문이다.

발을 두드리거나 떠는 것과 같은 제스처를 포함하며 불안과 우울 모두에서 보고된다(Fairbanks et al., 1982). 우울한 내담자들은 또한 종종 신체의 부분을 반복해서 만지거나, 조이거나, 반복적으로 머리를 쓰다듬는 등 자기 스스로 단장(self-grooming)하는 것과 같은(Fairbanks et al., 1982), "스스로-적응하기(self-adaptors)"를 한다(Ekman & Friesen, 1969). 우울한 사람들의 언어 행동(verbal behavior)에서 관찰되는 다른 점의 예시를 들어 보면 말하는 순서가 바뀌는 데 걸리는 시간이 길어지는 것, 음성의 기본 주파수의 가짓수가 줄어드는 것(Cohn et al., 2009), 말을 적게 하고 말의 속도가 느려지는 것, 전달이 지연되고 침묵이 길어지는 것 등(Hall et al., 1995)이 있다. 또한 1인칭 대명사나 부정적 느낌의 단어들을 사용하는 등 특정 어휘를 사용하는 빈도에서 차이가 나타나기도 했다(Rude, Gortner, & Pennebaker, 2004).

그러므로 비언어적 지각 기술을 위한 핵심 과제는 심리적 고통과 상관이 있는 인간행동에 대한 확고한 기술자(descriptors)를 개발하고 타당화하는 것이다. 이러한 기술자들은 확률 이론에 따라 진단적 평가를 제공하거나 치료적 결과를 정량화할 수 있도록 디자인되어야 한다. 그러나 모든 기술자는 그것 자체로 완벽하게 진단을 내릴 수 있는 것이 아니라, 사용자의 비언어적인 "경향성"을 드러내어 임상적 가설을 검증하거나 좀 더 나은 의사결정을 할 수 있도록 정보를 제공하는 데 기여할 것이다. 이 과정의 초기 단계에서, 우리는 그러한 행동들을 식별하기 위해 다양한 조사를 했다. (i) 임상적 관찰에 의해 보고된 바와 같이 심리적 상태의 지표가 되는 비언어적 행동들에 대한 문헌 리뷰, (ii) 자동적 분석에 대한 현존하는 작업들, (iii) 비디오 관찰 및 비디오를 보고 그들이 진단에 사용할 의사소통적 행동을 식별할 수 있는 (숙련된 임상가를 포함한) 전문가의 자문에 근거한 질적 분석. 일단 후보가 되는 행동들에 대한 지침이 만들어졌고, 그 다음 단계에서는 동일한 심리검사를 실시한 뒤, 심리적 고통 상태에 있을 가능성이 있는 사람(예, 불안, 우울, PTSD에 대한 자기 보고 검사에서 높은 점수를 받은 퇴역 군인 표본)과 그렇지 않은 사람들을 나누어 각각 면대면 면담을 진행한 것을 녹화한 이중 비디오 녹화가 필요했다. 이 비디오에서 나온 면대면 말뭉치는 수동 주석을 통해 점수 매겨졌다.

인간 상호작용을 분석하여 잠재적인 감정 지표들, 대화 규칙 그리고 인간 제스처의 공통점들을 식별한 이후에는, Wizard-of-OZ(WoZ) 프로토타입 시스템[9]의 개발 및 분석이 필요했다. WoZ 상호작용은 VH를 개발한 인간 운영자가 실제 연구 참여자와 상호작용하는 VH 캐릭터(디지털 꼭두각시 인형과 비슷)의 말과 제스처 반응을 선택하도록 한다. 최종 목표는 사용자가 15–25분간 상호작용에 참여할 수 있도록 완전 자동화된 심선생 가상 면담자를 개발하는 것이다. 이 작업의 연구 방법론 및 결과에 대해 세부적으로 알고 싶다면 Scherer 등(2014)의 논문에서 찾아볼 수 있다. 다음 부분에서는 면대면, WoZ–주도, 자동 VH 에이전트들을 비교하고 이에 대해 간단히 논의해 볼 것이다.

## 면담 간의 비교 평가: 면대면, WoZ, 그리고 심센세이 VH 에이전트의 자동적 상호작용

실제 면담과 WoZ 시스템을 통해 많은 심리측정과 행동평가가 이루어진 후, 그 다음 단계는 자율적인 심선생 면담으로 통합시키기 위해 후보가 되는 행동지표를 감지하는 프로그램을 만드는 것이다. 더 자세히 말하자면, 이제 'Ellie'라 부르게 될 자동적 상호작용 VH 에이전트와 면담할 때(필수적으로, 인간의 개입 없이 모든 것이 소프트웨어의 주도로 이루어짐), 지각시스템은 심리적 고통을 나타내고 있는 것으로 보이는 비언어적 행동들을 자동적으로 추적하고 인식하도록 조정되었다. 우울, 불안, 그리고 PTSD와 연관된 핵심 행동들은 면담 중에 실시간 송신되어, Ellie의 상호작용 행동들을 안내하는 데 사용되었고, 통계요약은 면담이 끝날 때 자동적으로 주어졌다. 이 단계에서는 실시간 시스템으로 행동적 신호들을 포착하고 분석하는 것과 완전히 자동화된 상호작용의 새로운 말뭉치에 대한 면대면과 Woz 데이터의 사전 분석들을 타당화하는 것에 초점을 맞추었다.

총 351명의 참가자가 모집되었고, 이들은 Craigslist, 전단지, US 퇴역 군인 프로그램(http://www.usvetsinc.org/)에서 서비스를 받은 적이 있는 퇴역 군인 표본을 활용하여 모집되었다. 120명의 면대면 참가자들 중, 남성은 86명, 여성은 34명이었다. 이 참가자들의 평균 연령은 45.56세(SD = 12.26)였다. 140명의 WoZ 참가자들

9) http://uxtlab.tistory.com/19 참고. 컴퓨터–인간 인터페이스 분야에서 많이 사용되는 기법으로, 일종의 트릭을 사용한 실험이지만 피험자는 트릭임을 모른다. 기술적으로 인공지능처럼 보이는 에이전트로 꾸며지나 실제로는 인간에 의해 통제되고 반응하도록 만든다.

중 남성이 76명, 여성이 63명이었으며, 한 명은 자신의 성을 보고하지 않았다. 이 집단의 참가자들 평균나이는 39.34세(SD = 12.52)였다. 91명의 AI 참가자들 중 남성은 55명, 여성은 35명이었으며, 한 명은 자신의 성을 보고하지 않았다. 평균나이는 43.07세(SD = 12.84)였다.

모든 참가자들은 그들의 임상적 상태를 나타내기 위해 몇 가지 자기 보고 설문지를 작성했다(예, 환자 건강 질문지, PTSD 체크리스트, 그리고 상태/특질 불안 질문지). 각자 경험을 하고 난 후, 모든 참가자들은 라포 측정 설문지를 작성했다(Kang & Gratch, 2012). 추가적으로 우리가 특정한 VH 설계 목표를 달성했는지 확인하기 위해, WoZ와 AI 참가자들에게는 두 가지 VH 포맷에 대한 그들의 인상을 평가하고 비교하기 위한 9개의 질문에 답하도록 했다(표 3.1을 참고해라).

**표 3.1** VH의 인상에 대한 질문 평균, 표준 오차, *t*값, 효과 크기

| | 방법 | | *t* | *d* |
|---|---|---|---|---|
| | WoZ | AI | | |
| 나는 기꺼이 Ellie와 정보를 공유하려 했다. | 4.03(0.83) | 4.07(0.73) | - 0.33 | 0.05 |
| 나는 Ellie와 정보를 공유하는 것이 편안했다. | 3.92(0.98) | 3.80(1.07) | 0.75 | 0.12 |
| 나는 Ellie와 개인적인 정보를 많이 나누었다. | 3.97(1.04) | 3.73(1.14) | 1.47 | 0.23 |
| Ellie에게 이야기하고 나니 기분이 좋다. | 3.69(1.02) | 3.60(0.95) | 0.55 | 0.08 |
| 내가 Ellie에게 이야기하지 않은 중요한 것이 있다. | 2.93(1.19) | 2.66(1.19) | 1.48 | 0.23 |
| Ellie는 잘 들어 준다. | 4.10(0.77) | 3.56(0.98) | 3.94* | 0.61 |
| Ellie는 적절한 보디랭귀지를 보여 주었다. | 3.85(0.85) | 3.84(0.86) | 0.05 | 0.01 |
| Ellie는 나의 보디랭귀지에 민감하다. | 3.36(0.72) | 3.13(0.86) | 1.87 | 0.29 |
| 나는 친구에게 Ellie를 추천해 줄 것이다. | 3.72(1.10) | 3.47(1.03) | 1.52 | 0.24 |
| 시스템 유용성 | 74.37(13.63) | 68.68(12.05) | 3.24 | *0.44 |
| 라포 | 80.71(12.10) | 75.43(11.71) | 3.28 | *0.44 |

* =〈 0.05

사용한 질문의 예를 들어 보면 자기 개방("나는 기꺼이 Ellie와 정보를 공유하려 했다"), 상호작용 메커니즘("Ellie는 나의 보디랭귀지에 민감했다"), 다른 사람에게 이 시스템을 추천하고자 하는지 등에 대한 내용들로 구성되어 있다. 모든 문항은 1점부터(매우 동의하지 않는다) 5점까지(매우 동의한다) 척도로 평정되었다. WoZ 조건에서,

참가자들은 에이전트(agent)가 사람에 의해 조종되는 것이 아니라 자동으로 작동하는 것으로 알고 있다는 점에 주목하라.

설계 목표에 관해서는 Wizard-운영 시스템 조건인지 AI 시스템 조건인지에 상관없이 대부분의 참가자들은 목표가 달성되었다는 것에 '동의한다' 또는 '매우 동의한다'라고 응답했다. 예를 들어, 대부분의 사람들은 "나는 기꺼이 Ellie와 정보를 공유하려 했다(84.2% WoZ; 87.9% AI), 나는 Ellie와 정보를 공유하는 것이 편안했다(80.5% WoZ; 75.8% AI), 나는 Ellie와 개인적인 정보를 많이 나누었다(79.3% WoZ; 68.2% AI)" 라는 질문에 '동의한다' 또는 '매우 동의한다'라고 응답했다. 하지만 두 시스템 모두 비언어적 행동을 적절하게 감지하고 또 적절한 비언어적 행동을 만들어 내는 능력에서는 수행이 조금 저조했다. 예를 들어, 소수의 참가자들만이 "Ellie가 그들의 비언어적 행동을 감지했다"라는 질문에 '동의한다' 또는 '매우 동의한다'라고 응답했다(40.3% WoZ; 27.5% AI). 그럼에도 불구하고, "친구에게 이 시스템을 추천해 줄 것이다"라는 질문에는 대다수의 사람들이 '동의한다' 또는 '매우 동의한다'라고 응답한 것으로 보아(69.8% WoZ; 56.1% AI), 위의 결과가 AI와의 전반적인 경험을 심각하게 손상시켰다는 것을 의미하진 않는 것으로 보인다.

우리는 다음으로 WoZ와 AI 시스템을 비교함으로써 AI 시스템의 상대적 인상을 조사했다. 우리는 초기 AI 버전이 인간의 수행 수준에 미칠만 하다고 예상한 것은 아니지만 이와 같은 비교를 통해서 앞으로 개선이 필요한 부분에 대해 알 수 있을 것이라고 보았다. 놀랍게도 디자인과 유용성 평가 결과를 보면, 인간-주도 시스템(WoZ)은 세 가지 영역에서만 유의미한 차이를 보여 주었다. WoZ 참가자들은 AI 참가자들에 비해 면담자가 좋은 청자라고 느껴졌다고 보고했고($t(166)=3.94$, $P<0.001$, $d=0.61$), AI 참가자보다 시스템의 유용성을 더 높게 평가했으며($t(229)=3.24$, $P<0.001$, $d=0.44$), 라포를 더 많이 느꼈다($t(229)=3.28$, $P<0.001$, $d=0.44$).

우리는 그런 다음 WoZ와 AI 시스템을 면대면 면담과 비교해 보았다(표 3.2를 보라). 우리는 세 조건의 라포 점수를 비교하기 위해 통계적 변량분석(ANOVA)을 시행했다. 결과는 라포 방식에서 유의미한 차이가 나타났다($F(2,345)=14.16$, $P<0.001$, $d=0.52$). 흥미롭게도 효과는 WoZ에 의해 나타났다. WoZ 참가자들은 AI 참가자들($t(345)=3.87$, $P<0.001$, $d=0.42$)과 면대면 참가자들($t(345)=-4.59$,

**표 3.2** 세 조건의 라포 점수

| 면대면 | WoZ | AI |
|---|---|---|
| 74.42(4.89) | 80.71(12.10) | 75.43(11.71) |

$P<0.001$, $d=0.53$)에 비해 라포를 더 많이 느꼈다. 놀랍게도 AI와 면대면 참가자들의 라포 점수는 차이가 없었다($t(345)=-0.77$, $P<0.001$, $d=0.07$).

이 첫 번째 평가 결과는 희망적이었다. 주관적 경험의 경우, 참가자들은 WoZ, AI 버전의 시스템 모두에 대해서 자기 개방 의지, 다른 사람에게 추천할 의향 그리고 전반적인 만족감을 보고했다. 라포의 경우, 참가자들은 면대면 면담과 비슷하게 느꼈다고 보고했다. 예상외로, 참가자들은 면대면 면담에서보다 WoZ 시스템과 상호작용을 할 때 라포를 더 많이 느꼈다. 이 효과에 대한 하나의 가능한 설명은 사람들이 사적인 정보를 드러내는 데 면대면 면담자보다는 컴퓨터에 더 편안함을 느낀다는 것인데(Lucas, Gratch, King, & Morency, 2014; Weisband & Kiesler, 1996), 이는 추후에 연구가 더 필요하다. 예상했던 대로, 심선생의 초기 버전은 인간 "Wizards"보다 잘 수행하지 못했다. 이는 심선생이 라포와 시스템 유용성에서 유의미하게 낮은 점수를 받았다는 점에서 드러난다. 참가자들은 또한 AI가 조종하는 Ellie가 그들 고유의 보디랭귀지에 덜 민감하고 종종 부적절한 비언어적 행동을 보여 줬다고 느꼈다. 이러한 분석들은 다음 새로운 심선생 시스템을 설계하는 데 중요한 정보가 될 것이고 전반적인 결과들은 희망적이다. 또한 전반적으로 볼 때, 이 시스템에 대한 초기 노력이 긍정적인 사용의도를 이끌어 냈다는 점을 시사한다.

AI 조건에서 얼굴, 제스처, 그리고 음성 분석에서 나온 초기 결과를 보면, 심리적 고통을 나타내고 있는 것 같은 행동 신호의 출현과 관련해서 집단(고통이 높음 vs 낮음) 간 차이가 분명히 나타났다(Scherer et al., 2014). 고통을 나타낸다고 자동적으로 탐지된 행동들에는 웃음 패턴, 얼굴이나 시선의 피함, 초조함, 스스로 적응하기(self-adaptors) 등이 있으며, 심리적 고통에 대한 자기 보고 심리측정 평가와 강한 일치를 보이는 적어도 세 가지 음성 파라미터들에서 예상한 대로 집단 간에 유의미한 차이들이 발견되었다. 이러한 데이터에 대한 세부적인 설명은 이 챕터에서는 다루기 힘들기 때문에 관심 있는 독자들은 Scherer 등(2014)의 논문을 읽어 보면 도움이 될 것이다.

심선생 시스템은 현재 두 임상 프로젝트에서 타당화를 거치면서 새롭게 정교화되는 과정 중에 있다. 현재 진행 중인 한 프로젝트에서, 이전에 아프가니스탄 전투에 파병되었던 미군에게 종합심리검사와 자동 심선생(AI) 면담자와의 면담을 제공했다. 이 부대는 2014년 12월에 파병에서 돌아왔으며, 파병에서 돌아온 후 6개월, 1년 뒤에 각각 계획된 추후 심리평가와 함께 심선생 평가의 파병－후 회기에 참여하였다. 이 논문을 쓰는 시기에, 정신건강 심리측정치 및 파병－전 결과와 비교해 보기 위해 파병－후 데이터가 분석되었다. 본 프로젝트의 목적은 파병－전, 파병－후에 각각 심선생과 면담하면서 포착된 자동적 행동지표들과 군인들을 대상으로 실시한 자기 보고 측정치 및 파병－후 건강 평가(PDHA; Post Deployment Health Assessment)를 비교하여 파병 전후의 정신건강 상태 변화 여부를 예측할 수 있는지 판단하는 것이었다. 이에 따라, 한 연구는 PDHA의 표준 관리(군인 군 건강 기록에서 직접적으로 기록되고 컴퓨터로 처리됨)와 익명의 PDHA 관리를 비교했고 결과는 우울, PTSD, 자살 사고, 관리를 받는 것에 대한 관심이 PDHA의 표준 관리에 비해 익명 설문에서 2배에서 4배 더 높았다(Warner et al., 2011). 그러므로 정신건강 상태와 싸우고 있지만, 낙인이나 부정적인 커리어 결과를 피하기 위해 표준화된 자기 보고 평가에서는 "괜찮다고 속이는" 군인에게 관리를 위한 더 나은 정보를 주기 위해 심선생 면담에서 더 "정직한" 심리적 고통을 보이는지를 파악하는 것이 중요하다. 심선생이 수행하는 임상 면담에 대한 또 다른 타당화 검증에서는, 군대 성관련 트라우마로 인한 PTSD를 치료하기 위해 VR 노출치료를 시험하는 임상적 시행 단계를 평가하고 있다. 치료 과정에 따른 표본들의 결과를 비교하기 위해서 심선생 면담은 치료－전, 치료－중, 치료－후에 실시된다. 이런 종류의 집단 검사에서 나온 결과들은 심선생 VH 에이전트의 새로운 변화를 위한 유용한 정보를 줄 것으로 예상된다. 사용자가 AI 버전의 심선생과 상호작용하는 영상은 http://youtu.be/Yw1c5h_p6Dc에서 볼 수 있다.

## 결론

자율적인 VH 에이전트를 임상적으로 적용하는 시스템적인 통합은 여전히 초기 단계에 머물러 있다. 그러나 임상적 가상 현실 적용에 현실성이나 맥락을 더하기 위한 단순한 소도구나 통계 요소로써만 VH를 한정적으로 사용했던 예전과는 확실히 달라졌다. 특히 지난 15년간의 작업은 VH의 실제 적용뿐만 아니라 VH 기술 둘 다를 발전시킬 과학적이고 실용적인 지식들이 폭발적으로 발전했다. 현재 추세에서 연산 능력, 그래픽과 애니메이션, 인공지능, 언어 인식, 그리고 자연어 처리 과정은 점점 발전하고 있으며, 우리는 그러한 고도로 상호적이고 지적인 VH를 임상적 목적으로 제작하고 사용하는 사람들이 급격하게 늘어날 것이라고 기대한다. 이 장에서는 두 가지 자율적 VH 애플리케이션인 심코치와 심선생의 논리적 근거와 기저에 깔려 있는 구조를 제시했다. 각각의 시스템은 사용자가 자율적 VH 에이전트와의 상호작용에 접근하는 과정을 좀 더 쉽게 하자는 생각에서 만들어졌다. 이 애플리케이션의 목적은 임상적 활동들을 수행하는 데 있어 실제 사람을 대체하려는 것이 아니라, 필요하지만 실제 사람이 할 수 없는 부분들을 채우는 것에 있다. 심코치의 경우, 첫 번째 목표는 실제 치료자와 치료하는 것을 망설이는 사람들이 치료를 찾도록 만들거나 적어도 그 선택지에 대해 고려해 볼 수 있도록 격려하는 것이다. 심선생은 VH와의 사적인 상호작용을 위한 플랫폼을 제공한다는 심코치의 개념을 가져왔으며, 사용자의 심리적 고통의 신호들을 감지하기 위해 디자인되어 동시적 자동 행동 분석을 지원하는 임상적 면담이라는 참신한 포맷을 제공함으로서 가치를 더하려고 시도했다. 가상 현실 시뮬레이션 영역에서 보편적으로 볼 수 있듯이, 인간 면담자를 넘어서는 심선생 키오스크 프레임워크의 장점은 내재된 복제 가능성과 제공되는 서비스가 일관적이라는 것이다. 자극이 표준화되면 면담 질문에 대한 사용자의 반응을 더 세세하게 분석할 수 있다. 또 다른 장점은 최근의 결과들이 제시하는 것으로 VH가 사용자로 하여금 판단받는 것에 대한 스트레스와 공포를 감소시킬 수 있으며 그에 따라 정보를 드러내는 것에 대한 감정적 장벽들을 낮출 수 있다는 점이다(Hart, Gratch, & Marsella, 2013, Ch.21; Lucas et al., 2014). 이러한 개념들을 발전시키기 위해서는 새로운 연구-주도 VH 개발이 필요하다. 또한 미래의 성공은 더 이상 기술의 속도에 있기보다는 유용한 애플리케이션을 상상하는 과학자들과 임상가들의 창의성과 혁신에 달려 있다.

# 참고문헌


American Psychological Association. (2007). Presidential task force on military deployment services for youth, families and service members. The psychological needs of U.S. military service members and their families: A preliminary report. Retrieved from: <http://www.apa.org/releases/MilitaryDeploymentTaskForceReport.pdf> Accessed 18.04.07.

Anderson, P. L., Zimand, E., Hodges, L. F., & Rothbaum, B. O. (2005). Cognitive behavioral therapy for public-speaking anxiety using virtual reality for exposure. *Depression and Anxiety, 22*(3), 156-158.

Babu, S., Schmugge, S., Barnes, T., & Hodges, L. (2006). What would you like to talk about? An evaluation of social conversations with a virtual receptionist. In J. Gratch, et al. (Eds.), *IVA 2006, LNAI 4133* (pp. 169-180). Berlin, Germany: Springer-Verlag.

Bailenson, J. N., & Beall, A. C. (2006). Transformed social interaction: Exploring the digital plasticity of avatars. In R. Schroeder, & A.-S. Axelsson (Eds.), *Avatars at work and play: Collaboration and interaction in shared virtual environments* (pp. 1-16). Berlin, Germany: Springer-Verlag.

Baltrusaitis, T., Robinson, P., & Morency, L.-P., (2012). 3D constrained local model for rigid and non-rigid facial tracking. In *Proceedings of the IEEE computer vision and pattern recognition*. Providence, RI.

Blascovich, J., Loomis, J., Beall, A., Swinth, K., Hoyt, C., & Bailenson, J. (2002). Immersive virtual environment technology: Not just another research tool for social psychology. *Psychological Inquiry, 13*, 103-124.

Bickmore, T., & Cassell, J. (2005). Social dialogue with embodied conversational agents. In J. van Kuppevelt, L. Dybkjaer, & N. Bernsen (Eds.), *Advances in natural, multimodal dialogue systems*. New York, NY: Kluwer Academic.

Bordnick, P. S., Traylor, A. C., Carter, B. L., & Graap, K. M. (2012). A feasibility study of virtual reality-based coping skills training for nicotine dependence. *Research on Social Work Practice, 22*(3), 293-300.

Bylsam, L. M., Morris, B. H., & Rottenberg, J. (2008). A meta-analysis of emotional reactivity in major depressive disorder. *Clinical Psychology Review, 28*, 676-691.

Cohn, J. F., Kruez, T. S., Matthews, I., Yang, Y., Nguyen, M. H., Padilla, M. T., et al. (2009). Detecting depression from facial actions and vocal prosody. In *Affective comput-ing and intelligent interaction (ACII)*, September, 2009.

Darwin, C. (2002). *The expression of the emotions in man and animals* (3rd ed.) London: Oxford University Press.

Devault, D., Rizzo, A. A., & Morency, L.-P. (2014). SimSensei: A virtual human inter－viewer for healthcare decision support. In *The proceedings of the thirteenth international conference on autonomous agents and multiagent systems* (AAMAS).

DOD Mental Health Task Force Report. (2007). Available from: <http://www.health.mil/dhb/mhtf/MHTF－Report－Final.pdf> Accessed 15.06.07.

Dole－Shalala Commission. (2007). *Serve, support, simplify: Report of the president' commission on care for America's returning wounded warriors.* Available from: <http://www.nyshealthfoundation.org/content/document/detail/1782/> Accessed 21.11.11.

Ekman, P., & Friesen, W. V. (1969). The repertoire of nonverbal behavior: Categories, origins, usage, and coding. *Semiotica, 1*, 49－98.

Ekman, P., & Rosenberg, E. L. (1997). *What the face reveals: Basic and applied studies of spontaneous expressions using the Facial Action Coding System (FACS).* New York, NY: Oxford University Press.

Fairbanks, L. A., McGuire, M. T., & Harris, C. J. (1982). Nonverbal interaction of patients and therapists during psychiatric interviews. *Journal of Abnormal Psychology, 91*(2), 109－119.

Gratch, J., & Marsella, S. (2004). A domain independent framework for modeling emotion. *Journal of Cognitive Systems Research, 5*(4), 269－306.

Gratch, J., Morency, L. P., Scherer, S., Stratou, G., Boberg, J., Koenig, S., et al. (2013). User－state sensing for virtual health agents and telehealth applications. In *Proceedings of the 20th annual medicine meets virtual reality conference.*

Gratch, J., Rickel, J., Andre, E., Cassell, J., Petajan, E., Badler, N. (2002). Creating inter－active virtual humans: Some assembly required. In *IEEE intelligent systems.* July/August. pp. 54－61.

Hall, J. A., Harrigan, J. A., & Rosenthal, R. (1995). Nonverbal behavior in clinician－patient interaction. *Applied and Preventive Psychology, 4*(1), 21－37.

Hart, J., Gratch, J., & Marsella, S. (2013). How virtual reality training can win friends and influence people. *Fundamental Issues in Defense Training and Simulation (Human Factors in Defence),* pp. 235－249. Surrey: Ashgate.

Hoge, C. W., Castro, C. A., Messer, S. C., McGurk, D., Cotting, D. I., & Koffman, R. L. (2004). Combat duty in Iraq and Afghanistan, mental health problems, and bar－riers to care. *New England Journal of Medicine, 351*(1), 13－22.

Howell, S. R., & Muller, R. (2000). *Computers in psychotherapy: A new prescription.* Available from: <http://www.psychology.mcmaster.ca/beckerlab/showell/ComputerTherapy.PDF> Accessed 23.04.11.

IOM (Institute of Medicine). (2007). *Treatment of posttraumatic stress disorder: An assessment of the evidence.* Washington, DC: The National Academies Press. Available from: <http://www.nap.edu/catalog/11955.html> Accessed 24.10.07.

IOM (Institute of Medicine). (2012). *Treatment for posttraumatic stress disorder in military and veteran populations: Initial assessment.* Washington, DC: The National Academies Press. Available from: <http://www.iom.edu/Reports/2012/Treatmentfor－Posttraumatic－Stress－Disorder－in－Military－and－Veteran－Populations－Initi al－Assessment.aspx.> Accessed 15.07.12.

Kang, S.－H., & Gratch, J. (2012). Socially anxious people reveal more personal informa—tion with virtual counselors that talk about themselves using intimate human back stories. In B. Weiderhold, & G. Riva (Eds.), *The annual review of cybertherapy and telemedicine* (pp. 202—207). Amsterdam, The Netherlands: IOS Press.

Kenny, P., Rizzo, A. A., Parsons, T., Gratch, J., & Swartout, W. (2007). A virtual human agent for training clinical interviewing skills to novice therapists. *Annual Review of Cybertherapy and Telemedicine, 2007, 5*, 81—89.

Kirsch, A., & Brunnhuber, S. (2007). Facial expression and experience of emotions in psychodynamic interviews with patients with PTSD in comparison to healthy subjects. *Psychopathology, 40*(5), 296—302.

Klinger, E. (2005). Virtual reality therapy for social phobia: Its efficacy through a control study. Paper presented at: *Cybertherapy* 2005. Basal, Switzerland.

Lucas, G. M., Gratch, J., King, A., & Morency, L.—P. (2014). It' only a computer: Virtual humans increase willingness to disclose. *Computers in Human Behavior*, 37, 94—100.

Macedonio, M. F., Parsons, T., Wiederhold, B., & Rizzo, A. A. (2007). Immersiveness and physiological arousal within panoramic video—based virtual reality. *CyberPsychology and Behavior, 10*(4), 508—515.

McCall, C., Blascovich, J., Young, A., & Persky, S. (2009). Proxemic behaviors as predic—tors of aggression towards Black (but not White) males in an immersive virtual envi—ronment. *Social Influence*, 1—17.

McCauley, L., & D'ello, S. (2006). A speech enabled intelligent kiosk. In J. Gratch, et al. (Eds.), *IVA 2006, LNAI 4133* (pp. 132—144). Berlin, Germany: Springer—Verlag.

Menke, R. (2011). *Examining nonverbal shame markers among post—pregnancy women with maltreatment histories* (Ph.D. thesis). Wayne State University.

Morency, L.—P. (2010). Modeling human communication dynamics. *IEEE Signal Processing Magazine, 27*(6), 112—116.

Morency, L.—P., de Kok, I., & Gratch, J. (2008). Context—based recognition during human interactions: Automatic feature selection and encoding dictionary. In *10th International conference on multimodal interfaces*, Chania, Greece, IEEE.

Morency, L.—P., Whitehill, J., & Movellan, J. (2008). Generalized adaptive view—based appearance model: Integrated framework for monocular head pose estimation. In *Proceedings of the 8th IEEE international conference on automatic face gesture recognition* (FG08). pp. 1—8.

Padgett, L., Strickland, D., & Coles, C. (2006). Case study: Using a virtual reality computer game to teach fire safety skills to children diagnosed with Fetal Alcohol Syndrome (FAS). *Journal of Pediatric Psychology, 31*(1), 65—70.

Parsons, S., Bauminger, N., Cobb, S., Gal, E., Glover, T., Weiss, P.L., et al. (2012). Collaborative technologies for supporting social conversation and collaboration in the classroom: Overview and findings of the COSPATIAL project. In *1st international conference on innovative technologies for autism spectrum disorders. ASD: Tools, trends and testimonials.*Valencia, Spain, July 6—8, 2012.

Parsons, T., Bowerly, T., Buckwalter, J. G., & Rizzo, A. A. (2007). A controlled clinical comparison of attention performance in children with ADHD in a virtual reality classroom compared to standard neuropsychological methods. *Child Neuropsychology, 13,* 363–381.

Pentland, A. (2008). *Honest signals: How they shape our world.* Cambridge, MA: MIT Press.

Pentland, A., Lazer, D., Brewer, D., & Heibeck, T. (2009). Using reality mining to improve public health and medicine. *Studies in Health Technology and Informatics, 149,* 93–102.

Perez, J. E., & Riggio, R. E. (2003). Nonverbal social skills and psychopathology. In P. Philpot, R. S. Feldman, & E. J. Coats (Eds.), *Nonverbal behavior in clinical settings*(pp. 17–44). London: Oxford University Press.

Pertaub, D.–P., Slater, M., & Barker, C. (2002). An experiment on public speaking anxiety in response to three different types of virtual audience. *Presence, 11*(1), 68–78.

Prendinger, H., & Ishizuka, M. (2004). *Life–like characters Tools, affective functions, and applications.* New York, NY: Springer.

Rickel, J., Gratch, J., Hill, R., Marsella, S., & Swartout, W. (2001). Steve goes to Bosnia: Towards a new generation of virtual humans for interactive experiences. In *The proceedings of the AAAI spring symposium on AI and interactive entertainment,* Stanford University, CA.

Rizzo, A. A., Bowerly, T., Buckwater, J. G., Klimchuk, D., Mitura, R., & Parsons, R. D. (2006). A virtual reality scenario for all seasons: The virtual classroom. *CNS Spectums, 11*(1), 35–44.

Rizzo, A. A., Ghahremani, K., Pryor, L., & Gardner, S. (2003). Immersive 360–degree panoramic video environments. In J. Jacko, & C. Stephanidis (Eds.), *Human–computer interaction: Theory and practice* (Vol. 1, pp. 1233–1237). New York, NY: L.A. Erlbaum.

Rizzo, A. A., Sagae, K., Forbell, E., Kim, E., Lange, B., Buckwalter, J. G., et al. (2011). SimCoach: An intelligent virtual human system for providing healthcare information and support. In Proceedings of the interservice/industry training, simulation and education conference.

Rizzo, A. A., Scherer, S., DeVault, D., Gratch, J., Artstein, R., Hartholt, A., et al. (2014). Detection and computational analysis of psychological signals using a virtual human interviewing agent. In *The 2014 proceedings of the international conference on disability, virtual reality and associated technologies.*

Rude, S., Gortner, E.–M., & Pennebaker, J. (2004). Language use of depressed and depression–vulnerable college students. *Cognition & Emotion, 18*(8), 1121–1133.

Russell, J. A., & Fernandez–Dols, J. M. (1997). What does a facial expression mean? In J. A. Russell, & J. M. Fernandez–Dols (Eds.), *The psychology of facial expression* (pp. 3–30). New York, NY: Cambridge University Press.

Rutten, A., Cobb, S., Neale, H., Kerr, S., Leonard, A., Parsons, S., et al. (2003). The AS interactive project: Single–user and collaborative virtual environments for people with high–functioning autistic spectrum disorders. *Journal of Visualization and Computer Animation, 14*(5), 233–241.

Schelde, J. T. M. (1998). Major depression: Behavioral markers of depression and recovery. *The Journal of Nervous and Mental Disease, 186*(3), 33－140.

Scherer, S., Stratou, G., Lucas, G., Mahmoud, M., Boberg, J., Gratch, J., et al. (2014). Automatic audiovisual behavior descriptors for psychological disorder analysis. *Image and Vision Computing, 32*(10), 648－658.

Simmersion, Inc. Available from: <www.simmersion.com> Accessed 15.04.15.

Swartout, B., Artstein, R., Forbell, E., Foutz, S., Lane, H. C., Lange, B., et al. (2013). Virtual humans for learning. *Artificial Intelligence Magazine, 34*(4), 13－30.

Talbot, T. B., Sagae, K., John, B., & Rizzo, A. A. (2012). Sorting out the virtual patient: How to exploit artificial intelligence, game technology and sound educational prac－tices to create engaging role－playing simulations. *International Journal of Gaming and Computer－Mediated Simulations, 4*(3), 1－19.

Tanielian, T., Jaycox, L. H., Schell, T. L., Marshall, G. N., Burnam, M. A., Eibner, C., et al. (2008). *Invisible wounds of war: Summary and recommendations for addressing psychological and cognitive injuries.* Rand Report. Retrieved from: <http://veterans.rand.org/>.

Thiebaux, M., Marshall, A., Marsella, S., Fast, E., Hill, A., Kallmann, M., et al. (2008). SmartBody: Behavior realization for embodied conversational agents. In *Proceedings of the international conference on autonomous agents and multi－agent systems (AAMAS).* Portugal.

Traum, D., Marsella, S., Gratch, J., Lee, J., & Hartholt, A. (2008). Multi－party, multi－issue, multi－strategy negotiation for multi－modal virtual agents. In *8th International Conference on Intelligent Virtual Agents.* Tokyo, Japan, Springer.

Virtually Better Inc. Available from: <www.virtuallybetter.com> Accessed 15.04.15.

Warner, C. H., Appenzeller, G. N., Grieger, T., Belenkiy, S., Breitbach, J., Parker, J., et al. (2011). Importance of anonymity to encourage honest reporting in mental health screening after combat deployment. *Archives of General Psychiatry, 68*(10), 1065－1071.

Waxer, P. (1974). Nonverbal cues for depression. *Journal of Abnormal Psychology, 83*(3), 319－322.

Weisband, S., & Kiesler, S. (1996). Self－disclosure on computer forms: Meta－analysis and implications. In *Proceedings of CHI1996*, Vol. 96, pp. 3－10.

Weizenbaum, J. (1976). *Computer power and human reason* San Francisco, CA: W. H. Freeman.

Whitehill, J., Littlewort, G., Fasel, I., Bartlett, M., & Movellan, J. (2009). Toward practical smile detection. *IEEE Transactions on Pattern Analysis and Machine Intelligence, 31*, 2106－2111.

CHAPTER

# 04

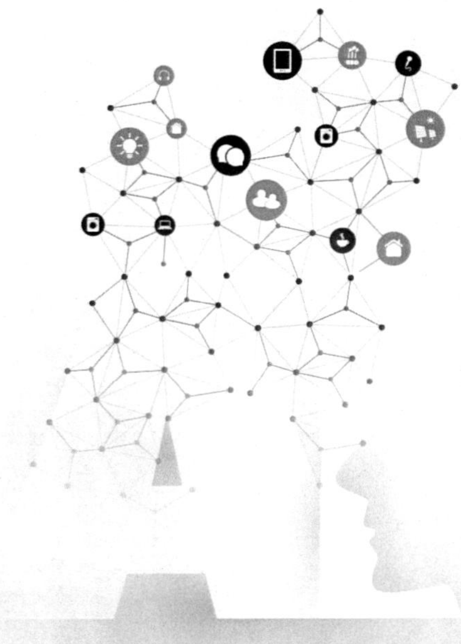

# 가상 정서 에이전트와 치료적 게임

CHAPTER 04

# 가상 정서 에이전트와 치료적 게임

Eva Hudlicka1)

## 서론

지난 십 년간 정서적 지능 가상 에이전트와 기능성 게임(훈련, 코칭, 치료와 같은 비오락적 목적으로 사용되는 게임)은 놀라운 진전을 보였다. 관련 기술이 개발되고 텔레멘탈 헬스(telemental health)에 대한 관심이 증가하면서 이러한 도구들이 임상 현장과 치료 효과를 향상시킬 수 있을 것이라는 기대 또한 높아지고 있다. 이 장에서는 지능적 가상 정서 에이전트와 기능성 게임의 역사에 대해 간단히 논의하고자 하는데, 특히 행동건강에서 관련한 최첨단 기술과 건강 관리에서의 최근 적용 예시을 제시하고, 향후 전망뿐만 아니라 윤리적, 사생활 문제에 논의하려고 한다.

*지능적 가상 에이전트*(*Intelligent virtual agent; IVAs*)는 인간과 상호작용할 수 있고 컴퓨터로 통제되는 가상으로 개발된 캐릭터이다(Prendinger & Ishizuka, 2004). 가상 정서 에이전트들은 정서적 상호작용이 가능한 IVAs이며, 종종 비언어적 상호작용도 가능하다; 다시 말해, 인간의 정서를 인식하고 "감정(emotions)"을 표현한다(Hudlicka et al., 2008; Hudlicka et al., 2009). 또한 사용자의 정서를 모델링할 수 있

1) Psychometrix Associates, Inc. and School of Computer Science, University of Massachusetts, Amherst, MA, USA

그림 4.1 다양한 현실과 임바디먼트를 가진 가상 에이전트의 예시

고 그들의 아키텍처[2] 안에서 합쳐진 감정을 모델링할 수도 있다. 이러한 능력은 에이전트들로 하여금 감정지능과 사회적 지능(사회적 단서와 사용자의 목적을 인식함)을 가질 수 있고 관계를 형성하거나 유지할 수 있으며 현실 세계에서 인간 사용자의 상태나 욕구에 적응할 수 있게 한다.

이런 지능적 가상 에이전트들의 시각적 외관과 상호작용 능력은 매우 다양하며, 인간 사용자의 선호와 욕구에 맞출 수 있다. 임바디먼트의 범위는 만화나 애니메이션과 같은 얼굴에서부터 완전히 몸을 가진 대상까지 광범위하며, 이 또한 사용자의 선호와 욕구에 따라 맞춤형으로 만들 수 있다. 상호작용 능력 또한 텍스트 기반에서, 선다형 입력과 캐릭터 텍스트 기반 출력, 음성 인식과 합성 음성에 이르기까지 그 범위가 넓다. 가상 에이전트들은 사용자의 지식, 정서 및 동기적 상태에 적응할 수 있는 정도, 정서적 및 사회적 사실성의 표현 정도에서도 다양하다. 그림 4.1은 몇 가지 가상 에이전트들의 예시를 통해 임바디먼트와 시각적 사실성의 정도가 얼마나 다른지 보여 준다. 최근 IVAs가 오락성 게임과 기능성 게임에 사용되는 빈도수가 점차 늘어나고 있다. *기능성 게임*은 오락 목적으로만 개발된 게임과 달리, 훈련과 학습 목적으로 개발된 컴퓨터 게임이다. 기능성 게임은 플레이어(player)들을 끌어들이는 독특한 능력을 가지고 있으며, 사용자의 학습 욕구나 치료적 목표에 맞춘 고도의 몰입형 학습, 훈련, 및 치료적 환경을 제공한다는 장점을 지닌다. 기능성 게임의 역사는 비록 20년에 불구하지만, 기능성 게임은 교육, 훈련, 코칭, 재활, 심지어 심리치료로까지 그 적용 범위가 확대되고 있는 게임 시장에서

2) 시스템의 상위 수준 기능과 인터페이스를 설명하는 기술(art) 또는 과학(science). 조화롭게 운영되도록 상호연결된 다양한 기능을 제공하는 시스템 계열(A family of systems)을 위해 세부적으로 규정되지 않은 시스템 설계(non-specified system design)

가장 빠르게 성장하고 있는 영역 중 하나이다.

오락 게임과 비슷하게, 기능성 게임도 가상 세계 안에서 물리적 환경이 변화하면서 전개되는 스토리 라인이 있고, 다수의 NPCs(non-playing characters)와 레벨이 올라가면서 달성해야 하는 과제들이 있다. 학습하거나 연습해야 할 기술들은 과제 안에 포함되어 있고 레벨이 올라가면서 과제는 점차 더 어려워진다. 플레이어의 연령과 능력뿐만 아니라, 학습해야 하는 과제의 유형이나 훈련이나 코칭의 유형에 따라 게임 플레이는 엄격하게 "기능성" 과제에 초점을 맞추거나 오락의 요소를 추가할 수도 있다(일반적으로 후자는 아동과 어린 사용자들을 대상으로 한 게임의 경우임). 게임은 고도로 맞춤화된 학습, 훈련, 치료적 환경과 프로토콜을 개발할 수 있게 한다. 전체적인 게임의 스토리 라인뿐만 아니라, 게임의 난이도, 보상 시스템, NPCs 모두 사용자에게 최적의 학습과 훈련 경험을 제공하기 위한 방식으로 만들 수 있다. IVAs처럼 NPCs의 외형과 행동들도 특정 학습과 훈련의 목적 그리고 플레이어 개인과 문화적 선호에 따라 다르게 만들 수 있다.

앞서 언급한 기술들은 인간의 두 가지 선천적인 욕구인 다른 사람과 정서적으로 교감하려는 욕구 그리고 즐겁게 놀고 싶은 욕구에 부합한다.

- 주요 우울장애로부터 회복되고 있는 환자는 가상 지능적 정서 캐릭터의 도움으로 혹은 맞춤화된 기능성 게임을 사용하여 인지적 재구조화 기술을 연습할 수 있을까?
- 자폐 스펙트럼 장애를 진단받은 아이는 가상 정서적 에이전트와 놀거나 혹은 기능성 게임을 함으로써 사회적 기술을 배울 수 있을까?
- 사회 공포증 환자는 가상 세계에서 구현된 "파티"에 참여하고 낯선 사람에게 말을 걸고 대화를 유지하는 연습을 할 수 있을까?

이런 시나리오들은 빠르게 현실이 되고 있다. 연구자들은 IVAs와 사회적 로봇이 자폐 스펙트럼 아동의 정서와 사회적 기술을 향상시키는 데 효과적인지 연구하고 있다(Dautenhahn, 2007). 기능성 게임은 자폐 스펙트럼 장애 아동과 10대들이 사회적 기술을 배우고 불안을 관리하는 것을 돕는 데 사용되고 있으며(Beaument & Sofronoff, 2008), 강박성 장애(OCD)의 치료를 돕기 위한 게임도 개발되었다(Brezinka,

2008; Brezinka & Hovestadt, 2007).

보다 더 자세한 내용을 다루기 전에 한 가지 강조할 점은 가상 정서 에이전트나 기능성 게임이 앞으로 인간 치료나 면대면(face-to-face) 치료를 대체할 수 없다는 것이다. 이런 기술은 절대 경험이 풍부하고 공감적인 인간 치료자만큼 기능할 수 없으며, 결코 그렇게 되지도 않을 것이다. 오히려 이것들은 인간 치료자와 차별되면서 인간 치료자를 돕는 역할을 하게 될 것이다. 예를 들어, 다음과 같은 기능을 할 수 있다.

- 증거 기반 치료의 보급을 확대시킴
- 더 용이하게 치료를 사용할 수 있도록 함(위치나 시간에 구애받지 않고 사용 가능)
- 회기 사이의 치료를 가능하게 함(숙제와 기술 연습을 격려함)
- 개인적 욕구와 문화적 선호도에 잘 적응함
- 참여 수준과 동기를 높임

어떤 경우에는 이러한 기술이 더 선호될 수도 있다(예, 자폐 스펙트럼 장애를 지닌 아동이나 사회 불안 혹은 광장 공포증 환자). 게다가 이 기술들은 진단과 평가의 정확성을 높이고 일관된 진단과 치료 계획에 기여하면서 연구에도 활용될 수 있다.

## 가상 정서 에이전트와 기능성 게임의 간략한 역사

가상 정서 에이전트와 기능성 게임은 컴퓨터 과학, 엔지니어링, 심리학과 같은 다양한 분야에서 이루어진 수십 년간의 연구 결과를 집결한 고도의 정교한 기술이다. 다음에서는 몇 가지 핵심 구현 기술(enabling technology)의 역사에 대해 간단히 설명하고자 한다.

### 가상 정서 에이전트

그럴듯하고 매력적인 가상 에이전트를 실행하기 위해서는 다음과 같은 넓은 범위의 컴퓨터 자원과 기술이 필요하다-자연 언어 처리(이해와 발생), 구어 처리(구

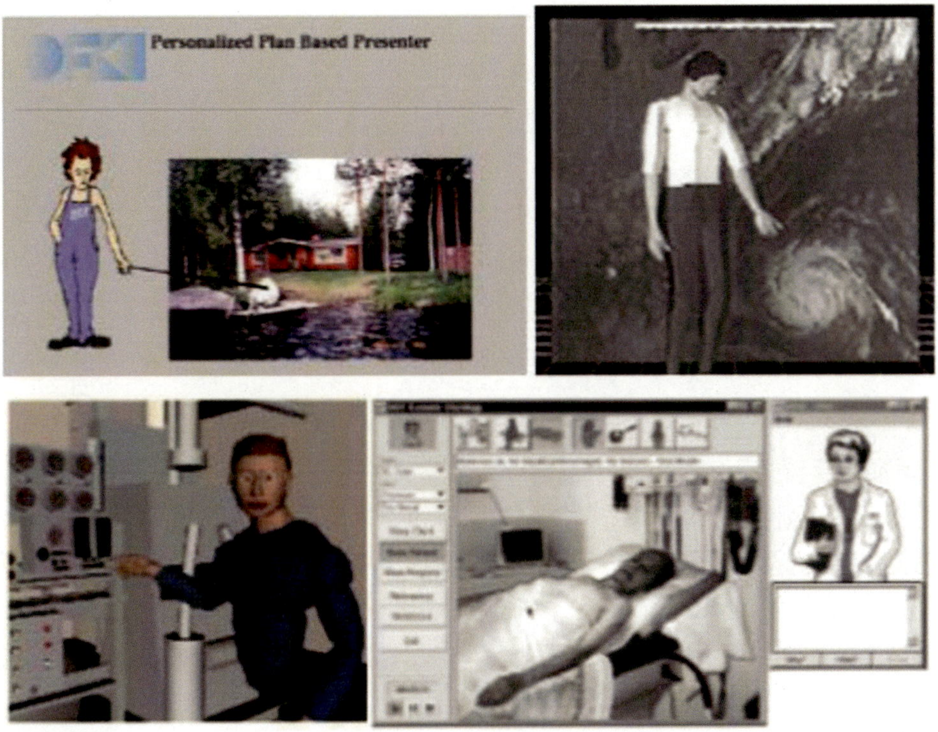


그림 4.2

다른 임바디먼트는 복합성(만화 같은 vs 인간과 같은 몸을 가진; 단순한 vs 해부학적에 기반을 둔 애니메이션)과 다른 사회적 상황에서 상호작용하는 가진 가상 에이전트의 예: 발표자 에이전트 PPP(왼쪽 위 그림; Andre et al., 1998)와 Jack(오른쪽 위 그림; Norman & Badler, 1997); 강의자 에이전트 Steve(왼쪽 아래 그림)와 Adele(오른쪽 아래 그림)

어 이해와 구어 합성), 대화 운영, 핵심적 인공지능(지식 표현, 자동화된 추론, 머신러닝), 정서적 컴퓨팅(정서인식, 가상 캐릭터에 의한 정서표현, 정서적 사용자 모델링, 인지-정서적 아키텍처), 인간컴퓨터 상호작용, 컴퓨터 그래픽(3D 모델링과 애니메이션). 이 장에서 구체적으로 이러한 기술들에 대한 지난 오십 년간의 수많은 실험과 연구를 모두 논의하는 것은 불가능하다. 따라서 여기에서는 임바디먼트(embodiment), 에이전트 아키텍처, 정서적 컴퓨팅과 관련한 역사를 간단히 살펴보고자 한다.

가상 캐릭터 맥락에서, 임바디먼트는 디스플레이 디바이스에 그래픽적으로 묘사된 에이전트의 가시적인 외형을 나타낸다(디스플레이 디바이스는 모바일 디바이스의 작은 스크린에서부터, iPad나 휴대용 컴퓨터의 스크린, 더 큰 외부 디스플레이, 그리고 벽 크기의 가상 현실 디스플레이까지 다양함). 가장 현대적인 가상 에이전트는 인격화된 것, 즉 인간과 닮았지만 늘 그렇지는 않다. 일부 매력적인 가상 에이전트들은 인간의 형태가 아니며, 심지어 동물의 형태인 경우도 있다. 사실 임바디먼트에서 가장 초기의 결과물은 매우 간단한, 인간의 형태가 아닌 "Woggles"이었다.

Woggles는 카네기멜론 대학에서 OZ 상호작용 드라마 프로젝트의 일환으로 개발되었다(Bates, Loyall, & Reilly, 1992). Woggles의 에이전트는 눈이 있고 타원형으로 생겼고, 몇 가지 간단한 움직임(점프, 회전, 미끄러지기), 찌그러지기, 부풀어 오르기, 색깔 바꾸기, 안구운동, 움직이는 대상을 따라다니기 등을 할 수 있다(Loyall & Bates, 1993). Woggles는 몇 가지 지각적 능력을 가졌는데, 특히 다른 Woogle이 자신을 보고 있든 안 보고 있든 상대방의 존재를 인식할 수 있고, 음파 센서를 통해 인간의 존재를 인식할 수 있다. Woogles은 매우 단순한 형태로 인간처럼 보이지는 않지만, 어느 정도 정서적 능력도 가지고 있어 사용자로 하여금 높은 참여를 이끌어 낸다. Woggles의 행동은 상대적으로 정교한 에이전트 아키텍처에 의해 수정 및 보안되었고(the Tok architecture)(Reilly & Bates, 1992), 이는 OCC 모델(Ortony Clore Collins; 이후에 설명할 것임)을 기반으로 한 정서 모델링 요소뿐만 아니라 반응적, 목표지향적 행동을 포함하고 있다.

인격화된 사용자 인터페이스 에이전트가 성장함에 따라, 연구자들은 다양한 형태의 에이전트 외관을 탐색하기 시작했고, 아주 간단한 만화 같은 에이전트에서부터 완전히 유기적인, 완전히 임바디드되어 있는(머리, 상반신, 하반신이 있음) 3D 에이전트, 고도의 시각적 현실화가 현실화되고 있다(그림 4.1－4.3). 과거의 예시들은 영양과 운동 코치 Harmony(Hayes－Roth, 2009; Hayes－Roth & Saker, 2010), 가상 마음챙김 코치 Chris(Hudlicka, 2013), 정보 발표자 에이전트 PPP 페르소나(André, Rist, & Muller, 1998), 의료 교육 튜터 Adele(Rickel & Johnson, 1999), 학교폭력 피해자 아이들을 돕기 위해 개발된 만화 같은 캐릭터들(그림 4.1 FearNot!의 캐릭터를 보라) 등이 있다. 시각적으로 더 사실적인 에이전트들의 예시는 정보진행자 에이전트 Jack(Norman & Badler, 1997), 교육용 에이전트 Steve를 포함하며, 이것들은 해군 군인들을 위해 진단 훈련 시스템과 함께 제공되도록 설계되었다(Rickel & Johnson, 1999). 시각적 사실성을 목표로 한 에이전트는 완전히 임바디드된 에이전트 Max가 있으며(Becker, Naksone, Prendinger, Ishizuka, & Wachsmuth, 2005), 이것은 박물관

그림 4.3
높은 수준의 가상 사실성을 목표로 한 인간과 같은 몸을 가진 가상 에이전트 예시. 왼쪽에서 오른쪽부터-가상 환자 Justina와 Justin(Rizzo et al., 2012)이 상담자 Amy(Lisetti et al., 2013)

가이드와 게임 파트너 등의 다양한 맥락과 역할로 개발되었다(그림 4.1).

이와 같은 초기 에이전트들은 시각적으로 사실성 있는 인간화된 임바디먼트이며 상호작용, 대화 능력, 비언어적 표현 등의 다중-모델 상호작용 능력을 가진 현대의 *임바디드된 대화 에이전트(embodied conversational agents; ECAs)*의 기반이 되었다. ECAs의 예시는 에이전트 Greta(De Rosis, Pleachaud, Poggi, Carofiglio, & De Carolis, 2003)와 Laura(Bickmore & Picard, 2005)가 있다(그림 4.1). ECAs는 언어적, 비언어적 표현을 통해 인간과 자연스럽게 상호작용할 수 있기 때문에 ECAs와 상호작용하는 데는 최소의 훈련만이 필요하며(아예 필요 없는 경우도 있음), 이로 인해 다양한 사람들, 특히, 노인, 아동, 장애인들을 대상으로 용이하게 사용될 수 있다. 이와 같이 복잡하고, 시각적, 사회적 사실성이 증가된 에이전트들은 기능성과 오락성 게임 모두에 NPCs와 플레이어 아바타로 통합되고 있다.

## 기능성 게임

기능성 게임은 다양한 맥락에서 개발되었고 언어와 문화적 기술, 학문적인 과제, 스포츠와 운동기능("엑서게이밍(exergaming)"),[3] 회사(corporate)와 비즈니스 기술, 정책 계획, 군대와 법률 집행 훈련(Hudlika, 2011a) 등 다양한 영역을 다룬다. 건강 관리에서, 기능성 게임은 건강 관리 전문가들을 위한 훈련과 교육(예, 응급실 부상자 분류, 치과 수술, 간호) 그리고 환자와 내담자들을 위한 치료와 교육(예, 식습관과 운동에 대한 교육, 신체 활동 증가 코치, 고통 관리, 사회적 기술 훈련) 등을 위한 목적으로 사용되고 있다(Horne-Moyer, Moyer, Messer, & Messer, 2014).

컴퓨터 게이밍 기술은 퐁, 팩맨, 테트리스 같은 간단한 2D 게임에서부터 고도한 현실적이고 매력적인 다중 플레이어 게임까지 진전되었다. 복잡한 3D 환경, 시각적 및 정서적으로 사실적인 장면을 묘사할 수 있는 그래픽은 단순히 게임을 하는 수준에서 벗어나 몰입형 가상 현실과 참여형 필름 경험을 가능하게 하였고, 궁극적으로 플레이어의 몰입도를 높이게 되었다. 3D 모델링과 애니메이션, 시뮬레이션, 인공지능, 정서적 컴퓨팅을 포함한 활성화 기술을 통해 게임의 시각적 사실성과 역동적 상호작용 또한 현실화되었다. 또한 플레이어의 몰입도는 Microsoft Kinect와 네트워크 기술과 같은 기반 하드웨어의 발전으로 실시간 게임 플레이, 복잡한 스토리 라인을 통해 더욱 높아졌다. 더 빠르고 체계적으로 게임을 만들기 위해 필요한 게임 엔진이 개발되었고(예, Unity), 정서적 게임을 개발하기 위해 필요한 특성화된 엔진도 탐색되고 있다(Popescu, Broekens, & van Someren, 2014; Hudlicka, 2009). 적응성(adapt) 게이밍이 시행될수록, 게임의 내용은 플레이어의 상태와 목표 변화에 따라 조정될 것이며, 이는 실제 게임에서도 가능하다. 이런 적응성은 실제 게임에서도 가능하다. 이러한 발달은 특히 기능성 게임에 중요하며 사용자 모델링 기술을 통해 가능해진다.

앞서 언급한 에이전트 기술은 NPCs와 플레이어 아바타들이 더 자율적, 사실적으로 사회적, 정서적 표현과 행동을 할 수 있게 함으로써 게임의 사실성과 플레이어의 몰입도를 높인다. 전자는 다양한 인공지능 지식 기반 시스템과 계획 기술들에 의해 촉진되었고, 후자는 정서적 컴퓨팅 기술에 의해 촉진되었다. 정서적 컴퓨팅(Picard, 1997)은 4개의 핵심 영역으로 설명되는 컴퓨터 과학의 하위 분야이다: 기계

3) 운동(exercise)과 게임(gaming)의 합성어. 게임을 하면서 운동을 하는 것을 뜻한다. 운동과 오락을 결합한 엑서테인먼트의 한 조류로 게임을 하면서 운동을 하는 세대를 '엑서게이머'라고 부른다. 가령 소니의 플레이스테이션(Playstation)과 DDR(센서판을 밟으며 춤추는 게임기)이 결합된 제품이나 닌텐도의 위(Wii) 등이 있다.

에 의한 정서인식, 에이전트와 로봇에 의한 정서표현, 정서적 사용자 모델링, 정서 모델링과 인지–정서 에이전트 아키텍처(Hudlicka, 2008a).

사실, 건강 관리, 특히 치료적 게임 분야에서 가장 발전한 부분은 정서적 게임 혹은 정서–적응 게임의 개발을 가능케 하는 기술일 것이다(Gilleade, Dix, & Allanson, 2005; Hudlicka, 2008a; Yannakakis & Paiva, 2014). 이 주제는 다른 장에서 더 자세히 논의할 것이다.

## 최첨단의 기술

사용자에게 가상 정서 에이전트에서 가장 두드러진 점은 이들의 상호작용 능력과 외형이다. 상호작용 능력은 언어적, 비언어적 상호작용을 모두 포함한다. 외형은 에이전트의 임바디먼트를 의미하며 어떤 비언어적 상호작용이 가능한지 결정짓는다. 가상 정서 에이전트가 성공하기 위해서는 믿을 만해야 한다. 특히 몇 가지 범용적인 특성을 지녀야 하는데, 이는 언어적·비언어적 상호작용 능력과 정서적·사회적 사실성, 인간 사용자의 욕구에 적응할 수 있는 능력을 포함한다(Ortony, 2001). 다음에서는 이와 관련한 최첨단의 기술을 더 자세히 알아본다.

### 비언어적 상호작용: 감정 인식, 감정 표현, 그리고 에이전트 임바디먼트

비언어적인 상호작용은 모든 인간 관계에서 중요한 역할을 하며, 특히 도움을 주는 관계(예, 코칭, 교육, 지지, 치료)에서 비언어적 상호작용은 감정적 이해와 공감을 전달하는 데 언어적 상호작용보다 더 중요할 수 있다. 또한 많은 중요한 대화의 단서(이해, 혼란, 동의 혹은 반대)가 비언어적으로 전달되기 때문에 비언어적 상호작용은 대화의 흐름을 이어가는 데 중요한 역할을 한다. 인간들의 비언어적 상호작용은 신체 부위와 관련된 다양한 표현적 경로(예, 얼굴과 정서적 상태를 전달하는 다양한 얼굴 표현뿐만 아니라, 눈짓, 머리, 손, 신체의 움직임, 신체 자세)를 통해 이루어진다. 대화를 효과적으로 하기 위해서는 상대방의 비언어적 표현을 관찰하고 이를 감지하는 것이 중요한데, 특히 상대방의 정서상태와 관련된 비언어적 메시지를 읽는 것이 중요하다.

출력이라는 차원에서, 비언어적 상호작용은 에이전트의 임바디먼트와 밀접한 관련이 있는데, 이는 비언어적 메시지를 전달하기 위해서는 몇 가지 종류의 신체적 형태가 필요하기 때문이다(말하는 것을 제외하고, 비언어적 정보는 운율을 통해 전달될 수 있음). 다시 말해, 에이전트가 감정을 표현하는 능력을 가지는 것이 중요한데, 더 정확하게 말하면, 에이전트는 인간 사용자가 감정이라고 해석할 수 있는 시각적인 표현을 보여 주어야 한다(에이전트가 감정을 경험할 수 있거나 경험해야 한다는 의미는 아님). 비언어적인 상호작용, 감정 인식과 표현, 그리고 에이전트 임바디먼트는 다음에서 논의될 것이다.

*감정 인식과 표현*

컴퓨터가 인간의 감정을 인식하고 표현하는 것은 두 가지 정서적 컴퓨팅 영역으로 나타나는데, 이 두 영역은 서로 상반된다고 볼 수 있다. 이 둘 모두 데이터 분석 인식 과정, 표현 과정을 촉진시키기 위한 의미 원소를 인식하는 것과 관련이 있다(Hudlicka, 2005). 여기서 이 주제에 대해 상세하게 논의할 수는 없지만, 관심 있는 독자들은 정서인식과 표현 기술에 대한 다양한 최근의 리뷰를 읽어 보길 권한다(Gunes, Piccardi, & Pantic, 2008; Zeng, Pantic, Roisman, & Huang, 2009). 관련 최첨단 기술에 대해 간략히 요약하면 다음과 같다.

*감정 인식*과 관련하여, 인간은 다양한 경로(얼굴, 말의 리듬, 머리의 움직임, 신체적 움직임, 생리현상)를 통해 상대방의 감정을 인식한다. 이와 관련하여 필요한 컴퓨터 기술은 다양한 정서를 몇 가지 패턴의 인식 분류 알고리즘으로 유형화시키는 것이다. 지금까지 에이전트가 인식할 수 있는 감정은 기본적 감정(예, 기쁨, 슬픔, 화, 두려움)에 불과하지만 최근 더 복잡하고 사회적인 감정인 부끄러움, 죄책감, 자부심 같은 것을 인식할 수 있도록 진보되어 가고 있다. 상황에 맞게 기본 감정 중 적절한 감정을 상황에 맞게 선택할 수 있는 확률이 거의 인간과 가까워지고 있다(Zeng et al,, 2009). 다만 자연스러운 감정의 인식, 다시 말해, 실험실 세팅이 아닌 자연스러운 상호작용에서 감정을 표현하는 것이 더 어려우며, 이는 정서인식 연구에서 주요한 도전 과제 중 하나이다.

감정 인식률은 크게 양상과 경로, 감지한 데이터의 질에 달려 있고, 미래에는 분류 알고리즘을 입력하거나 그것 자체를 분류 알고리즘으로 사용할 것이다. 다중 양식 접근의 사용이 증가하고 있는데, 주로 시각(안면 표현)과 청각(말하는 내용과 운율) 경로를 결합한 방법이 사용되고 있다. 생물학적 신호 또한 인식 정확도를 높이기 위해 사용되고 있으며, 주로 신호들은 자율신경계의 활동, 예를 들어 각성 수준을 반영한다. 맥락적 다양성(예, 최근의 상호작용, 사용자가 수행하려는 과제)을 고려한 감정 인식률도 높일 수 있다(Kapoor, Burleson, & Picard, 2007). 건강 관리에서 사용자의 상태를 인식하는 것("스마트 센싱(smart sensing)")은 특히 중요하며, 신뢰하기 힘든 자기 보고식 자료를 보완하거나 심지어 대체할 수도 있다.

에이전트가 *감정을 표현(emotion expression)하기 위해서는* 두 가지 요소가 필요한데, 에이전트는 표현하고자 하는 감정을 사실적으로 적절하게 표현할 수 있어야 할 뿐만 아니라 특정 맥락에 맞게 적절한 감정을 표현할 수 있어야 한다. 이 두 가지의 능력에 필요한 기술이 매우 다른데, 전자는 컴퓨터 그래픽과 밀접한 관련이 있고(렌더링과 애니메이션 기술), 후자는 감정 모델과 에이전트 아키텍처와 밀접한 관련이 있다(이후에 논의할 것임).

감정 인식에 있어서 다중 경로는 데이터의 풍부한 근원을 제공하고 인식의 정확성을 증가시키는 반면, 감정 표현에서 다중 경로는 어려움을 초래하는데, 그 이유는 캐릭터의 여러 표현이 적절하게 통합, 동기화되어야 사실적으로 표현되기 때문이다. 예를 들면, 분노의 표현은 언어적 표현 그리고 이와 일치하는 어조, 운동 및 몸짓의 질, 안면운동, 신체 자세, 특정 행동 등이 적절하게 표현되어야 사실적으로 보일 수 있다.

다양한 마크업 언어는 경로-특정적인 의미론적 근원 어휘와 중재(intermediate), 표현의 구현-독립적인(implementation-independent) 묘사를 제공하고, 다중 표현 경로 간의 조화(coordination)를 가능하게 함으로써(예, the Facial Action Coading Systems(Ekman & Friesen, 1978)), 정서적 표현을 활성화하기 위해 개발되어 왔다. 아직 표준적 언어가 나타나진 않았지만, EmotionML은 좋은 예가 될 수 있다(SchrÖder et al., 2011).

*임바디먼트*

앞서 설명한 바와 같이, 가상 정서 에이전트는 넓은 범위의 임바디먼트를 지니며 그 범위는 얼굴에서부터 상체와 팔, 완전히 연결된 3D 신체까지 다양하다. 에이전트 개발자는 표현의 욕구와 관련된 프로세스의 복잡성, 주어진 상호작용 맥락 내에서 사용자의 욕구에 맞추기 위해, 에이전트의 임바디먼트에 대해 신중한 선택을 해야 한다.

외형과 관련하여 대부분의 정서적 에이전트들은 의인화되어 인간과 비슷하게 표현하고, 종종 시각적으로 매우 사실적이다. 시각적으로 현실적인 의인화된 에이전트들이 개발되고 있지만 짚고 넘어가야 할 중요한 점은 시각적 사실성이 높아지고 있지만 시각적 사실성이 정서적 사실성에 꼭 필요하지는 않으며, 사실 시각적 사실성이 정서적 사실성과 신뢰성에 방해가 될 수도 있다는 것이다. 이를 보여 주는 예가 언캐니밸리 현상이다. 언캐니밸리는 에이전트의 시각적 사실성이 증가하여 그 외형이 인간과 매우 유사해질수록, 사용자가 지각하는 에이전트에 대한 신뢰도는 떨어진다는 것을 의미한다. 이러한 역설적인 현상이 나타나는 이유는 에이전트가 인간과 비슷할수록 사용자가 신뢰도와 정서적 사실성에 대한 무의식적이 기준이 더 높아지기 때문이다. 즉, 만화 같은 캐릭터일수록 우리의 기대는 낮다. 하지만 에이전트가 인간의 외형을 닮기 시작하면 우리의 평가 기준은 높아지고 우리는 언어적, 비언어적 상호작용에서 사실성과 정서성이 인간 같기를 기대하기 시작하며 이러한 기대가 충족되지 못했을 때, 그 캐릭터를 신뢰하지 못한다고 느끼거나, 혹은 더 나쁘거나 심지어 불쾌하다고 느끼기도 한다.

이러한 문제를 다루기 위해 연구자들은 의인화되긴 했지만 시각적으로 너무 사실적이지 않은 에이전트 임바디먼트를 탐구하기 시작했고, 몇몇 연구들은 더 단순한 것, 2D, 그리고 종종 만화 같은 캐릭터가 비언어적 정보를 전달하고 사용자의 몰입을 높이는 데 매우 효과적이라고 보고하였다. 특히 아동에게는 더욱 그랬는데, 시각적으로 매우 현실적인 임바디먼트에 의한 표현과 언캐니밸리에 다다를지도 모르는 위험 사이에서 최적의 균형을 찾는 것이 감정표현 연구에서 핵심적인 도전 중 하나이다(Dautenhahn & Werry, 2004; Paiva et al., 2005).

요약하자면, IVAs의 비언어적 상호작용 능력과 관련하여 진전이 있어 왔다. 정서적 컴퓨팅의 발달이 활성화되면서, 가상 정서 에이전트는 몰입과 효과성을 향상시키기 위해 인간의 기본적인 감정을 인식하고 인간 사용자에게 정서적 표현(다시 말하지만, 아직은 몇 가지 기본적 감정에 제한되어 있음)을 할 수 있도록 개발되었다. 에이전트 연구자들은 더 현실적이고, 상호작용에 몰입하는 것에 기여하는 비언어적 상호작용의 구체적인 요소들을 탐색하고 있다. 이 연구은 정서적인 에이전트의 기능을 향상시키는 데 기여할 뿐만 아니라, 공감과 같은 인간의 복잡한 능력을 이해하는 데에도 기여할 것이다. 예를 들어, King 등(2012)의 연구에 따르면, 친밀감을 표현하는 비언어적 행동(예, 머리를 더 기울이기(vs 고개 끄덕이기), 눈을 덜 마주치기, 침묵하기)을 찾아내고 가상 에이전트들이 이러한 행동을 했을 때 인간도 이를 친밀감 표현으로 인식하는 것으로 나타났다.

### 신뢰성, 정서적 사실성, 그리고 감정적 인공지능

신뢰성 혹은 믿을 수 있음이라는 개념은 이야기와 드라마 예술(영화와 애니메이션, 드라마, 문학) 분야에서 도입되었고, 두 개의 다른 개념과 관련이 있다: "삶의 환상" 그리고 "불신의 유예." 신뢰성이라는 용어는 "믿을 만한 소프트웨어 에이전트"(Bates, 1994)라는 개념을 소개한 Bates의 에이전트 연구에서 최초로 사용되었다. 신뢰성은 유능도, 외형, 그리고 정서적·사회적 사실성을 포함한 다양한 에이전트 속성을 포함한다. 신뢰성의 가장 중요한 요소 중 두 가지는 *정서적 사실성*과 *정서적 지능*이다. *정서적 사실성*은 상호작용 맥락에 적절한 감정을 발생시키고 표현하는 에이전트의 능력을 의미하고 사용자-에이전트 상호작용의 효과성을 결정짓는데, 특히 코칭 관계에서 더욱 그러하다(Bickmore, Gruber, & Picard, 2005; Hayes-Roth, 2009). 앞서 이야기했듯이, 에이전트가 정서적 사실성을 보이기 위해서는 실시간으로 정서적 반응을 보이고, 통합된 방식으로 적절하게 비언어적으로 감정을 표현하며(예, 말로 표현하는 감정과 일관된 얼굴 표정, 몸짓을 보임), 시간에 따라 정서적 역동(예, 감정이 올라갔다 내려감, 감정이 바뀜, 에이전트의 감정이 자신의 성격과 그 맥을 같이 해야 함)을 보일 수 있어야 한다.

이에 반해, *정서적 지능*은 자신과 타인의 감정을 감지(perceiving)하고 인식(recognition)하며 감정의 원인과 결과를 이해하고(자신과 타인에게서), 자신의 감정을 조절하며 타인의 감정을 관리하는 등의 광범위한 정서적 기술을 의미한다(Mayer & Salovey, 1995). 정서적 지능이 높은 에이전트로부터 기대할 수 있는 것은 이들이 사용자의 감정을 인식할 뿐만 아니라, 정서적이든 그렇지 않든, 그 맥락 내에서 사용자의 의미를 이해하고 적절한 반응을 보이는 것이다. 이러한 정서적 지능은 사용자와의 상호작용에서 정서가 중심이 되는 경우, 특히 행동적 관리에서 사용되는 에이전트들에게 필요한 요소이다.

### 개인화와 적용 능력

우리가 상호작용하는 상대방에 대해 많이 알수록 더 효과적이고 적극적으로 의사소통을 할 수 있는 것처럼, 정서적 에이전트들도 사용자의 개별 특성과 선호 등을 알게 되면 더 효과적이 될 수 있다. 사용자가 몰입하기 위해서 정서적 에이전트들의 상호작용은 사용자의 선호, 욕구, 목표에 맞춤화되어야 하며 사용자의 인지적, 감정적, 그리고 신체적 변화(예, 피로, 장애)에 적응할 수 있어야 한다. 가상 에이전트의 핵심적인 이점은 그들의 외모(인종, 성별, 나이, 의복)와 행동(성격, 감정 표현, 사용자를 다루는 태도, 대화 주제, 자기 개방 정도)이 사용자에 따라 맞춤화될 수 있다는 것이다. 예를 들면, 십 대와 상호작용하는 에이전트는 사용자를 격식 없이 대할 수 있는("야, 너 요즘 어때?") 반면 노인 사용자와 상호작용하는 에이전트는 정중할 수 있다("스미스 씨, 오늘 어떠신가요?").

개인 맞춤형과 적응(사용자에 맞춘 상호작용)이란 사용자의 선호에 따라 에이전트의 외형과 행동을 맞출 수 있는 능력과 사용자의 장기적 목표나 욕구에 맞출 수 있는 에이전트 능력을 의미한다. 사용자에 맞춘 상호작용은 *정서적 사용자 모델*에 저장된 사용자에 대한 정보에 의해 중재되며, 실제 사용자와 상호작용하면서 이 정보들은 계속적으로 업데이트된다. *정서적 사용자 모델*은 주어진 맥락에서 사용자가 경험할 것 같은 감정의 유형들에 대한 정보, 즉 사용자 정서 프로파일(Hudlicka, 2011a) 그리고 에이전트가 감지할 수 있는 양상 내에서 어떻게 이런 감정들이 사용자에 의해 나타나는지에 대한 정보를 포함한다. 정서적 행동은 개인별로 독특하게 나타날 수 있기 때문에, 정서적 사용자 모델은 시간이 지남에 따라 사용자의 반응을 이끌어 냄으로써 특징적인 정서적 패턴을 학습하게 된다. 예를 들어, 사용자 A는 좌절감을 떨리는 목소리로 표현하지만, 사용자 B는 말하는 중간에 침묵하는 것으로 좌절감을 드러낼 수 있다. 지능적 튜터링 시스템과 관련한 기존의 연구들이 정서적 사용자 모델링에 대한 정보와 방법을 제공하고 있다(예, D'Mello, Craig, Witherspoon, Mcdaniel, & Graesser, 2008; Forbes-Riley, Rotaru, & Litman, 2008; Mcquiggan, Mott, & Lester, 2008; Yannakakis, Hallan, & Lund, 2008).

또한 정서적 사용자 모델은 특정한 게임 플레이의 맥락 내에서 사용자의 신념,

기대, 목표, 계획 등과 같은 심리적 구조를 재구성함으로써 사용자의 실제 인지적–정서적 처리 과정을 시뮬레이션할 수 있다. 이러한 모델은 사용자의 정신적 구조에 대해 더 심층적인 정보를 제공할 수 있을 것이다. 다시 말해, 정서적 사용자 모델은 상황에 따른 사용자의 판단을 시뮬레이션함으로써 그 사람의 목표와 신념을 추론할 수 있다는 것이다. 이런 것이 가능하다면, 정서적 사용자 모델은 점차 인지–정서적 아키텍처와 닮아 가기 시작하고, 사용자 인지적/정서적 처리 과정을 시뮬레이션할 수 있게 될 수도 있다(예, 특정한 감정을 유발하는 특정한 생각). 이러한 모델을 만드는 것은 사용자의 행동 패턴을 단순히 인식하는 모델을 만드는 것보다 훨씬 더 어려운 과제이며, 이는 정서 관련 컴퓨팅과 정서에 적용하는 상호작용 등과 관련한 현재 연구에서 가장 어려운 도전 과제 중 하나이다.

### 통합하기: 에이전트 아키텍처

앞서 간략히 살펴본 능력들은 상당한 다양한 영역의 지식과 사용자 관련 자료뿐만 아니라 뚜렷한 기능과 통합을 필요로 한다. 따라서 에이전트는 관련된 시스템 아키텍처를 필요로 하며, 이를 인지적 에이전트 아키텍처 혹은 정서적 프로세스도 포함할 때는 *인지–정서적 에이전트 아키텍처*라고 한다. 하나의 에이전트 아키텍처는 여러 가지의 모듈로 이루어져 있으며 각각은 에이전트의 프로세스나 행동의 특정 부분을 책임지게 된다. 그림 4.4는 두 개의 에이전트 아키텍처의 예시를 보여 주는데, 특히 모듈이 일반적으로 포함되는 모듈과 그들의 상호작용을 보여 준다.

추상적인 수준에서 하나의 에이전트 아키텍처는 "보기–생각하기–행동하기"라는 일련의 과정을 수행한다: 외부 데이터를 감지하고 처리하기("보기(see)"), 상황에 관여하여 문제를 해결하고 의사결정을 내리며, 계획을 세우기("생각하기(think)"), 목표를 달성하기 위한 계획(언어적, 비언어적 상호작용 목표와 행동을 포함한) 실행하기("행동하기(do)"). 정서적 에이전트에서, 이러한 과정은 "보기–생각하기/느끼기–행동하기(see–think/feel–do)"로 확장되고, 따라서 정서적 에이전트는 앞서 말한 대로, 정서–특성적 기능의 일부를 시행하게 된다. 예를 들어, 사용자의 정서적 상태를 감지하고 인식하는 것, 정서적 사용자 모델링, 특정 상호작용이나 상황에서 에이전트의 감정을 생성하는 것(감정 모델링), 사용자에게 그 감정을 표현하는 것 등에 대해 관여하게 된다. 참고로 감정 인식, 정서적 사용자 모델링, 감정 표현은 앞서

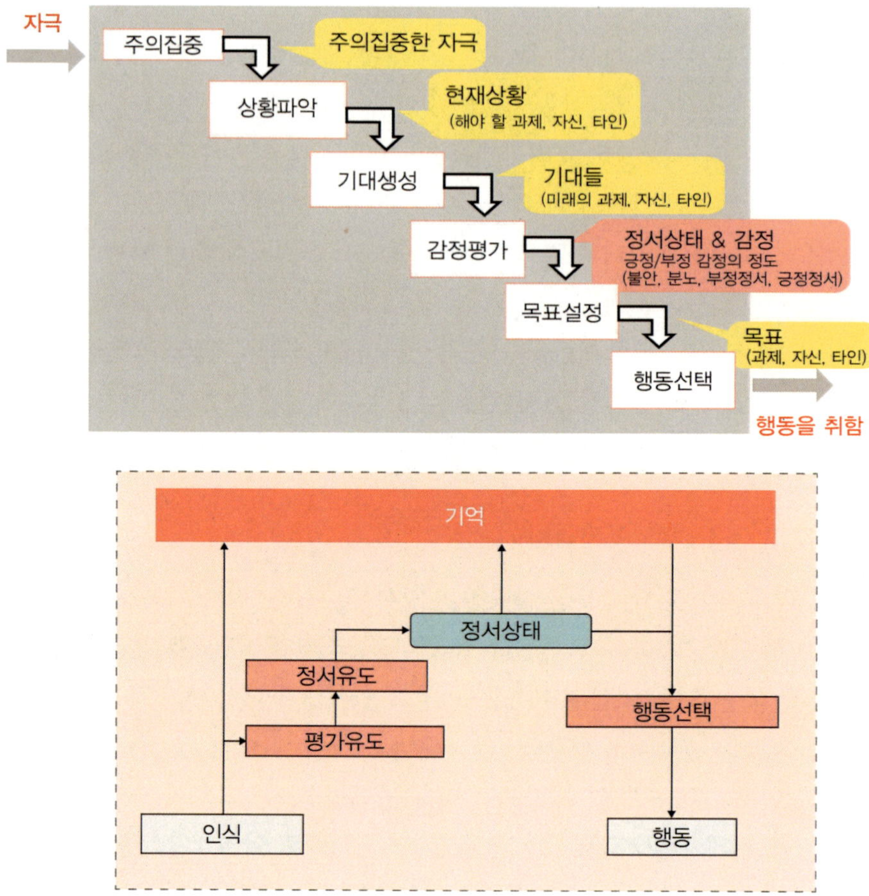


그림 4.4

인지적-정서적 에이전트 설계 예시(위 그림) MAMID 설계: 눈으로 보기-생각하고 느끼기-행동하기의 순서를 적용하고 감정이 인지에 영향을 주고 성격으로 초래된 감정의 다양성에 초점을 둔 모델링

언급하였다. 다음은 인지-정서적 아키텍처에서 감정 모델링에 대한 간략한 설명이다.

감정 모델링은 에이전트로 하여금 사용자와의 대인 관계적 상황이나 에이전트가 인간 사용자와 공유할지도 모르는 시뮬레이션된 상황에서 역동적으로 감정을 생성해 낼 수 있게 한다. 일단 에이전트 내에서 감정이 만들어지면 그것은 인간 사용자에게 표현될 수 있고, 인간의 정서가 인지적 과정에 영향을 미치는 것처럼 에이전트 아키텍처의 내부 프로세스에 영향을 주고, 결과적으로, 에이전트의 행동에 영향을 미친다. 대부분의 에이전트 감정 모델은 현재 기본적인 감정(예, 기쁨, 두려움, 분노, 슬픔)을 나타내지만, 연구자들은 더 복잡한 모델, 사회적 감정을 개발하고자 노력하고 있다(예, Becker, Taush, & Wagner, 2011). 물론 이에 따라 행동건강 애플리케이션에서 정서적 사실성이 중요해졌다.

컴퓨터적인 측면에서 정서 모델링은 두 가지의 프로세스를 필요로 한다: 감정의 생성을 중재, 감정의 결과를 중재(Huldilcka, 2008b, 2011b). 전자는 감정을 역동적으로 생성해 내고 사회적으로 사실적인 에이전트를 필요로 한다. 후자는 특정 감정을 다중 경로를 이용하여 표현하는 데 필요하며(예, 말하기, 얼굴 표정, 몸짓), 이는 정서를 내적으로 처리하는 데 있어(주의, 지각, 기억, 추론) 중요한 과정이 된다.

현존하는 대부분의 에이전트 아키텍처에서 강조되어 온 것은 감정 생성, 감정을 상대적으로 간단한 비언어적 채널(예, 에이전트의 얼굴 표정, 손짓)로 유형화하는 것, 에이전트의 행동 등이었다. 감정 생성은 전형적으로 인지적 평가 모델을 통해 시행되는데(André, Klesen, Gebhard, Allen, & Rist, 2000; Bates et al., 1992; Broekens, DeGroot, & Kosters, 2008; Reilly, 2006), 대다수의 이러한 평가 모델은 OCC 모델(Ortony, 2002) 혹은 분석적 정서 이론가들이 개발한 명시적인 평가 범위 이론(Smith & Kirby, 2000; Scherer, Schorr, Johnstone, 2001)을 기반으로 한다(예, 새로움, 유의성, 목표 관련성, 일치성, 책임감 있는 에이전트, 대처 잠재력). 전형적으로, 기호 인공지능(symbolic AI)[4] AI 방법은 인지적 과정을 통해 감정으로 이어지든 혹은 직접적으로 감정으로 이어지든 상관없이 자극-감정 매핑을 시행하는 데 사용되었다. 이런 프로세스가 가능하기 위해서는 게임 캐릭터와 플레이어의 목표, 계획, 믿음, 가치 그리고 게임 상황 전개에 대한 판단, 새로운 개발에 대한 기대, 게임 플레이의 역동에 대한 복잡한 인과적 표상 등을 포함하는 복잡한 정신구조의 표상이 필요할지도 모른다. 규칙, 의미망, 베이지안 신념망들은 이 매핑을 시행하는 데 종종 사용되는 형식의 예이다.

감정이 인지에 미치는 결과는 훨씬 덜 빈번하게 에이전트 아키텍처에 포함되었고, 각각의 감정 상태가 인지적 프로세스에 미치는 영향에 대한 내용도 덜 프로

4) 기호 인공지능은 문제, 논리 및 검색에 대한 높은 수준의 "기호"(사람이 읽을 수 있는) 표현을 기반으로 하는 인공지능 연구의 모든 방법에 대한 집합 이름이다. 일반적으로 추상적인 개념에 대한 기호적 연산과 전문가 시스템(expert systems)에 사용된 방법론에 대한 것이다.

그램화되었다. 감정이 표현적 행동이나 행동의 선택에 미치는 영향은 주로 특정 감정과 특정 행동 매핑을 통해 프로그램화되거나 한 가지 이상의 양상(modality)을 동반한 표현 패턴을 통해 시행된다(예, 만약 "기쁘다" 하면, "점프"하고, "웃는다"). 몇 가지 모델들은 완전히 정형화된 표현이라기보다는 표현적 행동들의 요소(개인의 평가나 해석)들에 대한 매핑으로 시행된다(예, 눈썹 위치(Scherer, 1992)).

이 장에서 점점 더 정교해지는 정서적 모델링을 뒷받침하는 연구와 업적들(예, 인지적 처리 과정에서 감정의 영향(Hudlicka, 2008c), 감정 조절과 감정 전염의 모델(Bosse, Broeckens, Dias, & van Zwaan, 2014)에 대해 모두 다룰 수는 없다. 정서적 모델링에 대한 최근의 리뷰는 Hudlicka(2011, 2014a), 정서적 에이전트 아키텍처에 대한 것은 Hudlicka(2014b)를 참고하면 된다.

### 플레이하지 않는 캐릭터와 플레이어 아바타

모든 게임에 캐릭터가 있거나 필요한 것은 아니다. 예를 들어, 유명한 게임 테트리스에서는 어떤 캐릭터도 없으며, 기술 훈련에 초점을 맞춘 다양한 기능성 게임들에도 플레이하지 않는 캐릭터(Nonplaying characters)가 없다. 하지만 대부분의 오락 게임들 그리고 다수의 기능성 게임들에는 게임 캐릭터가 필요하다. 게임 속 캐릭터들은 두 가지 범주로 구분된다: NPC와 플레이어 아바타. NPC는 게임 소프트웨어에 의해 통제되는 캐릭터로, 게임 줄거리와 이야기에 의해 결정되기 때문에 게임 내에서 다양한 역할을 맡고 플레이어들과 상호작용한다. NPC는 자율성과 정교함의 정도에 따라 다양한데, 지능적인 에이전트와 정서 컴퓨팅 연구를 토대로 개발된 기술로 인해, NPC는 점차 더 자율적이고 신뢰할 수 있어 플레이어들의 몰입을 끌어내고 있다. 플레이어 아바타 캐릭터들은 게임 내에서 플레이어를 의미한다.

### 정서 및 정서적응 게이밍

새로운 인지적·정서적 기술들을 학습 및 훈련하고, 새로운 행동 기술과 바람직하지 않은 행동(예, 중독)을 없애는 과정에 정서가 핵심적 역할을 한다는 점이 알려지면서, 기능성 게임의 개발자들은 정서 게이밍의 중요성을 강조하고 있다(Sykes, 2004; Gilleade et al., 2005). Gilleade와 동료들은(2005) 정서 게이밍의 목적을 다음과 같은 간결한 문장으로 묘사하였다: "나를 돕고, 내게 도전하고, 감정을 드러내라

(Assist me, Challenge me, Emote me).”

정서 게이밍은 정서를 게임 설계와 개발에 적용하는 것에 초점을 맞추며, 다음의 영역을 포함한다: 플레이어 감정 인식, 플레이어 정서상태에 대한 게임 방식의 적응(adaptation), NPC에 의한 정서 모델링과 표현(Hudlicka, 2008b). 따라서 정서 게이밍은 NPC와 같은 가상 정서 에이전트의 사용, 정서적 플레이어 모델링 그리고 정서에 적응하는 게임 방식의 사용을 강조한다.

정서 게이밍과 관련하여, Hudlicka는 정서에 민감함 게임과 정서 중심 게임들 간에 차이가 있어야 한다고 주장하였다. 전자는 플레이어의 정서적 상태를 인식하고 그에 적응하는 게임인 반면, 후자는 정서가 중심적 역할을 하는 게임으로 정서적·사회적 기술을 훈련시키거나 심리치료를 돕는 것을 목적으로 한다(Hudlicka, 2011a). 정서 게임장치 개발의 지속적인 발전은 정서-중심 치료적 게임의 개발을 가능하게 하였다.

### 건강 관리 분야에서 최근 애플리케이션에 대한 개관

기능성 게임들은 환자 교육, 심리교육, 의학적 의사결정, 행동 변화를 위한 지원(예, 치아 건강과 같은 특정 건강 관련 행동, 영양, 운동에 있어서 행동 변화), 재활과 신체적 치료, 고통 감소, 심리치료를 포함한 다양한 건강 관리 영역에서 연구되고 있다. 또한 게임들은 건강 관리 전문 훈련 과정에도 점차 사용되고 있다. 건강 관리 영역에서의 기능성 게임들에 대한 최근 리뷰에 따르면, 20개 이상의 기능성 게임들이 의학 전문가들을 대상으로 한 훈련 과정에 사용되었고, 이 중에는 환자가 사용할 수 있게 개발된 것도 있다(예, 고통 관리, 의사결정, 환자 교육, 건강 행동 코칭을 위한 것; Ricciardi & De Paolis, 2014). 환자 및 내담자를 위해 개발된 게임의 예로는 아이들이 건강한 식습관과 운동 습관을 갖도록 돕기 위한 건강 행동 코칭 게임과 뇌졸중이나 뇌 외상 환자의 운동 재활을 위한 게임인, “당뇨병으로부터의 탈출(Escape from Diab(archimage.com))”과 “지주의 퀘스트(Squire’s Quest(http://www.squiresquest.com))”가 있다(Burke et al., 2009).

전문가를 위한 것이든 환자를 위한 것이든, 건강 관리 분야에 존재하는 기능성 게임들 중 다수가 신체적 건강(예, 수술, 응급 의학, 고통 관리)에 초점을 맞춘 반면에, 행동 관리에 초점을 둔 게임들은 최근에서야 개발되기 시작했다(Brezinka & Hovestadt, 2007). 이러한 게임의 예로는 사회적 기술 훈련(Beaumout & Sofronoff,

2008), 가족 치료에 기반을 둔 부모의 이혼을 경험한 아이들을 위한 지원(www.ziplandinteractive.com), 강박장애(OCD) 인지행동치료(Brezinka, 2008), 참전 군인들의 외상 후 스트레스 장애(PTSD)를 극복하도록 돕기 위한 게임(Rizzo et al., 2010), 해결중심치료를 통해 청소년들에게 동기를 부여하기 위해 고안된 게임(Coyle, Matthews, Sharry, Nisbet, & Doherty, 2005) 등이 있다.

전통적 치료에 부수적으로 사용하기 위해 개발된 오락성 게임과 건강 관리 치료나 교육에 직접적으로 사용(지지, 증상 감소, 행동 변화)하기 위해 특별히 개발된 기능성 게임 간에는 중요한 차이점이 있다. 전자의 예로는 전통적 치료에서 부수적으로 사용되는 오락 게임들이 있다. 가령, 오락을 목적으로 하는 게임들(예, 테트리스)은 ADHD를 진단받은 아이들의 주의집중전략을 훈련시키기 위해 사용될 수 있고, 1인칭 총 쏘기 게임은 환자들로 하여금 자신의 종양을 공격하는 면역 체계를 상상하도록 돕는 데 사용되어 왔다(Sajjad, Hanan Abdullah, Sharif, & Mohsin, 2014). 많은 오락 게임들은 신체 재활을 목적으로도 사용되었다(예, WiiFit, Dance Dance Revolution)(이러한 재활 게임들의 효과성은 입력 장치에 의해 크게 향상되었으며, 이는 대근육 움직임 운동 및 조정을 촉진시킴(예, Dance Dance Revolution 댄스 매트, WiiMote, 마이크로소프트 Xbox 키넥트)). 후자의 예로는 특정 증상을 설명하거나(예, 강박성 행동), 특정 정서적 기술이나 사회적 기술을 가르치기 위해(예, 정서조절, 괴롭힘과 같은 어려운 사회적 상황에 대처하기) 고안된 게임들이 있다. 이는 아래의 논의에서 다시 언급할 것이다.

이와 같은 게임들 대부분은 현재 소수의 예비 연구를 통해 그 효과성을 평가하는 탐색적 단계에 있다. 이는 특히 가장 도전적이면서 촉망받는 심리치료 게임의 경우가 그렇다. Ricciardi와 De Paolis(2014)는 리뷰한 게임 중 9개의 게임만이 연구에 의해 그 효과성을 평가받았고, 이 중 6개는 전통적 훈련과 비교할 때 더욱 효과적인 것으로 나타났다고 보고하였다. 행동 관리에 대한 기능성 게임들의 예시는 아래에서 더욱 자세하게 논의하겠다.

### 소아과 통증 관리 – "Free Dive"

Free Dive는 치료를 받는 동안 아이들의 통증을 관리하기 위해 고안되었다(http://www.breakawaygames.com/serious-games/solutions/healthcare/; 그림 4.5). Free Dive는 플레이어에게 시각적으로 풍요로운 수중 환경을 보여 주고, 플레이어는 물

그림 4.5
아이들을 위한 게임의 예시: "Free Dive"(아이들이 의학적 치료를 받는 도중 게임에 집중함으로써 통증을 견딜 수 있도록 도와주는 게임)(왼쪽)와 "Ricky and the Spider"(강박장애를 치료하는 게임)(오른쪽)

속에 숨겨진 보물을 찾기 위해 물고기와 바다거북이와 함께 헤엄을 친다. 이 게임은 고통스러운 자극으로부터 주의를 분산시키는 것이 통증의 주관적 경험을 경감한다는 가정에 기반하여 개발되었다. 예비 연구의 결과에 따르면, 이 게임을 하는 동안 아이들은 고통스러운 절차들을 더욱 감내할 수 있는 것으로 나타났다. 또 다른 통증 관리 게임은 EEG 기술과 바이오피드백 원리에 근거하여, 성인을 위해 개발되었다(Sourina, Wang, & Nguyen, 2011).

### 아동의 강박장애 – "Ricky와 거미"

*Ricky와 거미*(*Ricky and the spider*)는 아동의 OCD를 치료하기 위해 개발된 게임이다(Brezinka, 2008; 그림 4.5). 이 게임은 OCD 치료를 위한 인지행동적 접근에 기반한다. 플레이어들은 이 게임을 통해 OCD에 대한 심리교육을 받고, 강박/불안 위계 목록을 만들고, 가상 노출과 반응 예방을 연습할 수 있는 기회를 가지게 된다– 이 세 가지는 증거 기반 OCD 치료의 핵심 요소들이다. 또한 플레이어들은 불안 경감의 수단으로 그들의 증상을 외현화시키는 기술을 배우게 된다. 게임의 캐릭터로는 충고와 지침을 제공하는 "Dr. Owl"(치료자의 대역), OCD 증상을 상징하며 다른 게임 캐릭터들에게 OCD 행동을 하라고 명령하는 "거미", OCD 증상을 가진 두 명의 캐릭터(특정한 방식으로 뛰어올라야 하는 "메뚜기 Ricky"와 잠들기 전에 물방울의 수를 세어야 하는 "무당벌레 Lisa")가 있다. 거미는 자신의 명령을 따르지 않으면 끔찍한 결과가 나타난다고 Ricky와 Lisa를 위협한다. 이 게임은 아동을 대상으로 치료자의

감독하에 실시된다.

40개국의 수천 명의 사용자들이 이 게임을 이용하고 있는데, 18명의 아동과 13명의 치료자를 대상으로 한 예비 연구(Brezinka, 2013)의 결과는 긍정적이었다. 아동들은 치료에 대해 만족감을 보고하였고, 치료자들은 아이들이 게임하는 것을 즐겼으며 치료에 대한 동기가 증가하였다고 응답하였다. 15명 아동의 OCD 증상이 유의하게 감소하였으며, 1명 아동의 OCD 증상은 변하지 않은 것으로 나타났다.

### 참전 군인들의 PTSD – "가상 이라크"

엄밀히 말하면, 가상 이라크는 게임이라기보다는 가상 현실(VR)이다. 하지만 게임과 VR에 필요한 기술이 점차 중첩되면서 Rizzo의 업적들(가상 이라크 포함)이 행동건강 분야의 컴퓨터 기술에 지대한 영향을 미치고 있다.

가상 이라크는 이라크와 아프가니스탄 전쟁에 참전한 군인들이 겪는 PTSD를 치료하기 위한 VR–간접 노출치료이다. 노출치료는 체계적 둔감화와 습관화에 기반을 둔 PTSD 행동치료 방법이다. PTSD 환자들은 헤드 마운티드 디스플레이(머리 부분에 정착해 사용자의 눈앞에 직접 영상을 제시할 수 있는 디스플레이 장치)를 쓰고, 가상의 이라크 전시상황을 체험한다. 가상 이라크에는 폭발과 흔들리는 차량 등을 표현하기 위해, 실감나는 소리, 움직임, 냄새가 포함되어 있고, 다양한 장소(사막, 도시), 자극 강도 및 위험 수준이 등장한다. 사용자들은 치료자의 감독하에 점차 더 강렬한 장면에 노출된다. 초기의 예비 연구는 긍정적인 결과를 보고하였는데, 20명의 환자 중 16명이 이 치료를 받은 후 더 이상 PTSD 진단 기준에 충족할 만한 증상을 보이지 않은 것으로 나타났다(Rizzo et al., 2010).

이러한 초기의 결과들은 긍정적이며, 지금까지 실시된 몇몇 리뷰 연구에 따르면, VR 기반 노출치료는 전통적인 노출치료만큼 효과적인 것으로 확인되었고(Goncalves, Pedrozo, Coutinho, Figueira, & Ventura, 2012), 어떤 경우에는 훨씬 더 효과적일 수 있는 것으로 나타났다(Malbos, Boyer, & Lancon, 2013). 컴퓨터 기반 치료는, 가장 중요하게는, 비용과 접근성에서 많은 이점들을 가지고 있으며 어떤 환자들은 이러한 처치 방식을 더 선호할 수 있기 때문에 중요한 기술이다. 하지만 이번 장에서 논의한 대부분의 기술들은, 으레 그렇듯이, 체계적이고 무선화된, 통제된 연구를 통해 그 효과성이 증명되지 않았기 때문에, 치료적 환경 및 치료 매뉴얼에 있어 더 많은 표준화 작업이 필요하다(Motraghi, Seim, Meyer, & Morissette, 2014).

### 자폐 스펙트럼을 가진 아동을 위한 사회적 및 정서조절 기술 – "비밀의 에이전트 사회"

비밀의 에이전트 사회(Secret Agent Society)는 자폐 스펙트럼을 가진 아동 및 청소년에게 사회적 기술과 정서조절 기술을 교육시키기 위해 개발된 게임이다(Beaumont & Sofronoff, 2008; 그림 4.6). 사회적 기술과 정서조절 기술에는 다양한 사회적 문제해결 기술(예, 장난, 괴롭힘, 게임에서의 패배에 대처하는 방법)뿐만 아니라 기본적인 정서지능 기술(자기와 타인의 정서인식)과 정서조절 전략들이 포함된다.

이 게임은 아스퍼거 증후군을 가진 아동을 대상으로 하는 통합적인 사회적 기술 훈련 프로그램: "하급 수사관 훈련 프로그램(Junior Detective Training Program)"의 구성 요소를 토대로 개발되었다(이외에도 사회적 기술 집단 훈련과 부모 및 교사 훈련을 포함함). 이 게임 속에서, 아동은 하급 수사관 역할을 하게 되는데, 그의 과제는 용의자의 정서를 인식하는 것이다. 게임은 여러 난이도로 진행되는데, 표정, 자세, 음성의 운율로부터 게임 캐릭터의 정서를 인식해야 하는 낮은 단계부터 더 복잡한 사회적 정서들(죄책감, 당혹감)을 인식해야 하는 높은 단계가 있다. 그리고 가장 높은 단계에서, 아동들은 게임을 통해 타인과 적절하게 함께 노는 것 그리고 괴롭힘에 대처하는 전략들을 학습하고 연습한다. 예를 들어, 한 플레이어가 게임에서 패배해 좌절감을 느끼면, 그 정서(좌절감)를 확인하고 사회적으로 적절하게 정서를 다루는 전략을 선택해야 한다. 플레이어는 여러 개의 옵션 중 그 상황에 가장 적절한 답을 고르게 된다(예, 다른 플레이어 축하하기, 다른 플레이어에게 소리 지르기, 게임 속 멘토 에이전트에게 말하기, 트램펄린에서 뛰기, 벽을 치기). 또한 아동들은 생리학적 자기 평가 척도를 통하여 그들 자신의 정서를 인식하는 방법을 배운다. 아동들이 정서조절 기술을 배우는 것을 돕기 위하여, 게임은 일련의 불안 유도 상황(예, 비행하기)과 불안 통제를 위해 가능한 대처 전략들을 제시한다. 플레이어는 대처 전략을 선택하고 선택한 대처 전략이 얼마나 적절했는지에 대한 피드백을 받는다.

이 게임의 쉬운 버전은 2개월 이상 무선화, 통제된 연구(N=49; 7.5–11살)를 통해 평가되었고, 그 결과는 긍정적이었다: 76% 아동의 사회적 기능이 향상되어 정상 아동의 수준에 도달했을 뿐만 아니라, 이러한 변화는 5개월 이상 유지되었다

**그림 4.6** 비밀의 에이전트 사회
자폐 스펙트럼 장애 아동들에게 사회적 기술과 정서적 기술을 가르치기 위해 개발된 게임

(Beaumont & Sofronoff, 2008). 훈련에 따르고, 훈련을 통해 학습한 사회적 기술을 유지하는 것은 자폐 스펙트럼 아동에게 어려운 과제이다. 게임 기반 훈련을 통해 얻은 성취를 5개월 이상 유지했다는 연구 결과는 고무적이며, 게임 기술들이 이 집단에서 효과적으로 활용될 수 있음을 시사한다.

## 적용 가능한 윤리 및 프라이버시 고려사항

인간의 행동을 추적하고 개인적 자료를 수집하는 데 사용되는 기술과 관련하여 프라이버시 및 자료 보안 등에 대한 논의가 활발하게 이루어졌고 이 중 일부는 HIPAA(건강정보관련법률) 규정을 통해 법제화되었다. 하지만 일부 HIPAA 규정들을 무용지물로 만드는 부당하고, 잠재적으로는 불법적인 정부 스파이 행위라는 심각한 문제도 존재한다. 이 문제에 대해 거론한 전문적인 정신건강 기관이 없다는 점이 가히 놀랍다. 이는 특히 원격의료와 텔레멘탈헬스와 같은 건강 관리에 직접적 영향을 미칠 수 있는 심각한 문제이다.

자료 프라이버시, 자료 공유, 보안과 관련한 문제는 이 책의 다른 장에서 논의하였지만, 가상 정서 에이전트와 치료적 게임에 대한 특정적인 논의는 아니다. 따라서 여기에서는 가상 정서 에이전트와 치료적 게임에 특정한 윤리 및 프라이버시 고려사항에 초점을 맞출 것이다. 사용자의 정서에 대한 강조와 함께, 이러한 맥락은 새로운 윤리적 이슈를 제기한다: *정서적 프라이버시, 사용자의 정서유발에 대한 윤리, 가상적 관계에 대한 윤리,* 즉 가상 정서적 에이전트와의 관계.

### 정서적 프라이버시

우리의 정서는 우리가 생각하는 것보다 더욱 우리 삶에서 중요한 개인적이고 사적인 영역이다. 이에, 정서를 느끼고, 추론하고, 추적하는 애플리케이션의 개발 및 사용은 아직 탐구되지 않은 윤리적 도전 과제이다. 이는 특히 사용자들의 고통스러운 경험을 다루거나, 혹은 만약 기타 관계자들(예, 고용주, 보험회사)에게 알려지면 그들의 삶에 부정적인 영향을 미칠 수 있는 정서나 사고를 밝히는, 행동건강 애플리케이션의 경우 더욱 그렇다. 따라서 사용자 모델링, 특히 정서적인 사용자 모델링은, 사용자의 가장 조심스러운 개인 정보("바람직하지 않은" 정서들을 포함하여 그들이 느끼는 정서, 부적절하다고 여겨질 수 있는 촉발 요인들을 포함하여 그러한 정서들을 유발하는 사건 등)를 포함할 수 있기 때문에 윤리적인 이슈가 따른다.

기술적 진보는 흔히 우리가 모르는 사이에, 정서적 자료 수집을 촉진하고 있다. 가령, 우리의 얼굴 표정은 공공장소와 직장에서 우리의 활동 대부분을 지켜보는, 어디에나 있는 비디오카메라에 의해 수집되고 있다; 소셜 네트워크에 올린 우리의 글은 "나의" 정서적 자료로 분석되고 있거나, 분석될 수 있다; 우리의 통화 내용은 녹음된다. 우리는 이를 통제하지 못하며 거부할 수도 없다. 심지어 우리 자신에 대한 자료가 수집되는 것에 기꺼이 동의한 상황에서도, 자료가 분실되거나 위태로워지거나 유출되는 것과 같은 프라이버시에 대한 염려가 존재한다. 과거를 돌이켜 보면, 우리가 겪은 최악의 프라이버시 침해는 아마도 우리의 금융 자료가 공개되거나 분실된 것일 것이다. 우리는 일반적으로 우리의 가장 개인적인 심리적, 정서적 상태에 대한 자료가 수집되고, 분석되고, 저장되고, 어쩌면 사용되고 있다고 생각하지 않는다. 그럼에도 불구하고, 행동건강 관리 애플리케이션이 급증하면서 우리의 개인 자료들이 수집될 가능성은 높아졌다.

따라서 자료 보안과 프라이버시 보호에 대한 윤리적인 문제들은 이미 개인적인 자료가 수집되고 있다는 점을 고려하면 배가 된다. 원격 기술과 정서인식 기술들이 진보하기 시작했기 때문에, 우리의 사적인 삶이 침범당할 가능성이 점차 더 높아지고 있다. 정부의 감시가 증가하므로, 따라서 건강 관리 전문가들이 그들의 전문적 조직에서 그리고 더 넓게는 잠재적 수준에서, 활발하게 정서적 자료의 프라이버시와 관련된 윤리적 문제에 대해 설명하고, 적극적으로 사전 대책을 강구할 필요가 있다.

### 정서유발

가상 정서적 에이전트와 기능성 게임 모두 강한 정서를 유발할 가능성이 있을 뿐만 아니라, 흔히 부정적 정서를 포함해 특정 정서를 유발할 목적으로 설계되는 경우도 있다. 코치의 역할을 하는 가상 에이전트들은 공감적인 반응을 보이고, 에이전트들의 메시지는 신뢰가 가고 더 설득력이 있을 수 있기 때문에(예, 운동, 금연, 영양가 있는 식사와 같은 긍정적 행동 변화를 유도함), 정서를 유발할 가능성이 높다. 몇몇 행동건강 관리 애플리케이션들에서, 에이전트들과 게임들은 부정적이거나 불쾌한 정서를 유발하기 위해 개발되기도 한다(예, 노출치료를 기반으로 하는 PTSD나 OCD 치료의 경우 효과적이기 위해 어느 정도의 불안을 유발해야 함).

물론, 이미 컴퓨터는 의도적이지 않더라도 매일 어느 정도의 부정 정서를 유발하며, 컴퓨터 게임 또한 좌절, 실망, 심지어 분노를 포함한 다양한 정서를 유발한다. 하지만 정서를 조작하는 것이 치료적 목표로 정서를 유발하고 조절해야 하는 행동건강 분야에서는 이러한 기술의 사용이 윤리적 이슈를 제기한다.

우리는 어떻게 유발된 정서가 사용자를 압도하지 않을 것이라고, 혹은 미래에 해로운 영향을 미치지 않을 것이라고 확신할 수 있는가? 체계적 둔감화가 잘못된 자극에 대해 일어난다면 어떻게 해야 하는가(예, 가상 폭행이나 학대 행동)? 사용자에게 어떤 정서를 유도하는 것이 윤리적인 것인가? 치료적 맥락에서, 부정적 정서를 유발하는 것은 불가피할 뿐만 아니라 심지어는 치료를 위해 반드시 필요하다(예, 노출치료에서 불안을 유발함; 안전하고 지지적인 환경에서 외상을 유하는 인지적-정서적 도식을 인식하도록 돕기 위해 수치심를 경험하게 함).

현존하는 가장 적극적인 치료적 시스템은 임상가의 감독하에 사용되도록 설계되었다(예, OCD 치료 게임인 "Ricky와 거미," 사회적 기술 및 정서조절 게임인 "Secret

Agent Society," PTSD 치료 환경인 "가상 이라크"). 하지만 사용자는 임상가의 감독 없이 이러한 시스템에 접근할 수 있고, 감독하는 임상가는 의도치 않게 강렬한 부정 정서를 유발할 수 있다. 더 심각한 경우에는 사용자에 대한 상세한 정서적 모델을 가진 점차 자동적이고 섬세한 가상 정서 에이전트가 치료적 기술을 잘못 적용하고, 외상을 초래하는 정서를 사용자에게 유발할 가능성도 고려해야 한다. 그렇지 않으면 치료에서 얻은 이전의 긍정적 변화들이 무효화될 수 있다.

이러한 윤리적 딜레마에 대한 간단한 답은 없다. 관련 기술을 사용하는 사용자와 전문가 모두에게 예상할 수 있는 모든 가능한 위험에 대해 교육하고, 이를 신중히 반영하여 애플리케이션을 개발할 필요가 있다.

## 가상 관계

이 장의 초반에서 언급했듯이, 인간은 사회적 존재이고, 정서 에이전트 기술의 가장 두드러지는 특징 중 하나는 "관계적 본능"과 인간 사용자로 하여금 애착 행동을 유발하는 능력이다(Reeves & Nass, 1996). 에이전트들은 사용자와 관계를 맺고 신뢰를 형성하면서 지지와 코칭, 심지어 사회적 동반자감을 제공할 수 있다. 애착과 신뢰를 유발함으로써 가상 정서 에이전트들은 인간 관계의 양상을 모방할 수 있기 때문에, 적어도 이론적으로 인간은 에이전트와 관계를 맺을 수 있다. 이러한 가상 관계는 또 다른 윤리적 문제를 제기한다.

예를 들어, 인간 사용자는 어떻게 그리고 언제 가상 에이전트를 신뢰할 수 있을지 아는가? 만일 에이전트가 "자신감 있어" 보인다면(예, 사용자에게 약을 먹으라고 말하는 노인돌봄 동반자 에이전트), 그 에이전트를 신뢰할 수 있는가? 실제 인간 관계를 대체하는 가상 관계의 위험은 무엇인가? 만약 노인이 그/그녀의 가족들보다 가상 에이전트를 더 재미있고 따뜻하다고 느낀다면, 그래서 가족과 접촉을 줄이고 진짜 감정을 느끼지 않고 진솔하게 관계를 맺지 못하지만 약이나 음식은 가져다줄 수 있는 가상 에이전트와의 관계에 전념한다면 무슨 일이 일어날까? 만약 에이전트가 노인에게 별로 도움이 되지 않는 신념이나 행동을 취하라고 설득한다면 어떤가? 누군가는 최첨단 에이전트 기술을 고려해 볼 때, 이러한 일들이 발생할 가능성이 낮다고 생각할지도 모르겠다. 하지만 우리는 DSM-5가 "인터넷 중독"과 "인터넷 게임 장애"를 가능성이 있는 새로운 심리적 장애로 명시했다는 점을 고려해야 하며, 가상 에이전트 기술이 진보함에 따라 어쩌면 “가상 관계 중독장애”를 포함한 다양한 새로운 장애들에 직면하게 될지도 모른다.

이러한 논쟁은 몇몇의 에이전트 및 정서 컴퓨팅 연구자들에 의해 제기되기 시작했지만(Castellano et al., 2010; Bickmore, 2005), 아직 연구 공동체가 이러한 윤리 문제를 적절히 이해하고 설명하기에는 갈 길이 멀다. 하지만 점차 인간-에이전트의 상호작용에 대한 윤리적 논쟁에 대한 관심이 늘어나고 있는데, 예를 들어 2015년에 미국 Oregon주 Portland에 있는 HRI 콘퍼런스에서 “인간-로봇 상호작용에 대한 정책 및 윤리”에 대한 워크숍이 개최되었다(http://www.openroboethics.org/hri15/).

## 향후 전망

누군가는 무책임하다고 말할지 모르지만, 기술적 발달을 예측하기란 어려운 일이며, 가상 정서 에이전트와 기능성 게임의 핵심 기술인 인공지능의 예후를 판정하는 것은 특히 쉽지 않다. 또한 이를 예측하는 데 있어 사람들의 바람이나 염려에 영향을 받지 않기도 어려운 일이다. 이러한 위험 부담을 안고, 가상 정서 에이전트와 기능성 게임 기술에 있어 단기간에 예상되는 발달에 관해 논의해 보면 다음과 같다.

### 확산

[가상 정서 에이전트와 기능성 게임] 두 기술이 최근 많이 성장했다는 점 그리고 행동건강 분야에서 이러한 기술들이 필요하다는 인식이 증가하고 있다는 점을 고려할 때, 이 두 기술 모두 현재의 전형적인 애플리케이션과 연구 맥락을 넘어서 더 넓은 영역으로 확장될 것으로 보인다. 이를 지지하는 좋은 예시로, 자폐 스펙트럼을 가진 아동을 위한 비밀의 에이전트 사회의 인기가 높아지고 있다. 지금 이 게임은 전 세계적으로 임상가들에게 제공된 공식 훈련 프로그램으로 인정받았다. 치료적 게임은 특히 아동과 청소년에게 더 활발하게 사용될 것이며 게임 요소들은 훈련용, 학습용, 재활용으로 통합될 것이다.

### 공식적 평가

이러한 게임들의 치료적 요소와 정서 에이전트들에 대한 공식적인 평가의 중요성이 점차 더 강조될 것이다. 관련 기술들이 발달함에 따라, 가능성 및 사용자 수용만을 입증하는 것은 더 이상 충분하지 않으며, 점점 공식적이고 무선적이면서 통제된 연구 방법을 통해 그 효과성을 입증해야 할 것이다. 이러한 효과성 연구는 이 기술들을 어떤 집단, 어떤 장애, 어떠한 맥락에서 사용할 것인지 결정하는 데 도움을 줄 것이다. 예를 들어, 사회적 로봇이 노인의 외로움을 완화되는 데 도움이 되기를 바라지만, 실제로 이러한 기술들은 노인 세대에게 선뜻 받아들여지지 않을 가능성이 있다.

### 적합한 애플리케이션에 대한 향상된 이해와 에이전트 및 게임에 대한 맥락

에이전트와 게임이 확산되고, 점차 사용자(내담자, 환자, 수련생, 학생)로부터 공식적인 평가를 받게 되면, 우리는 다음과 같이 이러한 기술들의 이점 및 한계에 대해 더 이해하게 될 것이다:

- 다른 맥락에서 다른 기술들로 효과적으로 기능할 수 있는 에이전트의 역할 유형; 예, 트레이너, 멘토, 코치, 가상 치료자;
- 가상 에이전트 및 게임을 적용할 수 있는 치료의 유형; 예, 특정 기술의 습득을 강조하고 자유 양식의 자연 언어 상호작용에 의존하지 않는 매우 구조화된 프로토콜 기반 치료, 정신 및 정서적 상태와 복잡한 구성 개념들에 대한 해석과 이해;
- 에이전트와 게임으로 치료하기에 적합한 심리적 문제와 증상의 유형; 예, 심리치료에서 증거 기반 치료 프로토콜이 있는 불안, 우울, PTSD, 물질 사용 장애와 같은 심리장애들(예, 변증법적 행동치료(DBT), 노출 및 체계적 둔감화, 동기강화 면접). 이와 반대로 점진적으로 인지-정서적 도식들이 변화하고 치료 동맹이 형성되는 데 장기간의 시간이 필요한 심리장애를 치료하는 데는 이러한 기술이 효과적이지 않을 수 있다(물론 이 기술들은 정서조절과 같은 특정한 기술 훈련을 촉진하기 위한 면대면 치료에 부수적으로 사용될 수 있음).

### 에이전트: 공감 및 성격

최근 정서 에이전트와 관련하여 가장 주목받고 있는 주제는 에이전트와 인간 사용자 간에 정서적 상호작용을 가능하게 하는, 공감적 에이전트의 개발이다(예, Paiva et al., 2004). 현재의 공감적 에이전트는 단기간에 인간과 유사한 정서적 행동을 할 수 있을지는 모르나, 에이전트와 인간 간의 진실한 공감 형성은 아직 도전과제로 남아 있다. 가까운 미래에 인간 사용자에게 공감을 전달하는 데 필요한 인지적 능력이나 정서적 사실주의를 갖춘 가상 정서 에이전트를 볼 가능성은 낮다.

하지만 구별된 성격을 가진 에이전트를 만들어 낼 가능성은 점차 높아지고 있으며, 이 분야의 연구는 전도유망한 결과들을 보고하고 있다(예, Hudlicka, 1998, 2003). 이러한 유형의 에이전트는 치료적 게임 내에 사용자의 특정 요구에 맞추는 맞춤형 사회적 환경을 만드는 것을 가능하게 할 것이다(예, 사회 불안을 위한 인지행동치료를 지원하기 위하여 두려운 사회적 상황을 만듦).

### 향상된 사용자 상태 인식, 정서적 사용자 모델링과 개인화

정서 컴퓨팅에서 가장 급속도로 발달된 분야 중 하나는 정서인식이다. 비침습적 감지 하드웨어, 그리고 자동적 특징 추출 및 자율 학습을 할 수 있는 분류 알고리즘의 발달은 정서인식의 정확성을 높이는 데 기여한다. 차례로, 이는 게임 내 어느 정서 에이전트들을 포함하여 정서적 사용자 모델링의 정확성을 증가시키고 사용자와 게이밍 환경 간 정서적응 상호작용을 촉진한다. 점차, 단일 프레임 *정서인식*(예, "플레이어가 좌절감을 느끼고 있어")뿐 아니라 장기간의 *정서이해*(예, "지난 세 번의 게임 과제가 너무 어려웠기 때문에 지금 플레이어가 좌절감을 느끼고 있어. 그의 자신감을 향상시키기 위해 격려가 필요해")의 중요성도 강조될 것이다. 이러한 발전은 점차 개인화되는 치료적 게임에 기여할 것이고, 이 게임들은 특정 증상, 정서나 기술을 목표로 하며, 바라건대 그 효과성이 높아지고 이로 인해 내담자에게 더 도움을 줄 것이다.

### 자연 언어 이해

앞으로 통계에 기반한 자연 언어를 이해하고 제한된 게임 맥락에서 대화를 나누는 등 에이전트의 능력이 매우 향상된다고 할지라도 여전히 그 능력에는 한계가 있을 것이다. 이들은 인간이 할 수 있는 넓은 범위의 대화에는 참여하기 힘들 것이다. 즉, 에이전트들은 꽤 효과적으로 대화를 할 수 있을지라도 심리치료를 하는 데 필요한 복잡한 언어적 상호작용을 할 수는 없을 것이다. 따라서 임상가들은 그들의 직업을 대체할 에이전트와 로봇이 나타날지도 모른다는 염려를 할 필요는 없을 것이다.

### 새로운 유형의 관계와 관계에 대한 향상된 이해

독자적으로 사용되든 혹은 게임의 맥락에서 사용되든, 가상 정서 에이전트들은 인간에게 독특한 유형의 관계를 형성할 수 있는 기회를 제공할 것이다: 인간과 에이전트 관계. 연구자들은 장기간 관계가 가능한 관계적 에이전트들을 개발하려는 시도를 하고 있고(예, Bickmore, 2003), 관계적 에이전트들을 더 매력적으로 개발하기 위해 심리학 및 사회학 문헌을 참고하고 있다. 인간과 에이전트의 상호작용은 인간과 인간의 관계 그리고 인간과 에이전트의 관계의 속성을 시험하는 데 중요한 도구가 될 수 있다. 이를 통해 새로운 관계 유형이 밝혀질 수도 있고, 우리가 인간과 인간의 관계에서 가치를 두는 요소가 에이전트에게는 중요하지 않다는 것을 발견할 수도 있다. 어쩌면 당연하다고 믿어 왔던 가정, 예를 들어 가상 에이전트가 효과적이고 매력적이기 위해서는 공감을 보여야 한다는 가정 그리고 효과적인 인간-에이전트 관계는 인간-인간 관계를 모방해야 한다는 가정이 맞지 않을 수도 있다. 지금까지 진행된 예비 연구를 통해 공감적 에이전트가 효과적이라는 결과가 나타났지만, 지금과는 전혀 다른 방향의 에이전트가 개발될 수도 있다. 인간이 가상 에이전트와 함께 존재하기 시작함에 따라, 인간-에이전트 상호작용에 대한 새로운 기대가 나타날 가능성이 있으며, 이러한 기대들이 다른 맥락에서 실현될 수도 있다. 우리는 공감적이고 정서적인 에이전트가 늘 더 바람직하고 효과적일 것이라고 가정해서는 안 되며, 실제로 연구자들은 어떤 맥락에서 비공감적인 에이전트가 더 효과적인지 분석하기 시작했다.

## 결론

치료적 게임은 사용자로 하여금 즐거운 활동에 참여하게 하면서 몰입할 수 있는 환경을 제공하고 즉각적으로 긍정적인 피드백을 제공함으로써 사용자를 사로잡는 등 여러 장점을 가지고 있다. 기술 습득에 대해 자주 인용되는 "고통 없이는, 얻는 것도 없다(no pain, no gain)"라는 말은 게임에 적용되지 않으며, 게임에서 플레이어들은 흔히 의식적인 노력이나 분투 없이도, 쉽게 기술들을 습득하고 연습할 수 있다.

코칭, 훈련, 행동 변화 등을 제공하기 위해 사용되든 혹은 심리치료를 보완하는 역할을 하든 간에, 이러한 기술들은 다양한 기능을 수행할 수 있으며 행동적 건강 관리 개입을 전달하고 훈련시키는 데 유용하게 활용될 수 있다. 인간의 관계를 맺고 노는 것에 대한 선천적인 욕구를 활용하여, 가상 정서 에이전트와 기능성 게임은 일련의 매력적인 상호작용을 통해 자연스럽게 몰입하고 기술을 습득할 수 있는 정서적 환경을 제공한다.

물론, 기술적으로(예, 정서적으로 사실적인 에이전트의 개발) 그리고 윤리적으로(정서적 자료의 프라이버시를 보장하는 것, 가상 관계의 이점과 잠재적인 부작용을 이해하는 것) 수많은 도전 과제들이 남아 있다. 하지만 현재 계속적으로 기술이 발달하고 있고 공식적인 평가 연구들이 진행되고 있다는 점 그리고, 가장 중요하게, 행동건강 분야에 있어 이러한 기술들이 필요하다는 인식이 있기 때문에 정서적 가상 에이전트와 기능성 치료적 게임은 수십 년 내에 많은 성장을 보일 것이다.

# 참고문헌

André, E., Klesen, M., Gebhard, P., Allen, S., & Rist, T. (2000). *Integrating models of personality and emotions into lifelike characters* (pp. 150－165). *Affective interactions* Berlin: Springer.

André, E., Rist, T., & Müller, J. (1998). Integrating reactive and scripted behaviors in a life－like presentation agent. In K. P. Sycara, & M. Wooldridge (Eds.), *Proceedings of the second international conference on autonomous agents* (pp. 261－268). Minneapolis, MN: ACM Press.

Bates, J. (1994). The role of emotion in believable agents. *Communications of the ACM,* 37(7), 122－125.

Bates, J., Loyall, A., & Reilly, W. (1992). Integrating reactivity, goals, and emotion in abroad agent. In *Proceedings of the 14th meeting of the cognitive science society.*

Beaumont, R., & Sofronoff, K. (2008). A multi－component social skills intervention for children with Asperger syndome: The Junior Detective Training Program. *Journal of Child Psychology and Psychiatry, 49*, 743－753.

Becker, C., Nakasone, A., Prendinger, H., Ishizuka, M., & Wachsmuth, I. (2005). Physiologically interactive gaming with the 3D agent Max. In *Paper presented at the international workshop on conversational informatics at JSAI－05*, Kitakyushu, Japan.

Becker, J. C., Tausch, N., & Wagner, U. (2011). Emotional consequences of collective action participation differentiating self－directed and outgroup－directed emotions. *Personality and Social Psychology Bulletin, 37*(12), 1587－1598.

Bickmore, T. (2003). *Relational agents: Effecting change through human－computer relationships* Cambridge, MA: MIT Press.

Bickmore, T. (2005). Ethical issues in using relational agents for older adults. In *Proceedings of the AAAI fall symposium.*

Bickmore, T., Gruber, A., & Picard, R. (2005). Establishing alliance in automated health behavior change interventions. *Patient Education and Counseling, 59,* 21－30.

Bickmore, T., & Picard, R. W. (2005). Establishing and maintaining long－term human－computer relationships. *ACM Transactions on Computer－Human Interaction (TOCHI), 12*(2), 293－327.

Bosse, T., Broekens, J., Dias, J., & van der Zwaan, J. (2014). *Emotion modeling: Towards pragmatic computational models of affective processes Berlin: Springer.*

Brezinka, V. (2013). Rick and the spider－A video game to support cognitive behavioral treat－ment of children with obsessive－compulsive disorder. *Clinical*

*Neuropsychiatry, 10*(3 Suppl. 1), 6−12 . Retrieved from: <http://www.clinicalneuropsychiatry.org/pdf/01Brezinka.pdf>.

Brezinka, V. (2008). Treasure hunt−a serious game to support psychotherapeutic treat−ment of children. *Studies in Health Technology and Informatics, 136*, 71.

Brezinka, V., & Hovestadt, L. (2007). *Serious games can support psychotherapy of children and adolescents* (pp. 357−364). Berlin: Springer.

Broekens, J., DeGroot, D., & Kosters, W. A. (2008). Formal models of appraisal: Theory, specification, and computational model. *Cognitive Systems Research, 9*(3), 173−197.

Burke, J. W., McNeill, M. D. J., Charles, D. K., Morrow, P. J., Crosbie, J. H., & McDonough, S. M. (2009). Optimising engagement for stroke rehabilitation using serious games. *The Visual Computer, 25*(12), 1085−1099.

Castellano, G., Leite, I., Pereira, A., Martinho, C., Paiva, A., & McOwan, P. W. (2010). Affect recognition for interactive companions: Challenges and design in real world scenarios. *Journal of Multimodal User Interfaces, 3*(1−2), 89−98.

Cassell, J., Sullivan, J., Prevost, S., & Churchill, E. (2000). *Embodied conversational agents* Cambridge, MA: MIT Press.

Coyle, D., Matthews, M., Sharry, J., Nisbet, A., & Doherty, G. (2005). Personal investigator: A therapeutic 3D game for adolecscent psychotherapy. *Interactive Technology and Smart Education, 2*(2), 73−88.

Dautenhahn, K. (2007). Socially intelligent robots: Dimensions of human−robot interaction. *Philosophical Transactions of the Royal Society B: Biological Sciences, 362*(1480), 679−704.

Dautenhahn, K., & Werry, I. (2004). Towards interactive robots in autism therapy: Background, motivation and challenges. *Pragmatics & Cognition, 12*(1), 1−35.

D'ello, S. K., Craig, S. D., Witherspoon, A., Mcdaniel, B., & Graesser, A. (2008). Automatic detection of learner's affect from conversational cues. User Modeling and *User−Adapted Interaction, 18*(1−2), 45−80.

Ekman, P., & Friesen, W. V. (1978). *Facial action coding system* Palo Alto, CA: Consulting Psychologists Press.

Forbes−Riley, K., Rotaru, M., & Litman, D. J. (2008). The relative impact of student affect on performance models in a spoken dialogue tutoring system. *User Modeling and User−Adapted Interaction, 18*(1−2), 11−43.

Gilleade, K., Dix, A., & Allanson, J. (2005). Affective videogames and modes of affective gaming: Assist me, challenge me, emote me. Retrieved from: <http://comp.eprints.lancs.ac.uk/1057/1/Gilleade_Affective_Gaming_DIGRA_2005.pdf>.

Goncalves, R., Pedrozo, A. L., Coutinho, E. S. F., Figueira, I., & Ventura, P. (2012). Efficacy of virtual reality exposure therapy in the treatment of PTSD: A systematic review. *PLoS One*, 7(12), e48469.

Gunes, H., Piccardi, M., & Pantic, M. (2008). *From the lab to the real world: Affect recognition using multiple cues and modalities* (pp. 185−218). Aarhus, Denmark: InTech Education and Publishing.

Hayes−Roth, B. (2009). Putting intelligent characters to work. *AI Magazine, 29*(2), 43.

Hayes－Roth, B., & Saker, R. (2010). Automating individualized coaching and authentic role－play practice for brief intervention training. *Methods of Information in Medicine, 49*(4), 406－411.

Horne－Moyer, H. L., Moyer, B. H., Messer, D. C., & Messer, E. S. (2014). The use of electronic games in therapy: A review with clinical implications. *Current Psychiatry Reports, 16*(12), 520. Available from http://dx.doi.org/10.1007/s11920－014－0520－6.

Hudlicka, E. (1998). Modeling emotion in symbolic cognitive architectures. In *Proceedings of the AAAI fall symposium: Emotional and intelligent I, Orlando, FL, AAAI Press.*

Hudlicka, E. (2002). Increasing socially－intelligent architecture realism by modeling and adapting to affect and personality. In K. Dautenhahn, A. H. Bond, L. Canamero, & B. Edmonds (Eds.), *Multiagent systems, artificial societies, and simulated organizations*. Dordrecht, The Netherlands: Kluwer Academic Publishers.

Hudlicka, E. (2003). *Modeling effects of behavior moderators on performance: Evaluation of the MAMID methodology and architecture* Phoenix, AZ: BRIMS－12.

Hudlicka, E. (2005). Affect sensing, recognition and expression: State－of－the－art overview. In *Proceedings of the first international conference on augmented cognition*, Las Vegas, NV.

Hudlicka, E. (2008a). Affective computing for game design. In *Proceedings of the 4th inter－national North American conference on intelligent games and simulation (GAMEON－NA)*, Montreal, Canada.

Hudlicka, E. (2008b). What are we modeling when we model emotion? In *AAAI spring symposium: Emotion, personality, and social behavior*. Stanford University, CA; Menlo Park, CA: AAAI Press. Technical Report SS－08－04, pp. 52－59.

Hudlicka, E. (2008c). Modeling the Mechanisms of Emotion Effects on Cognition. In *AAAI fall symposium: Biologically inspired cognitive architectures*. Arlington, VA: Menlo Park, CA: AAAI Press. TR FS－08－04, pp. 82－86.

Hudlicka, E. (2009). Affective game engines: Motivation and requirements. In *4th interna－tional conference on foundations of digital games*. Orlando, FL: ACM Press.

Hudlicka, E. (2011a). Affective gaming in education, training and therapy: Motivation, requirements, techniques. In P. Felicia (Ed.), *Handbook of research on improving learning and motivation through educational games: Multidisciplinary approaches*. Hershey, PA: IGI Global.

Hudlicka, E. (2011b). Guidelines for developing computational models of emotions. *International Journal of Synthetic Emotions, 2*(1), 26－79.

Hudlicka, E. (2013). Virtual training and coaching of health behavior: Example from mindfulness meditation training. *Patient Education and Counseling, 92*(2), 160－166.

Hudlicka, E. (2014a). From habits to standards: Towards systematic design of emotion models and affective architectures. In Tibor Bosse, Joost Broekens, Joao

Dias, & Janneke van der Zwaan (Eds.), *Towards pragmatic computational models of affective processes.* Berlin: Springer LNAI 8750, pp. 1-21.

Hudlicka, E. (2014b). Affective BICA: Challenges and open questions. *Biologically Inspired Agent Architectures, 14,* 98-125.

Hudlicka, E., Lisetti, C., Hodge, D., Paiva, A., Rizzo, A., & Wagner, E. (2008). Artificial agents for psychotherapy. In *Proceedings of the AAAI spring symposium on emotion, personality and social behavior.* Menlo Park, CA: AAAI. TR SS-08-04, pp. 60-64.

Hudlicka, E., & McNeese, M. (2002). User's affective & belief state: Assessment and GUI adaptation. *International Journal of User Modeling and User Adapted Interaction, 12,* 1-47.

Hudlicka, E., Payr, S., Ventura, R., Becker-Asano, C., Fischer, K., Leite, I., et al. (2009). Social interaction with robots and agents: Where do we stand, where do we go? In *Proceedings of the 3rd international conference on affective computing and intelligent interaction*, Amsterdam, Holland.

Kang, S., Gratch, J., Sidner, C., Artstein, R., Huang, L., & Morency, L.-P. (2012, June 4-8). Towards building a virtual counselor: Modeling nonverbal behavior during intimate self-disclosure. In Conitzer, Winikoff, Padgham, & van der Hoek (Eds.), *Proceedings of the 11th International Conference on Autonomous Agents and Multiagent Systems (AAMAS 2012),* Valencia, Spain.

Kapoor, A., Burleson, W., & Picard, R. W. (2007). Automatic prediction of frustration. *International Journal of Human-Computer Studies, 65*(8), 724-736.

Lisetti, C., Amini, R., Yasavur, U., & Rishe, N. (2013). I Can Help You Change! An empathic virtual agent delivers behavior change health interventions. *ACM Transactions on Management Information Systems, 4*(4) Article 19.

Loyall, A. B., & Bates, J. (1993). Real-time control of animated broad agents. *In Proceedings of the fifteenth annual conference of the cognitive science society* (pp. 664-669).

MacDorman, K. F. (2005). Androids as an experimental apparatus: Why is there an uncanny valley and can we exploit it. In *CogSci-2005 workshop:Toward social mechanisms of android science* (pp. 106-118).

Malbos, E., Boyer, L., & Lanc¸on, C. (2013). Virtual reality in the treatment of mental disorders. *Presse Medicale (Paris, France: 1983), 42*(11), 1442-1452.

Mayer, J. D., & Salovey, P. (1995). Emotional intelligence and the construction and regulation of feelings. *Applied and Preventive Psychology, 4*(3), 197-208.

Mcquiggan, S. W., Mott, B. W., & Lester, J. C. (2008). Modeling self-efficacy in intelligent tutoring systems: An inductive approach. User Modeling and *User-Adapted Interaction, 18*(1-2), 81-123.

Mori, M. (1970). Bukimi no tani. *Energy,* 7, 33-35.

Motraghi, T. E., Seim, R. W., Meyer, E. C., & Morissette, S. B. (2014). Virtual reality exposure therapy for the treatment of posttraumatic stress disorder: A methodological review using CONSORT guidelines. *Journal of Clinical Psychology, 70*(3), 197-208.

Norman, T., & Badler, N. (1997). A virtual human presenter. In IJCAI'7 Workshop on Animated Interface Agents.

Ortony, A., Clore, G., & Collins, A. (1988). *The cognitive structure of emotions* New York: Cambridge University Press.

Ortony, A. (2001). On making believable emotional agents believable. In R. Trappl, & P. Petta (Eds.), *Emotions in humans and artifacts.* Cambridge, MA: MIT Press.

Ortony, A. (2002). On making believable emotional agents believable. In R. Trappl, P. Petta, & S. Payr (Eds.), *Emotions in humans and artifacts* (pp. 189–211).

Paiva, A., Dias, J., Sobral, D., Aylett, R., Sobreperez, P., Woods, S., et al. (2004). Caring for agents and agents that care: Building empathic relations with synthetic agents. In *Proceedings of the third international joint conference on autonomous agents and multiagent systems* (pp. 194–201). New York, NY.

Paiva, A., Dias, J., Sobral, D., Aylett, R., Woods, S., Hall, L., et al. (2005). Learning by feeling: Evoking empathy with synthetic characters. *Applied Artificial Intelligence, 19*(3–4), 235–266.

Picard, R. (1997). *Affective computing* Cambridge, MA: MIT Press.

Popescu, A., Broekens, J., & van Someren, M. (2014). GAMYGDALA: An emotion engine for games. *IEEE Transactions on Affective Computing, 5*(1), 32–44.

Prendinger, H., & Ishizuka, M. (2004). Life–like characters (Heidelberg: Springer pp. 1–4).

Reeves, B., & Nass, C. (1996). The media equation: How people treat computers, television, and new media like real people and places. *Computers & Mathematics with Applications, 33*(5) 128–128.

Reilly, W. S. & Bates, J. (1992). Building emotional agents. Pittsburgh, PA: School of Computer Science, Carnegie Mellon University.

Reilly, W. S. N. (2006). Modeling what happens between emotional antecedents and emotional consequents. *In Paper presented at ACE 2006,* Vienna, Austria.

Ricciardi, F., & De Paolis, L. T. D. (2014). A comprehensive review of serious games in health professions. *International Journal of Computer Games Technology, 2014*, 9.

Rickel, J., & Johnson, W. L. (1999). Animated agents for procedural training in virtual reality: Perception, cognition, and motor control. *Applied Artificial Intelligence, 13*, 343–382.

Rizzo, A., Difede, J., Rothbaum, B. O., Reger, G., Spitalnick, J., Cukor, J., et al. (2010). Development and early evaluation of the Virtual Iraq/Afghanistan exposure therapy system for combat–related PTSD. *Annals of the New York Academy of Sciences, 1208*(1), 114–125.

Rizzo, A., Forbell, E., Lange, B., Buckwalter, J. G., Williams, J., Sagae, K., et al. (2012). *SimCoach: An online intelligent virtual agent system for breaking down barriers to care for service members and veterans. Healing War Trauma: A Handbook of Creative Approaches* New York: Routledge.

De Rosis, F., Pelachaud, C., Poggi, I., Carofiglio, V., & De Carolis, B. (2003). From Greta's mind to her face: Modelling the dynamics of affective states in a conversational embodied agent. *International Journal of Human–Computer Studies, 59*(1), 81–118.

Sajjad, S., Hanan Abdullah, A., Sharif, M., & Mohsin, S. (2014). Psychotherapy through video game to target illness related problematic behaviors of children with brain tumor. *Current Medical Imaging Reviews, 10*(1), 62–72.

Scherer, K. R. (1992). Emotions are biologically and socially constituted: A response to Greenwood. *New Ideas in Psychology, 10*(1), 19–22.

Scherer, K., Schorr, A., & Johnstone, T. (2001). *Appraisal processes in emotion: Theory, methods, research* NY: Oxford University Press.

Schröder, M., Baggia, P., Burkhardt, F., Pelachaud, C., Peter, C., & Zovato, E. (2011). EmotionML An upcoming standard for representing emotions and related states. In S. D'ello, A. Graesser, B. Schuller, & J.–C. Martin (Eds.), *Affective computing and intelligent interaction* (pp. 316–325). Berlin: Springer.

Sourina, O., Wang, Q., & Nguyen, M. K. (2011). EEG–based "serious"games and monitor–ing tools for pain management. *Studies in Health Technology and Informatics, 163*, 606–610.

Smith, C. A., & Kirby, L. (2000). Consequences require antecedents: Toward a process model of emotion elicitation. In J. P. Forgas (Ed.), *Feeling and thinking: The role of affect in social cognition*. NY: Cambridge University Press.

Sykes, J. (2004). Affective gaming. Retrieved May 2008, <from: http://www.jonsykes.com/Ivory.htm>.

Yannakakis, G. N., & Paiva, A. (2014). Emotion in games. In R. A. Calvo, S. D'ello, J. Gratch, & A. Kappas (Eds.), *Handbook of affective computing* (pp. 459–471). NY:Oxford University Press.

Yannakakis, G. N., Hallam, J., & Lund, H. H. (2008). Entertainment capture through heart rate activity in physical interactive playgrounds. *User Modeling and User–Adapted Interaction, 18*(1–2), 207–243.

Zeng, Z., Pantic, M., Roisman, G. I., & Huang, T. S. (2009). A survey of affect recogni–tion methods: Audio, visual, and spontaneous expressions. *Pattern Analysis and Machine Intelligence, IEEE Transactions On, 31*(1), 39–58.

CHAPTER

# 05

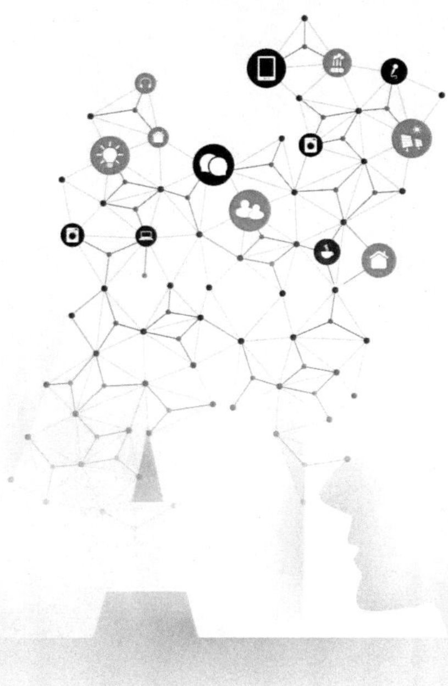

# 정신건강 관리를 위한 자동화된 정신상태 탐지

CHAPTER 05

# 정신건강 관리를 위한 자동화된 정신상태 탐지

Sidney K. D'Mello[1)]

## 서론

최근 우울증 진단을 받은 30세 남성 잭슨은 주 1회 인지행동치료(CBT)를 받고 있다. 그는 일상생활에서의 생리학적 활동(예를 들어, 피부전도반응, 심박변동)을 기록하는 장치를 착용한다. 각 인지행동치료 회기가 진행될 때마다, 치료자는 환자의 일주일 동안의 생리학적 데이터를 컴퓨터 프로그램에 입력한다. 프로그램은 잭슨의 긍정적 정동과 부정적 정동의 수준을 합산해 줄 뿐만 아니라 이러한 반응들이 최고조를 이루는 순간을 정확히 찾아낸다. 치료자는 잭슨의 진전을 관찰하고 치료를 역동적으로 조정하기 위해서 입력된 정보를 사용하는데, 예를 들어 잭슨에게 정동 수준이 최고조에 달하는 사건들을 회상하도록 요청한다.

올리비아는 3세 여아로 최근에 오른쪽 어깨가 탈구되었다. 아이는 고통을 느꼈지만, 의사에게 자신이 느끼고 있는 고통의 강도에 대해서 정확히 표현하기에는 어려움이 있었다. 의사는 아이에게 5초 동안 가만히 있으라고 한 다음에 표준 관절가

1) Departments of Psychology and Computer Science, University of Notre Dame, Notre Dame, IN, USA

동범위 검사(예를 들어, 외전, 굽히기)를 실시하면서 팔을 회전시켰다. 아이는 움찔 놀랐고 짧은 울음을 터뜨렸다. 의사는 가만히 있을 때와 팔을 검사할 때 아이의 얼굴을 비디오로 기록했다. 그리고 오디오 또한 비디오와 동시에 울음을 기록했다. 컴퓨터 프로그램은 표정 변화를 분석하고 가만히 있을 때와 관절 가동범위 검사를 하는 동안의 소리 양상을 비교함으로써, 올리비아의 고통 강도를 추정한다. 엑스레이를 조기에 찍었을 뿐더러 신체검사도 빨랐기 때문에, 의사는 컴퓨터가 제공한 올리비아의 고통 강도 추정치를 사용하여 치료 과정을 선택하였다.

루이스는 최근에 주의력 결핍 과잉행동 장애(ADHD) 진단을 받았다. 학업에 집중할 수 없었고 새 학년을 시작하는 것은 고통스러웠다. 이러한 이유로 자신이 대학에서 성공할 만큼 "충분히 똑똑하지" 않다고 생각했기 때문에 우울함을 느꼈다. 루이스의 정신과 의사는 표준 암페타민 흥분제를 처방했다. 동시에 정신과 의사는 루이스에게 노트북에 부착할 수 있는 작은 기기를 주었다. 기기는 노트북을 사용하여 과제를 완수하고 할당된 문헌을 읽거나 시험공부를 할 때 루이스의 시선을 관찰한다. 컴퓨터 프로그램은 자동으로 루이스의 시선을 분석하고 공부할 때 여러 단계 동안의 집중수준을 추정한다. 예를 들어 기기는 집중할 때, 주의산만할 때, 집중하려고 노력함에도 불구하고 멍해질 때를 추정한다. 소프트웨어는 주의수준을 다양한 학업 활동에 맞추어 조정한 피드백을 루이스에게 제공했다. 루이스는 학업 전략을 다시 계획하고 특정 주제들을 다시 공부하기 위해 이 정보를 사용하였다. 게다가 다운받은 새로운 소프트웨어 프로그램은 이 정보를 사용하여 다시 공부해야 할 주제를 실시간으로 제안해 주었다. 루이스의 성적은 향상되기 시작했고 효능감을 느끼기 시작했다.

이러한 가설적 사나리오는 자동으로 사람의 정신상태를 감지할 수 있는 기계(장치 및 컴퓨터 프로그램)가 어떻게 정신건강 관리를 향상시키기 위해 활용 가능한 정보를 제공할 수 있는지를 보여 준다. 기계가 제공하는 정신상태 추정치들은 잭슨과 올리비아의 사례처럼 자기 보고 혹은 관찰자 보고를 보완할 수 있다. 또한 루이스 사례처럼 반영과 역동적인 활동을 제공할 수 있다. 이러한 기기들은 다양한 정동 및 인지 상태, 즉 생리적 각성, 감각(예, 고통), 정동적 영역(예, 유인가, 각성), 인지적 상태(예, 주의와 정신적 부하), 정서상태(예, 슬픔, 행복, 화), 복잡한 인지적 정동적 혼합(예, 혼란, 좌절) 등을 탐지할 수 있다. 탐지 대상으로 순간적인 삽화(예, 특정 주의 경과), 중간 정도 시간의 기분상태(예, 기분 나쁜 날), 장기적 정신현상(예, 스트레스와 우울)을 목표로 삼을 수 있다. 통제된 환경(예, 정신과 의사의 사무실)에서 사용되기도 하고, 집과 사무실에서 사용할 수도 있으며, 있는 그대로 24시간 관찰하도록 배치될 수 있다.

자동화된 정신상태 탐지 "AI"는, 이전에는 인간의 고유한 능력이었던, 복잡한 정신현상을 감지하는 능력을 지닌 기계를 개발하고자 하는 전체적인 목표에서 출발하였고, 그런 기계(예, 컴퓨터 시각, 기계 학습) 개발은 AI와 관련된 다른 하위 분야로부터 왔다. 이장의 목적은 인간의 정신상태를 "읽을 수 있는", 마술처럼 보이는 기계를 이해할 수 있도록 설명하는 것이다. "자동화된 정신상태 탐지"의 아주 다양한 학문 분야의 이론적이고 기술적인 기초를 제공하는 것에서부터 시작하여, 최근 정신상태 탐지 시스템의 실제 사례에 대한 설명이 뒤따를 것이고, 정신상태 탐지의 미래를 언급하며 이 장을 마무리 지을 것이다.

## 이론적 그리고 기술적 기초

정신상태의 자동화된 탐지는 인간-컴퓨터 상호작용 그리고 인접 분야인 인지적 인간 공학(human factor and cognitive ergonomics) 전체 분야 내에서 활발히 연구되고 있다. 사회적 신호처리(Mehu & Scherer, 2012; Vinciarelli, Pantic, & Bourlard, 2009), 정동 인식 컴퓨팅(Cowie et al., 2001; Douqlas-Cowie et al., 2007; Marsella, Gratch, & Petta, 2010; McKeown, Valstar, Cowie, Pantic, & Schroder, 2012; Picard, 1997, 2010), 주의-지각 컴퓨팅(D'Mello, Cobian, & Hunter, 2013; Roda & Thomas, 2006), 증강 인지(augmented cognition)[2](Marshall, 2005; St. John, Kobus, Morrison, & Schmorrow, 2004)와 같은 다양한 하위 분야들로 구성되어 있고, 각각은 다른 맥락들에서 정신상태에 집중하고 있다. 자동화된 정신탐지는 여러 학문들과 관련된 영역이다. 심리적으로는 인지 심리학, 정동과학, 사회 심리학, 비언어적 행동 연구,

---

2) 정보 기술(IT)과 신경 기술을 활용하여 사용자의 인지 역량인 주의, 기억, 학습, 독해력, 구상력 등을 확장하는 기술. 인간-컴퓨터 상호작용(HCI: Human Computer Interaction), 인간-로봇 상호작용(HRI: Human-Robot Interaction) 등이 대표적인 증강 인지 기술의 응용 연구 분야이다.

그리고 정신생리학에 기반을 두고 있다. 기술적으로는 공학 그리고 컴퓨터 과학, 특히 센서와 웨어러블 기기, 전자신호처리(예, 컴퓨터 시각, 음향 모델링), 그리고 기계 학습에 걸쳐 있다.

자동화된 정신상태 탐지는 정신 과정이 본질적으로 신체에 기반을 두고 있다는 이론들에 근거한다. 체화된 인지정동 이론은 정신상태를 마음에 국한되는 것으로 제한하지 않고 몸에서 나타나는 것으로 상정했다(Barsalou, 2008; deVega, Glenberg, & Graesser, 2008; Ekman, 1992; Niedenthal, 2007; Russell, Bachorowski, & Fernandez－Dols, 2003). 몸과 마음이 연결되어 있다는 가장 직접적인 예시 중에 하나는 싸움－도주 반응 동안에 교감신경계의 활동이 증가하는 것이다(Larsen, Berntson, Poehlmann, Ito, & Cacioppo, 2008). 표정과 정동상태 간의 관계는 잘 알려져 있는데(Coan, 2010; Ekman, 1984), 예를 들어, 혼란스러운 경험을 하는 동안 눈살이 찌푸려지는 것이 있다(Darwin, 1872; D'Mello & Graesser, 2014). 또한 오랫동안 역사적으로 주의와 인지 부하 같은 인지 과정을 연구하기 위해 사용된 신체/생리적 반응이 있다. 예를 들어 안구운동(눈동자 언어) 연구는 시각주의를 연구하는 데 매우 유용한 도구로 알려져 있고(Deubel & Schneider, 1996; Hoffman & Subramaniam, 1995; Rayner, 1998), 뇌파검사는 정신 작업부하 지표로서 오랫동안 사용되었다(Berka et al., 2007). 인지와 정동이 행동의 관할하에 있다는 것을 생각하면 마음과 몸의 밀접한 관계는 놀랍지 않다. 간단히 말해서, 우리는 행동하기 위해서 생각하고 느낀다. 신체는 행동의 대리인이고, 이러한 이유로 관찰 가능한 신체변화 탐지는 관찰 불가능한 정신상태에 대한 중요한 통찰을 제공할 수 있다. 핵심은 자동화된 탐지 접근이 신체반응으로부터 정신상태를 추론하려 한다는 것에 있다.

그림 5.1은 자동화된 정신상태 탐지의 기본적인 아이디어를 요약해서 보여 준다. 인간이 세상(상황적 맥락)과 상호작용할 때, 직접적인 방식으로는 측정할 수 없는 잠재적(혹은 숨겨진) 정신상태가 발생한다. 정신상태는 다양한 수준(신경생물학, 생리학, 신체적 표현, 외현적 행동, 주관적/메타인지적 느낌들/반영)의 변화와 관련되어 있고, 이런 변화에 정신상태 스스로 영향을 받고 이는 순환적인 인과 관계로 나타난다(Lewis, 2005). 일부 변화들은 의식지각 외부에 존재한다는 점에서 암묵적이고(예를 들어, 신경생물학적, 몇 가지 생리적 변화), 반면에 다른 변화들은 더 외현적이다(예를 들어, 외현적 행동, 메타인지적 반영). 이러한 암묵적 및 외현적 변화들의 일부는 기계

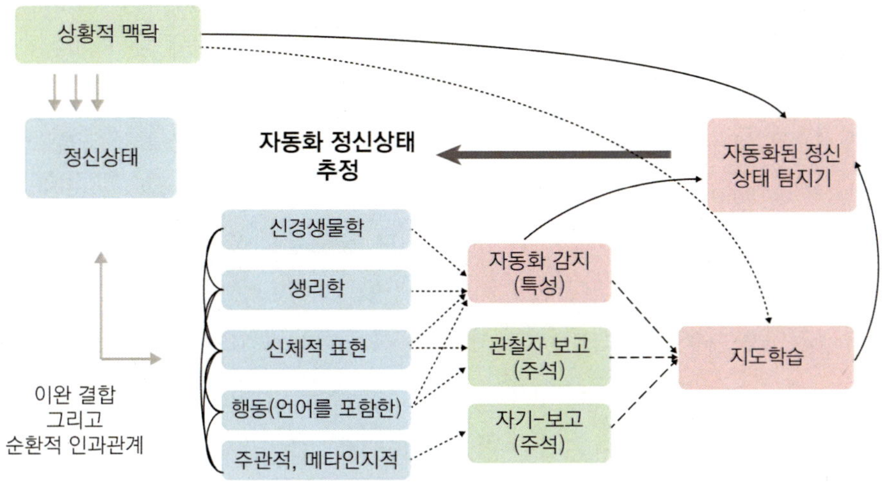


**그림 5.1** 자동적 정신상태 감지의 과정 및 단계

센서와 사람 관찰자에 의해 잘 확인될 수 있지만, 다른 것들은 오직 자신만이 접근할 수 있다(그림 5.1에 점선). 컴퓨터를 사용하여 센서에 의해 만들어진 기계적인 신호로부터 잠재적 정신상태를 추정한다.

앞서 언급된 추론문제를 해결하기 위해서는, 컴퓨터를 사용한 도전과 밀접하게 관련된 두 가지 문제를 해결하는 것이 필요하다. 첫 번째 도전은 센서에 의해 기록된 신호로부터 진단정보(특징이라 불리는)를 발췌하는 것이다. 이것은 센서 그리고 상응신호에 기반한 다양한 방법들을 사용하기 때문에 정신상태 탐지의 센서-고유 요소이다. 예를 들어서, 센서가 웹캠이라면, 신호는 비디오(아마 얼굴일 것이다)이다. 이 사례에서 특징들은 특정 얼굴 근육 혹은 동작 단위(Action Units; AUs)의 활성화일 것이다(Ekman & Friesen, 1978) 그런 단위들은 눈썹 상승(AU 1) 혹은 입술 오므라짐(AU 18) 등이 있다. 컴퓨터 시각-기반 기술은 비디오로부터 얼굴 특징들을 자동으로 계산하는 것을 필요로 한다(Pantic & Patras, 2006; Valstar, Mehu, Jiang, Pantic, & Scherer, 2012). 유사하게, 음의 높이와 진폭은 일반적인 준언어적(음향-운율) 특징들로 마이크(센서)로 기록된 음향 신호로부터 추출된다. 여기서, 언어 영역에 적용되는 디지털 신호를 처리하는 방법들이 필요하다(Eyben, Wollmer, & Schuller, 2010). 만약 언어 신호의 내용이 분석될 수 있으려면, 적절한 특징들을 발견하는 자연 언어 처리 기술을 뒤잇는 자동적 언어 인지가 필요하다(Pang & Lee, 2008).

두 번째 도전은 신호에서 추출된 특징들로 사람의 정신상태에 대해 추론하는 것이다. 이는 기계 학습 범위에 속하는데, 전적으로 신호-독립적인 것만은 아니다. 대부분의(모두는 아니지만) 연구자들은 이 문제를 해결하기 위해서 지도 학습(supervised learning)[3] 방법을 채택한다. 가장 단순한 유형으로는 훈련 데이터로부터 프로그램을 자동적으로 학습시키는 것이다(Domingos, 2012). 지도 학습은 일반적으로 다음과 같이 계속 진행된다. 일시적으로 동기화된(synchronize)[4] 정신상태의 주석[5](주석은 보통 사람에 의해 제공된다)이 어떤 특징들의 주석이 달린 훈련 데이터(이전에 언급한 것처럼 센서로부터 기록된 신호에서 추출된)와 함께, (이상적으로) 어떤 정신상태를 경험하고 있는 수많은 사람들로부터 수집된다. 그런 다음, 지도 학습은 어떤 특징과 그에 상응하는 주석 간의 관계를 자동적으로 *모델링*(학습하는)하는 데 적용된다(그림 5.1에 파선). 상황 맥락의 측면은 때때로 학습 과정에 맥락정보를 제공하기 위한 추가적인 입력으로서 사용된다. 지도 학습 동안 창조된 결과*모델*은 해당 주석이 없는 새로운 데이터(예를 들어, 훈련 데이터로부터 모집되지 않은 그림 5.1에 실선)를 받았을 때 컴퓨터로 생성된 정신상태 추정치들을 생산하는 데 사용된다. 정확성과 일반화 가능성은 두 가지 즉각적인 수행 지표이다. 정확성은 자동화된 정신상태 추정치가 몇몇 정신상태의 전형적인 자기 보고 혹은 관찰자 보고, 객관적 기준 등에 맞춰 조정되는 정도로서 측정된다. 일반화 가능성은 지도받은 분류 방식을 넘어선 데이터에 적용되어야 할 때 탐지기의 유연적응성으로 측정된다.

앞서 언급된 논의에서는 자동화된 정신상태 탐지기를 만드는 다양한 단계와

---

3) 신경망을 학습시키는 데 반드시 입력 x와 원하는 목표치 d의 쌍 (x, d)가 필요하며, 이를 학습 패턴 쌍(training pattern pair)이라고 한다. 일반적인 학습 절차는 학습 패턴 쌍 (x, d)를 입력하여 신경망의 출력 y를 구하고, 그 차이에 근거하여 연결 강도를 △w만큼 변경한다. 변경된 연결 강도 (w+△w)를 다시 비교하여 더 이상 연결 강도가 변하지 않으면 학습을 종료한다.

4) 여러 개가 있을 때 서로 시간적인 관계를 일치시키는 것. 컴퓨터 간 데이터를 교환하는 경우에, 데이터의 전송 측과 수신 측의 타이밍을 맞추는 것을 동기(synchronization)라 하고, 동기가 될 수 있도록 하는 것을 '동기를 취하다'라고 한다.

5) 프로그램이나 문서에 덧붙여진 기술적, 설명적 주해. 원시 프로그램(source program)의 명령문으로 삽입 또는 추가되는 기술이나 참조, 설명문이며, 해석 후의 목적 프로그램(object program) 속에서는 어떠한 효과도 갖지 않는 것. 즉, 프로그램 속에 기술된 기호로 컴퓨터에서는 실행되지 않는 것.

관련된 몇 가지 복잡한 문제들을 의도적으로 얼버무렸다. 데이터 수집과 주석이 완성되기 위해서는 미묘한 뉘앙스가 필요하다. 컴퓨터 진단적 특징들은 각각의 분야(예를 들어, 컴퓨터 시각, 음향 신호처리, 디지털 신호처리, 시계열 모형, 자연 언어 이해)에서 모든 열린 문제들을 해결해야 할 필요가 있다. 그 다음에는 진단적 특징들 중 특정 부분을 선택하는 문제, 특징 간의 관계에 대한 모델링, 특징 부분 공간의 차원을 줄이는 것 등이 있다. 훈련 데이터는 일반적으로 표본이 되어 지도 학습 전까지 다양한 방법들로 계속해서 조작될 필요가 있다. 그다음에는 다양한 사용 가능한 가능성(예를 들어, 신경망, 베이지안 분류기, 의사결정 나무(decision tree),[6] 서포트 벡터 머신)으로부터 지도 학습 방법을 선택하고, 모델에 매개변수를 지급(parameterize)[7]하기 위한 방법들이 뒤따른다. 만약 다중 양식(예를 들어, 음향+시각 자료)들이 사용된다면, 양식들을 결합하는 방법을 결정하는 추가적인 도전이 뒤따른다. 끝으로, 적절한 타당도 검증 방법과 매트릭스가 선택될 필요가 있는데, 이 또한 중대한 주제이다. 종합해 보면, 이러한 도전들은 풍부하고 생산적인 학제 간 연구를 요구하고 있으며 이러한 과제는 향후에도 계속될 것이다.

## 예시 시스템들

몇 가지 예시 사례로 돌아가서 정신건강 관리에 관련하여 다양한 정신상태의 측정을 살펴보려 한다. 설명은 종합적인 것과는 거리가 멀고, 또 그렇게 할 수도 없기 때문에 이 영역과 관련된 보다 면밀한 논의는 정신상태 탐지에 대한 주제만을 다루는 단행본에서 더 긴밀히 다뤄질 것이다. 여기서는 특정한 정신건강 관리와 관련된 정신상태 탐지에서 성공한 몇 가지 최신 시스템을 중점적으로 소개할 것이다.

### 정동상태

정동(affect)은 많은 정신장애(예를 들어, 우울, 스트레스)와 관련되어 있기 때문에

6) 어느 대안이 선택될 것인가라는 것과 일어날 수 있는 불확실한 상황 중에서 어떤 것이 실현되는가라는 것에 의해 여러 결과가 생긴다는 상황을 나뭇가지와 같은 모양으로 도식화한 것이다.

7) 루틴 또는 프로그램에 필요한 매개변수를 제공하는 것.

자동화된 정동탐지기는 인간의 근본적인 정신건강에 대한 간접적인 추정치를 획득하는 유망한 방법이 될 수 있다. 정동(affect)은 기분과 정서를 포함한 일반적 용어로서 사용되고 많은 영역들에 따라서 차별화될 수 있다(Rosenberg, 1998). 기분(mood)은 좀 더 지속적인 것으로 의식에 영향을 준다. 반면 정서(emotion)는 짧고, 강렬한 상태로 의식의 선두를 차지하고 있고, 중대한 생리적 그리고 행동적 징후를 지니며, 행동을 위해 신체적 시스템을 신속히 준비하게 한다. 대부분의 정동탐지기의 작업은 기분보다는 정서를 탐지하는 데 집중하며, 이 작업의 압도적으로 많은 부분은 "기본 정서"라고 불리는 것을 강조하는 것인데, 전형적으로 분노, 놀람, 행복, 역겨움, 슬픔 그리고 두려움을 포함한다(Ekman, 1992). 기본적이지 않은 정서는, 지루함, 혼란, 좌절, 몰입감 그리고 호기심 같은 것으로, 일반적으로 기본 정서의 특징들 중 일부가 공유되는 정서를 말하며(Ekman, 1992), 기본 정서에 비해 주목을 덜 받아 왔다(D'Mello & Calvo, 2013). 몇몇 연구자들은 한 개 혹은 그 이상의 핵심 정서 차원 강도의 수준을 구별하는 것에 초점을 둠으로써 별개의 정동표현들을(슬픔 대 분노) 나누는 것을 피하고(Fontaine, Scherer, Roesch, & Ellsworth, 2007), 대신 유인가(기쁘지 않음부터 기쁨까지)와 각성(졸림부터 활발함까지) 같은 정서 차원상에서 강도를 표시하기도 했다.

정동탐지기는 정신상태 탐지에서 가장 폭넓게 연구된 것 중의 하나이고, 최근에 많은 리뷰들에 의해 입증되었다(Calvo & D'Mello, 2010; Calvo, D'Mello, Gratch, & Kappas, 2014; D'Mello & Kory, 2015; Zeng, Pantic, Roisman, & Huang, 2009). 정동탐지기 시스템들은 사용되는 센서/신호, 정동표현(즉, 불연속 대 차원), 특히 탐지되는 구체적인 정동상태나 정동이 자연스럽게 발생한 것인지 혹은 실험적으로 유발될 것인지, 또는 정동탐지기가 위치한 맥락이 무엇인지에 따라 완전히 달라진다. 여기서 소개할 세 가지 정동탐지기는 각기 다른 센서/신호 조합, 정동표현, 정동상태, 그리고 상황적 맥락을 강조하고 있다.

*기본적 정서*

첫 번째 리뷰된 연구는 정동 유발 과정을 통해 도출된 기본적 정서탐지에 초점을 맞춘 실험실 연구다. Janssen과 동료(2013)들은 자전적 회상 과정(Baker & Guttfreund, 1993)을 통해 자동적 탐지와 인간의 지각을 비교하였다. 세 가지 기본적 정서(행복, 슬픔, 분노), 이완상태, 중립적인 정서에서 자동탐지와 인간의 지각을 비교하였다. 17명의 참가자들은 그들의 삶에서 행복, 분노, 슬픔, 중립의 경험과 관련된 두 가지 사건들을 쓰도록 요청받았다. 다음으로 참가자들은 경험한 정서를 다시 체험할 수 있도록 그 사건들의 일부를 회상하고, 말로 각각의 사건을 묘사하라고 요청받았다. 참가자들의 음성, 시각, 생리학적 신호들(피부 전기 활동, 피부 온도, 호흡, 심전도 검사)이 사건을 회상하고 묘사하는 동안 기록되었다. 각각의 기록에는 참가자들이 회상하기를 요청받은 정서와 일치하는 라벨이 부착되었다. 특수한 얼굴의 표시, 머리 위치, 말의 기본 주파수, 각각 생리학적 신호의 전체적 수준과 변동폭과 같은 다양한 기본적 특징들이 자동적으로 계산되었다. 서포트 벡터 기계 분류기(Support vector machine classifier)[8]는 얼굴과 생리학적 특징에만 초점을 맞췄을 때, 최고의 결과를 내놓았다(지도 학습 방법). 그것을 각각 기록된 정서라벨과 확인해 봤을 때, 82%의 정확도를 얻을 수 있었다. 저자들은 이외에도 직접적으로 인간의 정서탐지와 컴퓨터 탐지를 비교했다. 먼저 인간의 정서탐지와 관련하여 다양한 자극 조합을 제시하고 참가자들에게 어떤 정서인지 판단하도록 하였다(오디오 단독, 비디오 단독, 오디오 비디오). 미국의 판정가들에게 오디오와 비디오 둘 다 주어졌을 때 대부분 31%의 정확도를 보인 반면, 네덜란드 판정가들은 (네덜란드어로 된) 오디오만 주어졌을 때 63%의 정확도를 보여 주었다. 그러나 인간들의 정확도(63%, 31%)는 자동적 탐지기(82%)에 비해 상당히 낮았는데, 이러한 결과는 많은 것을 시사해 주었다.

*비기본적 정서*

두 번째 연구(Bosch et al., 2015)는 앞서 살펴본 통제된 실험 환경에서 유발시킨 경험적 기본 정서에 대한 다양한 탐지에 초점을 맞춘 Janssen과 그의 동료(2013)들과는 다른 접근을 했다. Bosch와 그의 동료들(2015)은 컴퓨터를 사용하는 교실에서 시끄러운 현실 상황이 자연스럽게 발생했을 때 특정 정서탐지에 대해 연구를 했다. 이 연구에서 137명의 중고등학생들은 정규 물리학/물리과학 수업의 일부로 3일에 걸쳐 2.5시간 동안 작은 그룹을 형성해 개념적 물리학 교육 게임을 하도록 했다. 훈

8) 기계 학습의 분야 중 하나로 패턴 인식, 자료 분석을 위한 지도 학습 모델. SVM 알고리즘은 주어진 데이터 집합을 바탕으로 하여 새로운 데이터가 어느 카테고리에 속할지 판단하는 분류 모델을 생성한다.

련된 관찰자들은 라운드 로빈 방식(눈에 보이는 정동이 탐지될 때까지 학생들을 관찰하거나, 20초가 흐르면 그때 미리 정해진 순서대로 다음 학생으로 이동했다-Ocumpaugh, Baker, Rodrigo (2012))[9)]을 사용해서 시간당 한 번씩 학생들을 관찰하면서 실시간으로 정동 주석을 달았다. 관심을 둔 정서에는 지루함, 혼란스러움, 기쁨, 몰두 그리고 좌절이 있었다. 학생들의 얼굴과 상체는 게임을 하는 동안 비디오로 기록되었고, 그에 따라 주석이 동기화되었다. 이 비디오들은 FACET 컴퓨터 시각 프로그램(Emotient, 2014)을 사용해서 처리되었다. 눈썹을 올린다거나 입술을 꾹 다문 것 같은 19개의 얼굴 표정 AUs(Ekman & Friesen, 1978) 그리고 머리 방향, 자세 등을 기반으로 하였다. 신체 움직임은 또한 움직임 필터링 알고리즘(Kory, D'Mello, & Olney, in press)을 사용해서 비디오로부터 추정되었다. 각각의 정동상태를 모든 다른 상태들로부터 자동적으로 구별해 내기 위해 기계 학습이 사용되었고, 새로운 학생에게 일반화하는 방법으로 타당화되었다. 이 시끄러운 환경에서 상황, 즉 학생들이 끊임없이 꼼지락거리거나, 다른 학생과 이야기하거나, 질문하거나, 화장실로 가거나, 경우에 따라서 교실의 정책과 반대되는 핸드폰을 사용하는 것과 같은 상황들이었고, 이러한 상황들에서 자동탐지의 정확도가 62%(좌절 vs 다른 상태)에서 83%(기쁨 vs 다른 상태)의 범위였다는 점은 주목할 만하다.

*정동 차원들*

세 번째 리뷰된 연구는 엄밀히 말하자면 연구라기보다는 특별한 정동탐지 문제해결을 목표로 한 다양한 노력들의 모음이다. 개개인의 연구자들이 자신이 소유한 데이터 세트에 자신만의 방법을 적용하고 자체적으로 선택한 매트릭스를 사용했을 때, 정동탐지 분야에서 진보를 이루어 내기에는 어렵다. 관측 가능한 모든 차이점들이 방법, 데이터, 수행 매트릭스에 기인할 수 있기 때문에, 다른 연구자들의 결과와 직접적인 비교를 하는 것은 혼란을 야기한다. AI 연구와 컴퓨터 과학에서 흔히 하는 방식인 경진대회는 이러한 문제에 대한 한 가지 답을 제공한다. 연구자들은 그들의 방법을 고정된 데이터 세트에 적용시키도록 요청받고, 그 결과는 고정된 매트릭스로 평가되며, 그에 따라 다른 연구 집단들이 개발한 방법들 간에 직접

9) 과제의 실행 순서를 사이클식으로 실행하는 방법에 사용되는데, 예를 들면 A, B, C의 3개 과제가 있을 경우 A → B → C → A → B → C → A와 같이 전환된다.

적인 비교가 가능해진다.

음성–영상 정서인식 챌린지(Audio–Video Emotion Recognition Challenge)는 2011 정동적 컴퓨팅과 지능 상호작용 콘퍼런스 시리즈(ACII)(D'Mello, Graesser, Schuller, & Martin, 2011)의 일환으로 처음 조직된 대회였다. 여기서 초점은 2012 AVEC 도전(Schuller, Valster, Eyben, Cowie, & Pantic, 2012)인데, 이때 인간–컴퓨터 상호작용에서 정동 차원들의 자동탐지가 평가되었다. AVEC 2012는 SEMAINE corpus (McKeown et al., 2012)[10]로부터 자료를 사용했는데, 그것은 인공 에이전트와 인간이 상호작용한 자연스러운 자료를 모아서 설계된 것이다. 인공 에이전트는 정동적 톤이 편향되도록 만들어진 각기 다른 정서들(예를 들면, Prudence는 분별 있고 완화되어있는 반면, Spike는 화나 있고 대립적이다)을 구분하여야 한다. 이렇게 다소 강렬한 상호작용 동안 기록된 참가자들의 말소리와 표정 영상이 연구자에게 제공된다. 6명의 평정자 중 두 명이 각각 비디오에 4가지 정동에 따라 주석을 단다. 정서 유인가(부정에서 긍정까지), 흥분도(졸림에서 활발함까지), 힘(낮은 통제력에서 높은 통제력까지), 기대(예상됨에서 예상되지 못함까지). 각각의 정동 차원을 예측하기 위해 정동 주석들은 자동화된 음성–시각 정동탐지 방법을 통해 계속적으로 측정되고, 그 범위는 -1부터 1까지이다. 이런 차원적 정동표현은 이전에 두 연구들이 보여 주었던 구별된 또는 분류된 표현과는 별개의 중요한 요소이다.

연구자들은 모델을 개발하기 위해 주석 데이터의 2개의 서브 세트(훈련 및 개발 서브 세트)를 제공받았고, 그 후 연구자들이 주석을 사용할 수 없는 별도의 서브 세트(테스트 서브 세트)에 적용되었다. 각 연구자 집단은 독립적으로 그들의 방법을 적용시켜서 각 차원에 대한 정동 추정치를 제출했다. 10개의 연구자 집단에서 결과를 도출했는데, 승리한 팀은 4개의 차원을 통틀어서 평균 0.45의 상관을 보여 주었다(Nicolle, Rapp, Bailly, Prevost, & Chetouani, 2012). 이는 과제의 복잡성을 고려할 때

---

10) SEMAINE 말뭉치는 감정적으로 색깔 있는 대화로 구성되어 있다. 사용자들은 감정적인 반응을 불러일으키기 위해 고안된 4인의 역할을 수행하는 작업자와 대화를 나누면서 녹음된 내용을 기록하고 있다. 조작자와 사용자는 서로 다른 방에 앉아 있으며, 프롬프터 스크린을 통해 서로를 볼 수 있으며 스피커를 통해 서로를 들을 수 있다. 고품질의 녹음을 할 수 있도록 하기 위해, 고화질 카메라는 5개의 고해상도 카메라와 4개의 마이크로폰으로 녹화된다. 원자가, 자극, 전력, 그리고 세션당 3개에서 7개까지의 기본적인 감정을 포함한 21개의 기본적인 감정의 주석(즉, 시간 및 값)이 포함된다. 대화의 완전한 녹음도 포함되어 있다.

주목할 만한 수행이었다.

### 주의 실수(몽상)

마음챙김 또는 한 개인이 현재 과제와 환경에 대해 주의를 집중하는 능력은 정신건강의 중요한 구성 요소이다(Brown & Ryan, 2003). 이와 반대로, 마음챙김이 실패해서 생기는 몽상은 당면한 과제에서 과제와 무관한 내적 사고로 전환되는 비자발적인 부주의로 정의되는데, 이는 매우 빈번하게 발생한다(Smallwood & Schooler, 2015). 한 예로, 대규모 연구에서 아이폰 앱을 사용하여 86개의 직업을 지닌 83개국의 5,000명의 사람들에게 무작위 간격으로 과제에서 벗어난 사고를 보고하도록 하여 그들의 몽상을 추적했다(Killingsworth & Gilbert, 2010). 주된 발견은 46.9%의 사람들이 몽상을 보고했고, 시간차 분석에서 몽상이 잠재적으로 행복하지 못한 느낌을 만들어 낸다는 것이었다. 더욱이, 연구자들은 불쾌감을 느끼는 사람들(즉, 우울 증상)과 주의력결핍장애(ADHD)를 지닌 사람들이 다양한 과제에서 높은 수준의 몽상을 한다는 점을 발견했다(Shaw & Giambra, 1993; Smallwood et al., 2004; Smallwood, O'Connor, Sudbery, & Obonsawin, 2007). 그러므로 사람들이 일상에서 경험하는 몽상에 대한 자동적 탐지는 잠재적으로 정신건강과 관련된 주의 과정에 대한 가치 있는 정보를 제공한다.

몽상에 대한 자동적 탐지는 이제 막 시작되었다. 전형적인 초기 단계의 연구처럼, 초기 노력은 제한된 과제 영역에 집중되었다. 몽상의 경우에, 초점은 읽고 이해하는 과제에 있었다(Bixler & D'Mello, 2014; Blanchard, Bixler, & D'Mello, 2014; Drummond & Litman, 2010; Franklin, Smallwood, & Schooler, 2011). 예를 들면, Bixler과 D'mello(2014)는 텍스트를 읽는 동안 이루어지는 시선 추적이 자동적 몽상탐지에 사용될 수 있는지 연구했다. 연구자들이 시선 추적에 중점을 둔 이유는 시각적 주의와 안구 운동 사이에 강한 연관성을 확인한 수십 년간의 연구들이 있었기 때문이다(Deubel & Schneider, 1996; Hoffman & Subramaniam, 1995; Rayner, 1998). 그들의 실험실 연구에서, 훈련 데이터는 두 미국 대학의 178명의 대학원생으로부터 수집되었다. Tobii T60과 TX300 안구추적기(eye trackers)는 30분 동안 텍스트를 이해하는 활동에서 학생들의 응시 패턴을 기록하는 데 사용되었다. 몽상은 음성적 사고탐지(Auditory thought probes)를 통해 측정되었는데, 이것은 온라인에서 몽상을 쫓아가는 표준화된 기술이다(Smallwood et al., 2004). 시각응시 특징들은 창에서 다양한 길이(3초, 5초 등등)의 고정된 응시로 계산되어 즉시 몽상을 탐지한다. 예시된 특징들은 고정 지속 시간, 스킵하는 단어의 수, 다른 유형의 단어에서 고정되는지의 여부, 도약 안구운동 길이 등이 포함된다. 몽상을 탐지하는 데 사용된 지도 학습 방법은 평균 66%의 인식률을 보여 주었고, 새로운 사람들에게 일반화되었다. 비록 예비 연구이기는 하지만, 이러한 결과는 몽상과 같은 높은 내적 정신상태를 자동적으로 측정할 수 있는 가능성을 긍정적으로 보여 준다. 비용-효율적인 안구 추적기(99달러보다 낮은 금액에 팔리는) 덕분에 이런 기술이 연구실이 아닌 현실에서도 적용될 수 있다.

### 고통

고통은 수많은 정신장애들과 관련이 있다. 17개국의 85,088명이 참가한 거대한 규모의 연구에서 성별과 나이를 통제했을 때, 12개월 동안의 만성적 등/목 고통이 기분장애, 불안장애, 약물남용/의존을 예측하는 변인이라는 것이 밝혀졌다(Demyttenaere et al., 2007). 고통의 측정은 우선적으로 자기 보고식 질문지(Hjermstad et al., 2011)에 의존해 왔는데, 이는 잘 알려진 것처럼 주관적이고, 여러 의미로 해석 가능하며, 일부 표본에서만 실현 가능하다는 한계점을 지닌다(Stinson, Kavanagh, Yamada, Gill, & Stevens, 2006).

자동적 고통탐지기는 고통에 대해 신뢰할 만한 관찰을 제공해 주면서 이런 문제들을 해결해 줄 수 있다. 하지만 자동적 고통탐지 체계는 그 수가 많지 않은데(Hammal & Cohn, 2012; Lai, Levinger, Begg, Gilleard, & Palaniswami, 2009; Littlewort, Bartlett, & Lee, 2007), 가정이긴 하지만, 탐지기 제작을 위해 적합한 데이터 세트를 얻는 것이 복잡하기 때문이라고 생각해 볼 수 있다. 그러나 최근 UNBC-McMaster 어깨 고통 표현 아카이브 데이터베이스[11)]의 개발은 이런 분야의 연구가 촉진될 것

---

11) 완전한 기능적 자동 표정 감지 시스템의 구축을 방해하는 주요 요인은 대표적인 자료가 부족하다는 것이다. 이에 대한 해결책은 목표 애플리케이션의 맥락을 좁히는 것이다. 환자의 얼굴에서 자동적으로 통증을 감지하는 것은 그러한 응용 프로그램을 나타낸다. 이 연구를 원활히 하기 위해, McMasterUniversity와 노던 브리티시 콜롬비아 대학의 연구진들은 두 차례의 개별적이고 수동적인 동작에 영향을 미치는 연속적이고 수동적인 모션 테스트를 수행하고 있었다. 이 데이터의 각 프레임은 인증된 FACS코더에 의해 자동화되었다. 이 데이터베이스는 UNBCR-McMasterStonePainPainPain 데이터베이스라고 불린다.

으로 기대해 볼 수 있다. 8개 범주의 움직임 검사(예, 외전, 팔을 안쪽으로 혹은 바깥쪽으로 회전하기)를 수행하는 참가자들의 비디오로 구성된 이 데이터는 각각 검사에 따르는 고통 강도에 대한 자기 보고로 이루어진다. 이 자료의 하위 데이터 세트는(25명의 참가자로부터 얻은 200개의 비디오 시퀀스) 자동적 고통탐지 체계를 만들기 위한 목적으로 연구자들이 사용 가능하도록 만들어졌다(Lucey, Cohn, Prkachin, Solomon, & Matthews, 2011). Hammal과 Cohn(2012)은 UNBC-McMaster 자료를 사용한 자동적 고통탐지 체계의 기술적 사례를 제시하였다. 그들의 접근은 로그 규준 필터 세트(Log norm filter set)를 통해 필터링하고 영상에서 특징을 추출하였다. 분류기는 네 가지 수준의 고통(통증 없음, 경미한 통증, 약한 통증, 강한 통증) 탐지기를 만드는 데 사용되었다. 타당화 방법을 통해 새로운 참가자들에 대한 일반화할 때, 평균 분류 정확도가 0.56정도(F1 매트릭스)였는데, 이는 이 연구 분야가 초창기인 것과 문제의 복잡성을 감안하면 괜찮은 결과이다.

### 우울

우울은 아마 가장 흔하면서도 심각한 정신건강 상태 중 하나일 것이다. 자동적 우울탐지 체계는 우울증 치료의 효과를 객관적으로 측정하는 데 도움을 줄 뿐만 아니라, 초기 우울 경고 지표를 제공함으로써 부정적 효과를 방지할 수 있는 상당한 잠재성을 가지고 있다. 우울탐지의 연구는 최근에 가속화되고 있는데, 아마 2013년, 2014년 AVEC의 일부분(Valstar et al., 2013, 2014)으로 나온 DSC(Depression Recognition Sub-Challenge)의 도입 때문일 것이다. 이런 도전은 연구자들이 같은 데이터 세트에서 그들이 소유한 우울탐지를 평가하고, 발달시킬 수 있도록 요구했고, 그에 따라 데이터와 평가 매트릭스가 일정하게 유지되기 때문에 각각의 방법에 대한 의미 있는 비교가 가능해졌다.

DSC에서 사용된 데이터 세트는 다중 회기 동안 컴퓨터 인터페이스에서 안내되는 단순 과제를 수행한 84명 참가자들을 찍은 240시간 비디오로 구성되어 있다. 과제, 회기, 회기 길이는 참가자들마다 다양하다. 참가자들의 우울 수준은 BDI-Ⅱ(Beck, Steer, & Brown, 1996)를 통해 측정되었다. 이 자료는 또한 기본적 정서 차원에 의해 주석이 달렸지만 여기서는 자세히 논의하지 않겠다. 이런 데이터 세트들은 2013, 2014년 대회에도 사용되었다. 가장 최근 2014 대회에서, 참가자들이 큰 소리로 독일 우화의 일부분을 발췌해서 읽고, 단순한 질문(당신이 가장 좋아하는 음식은 무엇입니까?)에 대답하고 있는 300개의 비디오가 포함되었다. 이 과제를 하는 동안 참가자들의 얼굴과 목소리가 기록되었다. 각각 우울한 수준에 따라 데이터 세트가 수집되었는데 이것은 연구자들이 이용 가능하도록 만들어졌다(훈련과 발달 부분). 검사 부분이라고 불리는 다른 하위 부분은 결과를 평가하기 위해 사용되었고, 참가자들의 우울 수준은 공개하지 않았다.

연구자들은 다양한 접근들을 사용했고, 검사에서 8점에서 12점의 범위에 있는 참가자들의 실제 우울 수준과 예측 수준 사이에서 RMSE값을 평가하였다. 우승 시스템은 얼굴 표정과 말하는 것 사이의 일치와 타이밍에 주목한 모델을 세웠고, RMSE값은 8.12였다(Williamson, Quatieri, Helfer, Ciccarelli, & Mehta, 2014). 이 결과는 2013 도전의 최고 결과인 8.50보다 조금 더 개선된 결과였고, 같은 연구팀(Williamson et al., 2013)이었지만 다른 데이터 세트를 사용해서 승리하였다.

### 스트레스

오랜 시간 동안 일시적 혹은 만성적 스트레스와 신체적 정신적 건강 결과 간의 관련성이 입증되었다(Lupien, McEwen, Gunnar, & Heim, 2009). 스트레스의 자동적 탐지는 스트레스 진단, 치료, 관리에 중요하다. 결론적으로 상당한 연구가 자동 스트레스 탐지 시스템 설계를 위해 진행되어 왔다. 컴퓨터를 사용한 연구자들은 스트레스라는 용어를 다소 넓게 사용하는데, 인지적 스트레스(작업기억), 정서적 스트레스(부정적 활성화 정서) 그리고 사회적 스트레스(사회적 자극에 의한) 등이 포함된다. 여기서는 널리 사용되는 지각된 스트레스 척도(Perceived Stress Scale; PSS, Cohen, Kamarck, & Mermelstein, 1983)를 통해 측정되는 임상적 스트레스에 대한 자동탐지에 대해서만 소개할 것이다.

Sano와 Picard의 연구(2013)는 이 장에서 리뷰된 다른 연구들과 달리 독특한 점을 지니는데, 이 연구에서는 5일에 걸쳐 변화하는 스트레스를 관찰하였다. 18명의 참가자들은 다른 적절한 자기 보고식 질문(수면 습관, 알코올 소비, 기분)에 따라 PSS(지각화 스트레스 척도)를 완성하도록 요청받았다. 참가자들은 손목에 차는 피부의 활동 센서이자 속도계인 Affectiva Q-sensor를 부착하였다. 안드로이드 앱을 통해 GPS 사용 위치(돌아다닌 거리)와 핸드폰 사용(전화통화 수, 받은 문자 수, 스크린이

켜져 있던 시간)을 포함한 일과의 다양한 양상이 기록되었다. 참가자들은 또한 핸드폰을 사용해서 짧은 아침설문과 저녁설문을 완수했다(수면 시간, 일어나는 데 걸린 시간, 하루에 소비하는 커피 양 등등). 생리학적 자료, 활동 자료 그리고 설문 자료는 참가자들이 활동하는 5일 동안 매일 수집되었다. 참가자들은 PSS 점수에 따라 낮고 높은 스트레스 집단으로 나뉘었다. 지도 학습 방법은 다양한 특징의 조합을 사용해서 높고 낮은 스트레스 집단을 구별하는 데 사용되었다. 기저선 수준에서, 저자들은 87.5%의 정확도를 보고하였고, 이것은 자기 보고 조사를 통해 얻은 수치였다. 대략 75%의 정확성이 위치 자료와 전화 사용을 기반으로 한 활동 로그로부터 얻어진 객관적 정보에서 얻어졌다. 놀랍게도, 생리학적 특징은 이런 데이터의 스트레스 탐지에 실질적으로 기여하지 못했다. 그럼에도 불구하고, 스트레스가 활동 로그와 위치 자료로부터 합리적으로 정확히 예측될 수 있다는 사실은 중요한 발견이었는데, 왜냐하면 그것은 추가적 센서를 요구할 필요 없이 매일 스마트폰과 같은 장비를 사용해서 변화하는 스트레스를 관리할 수 있음을 보여 주었기 때문이다.

## 결론

중요한 변화는 측정에서부터 출발한다. 정신건강 분야는 다양한 맥락에서 오랜 기간 동안 개인의 정신상태를 평가하는 자동적 체계들로부터 많은 이득을 얻어 왔다. 이런 정신상태 탐지 시스템은 다양한 수준에서 전체적 정신건강 체계 내에 통합될 수 있는데, 예를 들어 임상적 의사결정, 응급 관리, 기술－기반 치료 등이 있다. 이 장에서는 정신건강 치료와 관련된 자동적 정신상태 탐지(정동, 주의, 고통, 우울, 스트레스)에 초점을 맞춘 몇 개의 연구들을 통해 주된 이론적 및 기술적 이슈들에 관해 논의했다. 이 리뷰에서는 자동적 정신상태 탐지에 대한 도전을 깨는 실질적이고 이론적이며 기술적인 혁신을 계속해서 만들어 내는 다양한 분야들에 대한 논의가 애석하게도 이루어지지 못했다. 자동적인 정신상태 탐지는 어려운 문제이다.

비록 수년 동안 많은 발전을 해 왔지만, 현재 체계는 아직 실용적인 사용을 위한 준비는 되어 있지 않다. 이 분야에서는 초창기에 자동적 정신상태 탐지의 가능성과 증거를 보여 주는 데 주로 초점이 맞춰져 있었다. 이것은 이 분야의 초기 선구자들을 비웃었던 회의론자와 반대론자에게 가능성을 확인시켜 주기 위한 필수 작업이었다(Picard, 2010). 초기(1세대) 시스템은 실험실에서 정제된 소수의 사람들에 의해 이루어지는 정신상태의 작은 하위 부분에만 한정하였다. 1세대는 또한 비싸고 눈에 띄는 감각 장치를 사용한 것이 특징인데, 이 장치들은 본질적으로 측정이 불가능하고, 사용할 때 전산적 기술도 덜 정교화되어 있고, 방법도 덜 타당화되어 있었다. 우리는 지금 2세대인데, 2세대가 강조하는 것은 더 정교화된 기술과 더 타당화된 방법과 함께 더 잘 측정할 수 있고, 착용할 수 있으며, 눈에 거슬리지 않게 현실 맥락에서도 사용할 수 있는 다양한 정신상태의 자연스러운 경험들을 탐지하는 것이다. 2세대 시스템에서 많은 진보가 예상되지만 어떤 면에서는 여전히 부족하다. 특히 탐지의 정확성을 개선시킬 필요가 있고, 현실 세계의 맥락에서도 적용 가능하다는 것을 증명해야 하고, 다른 표본들에도 일반화할 수 있다는 것을 현실화해야 하며, 어렵지만 윤리적인 문제도 만족시켜야 한다. 이는 "될 것이냐"의 문제가 아니라 "언제 되느냐"의 문제인데, 이런 도전들은 해결될 것이고 자동적 정신상태 탐지 시스템은 정신건강을 개선시키면서 많은 사람들에게 의미 있는 영향을 줄 것이다.

## 감사의 글

이 연구는 국립과학재단(NSF)와 Bill & Melinda Gate 기금의 지원을 받았다. 이 장에 제시된 의견, 결론, 제언 등은 지원한 재단이나 기금과는 무관함을 밝힌다.

# 참고문헌

Baker, R. C., & Guttfreund, D. O. (1993). The effects of written autobiographical recollection induction procedures on mood. *Journal of Clinical Psychology, 49*(4), 563-568.

Barsalou, L. W. (2008). Grounded cognition. Annual Review of Psychology, 59(1), 617-645.

Beck, A. T., Steer, R. A., & Brown, G. K. (1996). *Manual for the Beck depression inventory-II.* San Antonio, TX: Psychological Corporation.

Berka, C., Levendowski, D. J., Lumicao, M. N., Yau, A., Davis, G., Zivkovic, V. T., et al. (2007). EEG correlates of task engagement and mental workload in vigilance, learning, and memory tasks. *Aviation, Space, and Environmental Medicine,* 78(Suppl. 1), B231-B244.

Bixler, R., & D'ello, S. (2014). Toward fully automated person-independent detection of mind wandering. In V. Dimitrova, T. Kuflik, D. Chin, F. Ricci, P. Dolog, & G.-J. Houben (Eds.), *Proceedings of the 22nd international conference on user modeling, adaptation, and personalization* (pp. 37-48). Switzerland: Springer International Publishing.

Blanchard, N., Bixler, R., & D'ello, S. K. (2014). Automated physiological-based detection of mind wandering during learning. In S. Trausan-Matu, K. Boyer, M. Crosby, & K. Panourgia (Eds.), *Proceedings of the 12th international conference on Intelligent Tutoring Systems (ITS 2014)* (pp. 55-60). Switzerland: Springer International Publishing.

Bosch, N., D'ello, S. K., Baker, R., Ocumpaugh, J., Shute, V., Ventura, M., et al. (2015). Automatic detection of learning-centered affective states in the wild. In *Proceedings of the 2015 international conference on Intelligent User Interfaces* (IUI 2015) (pp. 379-388). New York, NY: ACM.

Brown, K. W., & Ryan, R. M. (2003). The benefits of being present: Mindfulness and its role in psychological well-being. *Journal of Personality and Social Psychology,* 84(4), 822.

Calvo, R. A., & D'ello, S. K. (2010). Affect detection: An interdisciplinary review of models, methods, and their applications. *IEEE Transactions on Affective Computing,* 1(1), 18-37. Available from: http://dx.doi.org/10.1109/T-AFFC.2010.1.

Calvo, R. A., D'ello, S. K., Gratch, J., & Kappas, A. (Eds.), (2014). *The Oxford handbook of affective computing.* New York, NY: Oxford University Press.

Coan, J. A. (2010). Emergent ghosts of the emotion machine. *Emotion Review,* 2(3), 274-285.

Cohen, S., Kamarck, T., & Mermelstein, R. (1983). A global measure of perceived stress. *Journal of Health and Social Behavior,* 24(4), 385-396.

Cowie, R., Douglas−Cowie, E., Tsapatsoulis, N., Votsis, G., Kollias, S., Fellenz, W., et al. (2001). Emotion recognition in human−computer interaction. *IEEE Signal Processing Magazine,* 18(1), 32−80.

Darwin, C. (1872). *The expression of the emotions in man and animals.* London: John Murray.

Demyttenaere, K., Bruffaerts, R., Lee, S., Posada−Villa, J., Kovess, V., Angermeyer, M. C., et al. (2007). Mental disorders among persons with chronic back or neck pain: Results from the World Mental Health Surveys. Pain, 129(3), 332−342.

Deubel, H., & Schneider, W. X. (1996). Saccade target selection and object recognition: Evidence for a common attentional mechanism. *Vision Research,* 36(12), 1827−1837.

deVega, M., Glenberg, A., & Graesser, A. (Eds.), (2008). *Symbols, embodiment, and meaning.* Oxford: Oxford University Press.

D'Mello, S., & Calvo, R. (2013). Beyond the basic emotions: What should affective computing compute? In S. Brewster, S. Bødker, & W. Mackay (Eds.), *Extended abstracts of the ACM SIGCHI conference on human factors in computing systems (CHI 2013)* (Vols. (2287−2294)New York, NY: ACM.

D'Mello, S., Cobian, J., & Hunter, M. (2013). Automatic gaze−based detection of mind wandering during reading. In S. K. D'Mello, R. A. Calvo, & A. Olney (Eds.), *Proceedings of the 6th international conference on Educational Data Mining* (EDM 2013) (pp. 364−365). International Educational Data Mining Society.

D'Mello, S., Graesser, A., Schuller, B., & Martin, J. (Eds.), (2011). *Proceedings of the 4th international conference on Affective Computing and Intelligent Interaction (ACII 2011).* Berlin Heidelberg: Springer.

D'Mello, S. K., & Graesser, A. C. (2014). Confusion. In R. Pekrun, & L. Linnenbrink−Garcia (Eds.), *International handbook of emotions in education (*pp. 289−310). New York, NY: Routledge.

D'Mello, S. K., & Kory, J. (2015). A review and meta−analysis of multimodal affect detection systems. *ACM Computing Surveys,* 47(3), 43:1−43:46.

Domingos, P. (2012). A few useful things to know about machine learning. *Communications of the ACM,* 55(10), 78−87.

Douglas−Cowie, E., Cowie, R., Sneddon, I., Cox, C., Lowry, O., Mcrorie, M., et al. (2007). The HUMAINE database: Addressing the collection and annotation of naturalistic and induced emotional data. *Proceedings of the 2nd international conference on affective computing and intelligent interaction* (pp. 488−500). Berlin/Heidelberg: Springer.

Drummond, J., & Litman, D. (2010). In the zone: Towards detecting student zoning out using supervised machine learning. In V. Aleven, J. Kay, & J. Mostow (Eds.), *Intelligent tutoring systems* (Vol. 6095, pp. 306−308). Berlin/Heidelberg: Springer−Verlag.

Ekman, P. (1984). Expression and the nature of emotion. In K. Scherer, & P. Ekman (Eds.), *Approaches to emotion* (pp. 319−344). Hillsdale, NJ: Erlbaum.

Ekman, P. (1992). An argument for basic emotions. *Cognition & Emotion,* 6(3−4), 169−200.

Ekman, P., & Friesen, W. (1978). *The facial action coding system: A technique for the measurement of facial movement* Palo Alto, CA: Consulting Psychologists Press.

Emotient. (2014). FACET－Facial Expression Recognition Software.

Eyben, F., Wöllmer, M., & Schuller, B. (2010). Opensmile: The munich versatile and fast open－source audio feature extractor. *Proceedings of the international conference on multimedia* (pp. 1459－1462). New York, NY: ACM.

Fontaine, J., Scherer, K., Roesch, E., & Ellsworth, P. (2007). The world of emotions is not two－dimensional. *Psychological Science,* 18, 12.

Franklin, M. S., Smallwood, J., & Schooler, J. W. (2011). Catching the mind in flight: Using behavioral indices to detect mindless reading in real time. *Psychonomic Bulletin & Review,* 18(5), 992－997.

Hammal, Z., & Cohn, J. F. (2012). Automatic detection of pain intensity. *Proceedings of the 14th ACM international conference on multimodal interaction* (pp. 47－52). New York, NY: ACM.

Hjermstad, M. J., Fayers, P. M., Haugen, D. F., Caraceni, A., Hanks, G. W., Loge, J. H.,Collaborative, EPCR, et al. (2011). Studies comparing numerical rating scales, verbal rating scales, and visual analogue scales for assessment of pain intensity in adults: A systematic literature review. *Journal of Pain and Symptom Management,* 41(6), 1073－1093.

Hoffman, J. E., & Subramaniam, B. (1995). The role of visual attention in saccadic eye movements. *Attention, Perception, & Psychophysics,* 57(6), 787－795.

Janssen, J. H., Tacken, P., de Vries, J., van den Broek, E. L., Westerink, J. H., Haselager, P., et al. (2013). Machines outperform laypersons in recognizing emotions elicited by autobiographical recollection. *Human－Computer Interaction,* 28(6), 479－517.

Killingsworth, M. A., & Gilbert, D. T. (2010). A wandering mind is an unhappy mind. *Science,* 330(6006), 932.

Kory, J., D'ello, S., & Olney, A. Motion tracker: Cost－effective, non－intrusive, fully－automated monitoring of bodily movements using motion silhouettes. *PLoS ONE,* in press.

Lai, D. T., Levinger, P., Begg, R. K., Gilleard, W. L., & Palaniswami, M. (2009). Automatic recognition of gait patterns exhibiting patellofemoral pain syndrome using a support vector machine approach. *IEEE Transactions on Information Technology in Biomedicine,* 13(5), 810－817.

Larsen, J., Berntson, G., Poehlmann, K., Ito, T., & Cacioppo, J. (2008). The psychophysiology of emotion. In M. Lewis, J. Haviland－Jones, & L. Barrett (Eds.), *Handbook of emotions* (3rd ed., pp. 180－195). New York, NY: Guilford.

Lewis, M. D. (2005). Bridging emotion theory and neurobiology through dynamic systems modeling. *Behavioral and Brain Sciences,* 28(2), 169－245.

Littlewort, G. C., Bartlett, M. S., & Lee, K. (2007). Faces of pain: Automated measurement of spontaneousal facial expressions of genuine and posed pain. *Proceedings of the 9th international conference on multimodal interfaces* (pp. 15－21). New York, NY: ACM.

Lucey, P., Cohn, J. F., Prkachin, K. M., Solomon, P. E., & Matthews, I. (2011).

Painful data: The UNBC–McMaster shoulder pain expression archive database. *IEEE international conference on automatic face & gesture recognition and workshops (FG 2011)* (pp. 57–64). Washington, DC: IEEE.

Lupien, S. J., McEwen, B. S., Gunnar, M. R., & Heim, C. (2009). Effects of stress throughout the lifespan on the brain, behaviour and cognition. *Nature Reviews Neuroscience,* 10(6), 434–445.

Marsella, M., Gratch, J., & Petta, P. (2010). Computational models of emotion. In K. R. Scherer, T. Ba¨nziger, & E. Roesch (Eds.), *A blueprint for a affective computing: A sourcebook and manual* (pp. 21–46). Oxford: Oxford University Press.

Marshall, S. P. (2005). Assessing cognitive engagement and cognitive state from eye metrics. In D. D. Schmorrow (Ed.), *Foundations of augmented cognition* (Vol. 11, pp. 312–320). Mahwah: Lawrence Erlbaum Assoc Publ.

McKeown, G., Valstar, M., Cowie, R., Pantic, M., & Schroder, M. (2012). The SEMAINE database: Annotated multimodal records of emotionally coloured conversations between a person and a limited agent. *IEEE Transactions on Affective Computing,* 3(1), 5–17.

Mehu, M., & Scherer, K. (2012). A psycho–ethological approach to social signal processing. *Cognitive Processing,* 13(2), 397–414.

Nicolle, J., Rapp, V., Bailly, K., Prevost, L., & Chetouani, M. (2012). Robust continuous prediction of human emotions using multiscale dynamic cues. *Proceedings of the 14th ACM international conference on multimodal interaction* (pp. 501–508). New York, NY: ACM.

Niedenthal, P. M. (2007). Embodying emotion. [Review]. *Science,* 316(5827), 1002–1005. Available from: http://dx.doi.org/10.1126/science.1136930.

Ocumpaugh, J., Baker, R. S., & Rodrigo, M. M. T. (2012). *Baker–Rodrigo Observation Method Protocol (BROMP) 1.0. Training Manual version 1.0.* New York, NY: EdLab.

Pang, B., & Lee, L. (2008). Opinion mining and sentiment analysis. *Foundations and Trends in Information Retrieval,* 2(1–2), 1–135.

Pantic, M., & Patras, I. (2006). Dynamics of facial expression: Recognition of facial actions and their temporal segments from face profile image sequences. *IEEE Transactions on Systems, Man, and Cybernetics, Part B.,* 36(2), 433–449. Available from: http://dx.doi.org/10.1109/tsmcb.2005.859075.

Picard, R. (1997). *Affective computing.* Cambridge, MA: MIT Press.

Picard, R. (2010). Affective computing: From Laughter to IEEE. *IEEE Transactions on Affective Computing,* 1(1), 11–17.

Rayner, K. (1998). Eye movements in reading and information processing: 20 years of research. *Psychological Bulletin,* 124(3), 372–422.

Roda, C., & Thomas, J. (2006). Attention aware systems: Theories, applications, and research agenda. *Computers in Human Behavior,* 22(4), 557–587. Available from: http://dx.doi.org/10.1016/j.chb.2005.12.005.

Rosenberg, E. (1998). Levels of analysis and the organization of affect. *Review of General Psychology,* 2(3), 247–270. Available from: http://dx.doi.org/10.1037//1089–2680.2.3.247.

Russell, J. A., Bachorowski, J. A., & Fernandez-Dols, J. M. (2003). Facial and vocal expressions of emotion. *Annual Review of Psychology,* 54, 329-349.

Sano, A., & Picard, R. W. (2013). *Stress recognition using wearable sensors and mobile phones.* Washington, DC: IEEE.

Schuller, B., Valster, M., Eyben, F., Cowie, R., & Pantic, M. (2012). Avec 2012: The continuous audio/visual emotion challenge. *Proceedings of the 14th ACM international conference on Multimodal interaction* (pp. 449-456). New York, NY: ACM.

Shaw, G., & Giambra, L. (1993). Task unrelated thoughts of college students diagnosed as hyperactive in childhood. Developmental Neuropsychology, 9(1), 17-30.

Smallwood, J., Davies, J. B., Heim, D., Finnigan, F., Sudberry, M., O'onnor, R., et al. (2004). Subjective experience and the attentional lapse: Task engagement and disengagement during sustained attention. *Consciousness and Cognition,* 13(4), 657-690.

Smallwood, J., O'onnor, R. C., Sudbery, M. V., & Obonsawin, M. (2007). Mind-wandering and dysphoria. *Cognition and Emotion,* 21(4), 816-842.

Smallwood, J., & Schooler, J. W. (2015). The science of mind wandering: Empirically navigating the stream of consciousness. *Annual Review of Psychology,* 66, 487-518.

Stinson, J. N., Kavanagh, T., Yamada, J., Gill, N., & Stevens, B. (2006). Systematic review of the psychometric properties, interpretability and feasibility of self-report pain intensity measures for use in clinical trials in children and adolescents. *Pain,* 125(1), 143-157.

St. John, M., Kobus, D. A., Morrison, J. G., & Schmorrow, D. (2004). Overview of the DARPA augmented cognition technical integration experiment. *International Journal of Human-Computer Interaction,* 17(2), 131-149.

Valstar, M., Mehu, M., Jiang, B., Pantic, M., & Scherer, K. (2012). Meta-analysis of the first facial expression recognition challenge. *IEEE Transactions on Systems, Man, and Cybernetics, Part B: Cybernetics,* 42(4), 966-979.

Valstar, M., Schuller, B., Smith, K., Almaev, T., Eyben, F., & Krajewski, J. (Eds.), (2014). AVEC 2014: *3D dimensional affect and depression recognition challenge.* New York, NY: ACM.

Valstar, M., Schuller, B., Smith, K., Eyben, F., Jiang, B., & Bilakhia, S. (Eds.), (2013). AVEC 2013: *The continuous audio/visual emotion and depression recognition challenge.* New York, NY: ACM.

Vinciarelli, A., Pantic, M., & Bourlard, H. (2009). Social signal processing: Survey of an emerging domain. *Image and Vision Computing,* 27(12), 1743-1759.

Williamson, J. R., Quatieri, T. F., Helfer, B. S., Ciccarelli, G., & Mehta, D. D. (2014). Vocal and facial biomarkers of depression based on motor incoordination and timing. *Proceedings of the 4th international workshop on Audio/visual emotion challenge* (pp. 65-72). New York, NY: ACM.

Williamson, J. R., Quatieri, T. F., Helfer, B. S., Horwitz, R., Yu, B., & Mehta, D. D. (2013). Vocal biomarkers of depression based on motor incoordination. Proceedings of the 3rd ACM international workshop on Audio/visual emotion challenge (pp. 41–48). New York, NY: ACM.

Zeng, Z., Pantic, M., Roisman, G., & Huang, T. (2009). A survey of affect recognition methods: Audio, visual, and spontaneous expressions. *IEEE Transactions on Pattern Analysis and Machine Intelligence,* 31(1), 39–58.

CHAPTER

# 06

# 행동건강 관리에서 인텔리전스 모바일, 웨어러블, 엠비언트 기술

CHAPTER 06

# 행동건강 관리에서 인텔리전스 모바일, 웨어러블, 엠비언트 기술

David D. Luxton,[1,2] Jennifer D. June,[3,4] Akane Sano[5] and Timothy Bickmore[6]

## 서론

컴퓨터 기술, 감지 기술, 그리고 무선 의사소통에서의 발전으로 인해 실행되고 눈에 띄지 않게 설치할 수 있으며 행동건강 분야에서 유용하게 사용할 수 있는 도구들이 개발되었다. 스마트폰이나 태블릿 PC와 같은 모바일 장치는 행동 자료를 수집하고, 증상을 모니터링하고, 정보에 접근하고, 치료를 제공하기 위한 다용도의 플랫폼을 제공한다. 지능형 안경이나 스마트 워치와 같은, 스마트 웨어러블 기술은 생리적 자료와 행동적 자료를 바로바로 측정하고 평가할 수 있는 새로운 방법을

1) Naval Health Research Center, San Diego, CA, USA
2) Department of Psychiatry and Behavioral Sciences, University of Washington School of Medicine, Seattle, WA, USA
3) National Center for Telehealth & Technology, WA, USA
4) Department of Human Centered Design and Engineering, University of Washington, Seattle, WA, USA
5) MIT Media Lab, Massachusetts Institute of Technology, Cambridge, MA, USA
6) College of Computer and Information Science, Northeastern University, Boston, MA, USA

제시한다. 또한 집 안과 같은 공간에 내재된 감지 및 처리 기술은 상호적인 행동 개입과 치료를 제공하는 새로운 방식을 제공한다. 머신러닝(ML), 자연어 처리(NLP), 그리고 통합된 컴퓨터 감지 기술과 같은, 인공지능(AI) 방법의 결합은 이러한 도구를 "스마트"하게 만드는 데 기여한다.

이 장에서, 우리는 행동 및 정신건강 관리에 사용되는 스마트 모바일, 웨어러블, 그리고 앰비언트 기술에서 AI가 어떻게 적용되는지 소개하고자 한다. 이를 위해, 웨어러블 장치와 휴대할 수 있는 장치(예, 핸드폰과 태블릿 PC)를 지칭하는 *mHealth*(모바일 헬스)라는 용어를 사용할 것이다. mHealth 소프트웨어 애플리케이션 또는 *앱*(*apps*)은 특정한 목적을 위해 모바일 장치를 작동시키는 소프트웨어 프로그램이다. 우리는 집, 병원, 또는 공공장소와 같은 공간에 내재된 환경 안에서 다른 사람들과 상호작용하는 스마트 기술을 지칭하기 위해 *앰비언트 지능*(ambient intelligence; AmI)이라는 용어를 사용할 것이다. *유저*(*user*)라는 용어는 이러한 기술들을 사용하는 사람을 지칭한다.

먼저 mHealth의 장점에 대해 간략하게 살펴본 후 mHealth에 사용되는 주요 AI 방법과 행동 및 정신건강 관리에서의 적용 예시를 제시하고, AmI에 중점을 두어 행동건강 관리를 위한 그것의 사용법을 논의하고자 한다. 또한 설계 사용하는 데 있어서 권장해야 할 사항, 특히 이 기술을 사용하는 데 있어 사생활, 규제, 윤리적으로 고려해야 할 사항에 대해 논의하고 마지막으로 앞으로 유망한 기술에 대해 설명한 후 결론을 맺을 것이다.

## 지능형 mHealth에 대한 개관

국제 모바일 헬스 마켓 리포트 2010-2015(research2guidance, 2013)에 따르면, 건강 관리와 관련된 앱을 사용하는 스마트폰 유저(건강 관리 전문가, 소비자, 그리고 환자를 포함하여)는 전 세계적으로 대략 5억 명 정도라고 한다. 그리고 2018년까지 34억 명의 스마트폰과 태블릿 유저의 50% 이상이 mHealth 앱을 다운로드받을 것이라고 추정되었다. 의학 앱은 처방, 평가, 임상적 결정 지원, 치료 관리, 데이터 처리와 계산, 자기 관리 그리고 인터넷 학습과 같은 다양한 목적으로 활용될 수 있다(Martinez-Prez et al., 2014; Terry, 2010). 또한 특정한 행동 및 정신건강을 위한 모바일 앱의 수가 증가하고 있다. 예를 들어, 다이어트, 운동, 수면, 금연, 이완 그리고 약물복용과 같은 건강과 관련된 행동을 관리하는 데 앱이 이용될 수 있다. 이외에도 앱은 불안장애, 우울, 섭식장애와 같은 심리적 문제를 치료하고 자살을 예방하기 위한 목적으로도 사용될 수 있다(Donker et al., 2013; Luxton, McCann, Bush, Mishkind, & Reger, 2011).

mHealth 장치(예, 스마트폰, 태블릿 PC)는 건강 관리 전문가에게 임상적 의사결정과 환자치료에 도움이 되는 현장 진단 도구를 제공한다는 점에서 매우 유용하다(Martinez-Prez et al., 2014; Ventola, 2014). 그리고 도움을 필요로 하는 내담자나 환자들에게는 언제나 이용할 수 있는 자기 관리 정보와 도구(예, 자기 평가와 24시간 7일 내내 사용 가능한 치료)에 접근할 수 있는 편리하고 가성비가 좋은 플랫폼을 제공한다(Luxton et al., 2011; Luxton, Hansen, & Stanfill, 2014). 또한 건강 관리 전문가와 함께하는 라이브 채팅, SMS 개입, 일정 관리 그리고 약속 알림을 위한 플랫폼과, 비디오 원격 의료 서비스에 대한 가능성을 제시한다(Luxton et al., 2011; Luxton, Mishkind, Crumpton, Ayers, & Mysilwiec, 2012).

지능형 웨어러블의 개발 또한 점차 늘어나고 있다. 매우 인기 있는 소비자용 웨어러블은 건강 추적기나 Apple, Fitbit, Nike, 및 Jawbone과 같은 회사의 다른 유형의 스마트 웨어러블 장치이다. 웨어러블 장치를 사용하여 수집할 수 있는 자료는 생리적, 행동적, 환경적, 생물학적 그리고 자기 보고와 같이 다양하다(Chan, Esteve, Fourniels, Escriba, & Eric Campo, 2012). 이러한 자료들은 매우 빠른 샘플링을 통해 다양한 감지기에서 수집될 수 있고 다른 모바일 장치, 고정된 데스크톱 컴퓨터, 의학 센터의 자료 체계로 무선으로 전달될 수 있다. 의학 센터에서는 건강 관리 전문가가 그 자료를 검토하고 관리할 수 있다. 웨어러블 기술은 오랜 시간 동안 유저와 신체적 접촉을 가능케 하기 때문에 자료를 수집하는 동안 유저는 키보드나 터치 스크린과 같은 추가적 기기를 사용하지 않아도 된다.

유저들은 스마트 장치들을 통해 건강, 웰빙, 그리고 건강과 관련한 행동들에 대한 자료도 공유할 수 있다. 예를 들어, *자가 건강 측정*과 같은 도구가 있는데, 즉 사람들은 웨어러블 기술과 모바일 자가 추적 앱으로부터 자신에 대한 다양한 자료(예, 생리적 상태, 기분 상태, 행동 패턴, 환경 정보)를 얻고 수백만 명의 다른 사람들의 자료와 자신의 자료를 비교할 수 있다(Lupton, 2013; Wolf, 2011). 이러한 자료는 사람들로 하여금 자기 관리와 자기 성찰을 하게 하여 궁극적으로 긍정적인 변화와 개선을 촉진할 수 있다. 수집된 자료는 정량화되고 인터넷상에서 다른 사람에게 공유될 수도 있다.

## mHealth를 위한 지능형 능력

AI 기술은 mHealth 장치의 기능을 높이는 데 기여한다. 예를 들어, AI 기술은 감지기와 다른 자료 정보 기기(예, 설문지 앱)를 통해 유저의 위치나 기분과 같은 실시간 자료를 수집하고 이를 통해 유저가 무엇을 원하고 필요로 하는지 이해할 수 있게 도와준다. 특히 AI ML 방법은 유저가 뭘 선호하는지를 인식하고, 수집한 자료를 분석하여, 유저의 행동을 예측할 수 있는 방식을 제공한다. 음성 인식과 NLP는 더 자연스럽고 실감나는 상호작용 경험을 제공함으로써 사람들이 기술과 상호작용할 수 있는 방법을 개선시킨다. 가상 현실과 증강 현실(AR) 애플리케이션과 같은, AI를 이용한 다른 기술들은 모든 사람들에게 필요한 정보에 접근하고 상호적인 치료를 받을 수 있는 새로운 기회를 제공한다. 다음은 구체적으로 모바일 장치에 응용된 AI 기술과 기법에 대한 내용이다.

### 모바일 감지기(센서)

모바일 감지기는 장치에 내재되어 있거나 외부 하드디스크를 통해 장치에 부착되는데, 이는 스마트 장치가 유저와 그들의 환경적, 생리적 그리고 다른 자료를 어떻게 이용하는지를 논의하는 데 중요한 역할을 한다(모바일 감지기에 대해 더 자세히 알고 싶으면 Patel, Park, Bonato, Chan, & Rodgers(2012)를 참고하면 됨).

*움직임과 위치. 가속도계(Accelerometers)*는 걸음 수 그리고 전체 활동 수준과 상태(예, 걷기, 앉기, 층 오르기 등)와 같은 운동량을 추적하는, 모바일과 웨어러블 장치에 이용된다. 예를 들어, 수면-각성 주기 검사의 경우, 수면 연구를 하는 동안에, 수면 대 각성 패턴을 인식하기 위하여 손목에 차는 가속도계 장치를 사용할 수 있다(Ancoli-Israel et al., 2003). 모바일 위치 측정 시스템을 이용한 모바일 전 세계 위치 추적 시스템이나 위치 서비스 기능은 유저의 위치를 찾아내기 위해 사용될 수 있다. 이러한 위치 서비스 시스템은 행동건강 관리에서 유저의 소재를 추적할

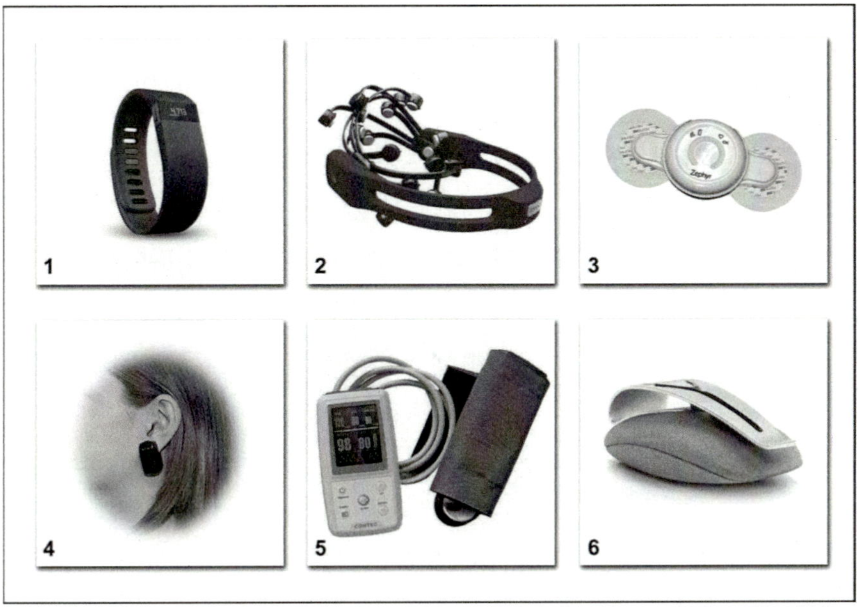


**그림 6.1**
생리적 지표를 측정하는 시중에서 판매하는 웨어러블 디바이스의 예:. (1) 활동 관리기(Fitbit), (2) EEG 감지기(Emotive), (3) EKG 감지기, (4) PPG 감지기, (5) 혈압 모니터, (6) 호흡 감지기(Spire)

필요가 있는 경우에 유용하게 사용될 수 있는데, 가령, 노출치료(예, 복잡한 곳으로 여행가기)에 참여한 치매환자의 위치를 추적함으로써, 치매환자가 길을 잃었을 때 치매환자의 위치를 알아내거나 또는 가까운 병원의 위치를 알아내는 데 사용될 수 있다(Luxton et al., 2011).

*환경적.* 현대 모바일 장치는 소리나 주변의 빛의 양과 같은 환경적 조건의 변화를 감지할 수 있다. 일부 모바일 장치는 또한 기온, 기압 그리고 습도를 탐지할 수도 있다. 예를 들어, 빛의 양을 탐지할 수 있으면 수면 연구 동안에 하루 동안의 수면 패턴을 분석하는 데 이용될 수 있다(Sano, 2014).

*생리적.* 모바일 생리적 지표를 측정하는 웨어러블 측정 기기들은 개별적으로 혹은 다른 스마트 모바일 장치에 부착되어 사용될 수 있다. 이것은 뇌전도(electroencephalogram; EEG), 심전도(electrocardiogram; ECG), 광용적맥파(photo-plethysmogram; PPG), 그리고 심탄도(ballistocardiogram; BCG) 등을 포함한다. 피부 전기 활동(Electrodermal activity; EDA)은 손목이나 발목에 착용된 감지기로 측정할

수 있다. 혈압측정밴드(blood pressure cuff)는 스마트폰에 부착하여 이용할 수 있으며, 웨어러블 장치는 장기간에 걸친 호흡을 측정하는 데 사용될 수 있다. 예를 들어, Spire는 허리 주변에 미묘한 움직임을 추적하기 위한 압력 감지기를 사용한다(그림 6.1). 가속도계, 자이로스코프,[7] 그리고 다른 감지기들 또한 호흡을 측정하는 데 사용될 수 있다(Bates et al., 2010; Hernandez, LiRehg, & Picard, 2014).

이 모든 생리 측정 장치들은 행동건강 관리와 연구에서 실용적으로 활용된다. 예를 들어, EEG는 수면 관리, 바이오피드백(biofeedback), 그리고 뇌-컴퓨터 인터페이스(BCI) 애플리케이션에 사용된다(Allison et al., 2013). EEG 기술을 사용하는 명상 앱, 게임, 장난감 또한 개발되고 상업화되었다(Venon, Dempster, & Bazanova et al., 2009). 또한 ECG는 심박 수 변동을 측정하는 데 사용되는데, 이는 행동건강 연구와 치료를 위한 실용적인 애플리케이션으로 구현될 수 있다(예, 바이오피드백)(Lehrer & Gevirtz, 2014). EDA는 정신분열증, 정서상태, 수면, 간질 그리고 스트레스와 관련한 심리사회적 연구와 임상적 애플리케이션에서 사용될 수 있다(Boucsein, 2012). Spire와 같은, 모바일 호흡 측정 장치는 바이오피드백 개입에 있어 호흡률을 관리하는 데 이용될 수 있다.

### 스마트 mHealth에서 멀티모달 감지기 기술의 적용 예시

모바일폰 감지기는 환자가 언제 지원이나 개입이 필요한지 자동적으로 탐지하는 상황 인식 mHealth 앱 체계를 개발하는 데 활용될 수 있다. 예를 들어, Burns et al.(2011)은 우울증상 관리를 위한 *Mobilyze!* 앱을 개발하고 평가하였다. 앱 체계의 개념적 모델은 그림 6.2에 제시한 바와 같다. 모바일 장치로 감지된 자료(예, GPS, 주위 밝기, 최근 통화)와 입력된 유저에 대한 자료(예, 환자의 기분, 정서, 인지 상태, 동기 상태)는 암호화된, 즉 비밀번호로 보호된 경로를 통해 여러 개의 서버에 기반을 둔 소프트웨어 구성 요소로 전달된다. ML 알고리즘은 감지된 자료로부터 미래 상태를 예측할 뿐만 아니라 쓸모없는 정보를 인식하고 버리는 유저 특정 모델을 생성하는 데 사용된다. 이러한 과정을 통해 나타난 결과는 향후 추가적인 개입이 필요한지 여부에 대한 피드백을 제공하는 데 이용될 수 있다.

---

7) 공간에서 자유로이 회전하도록 장치된 일종의 팽이. 회전의(回轉儀)라고도 불리운다. 팽이가 고속도로 회전할 때 팽이의 회전축이 항상 일정한 방향을 가리키는 성질을 이용한 장치이다.

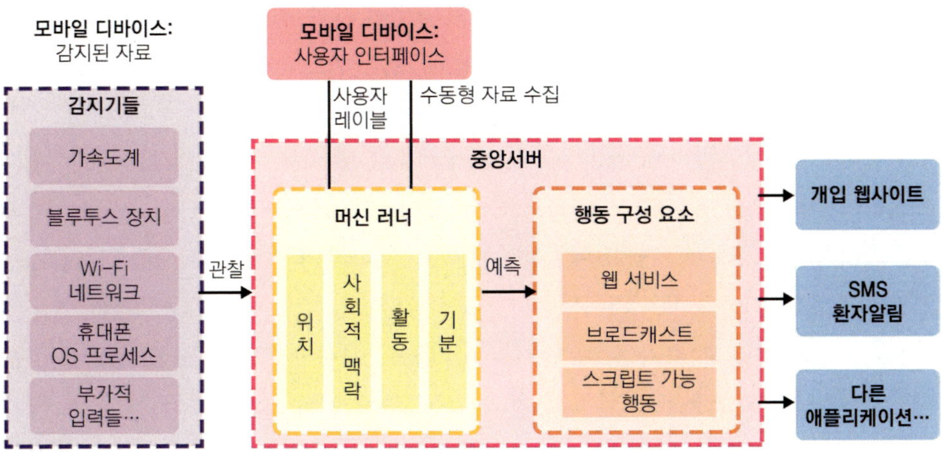


그림 6.2 Mobliyze! 앱 체계의 개념적 도표, Burns et al.(2011)의 내용을 수정함.

또 다른 예시는 MIT에서 수행된 The College Sleep Project(대학 수면 프로젝트)이다(Sano et al., 2015). 이 프로젝트의 목적은 웨어러블 장치와 휴대폰을 통해 수집한 행동적·생리적 자료가 얼마나 수면 행동, 스트레스, 정신건강 그리고 학업 수행 간의 관계를 분석하고 예측할 수 있는지 살펴보는 것이었다. 이 프로젝트는 스마트폰, 실험실 자료(예, 생체지표), 그리고 30일 동안 66명의 학부생이 응답한 설문지를 통해 다양한 유형의 자료(생리적, 행동적, 환경적, 그리고 사회적 자료)를 수집하였다. 특히 웨어러블 감지기로 EDA(스트레스 지표), 매일의 활동과 수면 활동 자료 그리고 빛 노출을 측정하였다. 또한 휴대폰 사용 내력(전화, 이메일 그리고 문자), 위치, 스크린 on/off 타이밍, 그리고 앱 사용에 대한 자료를 추출하였다. 특징 추출(feature extraction)과 ML 기술은 어떤 행동이 지각된 스트레스 수준(고/저 스트레스 수준), 수면 질, 정신건강 증상 수준 그리고 학업 수행과 연관이 있는지 예측하는 데에 이용되었다. 이 프로젝트의 초기 자료, 즉 객관적인 웨어러블 및 모바일 자료는 개인의 행동이 기분, 스트레스, GPA 그리고 정신건강에 어떤 영향을 미치는지 예측하는 데 유용할 수 있다는 점을 시사한다.

## 음성 인식과 NLP

음성 처리와 NLP는 음성 언어(verbal language)를 통해 유저와 상호작용하는 스마트폰과 같은 지능형 장치가 가능해졌다. 아마 가장 잘 알려진 모바일 장치의 음성 인식 기술의 예는 Apple의 음성 인식 서비스 *Siri*일 것이다. Siri는 미국 국방첨단과학기술 연구소(Defense Advanced Research Projects Agency; DARPA)에서 진행한 인공지능 프로그램 Personalized Assistant that Learns (PAL)의 기능 중 하나인 Cognitive Assistant that Learns and Organizes (CALO)였다. 이 프로젝트는 미국에서 가장 큰 AI 프로젝트였고(SRI, 2015), 목표는 미국 국방부에서 사용할 수 있는 AI 어시스턴트를 설계하는 것이었다(Bosker, 2013).

Siri는 음성을 탐지하기 위해 탑재된 마이크를 사용하고 그것을(예, 명령하기, 질문하기, 받아쓰기) 텍스트로 변환하기 위해 자동 음성 인식(ASR)을 사용한다. 변환된 텍스트는 "구문으로 분석된 텍스트로 번역된 후, 장치에서 자체적으로 해석된다. 만약 장치에서 자체적으로 처리할 수 없는 경우, Siri는 클라우드(웹 서비스)에서 서버와 통신하여 유저의 요청을 처리한다. 특정 요청(예, 인터넷 검색, 레스토랑에 대한 방향을 제공함)이 실행되었을 때, Siri는 유저에게 돌아가 정보를 전달하고 음성으로 반응한다. Siri는 또한 유저의 개인적인 언어 사용과 개인적인 검색(선호)에 적응하기 위해 ML 방법을 사용하고 개인화된 결과를 가져온다.

모바일 장치에서 작동하는 음성 처리 프로그램의 또 다른 예시는 Dragon Dictation(http://www.nuance.com/dragonmobileapps/)과 Microsoft의 Catana(윈도우 모바일 OS를 위한 것)이 있다. IBM 또한 NLP 체계인 *Watson*을 이용한 모바일 앱의 개발을 지원한다(Hamm, 2014).

### 정신건강에서 음성 인식 기술의 예시

Siri, Cortana, Watson에서 사용되는 음성 인식과 NLP 기술은 기술과의 상호작용을 더욱 자연스럽고 효율적으로 만들고 유저의 참여를 높일 수 있다. 예를 들어, 이 기술들은 좀 더 실감나게 유저들과 상호작용할 수 있는 가상 현실을 만들 수 있다(예, 수습 직원이나 환자와 상호작용하기 위해 설계된 가상 현실). 음성 처리 기술이 적용되는 또 다른 예는 정신건강 전문가가 메모를 전자 건강 기록 시스템(electronic health record; EHR)에 입력하는 것을 도와주는 것이다. 예를 들어, EpicCare®은 Dragon® 의학 음성 인식 기술을 이용하는 EHR 소프트웨어이다(Nuance Communication, 2008). NLP 기술의 사용은 최적의 환자 결과로 이어지고 비용을 감소시키며 더 정확하고 시기적절한 임상 기록을 가능케 할 수 있다.

또한 모바일 장치의 음성탐지 기술은 즉각적으로 시행되어야 하는 위기 개입의 도구로도 사용될 수 있다. 예를 들어, Apple의 Siri는 유저에게 필요한 지원 서비스를 연결시키는 기능을 가지고 있다. 만약 유저가 "나는 자살하기를 원해" 혹은 "자살하는 방법"과 같은 자해(self-harm)와 연관된 특정한 구문을 말한다면, Siri는 국가 자살 예방 전화번호나 유저의 동네에 있는 지원 서비스의 위치를 제공한다. 유저에게 빠르고 정확하게 반응하는 Siri의 능력은 과거에는 비판받았지만(예, 유저가 "다리에서 뛰어내림"이라고 말하면 Siri가 실제 다리로 가는 방향을 알려 줌), 최근 여러 면에서 개선되면서 지역 자살 예방 센터를 알려 주는 기능을 가지게 되었다(Stern, 2010). 아프올 앰비언트 지능형 체계가 더 진보된다면 스마트 홈 환경이나 병실과 같은 곳에서, 유저의 대화를 듣고 즉각적인 도움이 필요할 때 자동적으로 그 도움을 제공할 수 있게 될 것이다.

텍스트나 음성 입력에 반응할 수 있는 기술에는 유저의 의도를 잘못 이해할 가능성이 존재하기 때문에 주의가 필요하다. 이는 자연어의 모호성, 음성 인식의 오류(유저의 음성이 기술의 개발에 사용된 표준 모델에 맞지 않기 때문에 발생할 수 있음) 그리고 사람들이 말할 때, 세상에 대한 일반적인 지식을 이해할 때, 대화 방법에 대한 언어적 지식, 그리고 맥락과 관련한 실용적 지식 등에 대해 사람들이 만드는 수많은 가정들 때문이다. 이 같은 오류는 임상가가 접하는 정보나 훈련용 애플리케이션에서는 허용될 수 있어도, 만약 자연어 입력을 기반으로만 환자에게 조언을 하는 경우라면 심각하게 부정적인 결과를 초래할 수 있다.

### 모바일 플랫폼의 가상 인간

가상 인간은 의사소통 매체로서 시뮬레이션되고 면대면 의사소통을 사용하는 움직이는 컴퓨터 캐릭터이다. 이는 의료 서비스 제공자를 훈련시킬 때 "표준화된 환자"로서 이용되어 왔고(Deladisma, Cohen, Stevens, & Wagner, 2007; Talbot, Sagae, Bruce, & Rizzo, 2012), 동시에 자동화된 건강 교육과 건강 행동 변화 개입을 제공하기 위해 환자와 직접적으로 상호작용하는 가상의 코치, 상담가 그리고 치료사로서 광범위하게 이용되어 왔다. 가상의 인간 코치는 환자 퇴원 교육(Bickmore, Pfeifer, Byron, Forsythe, & Henault, 2010), 정신분열증을 가진 사람의 약물 복용(Bickmore,

Puskar, Schlenk, Pfeifer, & Sereika, 2010), 외래에서 환자를 대상으로 한 약물 남용 검사(Checchi et al., 2013), 유전적 위험 요인 상담(Wang, Bickmore, Bowen, Norkuans, & Campion, 2015), 파킨슨병을 가진 사람의 운동 증진(Eliis et al., 2013) 등 넓은 범위의 개입을 제공하기 위해 데스크톱 컴퓨터, 키오스크(kiosk), 그리고 웹 사이트에서 이용되어 왔다. 중요한 것은 자유로운 자연어 입력에 의존하는 환자를 위한 가상 상담자는 없다는 점이다. 대신에 이들은 모두 매우 제한된 환자 입력 양식을 사용한다.

스마트폰과 같은 모바일 장치는 건강 개입을 위한 가상 인간을 구현해 내는 데 여러모로 도움이 된다. 첫 번째, 가상 인간은 어느 시간 어느 장소에나 유저에게 조언을 제공하고 동기를 부여할 수 있다. 두 번째, 가상 인간과 유저 행동을 식별할 수 있는 감지기와 연결시키면 가상 인간은 어떤 것보다 더 먼저 조언과 도움을 제공할 수 있다. 마지막으로, 가상 인간이 환자의 개인적 경험을 더 많이 공유하고 있다는 가정하에 가상 인간은 환자와 더 가까이, 더 오랜 시간 동안 접촉할 수 있기 때문에 환자들과 신뢰할 수 있는 작업동맹 관계를 형성할 수 있다.

여기서 핵심은 가상 인간이 환자와의 시뮬레이션된 의사소통을 관리하는 대화 엔진, 움직이는 캐릭터를 나타내는 그래픽 유저 인터페이스, 가상 인간을 위한 기록되거나 합성된 음성, 의사소통의 한 부분에 기여하는 유저를 위한 입력 기제, (장기적인 개입을 위한) 지속되는 기억, 맥락 단서와 유저 행동을 자동적으로 인식하기 위한 가상 인간의 가능한 많은 감지기, 그리고 다른 정보 체계와의 가능한 인터페이스로 구성된다는 것이다.

대화 체계는 여러 틀이 존재하는데, 간단한 응답 형태부터 복잡한 계획 체계까지 다양하다(Bickmore & Giorgino, 2006). 만약 대화에서 유저의 언어가 단순하다면, 대화는 단순화될 수 있으며, 이 체계의 전체적인 신뢰도도 크게 높아질 수 있다.

가상 인간의 언어적 및 비언어적 의사소통 행동의 자동적인 생성은 가상 에이전트 커뮤니티에서 활발하게 연구되고 있는 영역이다. 가상 인간의 발화 생성은 변하지 않는 대본을 기반으로 한 반응부터, 에이전트 발화의 슬롯(slot)이 실행 시간에 채워지는 "템플릿-기반" 텍스트 생성, 다양한 단계의 AI-계획자-기반 텍스트 생성까지 그 범위가 다양하다(Reiter & Dale, 1995). 후자의 경우 음성 합성기/텍스트를 음성으로 변환하는 엔진을 사용하여 실시간에 음성을 생성시킬 필요가 있

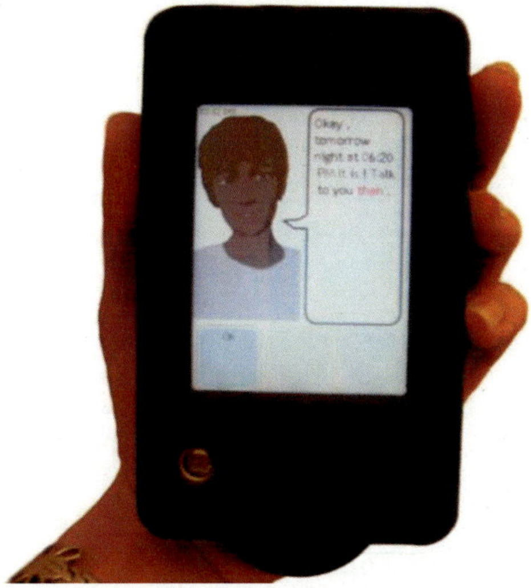

그림 6.3 모바일 디바이스에서 가상 인간의 예시
(Bickmore & Mauer, 2006)

다; 이는 기록된 음성보다는 훨씬 낫지만 유동성과 변경 가능성에서 매우 제한적일 수 있다.

한 연구는 건강 상담 애플리케이션의 더 전형적인 인터페이스와 모바일 장치에서 가상 인간을 사용하는 것을 비교하였다(Bickmore & Mauer, 2006). 이 연구에서, 모바일 장치 인터페이스의 네 가지 버전이 개발되었다(그림 6.3 참조): 일부 음성을 내면서 말풍선을 사용하는 움직이는 가상 인간(FULL); 음성을 제외하고 FULL과 같음(ANIM); ANIM과 같지만 움직이지 않는 캐릭터만 보여 줌(IMAGE); 캐릭터와 음성이 없는 인터페이스(TEXT). 참가자-내 실험 내에서 참여자들은 캐릭터와 건강 주제를 가진 버전을 사용하였고, 그 결과 FULL과 ANIM 조건은 다른 두 조건에 비해 유저의 관점에서 더 높은 작업동맹(작업동맹 검사(Horvath & Greenberg, 1989)를 사용하여 평가함)을 형성하는 것으로 나타났다.

## 모바일 플랫폼에서 가상 인간 건강 개입의 예시

최근 mHealth 기술과 개입이 폭발적으로 증가함에도 불구하고, 실제 가상 인간 인터페이스를 이용한 체계의 예는 여전히 적다. 초기의 예로 Johnson, LaBore

와 Chiu(2004)가 개발한 DESIA을 꼽을 수 있다. DESIA는 말풍선과 선택적으로 기록된 음성을 사용하고 움직이는 의사소통 에이전트가 활동하는 휴대용 컴퓨터 심리사회적 개입이다. [이 체계의] 결과에 대한 평가는 아직 보고되지 않았다.

Bickmore와 Mauer(2009)는 주로 앉아서 생활하는 유저들이 좀 더 걷고 싶어지도록 가속도계가 부착된 휴대폰용 가상의 운동 코치를 개발하였다(그림 6.3). 초기 연구에서는 이 프로그램의 효과성을 살펴보기 위해 가상의 운동 코치, 즉 에이전트가 유저가 적당한 속도로 걷는지를 감지할 수 있고 그들이 걷기를 끝내면 자동으로 그리고 적극적으로 피드백을 제공하는 조건 그리고 유저가 걷기를 시작했거나 끝냈을 때 에이전트에게 걷기를 시작 혹은 끝냈다고 알리는 조건을 비교하였다. 참가자들은 첫 번째 조건에서 자신의 행동을 더 잘 인식하고 에이전트와 친밀감을 더 높게 지각하였지만, 실제 운동량은 이 조건에서 더 낮았다(Bickmore & Mauer, 2009). 두 번째 연구는 한 치료당 1주 동안에 5가지 조건의 가상 코치를 비교하였다. 유저에게 걸을 시간이라는 것을 단순히 상기시키는 가상 코치보다, 적절한 시기에 걷기를 권유하는 코치가 많은 걸음 수/걸은 날을 초래한 것으로 나타났다(Bickmore, Gruber, Intille, & Mauer, 2006).

만성 통증을 가진 환자를 위한 마음챙김 명상과 요가(Gardiner, Hempstead, Ring, Bickmore, & Yinusa-Nyahkoon, 2013; Mccue, Gardiner, Crooks, Bickmore, & Barnett, 2015), 종양학 임상 시험을 탐색하는 암환자를 위한 도움(Bickmore, Utami, Barry, Henault, & Waite, 2013; Utami, Barry, Bickmore, & Paasche-Orlow, 2013)(그림 6.4)을 포함한, 여러 부가적인 가상 인간 건강 개입이 태블릿과 "소형" 태블릿에서 개발되고 있다.

### 모바일 장치의 증강 현실

증강 현실(AR)은 컴퓨터에서 생성된 그래픽을 라이브 영상과 중첩시킴으로써 가상 현실과 실제 세상을 결합시킨다(Caudell & Mizell, 1992; Craig, 2013). AR과 다른 AI 기능들은 스마트폰, 태블릿 컴퓨터 그리고 다른 웨어러블 장치와 같은 모바일 장치에 응용 가능하다. 예를 들어, Google's Glass(웨어러블 지능형 안경)은 웨어러블 AR 플랫폼으로서 의학적 상황에서 검증되었다(Kamphuis, Barson, Schijven, & Christoph, 2014). AR은 존재하는 환경에 기반을 둔 가상 요소들을 이용하고 또한

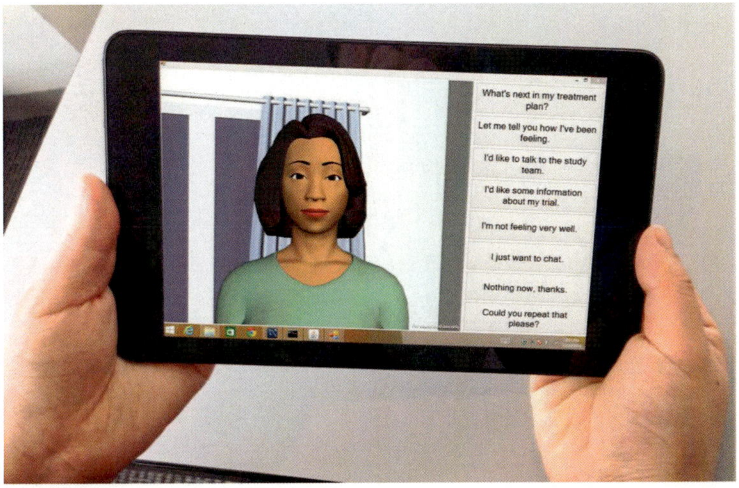


그림 6.4 암 임상 시범을 도와주는 가상 인간 지원(Bicmore et al., 2013)

가상의 표상(예, 가상의 물건이나 심지어 가상의 빈 공간)과 실제의 물리적 대상들을 중첩함으로써 실제의 물리적 대상들에 대한 지각을 억제하는 데 이용될 수 있다(Azuma, 1997; Azuma et al., 2001). AR 경험은 또한 소리, 냄새 그리고 촉각으로 확장될 수 있다(Azuma et al., 2001).

### 행동건강 관리에서 AR 적용의 예시

증강 현실 노출치료(Augmented Reality Exposure Therapy; ARET)는 장기간의 노출치료 동안에 실제 환경에서 환자의 불안을 유발하는 가상 자극을 만드는 데에 이용된다(Baus & Bouchard, 2014). 이 기술은 특히 노출치료에 적합한데 그 이유는 실제 세상에서 가상의 목표 공포 자극을 보여 줄 수 있기 때문이다. AR은 비용 효율이 높은 매체로서 특정한 공포증을 가진 개인이 그들의 공포의 대상(들)에 "안전하게" 노출될 수 있게 도와준다. 노출치료에서 모바일 AR 체계를 이용하는 것의 이득은 환자로 하여금 실제와 같은 가상 환경에서 직접 움직일 수 있게 하기 때문에 상호성과 현실주의가 높다는 점이다(Baus & Bouchard, 2014).

ARET를 평가하는 연구들은 상대적으로 적지만 점차 늘어나고 있다. 초기 연구 중 하나는 ARET를 사용하여 작은 동물(이 사례에선 바퀴벌레)에 대한 특정 공포증 치료를 평가한 Botella et al.(2005)의 연구이다. 이 연구는 단일 피험자를 대상으로 환자의 불안을 활성화시키는 가상 바퀴벌레의 능력을 증명했고 공포, 회피 그리고 파국적 사고에 대한 믿음이 효과적으로 감소했다는 것을 증명하였다. 2013년도에 Wrzesien과 그의 동료들은 작은 동물들(거미와 바퀴벌레)에 대한 특정 공포증의 치료에서 실제상황 노출치료(IVET)와 ARET를 비교하는 파일럿 연구(n=12)를 발표하였다. 이 파일럿 연구 결과에 따르면, ARET와 IVET는 둘 다 임상적으로 효과적이나, ARET 집단이 파국적 사고의 감소에서 더 효과적인 반면, IVET 집단은 회피 감소에 더 효과적인 것으로 나타났다(ARET 연구에 대한 추가적인 논평은 Baus와 Bouchard(2014)의 연구를 참조하면 됨).

## 요약

요약하자면, mHealth 기술은 건강을 개선시킬 수 있는 강력하고 비용 효율적인 방식을 제공한다. 또한 유저가 그들 자신을 편리하게 관리할 수 있는 방식을 제공한다. AI는 기술이 유저의 필요와 선호를 더 잘 알도록 만들고, 모바일 장치와 함께 유저 인터페이스를 개선하고, 실생활 관리를 촉진하고, 증거 기반 치료를 제공하는 혁신적인 방식을 제공함으로써 모바일 장치의 능력과 기능을 향상시키는 방식을 제공한다.

건강을 개선시키기 위한 mHealth의 효과성에 대한 더 많은 연구가 필요하다(Mohr, Burn, Schueller, et al., 2013). Kumar et al.(2013)에 따르면, mHealth가 건강을 개선하고 질병에 대한 부담을 감소시키는지 여전히 알 수 없으며 검증되지 않은 mHealth 기술을 섣부르게 사용하는 것은 오히려 건강에 손상을 끼칠 수도 있다. 전통적인 방법(예, 연구실 내에서의 관리(in-office care))과 비교하여, mHealth의 사용이 어떠한 효과를 가져오는지 조사하는 무선-통제 연구가 필요하다. 또한 지능형 AI 에이전트가 24시간 실행되고 접근 가능할 때 유저들이 그들과 어떻게 상호작용하는지를 이해하기 위해 모바일 장치에서 가상 인간의 이용에 대한 연구도 필요하다.

## AmI의 개관

AmI는 거주하고 있는 사람의 존재에 민감하고 반응적인 지능형 전자 환경을 의미한다(Aarts & de Ruyter, 2009; Aarts & Wichert, 2009; Vasilakos & Pedrycz, 2006). AmI는 일상에서 사용하는 물건에 감지기와 처리기를 통합한 것이다(Cook, Augusto, & Jakkula, 2009). 다양한 AI 기술을 사용함으로써, AmI는 감지기들로부터 얻은 맥락 정보를 이용하여 상호적이고, 명백하고, 예기적인 방식으로 유저의 욕구에 맞추어 환경을 변경시킨다(Acampora, Cook, Rashidi, & Vasilakos, 2013).

Acampora et al.(2013)은 AmI의 특징에 대해 다음의 목록과 기술을 제공했다:

- 맥락 인식(context aware): AmI는 맥락 정보와 상황 정보를 활용한다.
- 개인화(personalized): AmI는 각 개인의 욕구에 맞춘다.
- 예기적인: AmI는 의식적인 중재가 없는 개인의 욕구를 예측할 수 있다.
- 적응적인: AmI는 개인의 변화하는 욕구에 적응한다.
- 편재성(ubiquity): AmI는 우리의 일상생활에 적용된다.
- 투명성(transparency): AmI는 우리의 매일의 삶의 배경으로 물러나 방해가 되지 않는다.

행동 인식, 추론, 의사결정 그리고 시공간 로직 같은 AI의 진보를 이용함으로써, AmI 체계는 좀 더 민감하고, 반응적이고, 적응적이고, 어디에나 존재하게 되었다. AmI는 또한 자료 수집을 촉진하기 위한 *감지기 네트워크*, 작동 장치[8)]와 보조로봇을 만들기 위한 *로봇 공학*, 더 자연스러운 인터페이스를 만들기 위한 *인간-컴퓨터 상호작용*을 포함한 다른 관련 영역의 기술적 진보를 이용할 수 있다(Acampora et al., 2013; Pauwels, Salah, Albert, & Tavenard, 2007). ML와 Naïve Bayes Classification, dynamic Bayes network, 그리고 Markov model과 같은 통계적인 기술은 스마트 홈과 같은, 유저에 의해 수행되어진 행동을 인식하기 위한 감지기 데이터 스트림을 수학적으로 결합하고 분류하는 것을 이행할 수 있다(Liao, Fox, & Kautz, 2005; Philipose et al., 2004; Wren et al., 2006).

8) 동력을 이용하여 기계를 동작시키는 구동 장치

### 행동건강 적용을 위한 AmI의 예시

앰비언트 설득적 기술(Kaptein, Markopoulos, Ruvter, & Aarts, 2010)은 개인의 일상 환경에 내재되어 행동 변화와 생활방식 변화에 도움을 주려는 체계를 의미한다(Kaptein et al., 2010; Verbeek, 2009). 앰비언트 설득적 기술은 행동 과학과 정보 기술 분야의 융합이다(Verbeek, 2009). 앰비언트 설득적 기술의 예시는 설득적 거울(Persuasive mirror)이다(del Valle & Opalach, 2005; del Valle et al., 2006; Mattheij, Postma-Nilsenova, & Postma, 2015; Nalajima & Lehdonvirta, 2013; Nakajima, Lehdonvirta, Tokunaga, & Kimura, 2008).

del Valle와 Opalach(2005, 2006)은 겉으로는 평범한 욕실의 거울로 보이지만 실제로는 유저로 하여금 시뮬레이션된 반사 이미지나 다른 이미지를 보여 주는 임베디드 시스템인 설득적 거울을 설계했다. 이를 위해 평면 디스플레이 양쪽에 두 개의 카메라를 부착하고 거울의 반사된 이미지를 현실적으로 복제하기 위해 두 카메라로부터의 영상 스트림을 결합하는 AR 요소를 이용하였다. 진보된 얼굴 추적기(2D와 3D 얼굴 추적기 둘 다)가 활용되었고 이미지 처리 소프트웨어가 사람의 반사된 상을 시각적으로 변경하기 위해 사용되었다. 집 안에 여기저기 놓여 있거나 혹은 유저가 착용하는 감지기는 유저의 매일의 활동에 대한 자료를 수집하려는 데 그 목적이 있다.

이 체계의 전체적인 의도는 보상과 처벌, 긍정/부정 선호(유저가 좋아하거나 싫어하는 색, 모양, 구조적 특징을 사용), 정적 강화(유저들이 자신들의 목표를 달성하기 위해 얼마나 잘 하고 있는지를 유저에게 상기시키기 위한 지표)와 같은 심리학적 개념을 사용하는 것이다. 예를 들어, 거울 설득적 거울의 경우 매일의 식사량(dietary)과 운동 습관에 대한 자료에 근거하여, 살을 빼려고 사람에게 비만인 사람의 반사된 상이나 더 마른 사람의 반사된 상을 보여 준다. 또 다른 예로 금연하고 있는 사람에게 흡연하고 있는 나이 든 아픈 사람을 보여 주는 것이다.

행동 변화를 위한 설득적 거울 기술의 다른 예시는 바라는 목표를 향한 수행에 기반을 둔 이미지를 변경하는 설득적 예술 체계이다(Nakajima & Lehdonvirta, 2011). 예를 들어, 한 버전은 8,000걸음 걷기를 성공한 모습을 반영하기 위해 어리게 보이는 모나리자 상을 보여 주거나 걷기 훈련에 실패했다는 것을 나타내기 위해서 늙어 보이는 모나리자 상을 보여 준다. 다른 버전은 치과 위생(dental hygiene)을 촉진시키는 가상 수족관이다(Nakajima et al., 2008). 감지기는 유저의 칫솔에 붙어 있고 칫솔질을 측정한다. 유저가 칫솔질을 시작할 때, 수족관 안에 있는 시뮬레이션 물고기는 점점 더 생기 있게 보이고, 유저가 칫솔질을 하지 않는다면 하나하나씩 죽어 간다.

### 사물 인터넷

이 장에서 지금까지 mHealth 기술과 AmI를 별개로 논의했지만 이 기술들의 통합이 바로 미래이다. *사물 인터넷*은 유저들이 인터넷을 통해 서로 의사소통할 수 있는 모바일 컴퓨터 장치(예, 감지기)가 연결되도록 한다(Huang & Li, 2010). 각각 장치나 "사물"에는 인간과 인간 또는 인간과 컴퓨터 간의 상호작용 없이 장치 간에 독자적으로 자료가 이동되게 만드는 식별자가 공급된다(Farooq, Waseem, Khairi, & Mazher, 2015). 장치는 다양한 유형의 감지기, 모바일, 웨어러블, 가정용 기기(예, 원격 모니터링을 위해 Wi-Fi를 이용하는 세탁기/건조기) 그리고 내재된 감지기가 있는 자동차 등이 있다(Waterson, Carpaij, & Schild-Meerfield, 2015). 2020년에 IoT가 있는 장치는 거의 260억(Gartner, 2014)에서 300억 이상(ABI Research, 2013)이라 추정된다. 건강 관리 애플리케이션은 이식(예, 심장 박동기)이나 보청기, 혈압, 체중 척도, 그리고 심박 수 모니터와 등의 관리와 통제 등을 포함한다(Jara, Zamora, & Skarmeta, 2012; Rohokale et al., 2011). 또한 여러 버전의 지능형 네트워크 알약 통은 약 복용을 지원하고 촉진시키기 위해 환자의 알약 섭취를 추적하도록 개발되었다(Cressey, 2012).

## 설계 권장사항

만약 mHealth와 AmI이 사람들의 일상생활에 자연스럽게 통합되고 최소의 디자인만 맞출 수 있다면 성공적일 것이다. 그러므로 모바일 기술과 앰비언트 기술의 개발자에게 중요한 것은 이 기술들의 최적의 기능과 효과성을 보증하기 위해, 유저의 경험을 반영한 유저 중심의 설계를 하는 것이다. 또한 건강 관리 전문가와 조직들에게 중요한 것은 그들의 환자(그리고 건강 관리 제공자)가 이 기술을 사용하는 데 있어 영향을 미칠 수 있는 설계와 유용성 요인을 인지하는 것이다. 여기서 AI 방법이 행동과 정신건강 관리에 사용되기 위해 어떻게 이 기술들의 유용성과 UX를 강화시킬 수 있는지에 간략하게 논의하고자 한다.

### mHealth 설계의 고려사항

UX는 인터페이스의 형성, 배치, 시각 디자인, 글, 상표, 소리 그리고 상호작용을 포함한 모든 요소들을 고려하고 유저가 가능한 한 최고의 상호작용을 할 수 있도록 이러한 요소들을 조정한다(Albert & Tullis, 2013). 또한 UX는 특정한 물건, 체계 또는 서비스를 사용하는 것에 대한 개인의 감정도 고려한다(Albert & Tullis, 2013; Desmet, Porcelijin, & Dijk, 2007; Hassenzahl, Diefenbach, & Gritz, 2010; Norman, 2004). 가상 인간 인터페이스에 대해 몇몇 연구자들은 애플리케이션에 대한 그들의 정서적이고 관계적인 태도를 살펴보기 위해 환자가 평가한 치료적 동맹의 표준화된 측정치를 사용했다(Bickmore, Gruber, & Picard, 2005). 유용성은 의도된 유저 집단에 의해 특정화된 맥락 안에서 결정된, 주어진 생산물이나 서비스에 대한 효율성, 효과성 그리고 만족의 수준을 의미한다(ISO, 1998).

Zhang과 Adipat(2005)은 연결성 주제, 작은 스크린 크기와 최저 스크린 해상도, 제한된 처리 능력 그리고 오류를 야기할 수 있는 입력 장치의 차이(예, 더 작은 버튼) 때문에 유저의 주의가 산만해질 수 있다는 사실 등 유용성을 저해할 수 있는 디자인 관련 문제를 지적하였다. 현대 웨어러블 장치의 사례에서 유저 인터페이스의 크기는 스마트폰에서 보다 더 작을 것이고 또한 디스플레이도 부족할 것이다. 이것은 더 간단하고 편리한 상호작용을 가능케 하는 반면에, 편리성 차원에서 디자인하기 어렵다는 문제점을 야기한다.

기존의 유용성 문헌을 토대로 Harrison, Flood, 그리고 Duce(2013)는 PACMAD(모바일 애플리케이션 개발의 중심에 있는 사람; People at the Centre of Mobile Application Development) 유용성 모델을 제안하였다. 이 모델은 모바일 장치에 적용했을 때 존재하는 유용성 모델의 제한점을 다루는 데 그 목적이 있다. 이 모델은 7개의 특징이 존재한다.

- *효과성*: 유저가 얼마나 생성된 맥락 안에서 의도된 과제를 완성하였는가?
- *효율성*: 유저가 얼마나 "속도와 정확성이 요구되는" 의도된 과제를 완성하였는가?
- *만족*: 이 체계에 참여하는 동안에 유저가 얼마나 "편안함과 유쾌함(pleasantness)"을 느꼈는가?
- *학습용이성*: 유저가 얼마나 쉽게 주어진 체계에 적응하였는가?
- *기억용이성*: 만약 유저가 그것을 자주 이용하지 않았을 때 얼마나 그 체계를 작동시키는 방식을 기억하였는가?
- *오류*: 얼마나 오류 없이 체계 내에서 주어진 과제를 완성시켰는가?
- *인지적 부담*: 모바일 애플리케이션이나 웹 사이트와 같은 특정한 체계를 사용하기 위해 요구되는 유저의 정신적 노력의 총량

PACMAD 모델은 현존하는 모델을 포함하는 여러 중요한 요인으로 구성되어 있지만(예, ISO, 1998; Nielsen, 1993), 또한 인지적 부담과 관련된 요인을 강조한다. 전통적인 데스크톱 컴퓨터와 달리, 모바일 장치를 이용할 때는 유저의 환경, 청각, 시각 그리고 걷기 등으로부터 집중이 흐트러질 수 있다. 이는 유저가 멀티태스킹을 하는 데 방해가 되고 결과적으로 모바일 기술은 유저에게 인지적으로 부담이 될 수 있다. 사람들은 모바일 장치를 보는 것에 몰두하면 걷는(또는 뛰는) 것이 느려지는 경향이 있다. 진동 기반 알림을 사용하는 것이 도움이 될 수 있지만, 너무 자주 알림이 울리면 혼란스럽거나 부담이 될 수 있다.

AI 기술과 기법은 UX을 강화시킴으로서 mHealth 설계의 한계와 도전을 다루는 것을 도와줄 수 있다. 이전에 논의한 바와 같이, AI 방법이 장치와 유저 간의 상호작용을 어떻게 개선시킬 수 있는지를 보여 주는 예로 음성 인식과 NLP의 사용이 있다. 또한 AI는 장치의 자율 통제 기능에 중요한 역할을 한다. 예를 들어, AI는 유저의 환경적 맥락을 평가할 수 있고(예, 밤인지 낮인지를 결정 혹은 근접성 탐지를 기반으로 한 위치를 결정) 유저가 원하는 경우, 알림, 전화, 상기시키는 메모와 같은 기능을 포함시키거나 금지시킬 수 있다. AI는 또한 다른 기본적이지만 중요한 기능을 지원할 수 있는데, 예를 들어, 사용하지 않는 기능을 잠시 꺼두게 함으로써 배터리 수명을 보존할 수 있다. 배터리 수명과 같은 간단한 기능은 특히 환자 관리와 같은

건강 맥락에서 웨어러블 장치의 사용을 고려할 때 중요할 수 있다.

### AmI 설계 고려사항

AmI의 감지기들은 "물리적인 애플리케이션과 이용 가능한 처리 능력을 연결하는" 중요한 요소이다(Cook et al., 2009). 다양한 감지기들, 감지기 네트워크로부터 자료 입력의 복잡성, 다른 환경적 입력(예, 주변 소리) 그리고 유저가 환경 내에서 상호작용할 수 있는 많은 방식들은 AmI 설계를 어렵게 할 수 있다. Cook et al.(2009)은 AmI를 설계할 때 고려해야 할 두 가지 사항을 강조했다: *맥락 인식*과 *자연스러운 인터페이스*.

*맥락 인식*은 기술이 정보 내용과 정보 분배(distribution)의 수단을 지능적으로 관리하기 위해 현재 유저의 활동 상태와 환경의 특징을 추론하는 방법을 의미한다(Cook et al., 2009). Traynor, Xie, 그리고 Curran(2010)이 언급한 것과 같이, 맥락을 이해하는 것은 인간과 컴퓨터 간의 상호작용을 발생시키는, 급격하게 변화하고 점차적으로 다양해지는 맥락에 적응할 수 있는 미래의 진짜 지능형 환경을 만드는 데 반드시 필요한 요소이다.

*자연스러운 인터페이스*는 궁극적으로 인간과 컴퓨터가 직접적으로 상호작용할 필요가 없는 AmI의 목표을 의미한다. 하지만 일부 유저들은 유저 인터페이스에 직접적으로 자신의 욕구와 선호를 표현하기를 원한다. 예를 들어, 사용자가 쉽게 사용하고, 검색하고, 학습하기 쉬운 유저 인터페이스가 중요하다. 오랫동안 사용되고 있는 터치 패드 인터페이스 외에, AmI는 지능형 체계를 가진 더 나은 인간 상호작용(Esnaola & Smiters, 2006)을 위한 움직임 추적, 얼굴과 정서인식, 음성과 소리 처리와 같이, "인간-삶 의사소통 능력"을 포함할 수 있다(Cook et al., 2009).

포커스 그룹, 맥락 질문, 유저 검증, 참여자 설계 그리고 공동창조(co-creation) 설계와 같은 유저 중심 방식(Olivier, Xu, Monk, & Hoey, 2009; Kohler, Fueller, Matzler, & Stieger, 2011; Strmberg, Pirttil, & Ikonen, 2004)은 유저의 경험이 설계와 개발에 반영된다는 점에서 중요하다. 앰비언트 지능형 체계는 완벽하게 그리고 명백하게 유저가 경험하는 것이기 때문에, 유저가 어떻게 그 체계와 상호작용하는지에 대해 깊이 이해할 필요가 있다. 또한 연구자, 기술자 그리고 사업자들은 유저들이 그들의 일상생활에서 어떻게 이러한 기법을 사용하고 싶은지 정확하게 이해하기 위해 이 기법을 검증하고 평가할 때 유저를 포함시키는 것이 중요하다. 쉽게 개인화되고 맞춤화될 수 있으며, 매일의 삶을 향상시킬 수 있는 앰비언트 지능형 해결책은 사람들의 삶으로 통합될 수 있을 것이다(Coelho, 2012).

## 사생활, 자료 보안, 그리고 윤리적 고려사항

건강 관리 분야에서 사용하는 다른 전자 매체와 마찬가지로, mHealth와 AmI 기술을 사용하는 데 있어 여러 가지 사생활과 자료 보안 이슈가 제기된다. 만약 이 기술이 의학용으로 사용된다면 사생활과 자료 보안 문제는 미국의 건강 보험 양도 및 책임에 대한 법(Health Insurance Portability and Accountability Act; HIPAA)을 따라야 한다. 유저가 건강 관리 제공자에게 건강 정보를 전달할 때, 제공자는 자료 암호화와 다른 자료 보안 절차를 포함한 HIPAA 규칙을 따라야 한다. 이 기술은 또한 사람을 인식하는 데 사용될 수 있는 EEG와 같은 생물학적 자료를 수집하고, 저장하고, 전달할 수도 있다. mHealth와 AmI는 또한 제삼자(예, 행인, 가족 구성원)와 관련하여 프라이버시 이슈를 제기한다. 예를 들어, 모바일 카메라나 마이크의 사용은 당사자 외에 다른 사람들의 이미지나 소리를 수집할 수 있다. 스마트 홈 또한 자료 수집에 대해 알지 못하는 거주자나 손님에 대한 자료를 수집할 수 있기 때문에 사생활 침해의 위험이 있을 수 있다. AmI와 IoT(사물 인터넷)을 사용한 감지기 입력과 무선 네트워크의 다양성과 복잡성은 또한 자료 보안 면에서 어려움을 야기할 수 있다(Farooq et al., 2015).

이러한 이슈들은 개발하는 과정 중에 평가되어야 한다(예, 적절한 암호화와 다른 자료 보안 특징이 내재되었는지 등을 살펴봄). mHealth의 자료 보안 방식에 대해 더 알고 싶으면 Luxton, Kayl, & Mishkind(2012)를 참고하고, AmI에 대해 더 알고 싶으면 Friedewald, Vildjiounaite, Punie, & Wright(2007)를 참고하면 된다.

건강 관리 전문가들은 이러한 기술들을 사용하면서 의도치 않게 사생활 법을 위반하지 않기 위해 관련 법과 규정을 인지해야 한다. 소비자들 또한 이 기술들을 통해 수집된 자신의 개인적인 자료가 의도적으로 광고 목적과 같이 제삼자에게 공유될 수도 있다는 점에 대해 신중해야 한다(Luxton et al., 2011). 더욱이 제조자와 건강 관리 제공자는 미국 식품의약국(Food and Drug Administration, FDA)과 같이, 의학적 장치에서 요구되는 주의사항을 고려해야 하며 정기적으로 감독을 받아야 한다. 건강 관리 제공자는 사생활과 자료 보안에 관하여 발생할 수 있는 문제에 대해 환자들에게 알려야 하고, 예상되는 안전상의 위험에 대해 논의해야 한다.

## 결론

행동건강 관리를 위한 지능형 모바일 기술과 AmI 기술의 개발은 발전하고 있는 산업이다. AI는 시스템들의 능력과 기능을 크게 향상시킴과 동시에 시스템들이 유저의 선호나 요구에 더 적응하는 데 기여할 것이다. UX와 유저 중심 설계는 이를 최적화시키는 데 중요한 역할을 할 것이다.

이러한 기술적 진보가 앞으로 더 흥미로운 능력과 기회를 만들어 낼 것이라 기대된다. 미래 모바일 앱들은 더 큰 데이터베이스와 클라우드 컴퓨팅과 관련하여 발전하는 기술들과 더욱 통합될 것이다. 개선된 감지와 정동탐지 기술은 더 적응적인 모바일 작동 체계와 애플리케이션을 제공할 것이다. AI 알고리즘과 ML 소프트웨어는 mHealth 앱의 정확성과 효율성을 개선시켜 나갈 것이고 더욱 상호적인 앱들을 만들 것이다. Acampora와 동료들(2013)이 제안한 것처럼, 뇌 컴퓨터 인터페이스(BCI) 체계는 AmI 환경이 어떻게 확장될 수 있는지 보여 준다. 스마트 모바일 그리고 앰비언트 애플리케이션을 위한 마이크로 공학과 나노 공학을 활용한 BCI 기술은 이러한 기술들을 유저에게 좀 더 쉽게 다가갈 수 있게 할 것이다. 이와 같은 흥미로운 발전과 함께, 행동 변화와 정신건강 관리에 사용될 수 있는 모바일, 웨어러블, 앰비언트 지능형 기술이 기대된다.

# 참고문헌


Aarts, E., & de Ruyter, B. (2009). New research perspectives on ambient intelligence. *Journal of Ambient Intelligence and Smart Environments,* 1(1), 5−14.

Aarts, E., & Wichert, R. (2009). Ambient intelligence. *Technology Guide,* 244−249.

ABI Research. (2013). *More than 30 billion devices will wirelessly connect to the internet of everything in 2020.* Available from: <https://www.abiresearch.com/press/more−than−30−billion−devices−will−wirelessly−conne/.>

Acampora, G., Cook, D. J., Rashidi, P., & Vasilakos, A. V. (2013). A survey on ambient intelligence in health care. *Proceedings of the IEEE Institute of Electrical and Electronics Engineers,* 101(12), 2470−2494 Available from: http://dx.doi.org/10.1109/JPROC.2013.2262913.

Albert, W., & Tullis, T. (2013). *Measuring the user experience: Collecting, analyzing, and presenting usability metrics.* New York: Morgan Kaufmann.

Allison, B. Z., Dunne, S., Leeb, R., Del Millán, R. J., & Nijholt, A. (Eds.), (2013). *Towards Practical Brain−Computer Interfaces: Bridging the Gap from Research to Real−World Applications.* Berlin: Springer−Verlag.

Ancoli−Israel, S., Cole, R., Alessi, C., Chambers, M., Moorcroft, W., & Pollak, C. (2003). The role of actigraphy in the study of sleep and circadian rhythms. American Academy of Sleep Medicine Review Paper. *Sleep,* 26(3), 342−392.

Azuma, R., Baillot, Y., Behringer, R., Feiner, S., Julier, S., & MacIntyre, B. (2001). Recent advances in augmented reality. *Computer Graphics,* 25, 1−1510. Available from: http://dx.doi.org/10.1109/38.963459.

Azuma, R. T. (1997). A survey of augmented reality. *Presence: Teleoperators and Virtual Environments,* 6(4), 355−385.

Baus, O., & Bouchard, S. (2014). Moving from virtual reality exposure−based therapy to augmented reality exposure−based therapy: A review. *Frontiers in Human Neuroscience,* 8, 112. Available from: http://dx.doi.org/10.3389/fnhum.2014.00112.

Bickmore, T., & Giorgino, T. (2006). Health dialog systems for patients and consumers. *Journal of Biomedical Informatics,* 39(5), 556−571.

Bickmore, T., Gruber, A., Intille, S., & Mauer, D. (2006). A handheld animated advisor for physical activity promotion. In *American medical informatics association annual symposium.* Washington, DC.

Bickmore, T., Gruber, A., & Picard, R. (2005). Establishing the computer−patient working alliance in automated health behavior change interventions. *Patient Education and Counseling,* 59(1), 21−30.

Bickmore, T. & Mauer, D. (2006). Modalities for building relationships with handheld computer agents. In ACM SIGCHI *conference on human factors in computing systems* (CHI). Montreal.

Bickmore, T., & Mauer, D. (2009). Context awareness in a handheld exercise agent. *Pervasive and Mobile Computing Special Issue on Pervasive Health and Wellness,* 5, 226–235.

Bickmore, T., Pfeifer, L., Byron, D., Forsythe, S., Henault, L., Jack, B., et al. (2010). Usability of conversational agents by patients with inadequate health literacy: Evidence from two clinical trials. *Journal of Health Communication,* 15(Suppl. 2), 197–210.

Bickmore, T., Puskar, K., Schlenk, E., Pfeifer, L., & Sereika, S. (2010). Maintaining reality: Relational agents for antipsychotic medication adherence. *Interacting with Computers,* 22, 276–288.

Bickmore, T., Utami, D., Barry, B., Henault, L., Waite, K., Matsuyama, R., et al. (2013). Enabling web search for low health literacy individuals using conversational agents. Washington, DC: Health Literacy Annual Research Conference (HARC).

Bates, A., Ling, M. J., Mann, J. & Arvind, D. K. (2010). Respiratory rate and flow waveform estimation from tri–axial accelerometer data. *International Conference on Body Sensor Networks,* Singapore. Available from: http://dx.doi.org/10.1109/BSN.2010.50.

Bosker, B. (2013). SIRI RISING: The inside story of Siri's origins–and why she could overshadow the iPhone. Available from: <http://www.huffingtonpost.com/2013/01/22/siri–do–engine–apple–iphone_n_2499165.html.>

Botella, C., Juan, M., Baños, R. M., Alcañiz, M., Guillen, V., & Rey, B. (2005). Mixing realities? An application of augmented reality for the treatment of cockroach phobia. *Cyberpsychology & Behavior,* 8, 161–171. Available from: http://dx.doi.org/10.1089/cpb.2005.8.162.

Boucsein, W. (2012). *Electrodermal activity.* (2nd ed.). New York: Springer.

Burns, M. N., Bengale, M., Duffecy, J., Gergle, D., Karr, C. J., Giangrande, E., et al. (2011). Harnessing context sensing to develop a mobile intervention for depression. *Journal of Medical Internet Research,* 13, 3. Available from: http://dx.doi.org/10.2196/jmir.1838.

Caudell, T. P. & Mizell, D. W. (1992). Augmented Reality: An application of heads–up Display Technology to Manual Manufacturing Processes. *Proceedings of 1992 IEEE Hawaii International Conference on Systems Sciences* (pp. 659–669).

Chan, M., Estève,D., Fourniols, J., Escriba, C., & Eric Campo, E. (2012). Smart wearable systems: Current status and future challenges. *Artificial Intelligence in Medicine,* 56, 137–156.

Checchi, K., McNair, S., Rubin, A., Marcello, T., Bickmore, T., & Simon, S. (2013). A pilot study of a computer–based relational agent to screen for substance–use problems in primary care. *In Society for General Internal Medicine (SGIM) annual meeting.*

Coelho, V. (2012). *Creating ambient intelligence: Applications and design guidelines for the home.* Retrieved from: <http://130.216.33.163/courses/

compsci705s1c/exams/SeminarReports/SeminarReport_vcoe002.pdf.>

Cook, D. J., Augusto, J. C., & Jakkula, V. R. (2009). Ambient intelligence: Technologies, applications, and opportunities. *Pervasive and Mobile Computing,* 5(4), 277–298.

Craig, A. B. (2013). *Understanding augmented reality: Concepts and applications.* Amsterdam: Morgan Kaufmann.

Cressey, D. (2012). Say hello to intelligent pills. Nature News. Available from: <http://www.nature.com/news/say–hello–to–intelligent–pills–1.9823.>

del Valle, A. C., & Opalach, A. (2005). The persuasive mirror: Computerized persuasion for healthy living. In *Proceedings of the 11th international conference on human–computer interaction.*

del Valle, A. C., Mesnage, A. C., & Opalach, A. (2006). Intelligent home services initiative. *Gerontechnology,* 5(2), 118–120.

Deladisma, A., Cohen, M., Stevens, A., Wagner, P., Lok, B., Bernard, T., et al. (2007). Do medical students respond empathetically to a virtual patient? *American Journal of Surgery,* 193(6), 756–760.

Desmet, P. M., Porcelijn, R., & Van Dijk, M. B. (2007). Emotional design; application of a research–based design approach. *Knowledge, Technology & Policy,* 20(3), 141–155.

Donker, T., Petrie, K., Proudfoot, J., Clarke, J., Birch, M. R., & Christensen, H. (2013). Smartphones for smarter delivery of mental health programs: A systematic review. *Journal of Medical Internet Research,* 15(11), e247. Available from: http://dx.doi.org/10.2196/jmir.2791.

Ellis, T., Latham, N., DeAngelis, T., Thomas, C., Saint–Hilaire, M., & Bickmore, T. (2013). Feasibility of a virtual exercise coach to promote walking in communitydwelling persons with Parkinson disease. *American Journal of Physical Medicine and Rehabilitation,* 92(6), 472–485.

Esnaola, U., & Smithers, T. (2006). Whistling to machines. In Y. Cai, & J. Abascal (Eds.), *Ambient intelligence in everyday life* (pp. 198–226). Springer.

Farooq, M. U., Waseem, M., Khairi, A., & Mazhar, S. (2015). A critical analysis on the security concerns of internet of things (IoT). *International Journal of Computer Applications, 11(7), 1–6.*

Friedewald, M., Vildjiounaite, E., Punie, Y., & Wright, D. (2007). Privacy, identity and security in ambient intelligence: A scenario analysis. *Telematics and Informatics,* 24(1), 15–29.

Gardiner, P., Hempstead, M. B., Ring, L., Bickmore, T., Yinusa–Nyahkoon, L., Tran, H., et al. (2013). Reaching women through health information technology: The gabby preconception care system. *American Journal of Health Promotion,* 27(3S), 11–20.

Gartner. (2014). *Gartner says the internet of things will transform the data center.* Available from: <http://www.gartner.com/newsroom/id/2684616.>

Hamm, S. (2014). *Expanding the watson ecosystem with the mobile developer challenge.* Available from: <http://asmarterplanet.com/blog/2014/06/expanding–watson–ecosystem–mobiledeveloper–challenge.html.>

Harrison, R., Flood, D., & Duce, D. (2013). Usability of mobile applications:

Literature review and rationale for a new usability model. *Journal of Interaction Science,* 1(1), 1–16.

Hassenzahl, M., Diefenbach, S., & Göritz, A. (2010). Needs, affect, and interactive productsFacets of user experience. *Interacting with Computers,* 22(5), 353–362.

Hernandez, J., Li, Y., Rehg, J. M., & Picard, R.W. (2014). BioGlass: Physiological parameter estimation using a head–mounted wearable device. In *Wireless mobile communication and healthcare (Mobihealth), 2014 EAI 4th international conference on* (pp. 55–58). IEEE.

Horvath, A. O., & Greenberg, L. S. (1989). Development and validation of the working alliance inventory. *Journal of Counseling Psychology,* 36(2), 223–233. Available from: http://dx.doi.org/10.1037/0022–0167.36.2.223.

Huang, Y., & Li, G. (2010). A semantic analysis for internet of things. In 624 IEEE 2010 *international conference on intelligent computation 625 technology and automation* (pp. 336–339).

International Organization for Standardization. (1998). ISO 9241–11:1998. Available from: <http://www.iso.org/iso/catalogue_detail.htm?csnumber516883.>

Jara, A. J., Zamora, M. A., & Skarmeta, A. F. (2012). Knowledge acquisition and 627 management architecture for mobile and personal Health environments 628 based on the Internet of Things. In IEEE 2012 IEEE 11th *international 29 629 conference on trust, security and privacy in computing and 630 communications* (pp. 1811–1818).

Johnson, W., LaBore, C., & Chiu, Y. (2004). A pedagogical agent for pyschosocial intervention on a handheld computer. In *AAAI fall symposium on dialogue systems for health communication.* Washington, DC.

Kamphuis, C., Barson, E., Schijven, M., & Christoph, N. (2014). Augmented reality in medical education? *Perspectives on Medical Information,* 3(4), 300–311. Available from: http://dx.doi.org/1010.1007%2Fs40037–013–0107–7.

Kaptein, M. C., Markopoulos, P., de Ruyter, B., & Aarts, E. (2010). Persuasion in ambient intelligence. *Journal of Ambient Intelligence and Humanized Computing,* 1(1), 43–56.

Kohler, T., Fueller, J., Matzler, K., & Stieger, D. (2011). Co–creation in virtual worlds: the design of the user experience. MIS *Quarterly,* 35(3), 773–788.

Kumar, S., Nilsen, W. J., Abernethy, A., Atienza, A., Patrick, K., Pavel, M., et al. (2013). Mobile health technology evaluation: The mHealth evidence workshop. *American Journal of Preventive Medicine,* 45(2), 228–236. Available from: http://dx.doi.org/10.1016/j.amepre.2013.03.017.

Lehrer, P. M., & Gevirtz, R. (2014). Heart rate variability biofeedback: How and why does it work? *Front Psychol,* 5, 756.

Liao, L., Fox, D., & Kautz, H. (2005). Location–based activity recognition using relational Markov networks. In *Proceedings of the international joint conferences on artificial intelligence* (pp. 773–778).

Lupton, D. (2013). Quantifying the body: Monitoring and measuring health in the age of mHealth technologies. *Critical Public Health,* 23(4), 393–403. Available from: http://dx.doi.org/10.1080/09581596.2013.794931.

Luxton, D. D., Hansen, R. N., & Stanfill, K. (2014). Mobile app self–care versus in–office care for stress reduction: A cost minimization evaluation. *Journal of Telemedicine and Telecare*, 20(8), 431–435. Available from: http://dx.doi.org/10.1177/1357633X14555616.

Luxton, D. D., Kayl, R. A., & Mishkind, M. C. (2012). mHealth data security: The need for HIPAA–compliant standardization. *Telemedicine Journal & e–Health,* 18, 284–288. Available from: http://dx.doi.org/10.1089/tmj.2011.0180.

Luxton, D. D., McCann, R. A., Bush, N. E., Mishkind, M. C., & Reger, G. M. (2011). mHealth for mental health: Integrating smartphone technology in behavioral healthcare. *Professional Psychology: Research & Practice,* 42, 505–567. Available from: http://dx.doi.org/10.1037/a0024485.

Luxton, D. D., Mishkind, M. C., Crumpton, R. M., Ayers, T. D., & Mysliwiec, V. (2012). Usability and feasibility of smartphone video capabilities for telehealth care in the U.S. military. *Telemedicine Journal & e–Health,* 18, 409–412. Available from: http://dx.doi.org/10.1089/tmj.2011.0219.

Martínez–Pérez, B., de la Torre–Díez, I., López–Coronado, M., Sainz–de–Abajo, B.,Robles, M., & García–Gómez, J. M. (2014). Mobile clinical decision support systems and applications: A literature and commercial review. *Journal of Medical Systems,* 38(1), 4. Available from: http://dx.doi.org/10.1007/s10916–013–0004–y.

Mattheij, R., Postma–Nilsenová, M., & Postma, E. (2015). Mirror mirror on the wall: Is there mimicry in you all? *Journal of Ambient Intelligence and Smart Environments,* 7(2), 121–132.

Mccue, K., Gardiner, P., Crooks, D., Bickmore, T., Barnett, K., Shamekhi, A., et al. (2015). Integrative medicine group visits: A feasibility study to introduce digital tablets into a group medical visit American Public Health Association.

Mohr, D. C., Burns, M. N., Schueller, S. M., Clarke, G., & Klinkman, M. (2013). Behavioral intervention technologies: Evidence review and recommendations for future research in mental health. *General Hospital Psychiatry,* 35, 332–338.

Nakajima, T., & Lehdonvirta, V. (2011). Designing motivation using persuasive ambient mirrors. *Personal and Ubiquitous Computing,* 17(1), 1–20.

Nakajima, T., & Lehdonvirta, V. (2013). Designing motivation using persuasive ambient mirrors. Personal and Ubiquitous Computing, 17(1), 107–126.

Nakajima, T., Lehdonvirta, V., Tokunaga, E., & Kimura, H. (2008). Reflecting human behavior to motivate desirable lifestyle. In *Proceedings of the 7th ACM conference on designing interactive systems (pp. 405–414). ACM.*

*Nielsen, J. (1993) Usability engineering.* Boston, MA: Academic Press.

Norman, D. A. (2004). *Emotional design: Why we love (or hate) everyday things.* New York: Basic Books.

Nuance Communications. (2008). *Speech recognition: Accelerating the adoption of electronic medical records.* Available from: <http://www.himss.org/files/HIMSSorg/content/files/EMR_WP1208.pdf.>

Olivier, P., Xu, G., Monk, A., & Hoey, J. (2009). Ambient kitchen: Designing situated services using a high fidelity prototyping environment. In *Proceedings of the 2nd international conference on pervasive technologies related to assistive environments* (p. 47). ACM.

Patel, S., Park, H., Bonato, P., Chan, L., & Rodgers, M. (2012). A review of wearable sensors and systems with application in rehabilitation. *Journal of NeuroEngineering and Rehabilitation,* 9, 21.

Pauwels, E. J., Salah, A. A., Tavenard, R. (2007) Sensor networks for ambient intelligence, multimedia signal processing. MMSP 2007. IEEE 9th Workshop on, Vol. no., pp. 13, 16, Oct. 1–3, 2007 Available from: <http://dx.doi.org/10.1109/MMSP.2007.4412806.>

Philipose, M., Fishkin, K. P., Perkowitz, M., Patterson, D. J., Fox, D., Kautz, H., et al. (2004). Inferring activities from interactions with objects. *IEEE Pervasive Computing,* 3(4), 50–57.

Reiter, E., & Dale, R. (1995). Building applied natural language generation systems. *Natural Language Engineering,* 1(1), 1–31.

research2guidance. (2013). Mobile Health Market Report 2013–2017: The commercialization of mHealth applications (Vol. 3). Available from: <http://www.research2guidance.com/shop/index.php/mhealth–report–2.>

Rohokale, V. M., Prasad, N. R., & Prasad, R. (2011). A cooperative Internet of 655 Things(IoT) for rural healthcare monitoring and control 2011 2nd 656 international conference on wireless communication, Vehicular 657 Technology, Information Theory and Aerospace & Electronic Systems 658 Technology (Wireless VITAE) (pp. 1–6).

Sano, A. (2014). *Got sleep?: Mobile phone application to improve sleep.* Available from: <http://affect.media.mit.edu/pdfs/14.Sano–CHI.pdf.>

Sano, A., Phillips, A. J. K., Yu, A., McHill, A. W., Taylor, S., Jaques, N., et al. (2015). Classifying academic performance, sleep quality, stress level, and mental health using personality traits, wearable sensors and mobile phones. In *Proceedings of the 2015 IEEE international conference on body sensor networks.*

SRI International. (2015). Siri. <http://www.sri.com/work/timeline–innovation/timeline.php?timeline=computing–digital#!&innovation=siri.>

Stern, J. (2013). Apple's siri can be first call for users thinking of suicide. ABC News. Retrieved from: <http://abcnews.go.com/Technology/apples–siri–now–preventsuicides/story?id=19438495.>

Strömberg, H., Pirttilä, V., & Ikonen, V. (2004). Interactive scenarios–Building ubiquitous computing concepts in the spirit of participatory design. *Personal and Ubiquitous Computing,* 8(3–4), 200–207.

Talbot, T. B., Sagae, K., John, B., & Rizzo, A. A. (2012). Sorting out the virtual patient: How to exploit artificial intelligence, game technology, and sound educational practices to create engaging role–playing simulations. *International Journal of Gaming and Computer–Mediated Simulations,* 4(3), 1–19.

Terry, M. (2010). Medical apps for smartphones. *Telemedicine and e–Health,* 16(1), 17–22. Available from: http://dx.doi.org/10.1089/tmj.2010.9999.

Traynor, D., Xie, E., & Curran, K. (2010). Context–awareness in ambient intelligence. *International Journal of Ambient Computing and Intelligence* (IJACI), 2(1), 13–23. Available from: http://dx.doi.org/10.4018/jaci.2010010102.

Utami, D., Barry, B., Bickmore, T., & Paasche–Orlow, M. (2013). A conversational agent–based clinical trial search engine. In *Proceedings of the annual symposium on human–computer interaction and information retrieval* (HCIR) (pp. 3–4). Vancouver, BC, Canada.

Vasilakos, A., & Pedrycz, W. (2006). *Ambient intelligence, wireless networking, and ubiquitous computing.* Norwood, MA: Artech House, Inc.

Ventola, C. L. (2014). Mobile devices and apps for health care professionals. *Uses and Benefits,* 39(5), 356–364.

Verbeek, P. (2009). Ambient intelligence and persuasive technology: The blurring boundaries between human and technology. *Nanoethics,* 3(3), 231–242.

Vernon, D., Dempster, T., Bazanova, O., Rutterford, N., Pasqualini, M., & Andersen, S. (2009). Alpha neurofeedback training for performance enhancement: Reviewing the methodology. *Journal of Neurotherapy,* 13, 1–13.

Wang, C., Bickmore, T., Bowen, D., Norkunas, T., Campion, M., Cabral, H., et al. (2015). Acceptability and feasibility of a virtual counselor (VICKY) to collect family health histories. *Genetics in Medicine.* Available from: http://dx.doi.org/10.1038/gim.2014.198 [Epub ahead of print].

Waterson, J., Carpaij, J., & Schild–Meerfield, D. (2015). *Big data and the internet of medical things.* Available from: <www.arabhealthmagazine.com.>

Wolf, G. (2011). *What is the quantified self?* Available from: <http://quantifiedself.com/2011/03/what–is–the–quantified–self/.>

Wren, C. R., & Munguia–Tapia, E. (2006) Toward scalable activity recognition for sensor networks. In *Proc int workshop in location and context–awareness* (pp. 168–185).

Wrzesien, M., Alcañiz, M., Botella, C., Burkhardt, J.–M., Bretón–López, J., Ortega, M., et al. (2013). The therapeutic lamp: Treating small–animal phobias. IEEE *Computer Graphics and Applications,* 33, 80–86. Available from: http://dx.doi.org/10.1109/MCG.2013.12.

Zhang, D., & Adipat, B. (2005). Challenges, methodologies, and issues in the usability testing of mobile applications. *International Journal of Human–Computer Interaction,* 18(3), 293–308.

CHAPTER

07

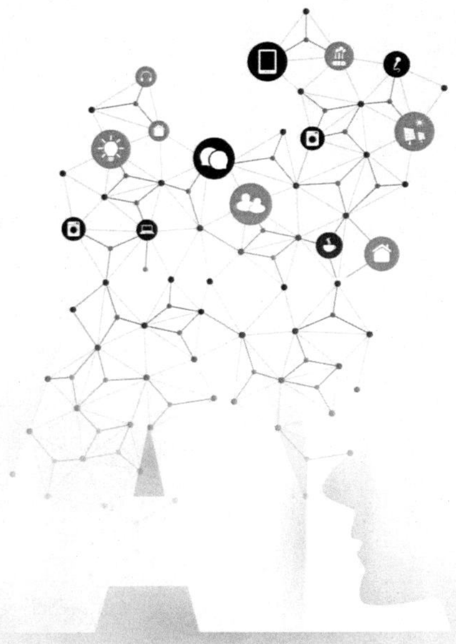

# 인공지능과 인간행동 건강 관리 모형

CHAPTER 07

# 인공지능과 인간행동건강 관리 모형

Barry G. Silverman,[1] Nancy Hanrahan,[2] Lina Huang,[3]
Emilia Flores Rabinowitz,[4] Samuel Lim[5]

## 도입

사회적 맥락에서 신체적 질병과 정신건강의 문제를 동시에 겪고 있는 복잡한 개인을 설명하는 이론적 모형을 만드는 것은 이 시대의 가장 큰 도전 과제 중 하나다. 정신질환에 대한 낙인은 다양한 연결망 속에 살아가는 개인의 온전한 통합을 저해하며 사회적 고립을 야기한다. 전통적인 수학적 회귀 모형 전략은 사회체계에서 역동적으로 발생하는 건강 패턴을 충분히 설명하기 어렵다. 여기서는 에이전트 기반 모델링과 시뮬레이션(Agent－Based Modeling and Simulation; 약자로 ABMS)에 대해 살펴볼 것이다. 에이전트 기반 모델링과 시뮬레이션은 시스템 과학, 에이전트 모델링과 시뮬레이션, 지식 관리 아키텍처(architecture; 컴퓨터 시스템의 구조) 그리고

1) Electrical and Systems Engineering, University of Pennsylvania, Philadelphia, PA, USA
2) School of Nursing, University of Pennsylvania, Philadelphia, PA, USA
3) Electrical and Systems Engineering, University of Pennsylvania, Philadelphia, PA, USA
4) School of Nursing, University of Pennsylvania, Philadelphia, PA, USA
5) Electrical and Systems Engineering, University of Pennsylvania, Philadelphia, PA, USA

도메인 이론(domain theory)을 통합하여 개인적, 조직적, 사회적 수준에서 병원 입원을 이해하는 개념이다. 신체적, 정신적 병리가 동반된 개인의 재입원율과 같은 의료적/외과적 치료 결과를 설명하는 기제가 무엇인지 파악하고자 컴퓨터 과학을 적용하였다. ABMS에 대해 이 장의 첫 절에서 개념화하고 이후 사례 연구 절에서는 ABMS의 적용을 설명하면서 사회과학적 접근이 주는 이점을 살펴볼 것이다. 끝으로 우리는 ABMS 적용의 강점과 한계점을 논의하며 결론지을 것이다.

## 배경

만성적인 질환은 장애나 죽음을 야기하며, 미국에서는 성인 인구의 거의 절반 혹은 1억 3천만 정도가 만성질환의 영향을 받고 있다(Institute of Medicine, 2012). 최근 연구는 만성질환의 치료에 드는 비용은 미국 전체 건강 관리 지출의 78%에 육박하며, 2020년까지 매년 1조 달러의 비용이 초과될 것이라고 예측한 바 있다(Institute of Medicine, 2012). 가장 높은 비용을 유발하는 만성질환을 가진 사람들은 다른 사람과 관계를 맺으면서 삶을 계획하고, 조직화하고, 기능하는 능력을 방해하는 여러 가지 신체적, 정신적 건강의 문제를 가지고 있다(Kronick, Bella, & Gilmer, 2009). 약 1,500만 명의 심각한 정신병리(Serious Mental Illness; SMI)를 가진 사람들이 미국의 1인당 의료 부조 수혜자의 상위 5%에 해당하며, 전체 의료 부조 지출의 50% 이상을 차지하고, 그 금액은 일인당 연간 43,130－80,374달러에 달한다(Coughlin, Waidmann, & Phadera, 2012). 이러한 높은 수준의 투자에도 불구하고 심각한 정신병리를 가진 사람들의 건강은 놀랍게도 썩 좋지 않다. 이들은 예방 가능한 질환을 겪는 전체 일반 인구에 비해 25년 더 일찍 사망한다(Colton & Mandersheid, 2006). 그리고 일반 인구와 비교했을 때, 심각한 정신질환을 겪는 사람들은 심장질환이나 당뇨로 사망할 가능성이 3.4배, 사고로 사망할 확률이 3.8배, 호흡기 질환으로 사망할 확률이 5배, 폐렴이나 감기로 사망할 확률이 6.6배, 에이즈 양성으로 사망할 확률이 3.8배나 더 높다.

정신건강과 의료 관리를 위한 건강 지원 시스템은 매우 복잡하고, 독립적으로 운영되며, 다른 지원 체계와 소통이 원활하지 못하며, 때론 정신건강 관리 정책이나 재정적 문제의 조정에서도 어려움을 겪는다(Druss, von Esenwein, Compton, Zhao, Leslie, 2011). 이러한 체계는 사실상 관리 체계 간의 소통을 가로막아 이를 이용하고자 하는 소비자들에게 끔찍한 일이 된다(Institute of Medicine, 2006). 심각한 정신질환을 겪는 개인에게 있어, 이렇듯 분리된 건강 관리 체계를 마주하는 것은 부담이 될 뿐 아니라 위험한 일이 될 수 있으며, 때론 증상의 악화나 재입원 같은 결과를 초래할 수 있다(Institute of Medicine, 2006). 비효율적인 건강 관리 체계의 또 다른 결과로 인해 노숙, 범죄피해, 감금, 재입원, 살해처럼 커다란 희생이 따르게 될 수도 있다(Druss et al., 2011). 한 최신의 연구에서는 심각한 정신질환을 겪고 있는 사람들이 정신병원이 아니라 감옥에 있을 가능성이 3배가량 높다고 제안한 바 있다(Bloom, 2010). 이러한 통계적 결과는 현재 가장 취약한 계층의 사람들을 돕기 위한 건강 관리 체계가 매우 비효율적이며 그들을 돕고 관리하기 위한 혁신적인 해결책이 필요하다는 것을 시사한다.

이렇듯 우리 사회의 가장 취약한 사람들의 요구를 다루려면 상호 연관된 사회적, 경제적, 정치적 체계의 복잡한 연결망이 있어야 한다. 이렇듯 복잡한 체계를 더 잘 이해하고 관리하기 위한 최선의 방법 중 하나는 컴퓨터를 통한 모델링과 시뮬레이션이다. 이 장에서 우리는 심각한 정신질환을 겪는 개인의 복잡성과 거기에 영향을 미치는 환경적 요소들을 에이전트 기반 시뮬레이션과 모델링 기술(ABMS)로 모형화할 것이다. 현재의 연구 방법이나 기술로는 우리가 제안할 연구에서 사용하는 시뮬레이션과 에이전트 기반 모델링에서처럼 개인적, 맥락적 요소의 질이나 양, 그리고 깊이를 담아내고 있는 것은 없는 상황이다. 우리가 사용할 가상의 시스템은 복잡한 환경과 사회망 속에 있는 개인의 건강에 영향을 주는 신체적 환경, 사회문화적 맥락, 동료와 가족, 대처반응, 행동, 생리학, 유전자를 포함한 삶의 전반에 걸쳐 건강에 관한 복잡한 패턴과 기제를 체계적으로 다룬다(Silverman, 2010).

에이전트 기반 모델링은 건강 관리 영역에서 이미 다양한 조직과 인사 관리 문제를 분석하는 데 사용되고 있다. 예를 들면, 병원 응급실의 성과, 다양한 자원의 할당 정책, 의사와 간호진의 의사결정 과정이 진단과 치료의 효율성에 미치는 영향 등에 관한 것이다(Cil & Mala, 2010; Sibbel & Urban, 2001; Stainsby, Taboada, & Luque, 2009). 이러한 모델은 학계에서는 꽤 연구되고 있지만 아직까지 상업적 소프트웨어 패키지로 이어지지는 않는데, 순수한 수학적 혹은 확률론적인 모델에 의존하는 경향이 있기 때문이다(Silverman, 2010). 이러한 모델은 다소 지엽적인 이슈에만 한정되고 있어서 건강 관리 체계의 조직적 구조와 공적 영역의 다른 이용 가능한 정책적 선택지 전체를 다루지 못한다.

의료 혁명은 궁극적으로 사회 정의 그리고 사회 변화와 관련 있다. 이러한 목표는 사회 문제를 야기하는 맥락에 대한 정교한 이해와 사회적 기반의 복잡성에 맞는 연구 방법과 변화 전략을 필요로 한다. 비록 많은 연구자들이 이러한 문제에 상당한 주의를 기울이고 있지만, 개인적, 조직적, 사회적 수준의 복잡하고 역동적인 관계를 이해하는 능력은, 여전히 우리의 사회가 건강 관리 지원에서 변화시키고자하는 상당한 필요성에 비하면 한참 뒤떨어지고 있다. 이후의 섹션은 에이전트 기반 모델링과 시뮬레이션(ABMS)의 개념적 토대를 설명하고, 뒤이어 병원에서의 ABMS 적용 동향과 의료적 외과적 진료 상황의 환자들에게서 나타난 결과까지 탐색할 것이다. 즉, 우리의 목표는 ABMS의 사회적 변화에 대한 설계, 수행, 평가와 관련된 개념적, 방법론적 도구에 대한 이해를 증진시키는 것이다.

### 왜 ABMS를 사용하며, 도전 과제는 무엇인가

에이전트 기반 시뮬레이션은 개인, 사회, 환경적 요소 간의 역동적 관계에 대한 관심을 포함하는 체계적 접근을 제공하기 때문에, 우리의 건강 관리 증진 모델의 접근 방식은 혁신적이라고 할 수 있다. 지난 30년이 넘는 시간 동안, 전통적인 위험 예측 모형의 변별 능력은 아주 적은 진전을 보였으며, 재입원율의 예측에 있어 동전 던지기보다 약간 높은 정도의 예측력을 확인했을 뿐이었다(Calvillo-King et al., 2013). 대부분의 전통적 위험 예측 모형은 재입원율의 *임상적 결정요인*(*clinical determinant*)에 초점을 맞춘 반면(예를 들어, 병리의 심각도, 이전의 의료 서비스 이용, 다른 질병의 동반), 전반적인 기능 상태와 관련이 있는 높은 수준의 *사회적, 환경적 요소들*은 무시했다(예를 들어, 수입, 보험 상태, 교육, 혼인 여부, 간병인 가용성, 건강 관리 접근성, 파산 경험, 범죄율, 보행 가능성, 교통수단 접근성). 전통적 위험 예측 모형은 통계적이며 큰 표본 자료의 상관에서 원인과 결과를 도출하는 회귀 모형에 의존한다. 이는 "블랙박스"[6] 모델링이며, 극단치(outlier)를 오차 항(error term)으로 남겨 둔 채 평균적인 행동을 예측하는 데 가장 적합하게 기능한다. ABMS는 건강 관리

6) 기능은 알지만 작동 원리를 이해할 수 없는 복잡한 기계 장치

체계의 높은 수준의 복잡성과 불확실성 그리고 개별 환자의 행동과 행동의 기저 과정 및 기제와 결과를 아우르는 이론이며 이 모든 것들이 어떻게 상호작용을 일으켜 새롭고 큰 영향을 지니는지를 확인하는 것이 특징이다. 이 경우, 원인과 결과는 순환적이고 역동적인 것으로 여겨진다. 피드백(feedback)과 피드포워드(feedforward)는 시간 지연, 작업 흐름(workflow; 데이터 통신에서의) 그리고 다른 복잡한 상호작용처럼 존재할 수 있다. 도전 과제는 이러한 관리 모델의 개발을 필요로 하는 여러 국가적, 공동체적, 건강 체계 자원의 데이터를 통합하는 것이라고 할 수 있다.

## 의학/정신건강 관리에서 ABMS의 역사

Brailsford, Harper, Patel 그리고 Pitt(2009)는 건강 관리 시뮬레이션에 대한 문헌들을 세 가지 주요 범주로 분류했다. 인간 신체수준, 건강 관리 조직수준, 광역 체계(system-wide)수준이다. 연구에 따르면 각각의 수준에서 적합한 수많은 모델들이 있다. Paranjape와 Sadanand(2009)가 시행한 건강 관리 영역의 ABMS 반복 연구에선 이러한 분류가 일관됨을 확인했다. Schlessinger와 Eddy(2012)가 개발한 주목할 만한 에이전트 모델인 Archemedes에선 환자의 임상적 요소와 임상적 비용 문제를 모두 활용했다. 하지만 환자의 행동적 요소는 포함시키지 못하였다. 뒤에서 설명하게 될 우리 모델은 마음-신체(mind-body), 작업 흐름(workflows), 사회적 요소를 포함하는 방식으로 Archemedes를 보완하였다.

지금까지 Brailsford 등(2009)이 정의했던 것처럼 세 가지 수준을 모두를 다루는 모델은 존재하지 않는다. 기존의 광역 체계 수준의 모델들은 거의 대부분을 건강 체계 기관 단독에만 초점을 맞출 뿐, 더 큰 사회적 문제까지 포괄하지는 않는다. 앞서 기술한 것처럼, 건강 관리 생태계(ecosystem)를 효율적으로 모델링하기 위해서는 중요한 역학 관계가 흔히 전형적인 임상적 서비스의 범위 밖에 있는 사회적 요인에 놓여 있기 때문에 모델의 구성 틀은 세 가지 수준(개인, 조직, 사회) 모두를 다뤄야만 한다.

## 다른 산업과의 시너지

지난 십 년간, 이 장의 저자인 Silverman은 미국 국무부와 미군의 중앙지능기구(Central Intelligence Agency)에서 요구하는 다층(multi-tiered) ABMS를 만들었다. 이 기관-사회 모델링(agent-society modeling) 툴은 수백 가지 정치적 사건에 적용되었으며, 이를 다양한 절차를 거쳐 해외 공동체의 지원을 필요로 하는 지휘 직원, 재건 팀, 국가별 담당 부서의 훈련과 의사결정 지원에 적용하였다. 기본적인 접근 방식은 개방형 아키텍처로, 모델의 출고 시에 가장 적합한 모델을 사용해 적합 사례 모델(the suite model)을 추가 혹은 제거하고 해당 모델에서 사용하는 데이터 입출력 방식으로 입력과 출력을 실행할 수 있는 모델 기반의 아키텍처를 표준으로 사용한다. ABMS 실험을 설계하거나, 몬테 카를로(Monte Carlo) 스타일을 구동하거나, 민감성을 탐색해 볼 수 있는 모델의 컨트롤러 또한 존재한다.

우리가 아는 한, 이들 연구자가 사용하고 있는 시스템 과학 및 인공지능 방법은 유일하게 고유한 것이다. 그들의 설계는 확장성이 뛰어나며 이전 가능하고, 수많은 제3의 시뮬레이터에서 에이전트의 행동을 유도하도록 내장시킬 수 있다. ABMS 작업 틀의 세 가지 수준은 다음 절에서 기술될 것이다.

## 다중 계층 ABMS 내 사회학적 정보 입력

우리는 두 가지 핵심적인 사회학적 이론과 다중 계층 모델링의 접근법을 설명하기 위해 일례로 병원 재입원에 영향을 미치는 사회적 요소들에 대한 종합적이고 체계적인 검토가 어떻게 이루어지는지 살펴보고자 한다.

### 안토노브스키의 살루토제네시스 모델

Antonovsky(1996)는 사람들이 어떻게 환경에 반응하는지와 스트레스에 대처하는지를 측정하는 일관성의 원리를 이 모델에 통합시켰다. 이 모델은 건강 심리학, 사회학, 유럽의 예방의학 분야에서 대처기제를 분석하는 일련의 광범위한 세팅에 유용하게 사용된다. 또한 의사결정 과학 분야와의 밀접한 관련성을 가지므로 즉

흥적 의사결정, 건강 관리 아키텍처, 정신의학적 개입의 지침이 되는 휴리스틱(heurisitic)으로 사용되기도 한다. 이 모델은 세 가지 구성 요소로 이루어져 있다. *이해 가능성(comprehensibility)* – 사건이 순차적이고 예측 가능한 방식으로 일어난다는 가정과 개인이 삶의 경험을 이해할 수 있으며 미래에 무슨 일이 일어나게 될지 추론적으로 예측할 수 있는 감각. *처리용이성(manageability)* – 개인이 기술이나 능력, 지지, 조력, 어떤 것을 관리하는 데 필수적인 자원을 가지고 있고, 그것들이 처리하기 용이하며 개인의 통제하에 있다는 가정. *유의미성(meaningfulness)* – 삶의 어떤 것은 흥미롭고 만족의 자원이 되며, 그들은 실제로 가치가 있고 무슨 일이 일어날지에 관심을 기울일 만한 이유와 목적이 존재한다는 가정. 심리적 자극을 생리학적 효과로 연결시키는 살루토제네시스 모델의 효용은 우리의 가치 나무(value trees)의 준거들에 적절한 선택지로 보이며, 이에 대해선 다음의 섹션에서 설명하고 있다. 목표는 단기적으로 메슬로우(Maslow)의 욕구 위계에 의해 가장 잘 설명될 수 있지만, 개인의 기준과 선호가 환자의 대처 방식이나 삶을 다루는 관점에 더 적절한 연관성을 가지고 있다.

### 합리적 행위 이론

합리적 행위 이론(Theory of Reasoned Action, 이하 TRA)는 개인의 행동이 그들이 어떤 행동을 하고자 하는 의도에 의해 결정되며, 이러한 의도는 다시 말해, 행동과 주관적으로 느끼는 규범(norms)을 통해 드러나는 그들 태도의 함수라고 제안한다(Fishbein & Ajzen, 1975). 행동의 가장 좋은 예측치는 의도나 기대(즉, 행동은 의도된 결과를 이끌어 낼 것이라는 가정)이다. 태도와 주관적 규범, 지각된 통제에 대한 선호가 커질수록 행동을 하고자 하는 개인의 의도가 더욱 강해진다.

### 재입원 혹은 사망에 미치는 사회적 요소의 영향력

Calvillo–King 등(2013)의 연구진이 진행한 한 연구는 경제적, 인구 통계학적 모집단 추정치를 포함하여 환자의 재입원이나 사망에 영향을 미치는 요소들에 대한 포괄적인 개관을 제시했다. 대규모의 엄격한 통계적 유의미성 검증을 통해 재입원이나 사망과의 상관 정도에 따라 요소들의 순위를 매겼다. 연구에서 분석한 요소들의 대부분은 의사결정에 간접적인 영향력만을 미쳤고, 사실상 건강에 해가 되는 행동습관 같은 인구통계학적 변인들에 영향을 받았다.

## 사회적 체계의 다층 모델링을 위한 도구

개발 과정을 살펴보면, 사회심리학적인 마음–신체의 관점에서 개인을 모델링하는 데서 출발하여, 이후 경제적–정치적–사회학적 차원으로 확장시킨 모델을 추가했다. 특히, 우리는 두 가지 유형의 모델–PMFserv와 StateSim–을 사용했는데, 이 모델들은 에이전트 수준, 조직적 수준, 사회적 수준의 모델들이다. 이러한 도구들의 자세한 내용은 Silverman, Sun, Bharathy, Weyer(출간 예정)과 Silverman, Hanarahan, Bharathy(2015)의 출간물에서 확인할 수 있다. 우리는 2011–2012년에 이 도구들을 모델링하면서 필라델피아의 정신건강 커뮤니티에 적용했다. 이 절에는 사례를 통해 모델을 간단히 소개할 것이다. 다음에 올 사례 시범적용 섹션에서는 이러한 모델을 가동시킨 결과를 보여 줄 것이다.

### 마음–신체 수준: 수행 조정 기능 서버 아키텍처(PMFserv Architecture)

기본적인 모델의 구성 단위는 신체적 욕구(생리학적 상태, 피곤, 배고픔, 상해, 소속감 등)와 마음에 대한 모형이다. Ortony, Clore, Collins(1990)는 마음은 도덕적 가치 체계를 적용하고, 관계를 형성하고, 세상을 평가하고, 자율적으로 행동 경로를 설정하는 영역이라고 언급한 바 있다. 가치 체계는 이 모든 것들을 관리하며 내적 욕구를 드러내는 정도를 통제한다. 이러한 욕구는 수행 조정 기능(performance moderator functions; PMFs)의 지배를 받는다. 수행 조정 기능은 어떻게 인간의 행동(예를 들면, 지각, 기억, 의사결정)이 단일 요인의 기능(예를 들어, 배고픔, 수면욕, 상해, 스트레스 사건, 시간 압력, 불만 등)에 따라 다양하게 나타날 수 있는지를 다루는 미시 모형(micro–model)이다. 수행 조정 기능 서버는 수행 조정 기능들을 가장 적절하게 이용할 수 있었던 수십 건의 문헌들을 수집하고 통일된 하나의 틀 내에서 그것들을 통합시킨 후에, 개인 내에서 지엽적인 의사결정이 거시적 행동(macro–behavior)을 이끌어 내는 모형을 제안했다. 수행 조정 기능 서버는 다른 모델의 작동/비작동과 새로운 것의 추가를 촉진하는 접속 아키텍처를 포함하고 있다. 예를 들어, Intel

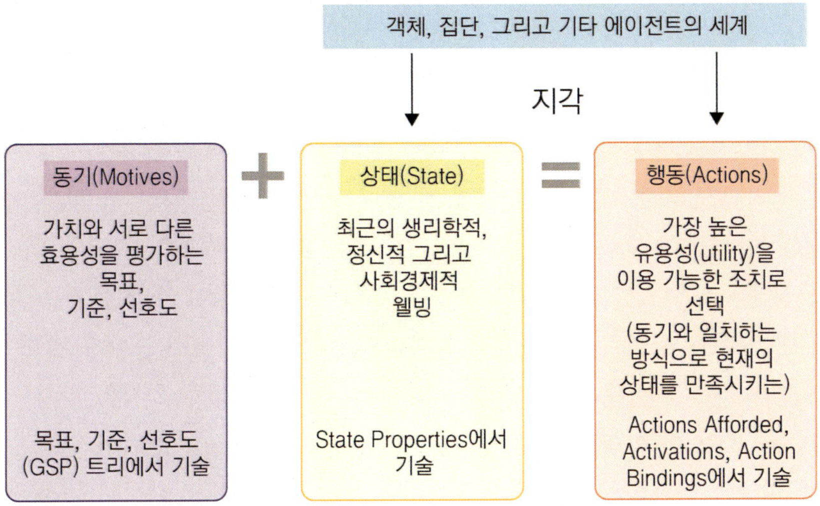


**그림 7.1** PMFserv.의 행동 체계

Agency는 수행 조정 기능 서버 내에 최신의 자료수집 방법론을 장착하는 데 도움을 주었다. 여기에 개관하기엔 너무도 많은 모델들이 있지만 몇 가지 예시를 제시해 보고자 한다.

인지적 평가 루프(loop)를 예시로 보자면, 이 모델은 대도시 환경의 다른 모집단을 검토할 수 있도록 해 준다. 이 준거 틀의 주요 요소는 동기, 상태, 행동이며 자세한 것은 그림 7.1에 요약되어 있다.

*동기*

인지적 평가의 측면에서 보면 동기는 가치 체계를 기반으로 하여 발생한다. 수행 조정 기능 서버(PMFserv)에서 목표(Goal), 기준(Standard), 선호(Preference) 트리(GSP Tree)에 따라 이러한 과정이 수행되며, 다중-속성 유용성 이론(multi-attribute utility theory)과 베이지안 확률 수학(Bayesian probability mathematics)을 근거로 한 가치 체계 내에서 구체화된다. 이러한 맥락에서, 유용성은 다양한 결과와 상황으로부터 야기되는 만족을 측정하는데, 이때 유용성은 다중-속성(multi-attribute)을 가지고 있으며, 특정 결과의 유용성을 평가할 때 고려되는 다양한 속성과 가치들을 의미한다(그래서 나무라는 개념을 사용했다). 이 경우 우리는 목표/기준/선호 트리(GSP tree)에 살루토제네시스 모형과 합리적 행동 이론으로부터 나온 요소들을 통합시켰다. 마지막으로, 베이지안 수학의 사용은 과거 선택에 대한 빈도 분포를 통해 가치 체계에서 각각의 가지에 대한 상대적 중요성을 정의할 수 있도록 했다. 각각의 가치 체계에 대한 비율의 예시는 표 7.1에 나와 있다. 우리는 '목표'를 일어나길 바라는 근시일 내의 사건으로 보았고, '기준'을 행동에 있어 사회적 도덕적으로 부과된 지침이라고 정의하였으며, '선호'는 장기간의 사건에 대한 이상적인 결과와 희망하는 세상의 상태라고 보았다. 행동을 일으키기 위해선, 한 사람이 취하는 것뿐 아니라 다른 사람이 취하게 될 수 있는 어떤 잠재적 행동의 유용성을 평가하기 위해 세 가지 차원을 평가하게 된다. 예를 들어, 표 7.1에 기술된 '부정적' 환자의 가치 체계는 무관심하거나 단기적인 만족 지향적임을 알 수 있다. 또한 에이전트의 선택이 결과에 대해 미미한 영향력을 미치게 될 것이라고 생각하며(지각된 통제감), 스스로를 대부분의 경우에 비효율적일 것이라고 가정한다(낮은 효율성). 우리는 무엇이 관련된 환자 행동의 범위를 규정할 수 있는지의 관점에서 가지를 추후에 더 확장시키고, 환자의 실제 과거력도 반영할 것이다. 우리는 개별 환자에 성격을 부여하기 위해 GSP 트리의 각 노드(node)[7]에 할당한 특정 가치관을 통해, 중요한 특성이나 페르소나를 도출할 것이다.

**표 7.1** 전형적인 부정적 환자의 가치체계 예시

| 목표 | | 기준 | | | 선호 | | |
|---|---|---|---|---|---|---|---|
| 자기존중감 | 0.20 | 동조 | 0.30 | | 수단성 | 0.50 | |
| 사랑과 소속감 | 0.20 | 만족한계 | 0.30 | | 높은 효율성 | | 0.10 |
| 생리적 목표 | 0.30 | 장기 | | 0.10 | 낮은 효율성 | | 0.90 |
| 안전 | 0.30 | 단기 | | 0.90 | 만족 | 0.50 | |
| **전체** | 1.00 | 지각된 통제 | 0.40 | | 냉담 | | 0.90 |
| | | 무관한 선택 | | 0.90 | 몰입 | | 0.10 |
| | | 지각된 통제 | | 0.10 | **전체** | 1.00 | |
| | | **전체** | 1.00 | | | | |

7) 네트워크에서 연결 포인트 혹은 데이터 전송의 종점 혹은 재분배점

*상태 특성*

안녕감(well-being)을 현재로서는 다음 세 가지 차원으로 기술한다. 즉, 생리적, 정신적, 사회경제적 상태이다. 각각의 차원은 상태 특성(state properties)이라 불리는 상태의 각기 다른 측면을 묘사하는 수많은 망(matrix)들로 구성되어 있다. 표 7.2는 최신 버전의 정신건강 환자를 나타내는 상태 특성을 보여 준다. 이러한 상태는 내부의 역동적 모형(즉, 배고픔, 스트레스, 기분)과 외부의 규칙 세트(즉, 고용 기회, 부상, 사회적 지지)에 의해 다양하게 계산된다. 어떤 상태는 초기 변인의 세트로 구성되며, 이러한 변인들은 시간이 지남에 따라 확률적으로 변화할 수 있다(예를 들어, 수입, 생활 조건, 정신증 강도).

**표 7.2 상태 특성 범주**

| 상태 특성 | 기술 |
|---|---|
| *A. 생리적 상태 특성* | |
| 피로 | 육체적 피로 수준 |
| 배고픔 | 배고픔과 영양실조 수준 |
| 스트레스 | 불안과 사회적 압력 수준 |
| 신체상의 손상 | 개인의 지속된 부상의 양 |
| *B. 정신적 상태 특성* | |
| 정신증 강도 | 편집증 및 망상의 강도 |
| 기분 | 우울 또는 분노의 수준 |
| 성격 | 스트레스를 대처하는 능력 |
| 약물 | 영향 또는 철수 수준 |
| *C. 사회경제적 상태* | |
| 근무 상태 | 취직 상태 및 경제적 지원 |
| 생활 조건 | 사는 곳과 그곳의 분위기 |
| 수입(월) | 지출할 수 있는 수입의 양 |
| 사회적 지지 | 친구와 가족으로부터 받는 지지의 양 |

### 조직적 수준: StateSim

여기에는 정부와 기관의 서비스, 경제적 조건과 안전보장 조건, 정치적 과정, 국내 상황, 외적인 영향 등 모든 중요한 기관을 포함하는 국가 영역의 모형이 해당된다. StateSim은 플러그인(plugin)[8]과 인구 모델, 경제 서비스 모델 그리고 가상의 관심 영역에 대한 공적 재화와 서비스를 할당하는 FactionSim(가상Sim)을 추가하였다. StateSim은 본래 세 가지 DARPA(Defense Advanced Research Projects Agency) 프로그램에서 제작되었다. 지금까지 StateSim은 아프가니스탄, 이라크, 팔레스타인, 아프리카, 스리랑카, 방글라데시, 태국, 한국 등(영국의 축구 훌리건이나 미국의 폭동을 포함하여)에서 국가 불안정 모델(예측)에 적용되었으며(보험, 반란, 국가 내 정치적 폭력, 억압 등), 이는 지도자와 추종자를 포함한 모든 참가자들의 미시적 의사결정으로부터 발생하는 거시적인 행위들을 포함한다. 2010년에 진행한 시범 수행에서, DARPA는 240회가 넘는 반복 수행 시에 StateSim이 80%가 넘는 정확성을 보인다고 했다. 이러한 모델은 실험에 사용하거나 지역의 불안정성에 영향을 미칠 수 있는 기관을 연구하는 데 사용할 수 있고, 이해당사자 집단과 개인의 상이한 행동 경로에 따른 1, 2, 3차 영향을 평가할 수 있다. 2011－2012년에는 군대로 확장하여, 우리는 StateSim이 1만 개 이상의 에이전트를 포함하는 모듈을 포함시킬 수 있도록 이러한 능력을 확대시켰는데, 에이전트들은 일상 속 작업 흐름의 네트워크 안에 존재했다. 또한 시공간적으로 지도자의 행동 결정 경로를 현실과 유사하게 추적할 수 있었다.

우리의 분석 목표는 비록 StateSim이 개인의 삶에 영향을 미칠 수 있는 정부나 비정부 서비스에 비해 아주 적은 정도만 영향을 줄지라도, 대도시 환경의 지역 사회에서 행동적인 건강 관리 서비스를 재현하도록 StateSim을 유용하게 만드는 데 있다(예를 들어, 경찰, 법원과 사법체계, 사설 병원, 사회적 서비스 기업, 고용 등). 즉, 의료 부조 건강 관리 서비스(Medicaid healthcare service)의 관점에서 볼 때, 개인이 병원이나 정신과 의사와 상호작용이 없는 경우에는 *전－입원 단계*(*Pre－admission*)가 된다. 정신적 안정성과 소득 수준의 상태에 따라, 개인은 규칙적으로 진료를 받거나 처방된 약을 받을 수 있다. 병원에 *입원*(*Admission*)하는 경우는 의사의 승인을

8) 메인 프로그램이 할 수 없는 업무를 실행하는 애플리케이션에 해당하는 Subprogram

필요로 하고, 의사는 상이한 여러 방법들로 접촉하게 된다. 환자를 돌보는 의료 제공자, 경찰, 가족 혹은 중요한 타인은 환자에 대한 의료진의 평가를 위해 병원에 데려갈 수 있다. 또한 개인은 병원 입원을 위해 그들 스스로 찾아갈 수도 있다. 어떤 경우에는 개인이 쉴 곳을 찾아 병원 입원을 구하거나, '세 개의 집과 하나의 요람(three hots and a cot)' 같은 시설을 찾기도 한다. 이는 *평가(Assessment)*가 대상이 되거나 혹은 환자가 필요로 하는 진료를 받도록 하는 다양한 방식으로 이어진다. 입원환자의 치료 혹은 서비스는 4개의 전형적인 범주로 구분될 수 있다: ER/집중관리 – 즉각적인 관리가 요구되는 경우; 긴급한 치료(Acute Treatment) – 긴급하며 단기의 치료가 요구되는 경우; 약간 긴급한 치료(Sub – acute Treatment) – 긴급한 치료와 만성적 치료의 사이에 해당하는 경우로 약간 긴급한 상태이며 중간 정도(medium – term)의 치료가 필요한 경우; 그리고 24시간 입원(24 – h Bed) – 환자가 음식과 취침할 곳을 제공받으며 다음 날 퇴원시키는 경우. *외래 환자(outpatient)* 단계는 재발률을 평가하는 데 있어 중요하다고 할 수 있는데, 필라델피아의 경우 재발률이 가장 높은 곳으로 알려져 있다.

이 도구의 가장 중요한 능력은 이 모델이 관심을 가지고 있는 집단과 조직의 개별적 에이전트를 포착하고 드러내서, 작업 흐름을 수행할 수 있다는 점이다. 현재 우리는 병원, 노숙자 쉼터, 감옥 등에서 근무하는 근무자들과 거주자들의 일상생활에 대한 43개의 작업 흐름을 기술했다(예를 들어, 수면과 기상, 옷을 입는 것, 약을 먹는 것, 일을 하는 것). 이러한 작업 흐름은 에이전트가 취해야 하는 행동, 작업 흐름이 이어지기 위해 반드시 수행되어야 하는 참가자의 역할, 필요한 다양한 투입자원(예를 들어, 공공시설, 공간, 약물, 공급처, 장비 등), 특정 결과물이나 결과물이 나타날 가능성 같은 일련의 절차와 관련이 있다.

### 사회적 수준: StateSim

수행 조정 기능 서버(PMFserv) 수준에는 공동체에 대한 관심사(즉, 국가, 국가 – 하위 체계, 지역과 이웃)가 포함되고 수행 조정 기능 서버의 에이전트가 수행할 수 있는 역할이 포함된 사회적, 조직적 모델이 추가되었다. 공군 과학연구소(AFOSR)에서 승인받아 3년간 개발된 가상Sim(FactionSim)은 사회학(사회 변천, 지도자 – 추종자 이론, 사회 통합, 사회적 규범 등)과 정치경제학(발달경제학)으로부터 인정받는 수많은 과학적 이론을 포함하여 기능을 수행한다. 이를 지역 영역에 적용하기 위해, 이웃이라는 요소 그리고 집, 사회, 직업적 삶에서의 활동, 공공 기관의 역할, 공적/사적 재화와 용역이라는 요소들을 추가했다.

우리는 이웃의 이슈, 삶의 방식(주거 환경, 안정성, 지지 기반), 수입, 지출을 모델링하기 위해 해당 기술을 ABMS(에이전트 기반 모델링과 시뮬레이션)에 적용했다.

우리가 실시했던 도시 공동체의 정신건강 사례 연구에서, 우리는 집단을 임상적 통합 모형에서 흔히 사용되는 4분위 모형에 따라 조직화했다(Bartel, 2004). 집단은 1사분위: 낮은 정신건강 문제와 낮은 신체적 건강 문제, 2사분위: 높은 정신건강 문제와 낮은 신체건강 문제, 3사분위: 낮은 정신건강 문제와 높은 신체건강 문제, 4사분위: 높은 정신건강 문제와 높은 신체건강 문제로 범주화되었다. 즉, 1사분위와 2사분위에 해당하는 사람들은 적은 의료적/정신적 건강 문제를 호소하는 양호한 기능 상태이고, 대조적으로 신체적 건강 문제로 인해 더 심각한 기능적 한계를 가진 사람들은 높은 정신건강 문제가 뒤따르는 경우가 많고(3사분위), 정신적 건강 문제로 더 심각한 기능적 한계를 가진 사람들은 높은 신체적 건강 문제가 공병하는 경우가 많다(4사분위). 3사분위와 4사분위로 분류되는 개인은 종종 가난, 실업, 불안정한 주거환경으로 인해 주로 사회적 지원을 필요로 하는 경우가 많다. 이러한 사람들은 종종 의료 부조 혹은 정신건강 부조 혹은 모두에 가입되어 있다. 심각한 정신병리(SMI)나 의료적 문제가 공병하는 사람들은 공공 건강 행정에 있어 가장 복잡한 사회적 문제 중 하나에 해당한다. Druss와 다른 연구자들은(2012) 심각한 정신병리를 가진 사람들의 2/3가 적절한 시기에 신체적 혹은 정신적 건강 관리 문제에 접근하지 못하며 적절한 치료 역시 받지 못함을 시사한 바 있다.

웰빙(well-being)의 원인과 결과는 사회적-문화적-기술적 조건의 복잡한 연결망과 엮여 있으며 인간의 의사결정과 관련 있다. 가령, 4분위 중 한 집단에 속하는 것은 그 집단에 속하는 사람의 수행 능력에 대한 기대 같은 사회적 규범을 형성한다. 하지만 행동은 다른 수많은 요인들에 의해 조절된다. 예를 들어, 그들이 가족의 지지를 받고 있고 안전한 곳에 거주하고 있다면 어떨까? 혹은 그들의 체크카드나 약품을 빼앗기는 것과 같은 괴롭힘을 당할 수 있는 위험한 이웃들과 함께 살고 있거나, 마약 판매상에 노출되기 쉬워 약물에 의존하게 된다면 어떠한가? 에이전트의 국가 특성은 이와 같은 다른 다양한 요소들까지 포함하고 표현할 수 있게 된다:

각 4분위 내 질병 수준의 위험성, 연령, 수입, 성별, 인종, 이주(이민) 상태, 사회적 지지 체계, 사회적 계급.

## 정신건강 모델링 ABMS 적용에서 데이터와 개인 정보 보호의 제약

지금까지 다룬 내용은 에이전트 기반의 모델을 설계하는 데 필요한 자료에 관한 것이었다. 분석에 용이한 자료를 얻는 데에는 수많은 도전 과제가 있다. 연방 정부의 건강 보험 제도(HIPAA; Health Insurance Portability and Accountability Act)는 개인적인 건강 정보를 보호하고 연구자들에게 자료를 양도하기 이전에 자료들의 익명화를 요구한다. 익명화 과정은 연도를 제외한 입원과 퇴원 일자에 대한 날짜 관련 요인뿐 아니라 도시, 군, 구를 포함한 지리학적 정보 등 18가지 식별 요인을 제거해야 한다. 에이전트 기반 모형의 장점은 개인의 지역 환경에 대한 시뮬레이션을 할 수 있다는 점이다. 익명화된 자료가 사용된 모형은 지리학적 정보 체계(GIS; geographic information system)를 통한 자료들 간의 사실적인 관련성을 파악할 수 없고, 결국 자료들의 가치는 한계를 지니게 된다.

자료의 이용 가능성은 에이전트 기반 모델링에 또 다른 도전 과제를 제시한다. 우리가 개발한 모델의 경우, 재입원 기록을 오직 요약된 수준으로만 활용할 수 있었고, 이에 따라 모델의 결과를 비교하기 위한 회귀 분석의 수행에 차질을 빚었다. 공병이나 일상생활 수행 능력, 사회경제적 지위, 환경과 지지 기반 같은 재입원과 관련한 가장 큰 위험 요인들은 공적으로 이용 가능한 자료 세트에서는 사용할 수 없었다.

아래에는 연구자들이 이러한 도전들을 극복할 수 있는 몇 가지 방법을 검토하고 국가적/지역적 자원으로부터 이용 가능한 자료들을 활용하는 방법을 제시할 것이다.

### 국가 수준의 자료원

정신건강을 위해 마련된 몇 가지 국가 단위의 자료원이 있다. 아래의 두 데이터 세트는 정신건강 연구자들에게 있어 가장 포괄적인 정보원이 될 수 있다.

### 약물 사용과 건강에 대한 국가조사

물질 남용과 정신건강 서비스 행정처(Substance Abuse and Mental Health Services Administration; SAMHSA)와 미국 건강과 인적 자원 서비스 부서에서 지원한 이 조사는 불법 약물, 알코올의 사용과 정신건강에 대한 주요 자료원이다. 이 조사는 12세 이상의 시민들을 대상으로 하였다. 노숙자, 현역 복무 군인, 감옥이나 병원 같은 기관의 집단으로 거주하고 있는 사람들은 제외되었다. 2013년에 진행된 조사에서, 160,320가구가 스크리닝되었고 약 67,500번의 인터뷰가 진행되었다. 모든 자료는 익명으로 기록되었다(Unite States Department of Health and Human Services Substance Abuse and Mental Health Services Administration Center for Behavioral Health Statistics, and Quality, 2014). 우리의 연구는 2012년 조사 자료로부터 나온 심각한 정신병리와 관련한 기능적 상태와 안전성을 다루고 있는 NSDUH의 자료 세트를 통해 측정하였다(자세한 것은 예시 섹션에 기재되어 있다).

### 지역 수준의 자료원

국가적 수준의 자료에는 에이전트 기반의 구조화, 특히 심각한 정신병리를 포함하는 모델을 구성하는 데 필요한 모든 자료가 제시되어 있지 않다. 다른 잠재적 자료들은 지역 건강 체계의 데이터베이스에서 나올 수 있다. 하지만 개인 정보 보호와 HIPAA의 통제로 인해, 이러한 자료를 모델링하는 데 있어 마찬가지로 유용성의 한계를 가진다. 아래의 예시를 생각해 보라.

### 펜 정보 창고

펜실베이니아 대학의 건강 시스템은 임상적인 내용을 포함하고 있는 자료들로 구성된 정보 창고를 관리하고 있다. 환자의 인구 통계학적 정보, 내방 횟수, 진단과 절차, 병력에 대한 자료는 익명화된 형태로 이용이 가능하다. Hanrahan 등의 연구자가 진행한 최근의 연구는 재입원에 미치는 모든 원인들에 대한 심각한 정신병리의 영향력을 확인하기 위해 상기된 자료들을 이용하였다. 위의 저자들은 12개월의 입원 기간 동안의 기록과 정신병적 진단이 공병된 환자들을 이용하여 심각한 정신병리 변인들을 구성했다. 마지막 표본에는 70,858명의 심각한 정신병리가 아닌 환자군과 3,221명의 심각한 정신병리 환자군이 포함되었다. 이 자료는 심각한 정신병리 대 심각한 정신병리가 아닌 환자군의 재입원에서의 차이를 확인하는 데 유용했고, 사례에서 언급한 통계적 자료의 근간이 되었다. 하지만 익명화되었기 때문에 앞서 살펴본 국가적 자료 세트의 심각한 정신병리를 가진 개인에 대한 이용 가능한 자료들과 이들 환자 자료를 통합하기는 어려웠다.

### 미국 인구조사와 지리학적 정보 체계의 자료

2010년 미국 인구조사국의 자료를 사용할 수 있다. 지역 코드화(Geocoded)된 자료는 익명화된 자료들과 직접적으로 매치될 수 없기 때문에, 잠정적으로 익명화된 환자들이 살고 있을 법한 지역구와 블록 그룹(block group)[9)]에 추론적으로 접근해야만 한다. 이를 GeoLytics라고 하며, 미국 인구조사국의 자료를 재구성한 것이다(10년 단위의 인구조사, 연간 미국 공동체 조사, ACS 등). GeoLytics로부터 얻을 수 있는 블록 그룹 수준의 자료는 2010년의 인구조사 자료, 2010－2011년도의 미국 공동체 조사 자료(ACS)가 포함되어 있다. 수많은 작업과 노력으로 수입, 인종, 모집단 인구, 기근, 나이, 성별, 직업, 언어적 고립, 이주 여부, 노동 참여 강도, 주거 유형, 소비, 교육 수준, 영어 사용의 능숙함, 건강 보험 보급 여부, 일을 위해 집을 떠나 있는 시간, 이동 시간, 가난 상태, 학업 참여 및 학교의 유형, 사회 보장 연금, 출장, 기관, 가구주의 부재 비율, 대출 상태 같은 자료의 구성 요소들로부터 블록 내의 평균을 계산하는 것이 가능해졌다. 이러한 정보들의 요약된 통계치는 심각한 정신병리 대 심각한 정신병리가 아닌 개인의 재입원율에 대한 주거 환경, 사회경제적 지위, 이웃 관계 등이 미치는 영향력을 이해하기 위한 과정으로 지역 내 환자의 자료와 연관시킬 수 있다.

## 시범 적용

이 절에서 우리는 하나의 사례를 제시할 것이다. 이러한 사례 적용의 목적은

9) 인구조사를 위해 도로 구획이나 자연적인 지형을 이용해 설정한 경계선의 범위

심각한 정신병리가 없는 환자들과 비교했을 때, 심각한 정신병리를 가진 환자들의 재입원 비율에 영향을 미치는 요소들을 살펴보는 데 있다. 국가와 지역 자료 세트 사이의 불연속 지점을 잇기 위해, 익명화된 환자들의 자료를 식별화하여 자료에 통합시켰다. 심각한 정신병리를 가진 모집단과 심각한 정신병리를 가지지 않은 모집단에서 각기 자료를 추출하였다. 우리는 세 도시의 병원으로부터 환자들의 인구통계학적 정보와 임상적 자료를 추출하기 위해, 2011년부터 2013년까지의 펜실베이니아 대학의 병원 체계 자료 세트를 이용했다. 우리는 이러한 자료들을 토대로 74,079명의 환자들을 심각한 정신병리의 유무에 따라 비교하여 재입원의 패턴에 대해 연구하였다(SMI, n=3,230, no SMI, n=71,080).

국가 데이터 세트는 이러한 표본의 행동과 의도를 이해하는 데 도움이 된다. 우리는 NSDUH 데이터 세트의 두 변인으로부터 원형 모델을 만들었고, MHSUITRY(자살 시도)와 모델의 안정성을 위해 세계건강기구 장애평가계획(WHODAS)을 이용한 이진법 변인인 WHODASC2을 사용했다(이는 인지, 유동성, 자기 관리, 안녕감, 삶의 활동, 참여를 포함한 기능의 여섯 가지 영역을 포함하고 있다). 우리는 이것을 안정성과 수단성을 위한 대리 지표로 사용하는데, 이는 각각 에이전트의 동기적 구조 내의 목표와 선호 범주를 나타낸다(표 7.1). 이러한 데이터베이스는 두 표본 집단(SMI 혹은 no SMI) 각각에 두 가지 상이한 확률 분포를 제공한다. 모델의 각 층에 투입된 자료는 아래에 개인적, 조직적, 모집단 수준에 따라 요약되어 있다.

### 에이전트/개인적 모델링

생활양식에 대한 프로파일이나 규칙 준수 행동들에 대한 모델링을 통해 환자가 집에 머물러도 되는지, 병원에 입원해야 하는지 혹은 퇴원 또는 환자가 30일 이내에 재입원하지 않을 수 있는 상황으로 시뮬레이션된 “NoReadmit30” 조치가 취해질지가 예측된다. TRA(합리적 행위 이론)에 따르면, 약물, 식이요법, 운동에 대한 결정이 제대로 관리되지 않는다면 개인은 병원으로 돌아가게 될 위험성이 높다. 가령, 환자가 상대적으로 단기적인 목표를 지니고 치료에 대한 몰입이 낮은 수준을 보였다면(표 7.1) 높은 재입원의 위험을 가지게 될 수 있다. 앞서 언급된 것처럼, 우리는 NSDUH을 기반으로 하여 안정성과 규칙 준수에 대한 확률 분포를 추정할 수 있었고 이 모델을 두 가지 타입의 표본에 적용시킬 수 있었다.

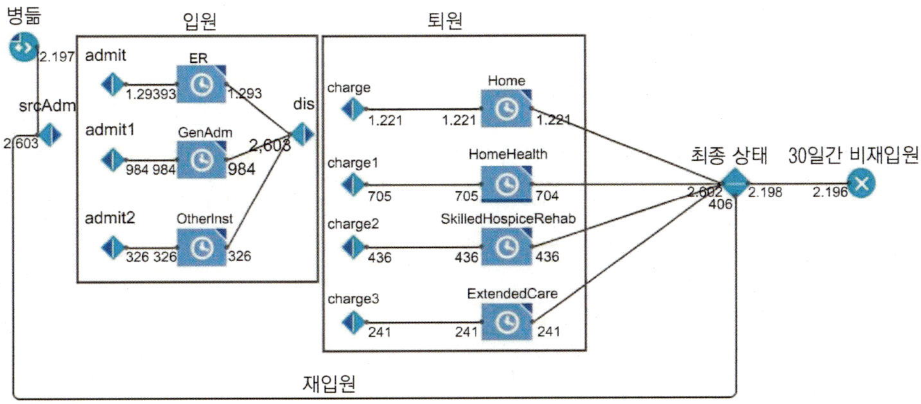


그림 7.2 환자의 일상활동과 건강 행동에 대한 고차원 조망

## 조직 수준 모델링

이 모델의 조직적 수준은 앞서 기술했던 것처럼 별개 사건들의 과정인 작업 흐름 도표(workflow diagram)에 의해 진행된다(그림 7.2). 다음은 기재된 일련의 과정을 따라 진행된다. (i) 응급실, 일반 입원, 혹은 타 기관을 통해 병원에 입원하는 것, (ii) 퇴원, 요양시설을 갖춘 가정, 숙련된 간호, 호스피스, 재활 시설 혹은 간병인이 있는 가정으로의 퇴원 (iii) 센터를 퇴원한 이후나 집에서 거주한 지 30일이 넘은 이후에 시스템(NoReadmit30)을 떠나거나 재입원하는 것이다. 시간의 흐름은 각각의 노드를 따라 표현되고, 다른 단계 중 어떤 하나가 될 가능성은 세 지역 병원의 데이터로부터 추론한 통계치에 일치하는 빈도나 확률 분포를 통해 확인된다. 예를 들어, 응급실, 일반 입원, 타 기관을 통한 병원에의 입원은 이러한 분포에 따라 달라진다. 응급실을 통한 입원은 심각한 정신병리로 인해 입원하는 환자가 61.52%로 가장 크고, 반면 일반 입원의 경우 심각한 정신병리가 아닌 환자가 48.42%로, 이들의 주요 입원 경로라고 할 수 있다. 이처럼 병원이나 다른 관리 시설에 입원한 기간과 퇴원의 결정은 유사한 분포를 따른다. 이 모델의 차후 버전에는 모델 사용자의 정보 입력을 통한 결정 범주 정보를 탑재할 수 있고, 그렇게 된다면 모델은 에이전트의 사회경제적 지위, 나이, 병리의 심각성, 공병, 기능 수준, 환경과 같은 모수치를 기반으로 삼을 수 있을 것이다.

### 모집단 모델링

마지막으로 모집단 수준에서는 재입원에 있어 중요한 통계치들을 나타내는 개인적 조직적 수준의 층을 통합시켰다. 여기에는 재입원이나 병원 내방에 취약한 사람들의 비율, 심각한 정신병리 여부에 따른 30일 이내 재입원하게 될 환자의 비율, 개인의 재입원에 대한 평균 추정치 같은 것들이 포함되어 있다. 그림 7.3의 그래프 a는 시뮬레이션 당시에 입원하지 않고 집에 거주하는 환자들의 비율을 보여 주고, 따라서 재입원 가능성을 병원에 있는 모집단의 비율과 비교할 수 있다. 그림 7.3의 b에 나타난 것처럼, 심각한 정신병리 유무에 따른 에이전트의 재입원 비율에 대한 모델링의 결과는 각각 17%와 11%로 각 그룹의 재입원율 평균을 나타낸다. 모집단 분포에 대한 적절한 개인 수준의 자료가 주어진다면, 모델은 재입원한 개인에 대한 일반화가 가능할 것이다. 이에 대한 설명은 다음의 그래프와 함께 설명할 수 있다.

그림 7.3의 c와 d는 각각 에이전트의 재입원 여부에 따른 안정성과 수단성에 대한 정도를 나타낸다. 예를 들어, 2,608명의 환자(412명의 재입원 환자를 포함한)를 대상으로 한 시뮬레이션 실행은 재입원 환자의 기능 수준(WHODAS 점수로)을 10.15, 재입원하지 않은 환자의 기능 수준은 8.81로 나타냈으며 차이는 .03 수준에서 유의미했다(그림 7.3을 보라). 따라서 이 모델은 기능 수준과 재입원 가능성에 따라 환자의 통계치가 얼마나 다르게 나타나는지를 보여 준다. 게다가 가난(의료 부조 상태를 사용해 측정하였다) 같은 특정한 특성은 환자의 심각한 정신병리 상태에 상관이 있을 수 있기 때문에, 이러한 특징이 재입원과 상관이 있는지 여부를 예측할 수 있다. 시뮬레이션 과정을 담아낸 그림 7.3의 그래프들은 이전에 사용했던 통계 방법으로는 알 수 없었던 입원 과정과 시간 흐름의 통계적 상관에 대한 통찰을 제공할 수 있다.

중요한 한계점은 이 모델에 사용되었던 데이터들이 높은 수준의 구체성을 가질 수 없었다는 점이다. 게다가 우리는 어떻게 통계치를 추정하는지에 대한 한 가지 예시밖에 제시할 수 없었다. 우리는 모델을 발전시키고 있으며 개인, 조직, 모집단 수준에 대한 특정 행렬을 계속해서 추가 중이기 때문에 우리가 만든 ABMS는 더 민감하고 정확해질 수 있다.

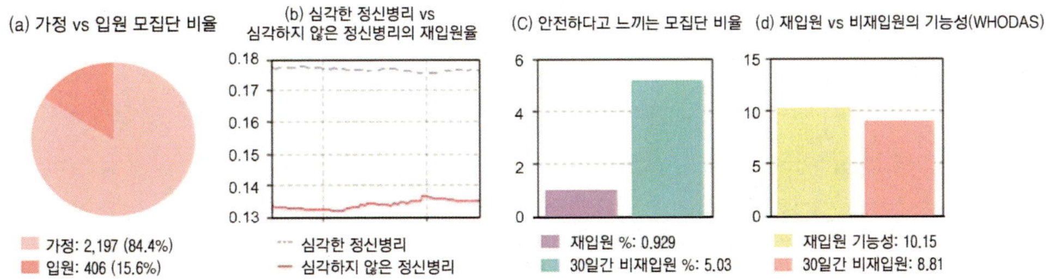


그림 7.3 모집단 분석 그래프

## 미래 전망

우리가 사용한 다층의 틀은 환자의 생리적, 인지적, 사회경제적 결정 요인과 작업 흐름 그리고 치료적 조치로 채워진 모델을 설명하기에 용이하다. 이러한 차원에 깊이를 더하는 것은 개입과 그 효과에 대한 전면적인 평가일 것이다. 따라서 후속 연구에서는 현재 모델에 살을 붙이는 작업이 필요하다. 하나의 예시로, PMFserv를 기반으로 한 작업 틀은 생리학적 모델을 추가함으로써 생리학적 상태 특성으로 대체될 수 있다. 또한 우리는 모델 툴에서 기술했던 개인화된 가치 체계 트리를 확장해 나갈 것이다. 이는 사람들의 행동에 대한 의도는 특정 행동과 사회적 영향으로부터 형성된 현재의 주관적 규범인 그들의 태도에 기반한다고 추정했던 합리적 행위 이론가들의 의견과도 실제로 일치하는 것이다. 우리는 앞으로 더 공식적인 도구들을 선택할 필요가 있긴 하지만, PMFserv는 GSP(목적, 기준, 선호) 접근을 통해 태도를 수량화하는 데 기여를 하였다. 사회적 규범에 대해서 여러 군집으로 이루어진 현재의 에이전트 군집은 질병의 유형, 심각성 사분위 그리고 사회적 자산 수준(가족의 지지, 이웃, 생활양식)을 기반으로 하고 있다. 현재까지는 일상생활에서 나타나는 역동적인 모델 활동을 구성하기 위한 기본적인 에이전트 모델만이 존재하고 있다. 모든 것들을 포함시킨 이 모델의 향후 버전은 분석하기 용이한 정보들을 더 많이 담을 수 있을 것이며, 개입 효과를 평가하는 데 있어 더욱 유용해질 것이다.

## 결론

이 챕터에선 ABMS와 세 수준의 아키텍처를 사용함으로써, 회귀 모형 같은 블랙박스 모델링의 한계점을 극복할 수 있는 방안을 기술했다. 우리는 공동체 건강의 모형에 대한 세 수준을 사용하여 ABMS를 설명했다. 즉, 모집단의 구성원, 실무와 서비스 제공의 다양한 "부분"들로 이루어진 건강 관리 "체계" 그리고 이 모두를 전반적으로 아우르는 "상위 개념의 사회"였다. 모집단의 구성원과 상위 개념의 사회는 특히 중요한데, 전체 집단과 사회적 결정 요인에 의거한 개인의 의사결정은 삶의 질에 있어 주요한 요소이기 때문이다. ABMS는 심각한 정신병리를 관리하는 기관과 기관의 관리결정에 지침이 될 수 있다. 다층 모델의 도구에 대한 설명에서 이러한 모델링의 구조를 설정하는 데 사용할 수 있는 여러 통계치들을 개관했지만, 자료와 개인 정보 보호의 제약으로 인해 통계 자료를 얻는 데 있어서 장애물들이 있음을 살펴보았다.

## 감사의 글

우리는 펜실베이니아 대학 건강경제연구소, Sr. 설계기금, 간호대학 기금에 감사한다. 본 연구에 대한 모든 의견과 공과는 오로지 저자들의 책임임을 밝힌다.

# 참고문헌

Antonovsky, A. (1996). The salutogenic model as a theory to guide health promotion. *Health Promotion International,* 11(1), 11－18.

Bartels, S. J. (2004). Caring for the whole person: Integrated health care for older adults with severe mental illness and medical comorbidity. *Journal of the American Geriatrics Society,* 52, S249－S257. Available from: http://dx.doi.org/10.1111/j.1532－5415.2004.52601.x.

Bloom, J. D. (2010). The incarceration revolution 1: The abandonment of the seriously mentally ill to our jails and prisons. *The Journal of Law, Medicine & Ethics,* 38(4), 727－734. Available from: http://dx.doi.org/10.1111/j.1748－720X.2010.00526.x.

Brailsford, S., Harper, P., Patel, B., & Pitt, M. (2009). An analysis of the academic literature on simulation and modelling in health care. *Journal of Simulation,* 3(3), 130－140.

Calvillo－King, L., Arnold, D., Eubank, K. J., Lo, M., Yunyongying, P., Stieglitz, H., et al. (2013). Impact of social factors on risk of readmission or mortality in pneumonia and heart failure: Systematic review. *Journal of General Internal Medicine*, 28(2), 269－282.

Cil, I., & Mala, M. (2010). A multi－agent architecture for modelling and simulation of small military unit combat in asymmetric warfare. *Expert Systems with Applications*, 37(2), 1331－1343. Available from: http://dx.doi.org/10.1016/j.eswa.2009.06.024.

Colton, C. W., & Mandersheid, R. W. (2006). Congruencies in increased mortality rates, years of potential life lost, and causes of death among public mental health clients in eight states. *Prevention of Chronic Disease,* 3(2), 1－14.

Coughlin, T. A., Waidmann, T. A., & Phadera, L. (2012). Among dual eligibles, identifying the highest－cost individuals could help in crafting more targeted and effective responses. *Health Affairs (Project Hope),* 31(5), 1083－1091. Available from: http://dx.doi.org/10.1377/hlthaff.2011.0729.

Druss, B. G., von Esenwein, S. A., Compton, M. T., Zhao, L., & Leslie, D. L. (2011). Budget impact and sustainability of medical care management for persons with serious mental illnesses. *American Journal of Psychiatry,* 168(11), 1171－1178. Available from: http://dx.doi.org/10.1176/appi.ajp.2011.11010071.

Druss, B. G., Zhao, L., Cummings, J. R., Shim, R. S., Rust, G. S., & Marcus, S. C. (2012). Mental comorbidity and quality of diabetes care under medicaid: A 50－state analysis. *Medical Care,* 50(5), 428－433. Available from: http://dx.doi.org/10.1097/MLR.0b013e318245a528.

Fishbein, M., & Ajzen, I. (1975). *Belief, attitude, intention and behavior: An introduction to theory and research.* Reading, MA: Addison Wesley.

Hardy, S., & Thomas, B. (2012). Mental and physical health comordibity: Political imperatives and practice implications. *International Journal of Mental Health Nursing,* 21(3), 289–298. Available from: http://dx.doi.org/10.1111/j.1447–0349.2012.00823.x.

Institute of Medicine. (2006). *Improving the quality of health care for mental and substance–use conditions: Quality chasm series.* Washington, DC: National Academy Press.

Institute of Medicine. (2012). *Living well with chronic illness: A call for public health action.* Washington, DC: The National Academies Press.

Kronick, R. G., Bella, M., & Gilmer, T. P. (2009). *The faces of medicaid III: Refining the portrait of people with multiple chronic conditions.* Center for Health Care Strategies, Inc. <www.chcs.org/facesofmedicaid.>

Ortony, A., Clore, G. L., & Collins, A. (1990). *The cognitive structure of emotions.* Cambridge University Press.

Paranjape, R., & Sadanand, A. (2009). *Multi–agent systems for healthcare simulation and modeling: Applications for system improvement* (1st ed.). Hershey, PA: IGI Global.

Rothbard, A. B., Miller, K., Lee, S., & Blank, M. (2009). Revised cost estimates of medicaid recipients with serious mental illness and HIV–AIDS. *Psychiatric Services,* 60(7), 974–977. Available from: http://dx.doi.org/10.1176/ps.2009.60.7.974.

Schlessinger, L., & Eddy, D. M. (2012). Archimedes: A new model for simulating health care systems–The mathematical formulation. *Journal of Biomedical Informatics,* 35(1), 37–50. Available from: http://dx.doi.org/10.1016/S1532–0464(02)00006–0.

Sibbel, R., & Urban, C. (2001). Agent–based modeling and simulation for hospital management. In *Cooperative agents,* (pp. 183–202). Amsterdam, the Netherlands: Springer.

Silverman, B. G. (2010). Systems social seience: A design inquiry approach for stabilization and reconstruction of social systems. *Intelligent Decision Technologies,* 4(1), 51–74. Available from: http://dx.doi.org/10.3233/IDT–2010–0069.

Silverman, B. G., Hanarahan, N., & Bharathy, G. (2015). Systems approach to healthcare: Agent based modeling, community mental health, and population well–being. *Artificial Intelligence in Medicine,* 63(2), 61–71.

Silverman, B. G., Sun, D., Bharathy, G., & Weyer, N. What is a good pattern of life(PoL): Guidance for simulations. (Available from the Author), Penn/ACASA Tech Report (Subm for publication).

Stainsby, H., Taboada, M., & Luque, E. (2009). Towards an agent–based simulation of hospital emergency departments. Services Computing, 2009. SCC'09. IEEE *international conference on,* pp. 536–539. Available from: http://dx.doi.org/10.1109/SCC.2009.53.

United States Department of Health and Human Services Substance Abuse and Mental Health Services Administration Center for Behavioral Health Statistics, and

Quality (2014). *Substance abuse and mental health services administration, results from the 2013 National Survey on drug use and health: Summary of national findings.* (No. NSDUH Series H−48) Rockville, MD: United States Department of Health and Human Services, Substance Abuse and Mental Health Services Administration.

CHAPTER

# 08

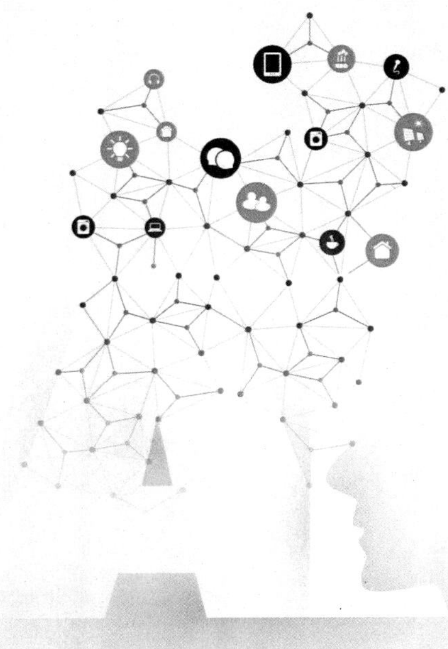

# 정신건강 관리에서 로봇 기술

CHAPTER 08

# 정신건강 관리에서 로봇 기술

Laurel D. Riek[1)]

## 서론

이번 장에서는 정신건강 분야에서 로봇 기술의 현재와 미래에 대해 논의하고자 한다. 로봇 기술은 세상에서 물리적인 변화를 일으킬 수 있는 시스템을 물리적으로 구현하는 로봇을 의미한다. 로봇은 로봇 자체를 움직이거나(운동), 환경 내의 물체를 움직이는(조작) 이펙터를 구현하여 이러한 변화를 가능하게 하고 센서(sensors)를 통해 수집한 데이터를 사용하여 의사결정을 한다.

로봇은 다양한 수준의 자율성을 가질 수 있는데, 그 범위는 완전히 원격으로 조정되는 것(조작자가 모든 의사결정을 내림)부터 완전히 자율적인 것(완전하게 독립적인 로봇)까지이다. 로봇 기술이라는 용어 또한 넓게 연계된 기술을 포함하는데, 예를 들어 인접한 감지 시스템과 데이터 처리를 위한 알고리즘 등이 있다.

전통적으로 로봇 기술은 “지각과 행동 사이의 지능적인 연결을 연구하는 과학”으로 정의되어 왔지만, 최근에는 실제 생활에 적용되면서, 현실 세계에서 실제 사람들과 상호작용하는 문제가 주요 이슈가 되었다(Siciliano & Khatib, 2008). 이러한 변화를 반영하여 문헌에서는 인간－중심 로봇이 언급되어 왔고, 지난 10년 동안

1) Department of Computer Science and Engineering, University of Notre Dame, Notre Dame, IN, USA

이 분야에서 가장 관심을 받고 있는 신생 분야를 인간-로봇 상호작용(human-robot interaction; HRI)이라고 부른다.

정신건강 관리 분야에서의 로봇 기술의 사용은 초기 단계이지만, 잠재적으로 전문가가 사용할 수 있는 유용한 도구 중 하나가 될 것이다. 따라서 이 장의 목표는 이 분야에 대해 간략하게 개관하고, 최근 정신건강 관리 현장에서 로봇 기술이 어떻게 사용되고 있는지 논의하고, 이 분야에서 사용하는 로봇의 설계 이슈와 윤리적 이슈들을 탐색하고, 마지막으로 새롭게 발전되고 있는 기술의 잠재력을 논의하는 것이다.

## 배경

### *인간-로봇 상호작용*

Goodrich와 Schultz(2997)에 따르면, HRI 문제는 "한 명 이상의 인간과 한 대 이상의 로봇 사이에 상호작용을 형성하고 이해"하고자 노력하는 것이다. 이들은 HRI 문제를 다섯 가지의 핵심 요소로 구분하였다-(i) 로봇의 자율성 수준과 행동, (ii) 인간과 로봇 간에 교환하는 정보의 속성, (iii) 인간-로봇 팀의 구조 (iv) 인간과 로봇이 서로에게 적응하고 학습하는 방법 그리고 (v) 과제(task)가 상호작용을 형성하는 방법.

정신건강 관리 전문가가 현장에서 어떻게 로봇 기술을 사용할지 고려하는 데 있어 이러한 요소들이 중요한 역할을 한다. 또한 실무자들에게 중요한 두 가지 추가 원리가 있다. 첫 번째는 로봇 그 자체의 형태 혹은 모양이다. 로봇은 매우 기계적으로 보이는 것에서부터 매우 의인화된 외형까지 다양할 수 있다(Riek, Rabinowitch, Chakrabarti, & Robinson, 2009). 로봇의 외관에 대한 연구자들의 논쟁은 매우 뜨거운데, 그 이유는 많은 연구를 통해 사람들이 움직이는 거의 모든 것들을 의인화하고 이것들과 애착을 형성한다는 결과가 보고되었기 때문이다. 일부 연구자들은 이것이 사람들에게 로봇의 기능에 대해 잘못된 기대를 전달하거나 취약한 대상을 치료할 때 비윤리적일 수 있다고 염려한다(Riek, Hartzog, Howard, Moon, & Calo, 2015; Riek & Howard, 2014). 예를 들어, 인지장애가 있거나 어린이들의 경우 로봇의 기만이나 속임수에 더 민감할 수 있다.

HRI 문제에 영향을 줄 수 있는 두 번째 추가 요소는 사람들의 개인차이다. 사

**그림 8.1**

현재 정신건강 관리 분야에서 사용되고 있는 로봇들의 외형은 매우 다양함(동물과 비슷한 외형, 기계와 같은 외형, 인간과 같은 외형). 이러한 로봇들은 치매, 자폐증, 인지적 손상 등의 문제를 가진 사람들을 치료; 발달장애 아이들을 교육; 시각장애인을 치료하는 데 도움을 주고 있음. (1) KeepOn(Kozima, Michalowski, & Nakagawa, 2009), (2) Paro(Shibata, 2012), (3) Kabochan(Tanaka et al., 2012), (4) Probo(Vanderborght et al., 2012), (5) Autom(Kidd & Breazeal, 2008), (6) NAO(Diehl et al., 2014), (7) Flobi(Damm et al., 2013), and (8) Charles(Riek & Robinson, 2011).

람들은 광범위한 기존의 인지적, 물리적 속성에 따라 로봇을 지각하고, 상호작용하고, 받아들이는 데 크게 영향을 받을 수 있다(Hayes & Riek, 2014). 이러한 요인들은 정신건강 관리 현장에서 환자들에게 로봇 기술을 사용할지 고려할 때, 아마 독특한 욕구를 가질 수 있는 사람들에게 특히 중요할 것이다.

*로봇 형태*

그림 8.1은 다음 단락에서 논의할 정신건강 관리 응용 프로그램에서 사용된 여러 소비자, 연구 로봇들이다. 이 그림의 로봇들은 사회적으로 상호작용하는 최신 로봇의 대표적인 예이다. 더 기계적인 외형을 가진 로봇들은 다른 응용 프로그램에서도 사용되어 왔지만, 정신건강 관리 분야에서는 거의 사용되지 않았다.

일반적으로 로봇들의 형태는 동물, 인간과 비슷한, 만화 같은 형태가 대부분인 반면에, 일부 로봇 디자이너들은 다른 독특한 대체 외형을 탐색해 왔다. 예를 들어, 공, 서랍, 오토만과 같이 "일상적인 물건"을 외형으로 하는데(Michaud, Duquette, &

Nadeau, 2003; Sirikin & Ju, 2014), 이러한 로봇들은 활동성을 가진 것들을 의인화하는 사람들의 경향성 때문에 매우 흥미롭다(Heider & Simmel, 1944; Waytz, Cacioppo, & Epley, 2010). 이는 의인화되거나 동물 형태가 불편한 자폐 스펙트럼을 가진 사람에게 유용한 치료 프로그램의 역할을 제공할 것이다(Diehl et al., 2014).

종종 로봇의 외형은 로봇의 기능과 직접적으로 관련이 있다. 예를 들어, 물체를 조작해야 하는 로봇은 물체를 잡을 수 있는 무언가가 있어야 하고, 계단을 올라가야 하는 로봇은 다리가 있어야 한다. 하지만 생활형 로봇들의 색깔이나 형태는 종종 공상 과학에 나오는 캐릭터처럼 보이거나 극단적인 여성의 모습을 하고 있는데(예, fembots), 후자의 경우 윤리적 문제가 제기되었다(Riek & Howard, 2014).

소비자들은 그들이 구매하는 로봇의 외형 자체를 선택할 수는 없지만 옷을 입히거나 이름을 짓거나, 그 외의 방법으로 로봇을 개인화한다. 예를 들어, Roomba 진공청소기 로봇[2]에 대한 장기적인 가정 내 연구(in-home studies)는 이러한 소비자의 개인화 욕구를 반영한 것이다(Forlizzi & DiSlavo, 2006; Sung, Guo, Grinter, & Christensen, 2007).

이번 장의 뒷부분, "윤리적 이슈"에서 논의하게 될 것처럼, 정신건강 관리 전문가가 치료에 사용할 로봇의 외형을 선택할 때는 주의가 필요하다. 많은 사람들이 지난 60년 동안 공상과학 소설이나 영화를 보면서 로봇의 잠재적인 능력에 대해 두려움을 가지고 있고, 이러한 두려움들은 정신건강 관리 시나리오에서 더 악화될 수 있다. 반면에 일부 로봇의 외형들은 치료 장면에서 일상생활로 습득된 기술들의 이전(transfer)을 방해하거나 지연시킬 수 있다. 일반적으로 플랫폼을 선택할 때, 정신건강 관리 전문가는 치료 목적과 필요성에 맞춰 로봇의 기능들을 신중하게 고려할 필요가 있다.

### *로봇 기능*

현재 로봇들은 광범위한 신체적/물리적 기능을 가지고 있으며, 서비스 로봇 산업이 계속해서 발전함에 따라 이러한 기능들은 계속 증가할 것이다. 신체적/물리적 기능의 관점에서, 다양한 형태의 로봇들은 걷고, 달리고, 오르고, 돌고, 잡고, 흔드는 것과 같이 팔다리와 관련한 움직임을 보일 수 있고, 표정 짓기, 응시하기, 끄덕

2) 미국의 iRobot에서 개발한 청소 로봇을 말한다.

임과 같은 얼굴과 관련한 움직임을 보일 수 있으며, 뒤집기, 날기, 너울거리기와 같은 다른 형태의 신체적 움직임도 보일 수 있다.

하지만 인간이 존재하고 있는 곳에서 이러한 플랫폼을 안전하고 유능하게 작동하게 하는 기술은 여전히 매우 초기 단계이다. 최근 관련 연구들은 유의미한 진전을 이뤄 냈지만, 여전히 무수한 도전 과제가 남아 있으며, 특히 국내 환경에서는 더욱 그러하다. 따라서 정신건강 관리에 사용되는 현대 로봇의 대다수 운영자(Wizard)에 의해 완전히 제어되거나 사전 프로그래밍이 되어 그들의 능력(abilities)이 다소 제한되어 있다.

*로봇 자율성*

그림 8.2는 HRI 시나리오에서 로봇이 이용할 수 있는 자율성의 종류를 묘사한 것이다. 많은 현대 로봇 시스템들은 사람이 실시간으로 로봇과 상호작용하는 방식을 변경할 수 있는 조절 가능한 자율성을 가지고 있다(Dorais, Bonasso, Kortenkamp, Pell, & Schreckenghost, 1999). 이는 전문가가 일부 특정 로봇은 직접 제어하고 다른 로봇들은 자율적이길 원하는 정신건강 관리 현장에서 특히 유용하다. 예를 들어, 자폐증이 있는 아이를 치료하는 치료자는 로봇이 자율적으로 게임을 하기를 원하고 동시에 아이의 수행에 따라 로봇이 어떻게 보상을 줄 건인지를 조정하기를 원한다.

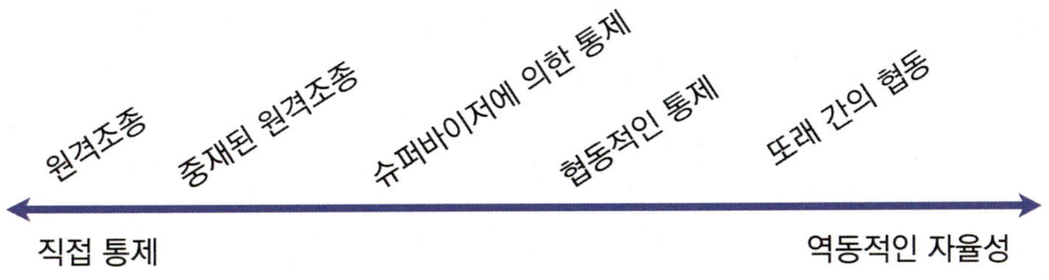


그림 8.2

HRI 시나리오에서 로봇이 보일 수 있는 자율성의 정도. Goodrich and Schultz(2007)에서 허가를 받아 사용된 척도임.

## 최근의 응용 프로그램

로봇 기술은 정신건강 관리 분야에서 다양한 방식으로 적용되어 왔다. 이러한 응용 프로그램에는 자폐증 스펙트럼 장애에서 인지기능장애에 이르기까지 다양한 문제에 대한 개입뿐만 아니라 신체적 활동을 격려하고 혼자 사는 개인에게 교류를 제공하는 것을 포함한다.

생활형 로봇 기술의 개발이 아직 초기 단계이고 급격하게 변화하고 있기 때문에 아직까지 관련하여 무작위대조시험(RCTs) 결과는 거의 보고되지 않고 있다. 기존의 발표된 많은 연구들은 적은 표본을 대상으로 실시되었고, 통제 집단이 없으며, 하드웨어와 소프트웨어의 가변성 때문에 반복검증이 어렵다. 따라서 이러한 개입의 효과성을 해석할 때는 주의가 필요하다. 물론 질적 연구와 사례 중심의 연구은 여전히 가치가 있기 때문에 이러한 결과 중 일부를 여기에서 언급하였다.

### *자폐 스펙트럼 장애*

정신건강 관리에서 로봇 기술 응용 프로그램이 가장 일반적으로 사용되는 영역 중 하나는 자폐 스펙트럼 장애(ASD)의 진단 및 치료이다. Diehl 등(2014)의 최근 리뷰 논문에 따르면, 로봇 기술은 아마도 ASD 환자들에게 인간 치료사들이 시행하는 치료보다도 더 큰 잠재력을 지니고 있다. 이러한 관점에서 ASD 치료에서 로봇의 사용에 대한 많은 연구들이 있다(cf. Damm et al., 2013; Feil-Seifer & Matarié, 2009; Goodrich et al., 2012; Kozima et al., 2009; Robins & Dautenhahn, 2014; Scassellati, Admoni, & Mataric, 2012; Vanderborght et al., 2012).

하지만 Diehl 등(2014)은 아직까지 관련 RCT가 거의 시행되지 않았고 대다수의 연구는 내담자 중심보다는 기술 중심적이었기 때문에 이 기술을 임상적으로 배치하는 데 주의를 기울여야 한다고 조언한다. 이에 저자들은 ASD 진단 및 치료를 위해 로봇을 임상적으로 사용하는 것은 '실험적 접근법'으로 간주되어야 하며, ASD 임상 공간에서 로봇을 완전히 실현하기 위해서는 기술 혁신과 평행한 임상 혁신 또한 필요하다고 주장하고 싶다.

*활동 참여와 신체 운동*

Lancioni 등은 심각한 신체 및 인지장애가 있는 소수의 참가자(n=6)를 대상으로 이들의 활동과 보행을 장려하기 위해 개발된 몇몇의 로봇 기반의 개입에 대한 연구를 실시하였다(Lancioni, Sigafoos, O'Reilly, & Singh, 2012). 연구에 사용된 모바일 로봇은 참가자들의 참여뿐만 아니라 "사회적 이미지"와 독립성을 높이는 데 효과적인 것으로 나타났다.

또한 수많은 연구들을 통해 뇌졸중 후의 팔 보조기 치료에서 로봇 기술의 사용이 보고되었다(자세한 검토는 Kwakkel, Kollen, and Krebs(2007)를 참조). 하지만 보다 더 최근에 Lo 등(2010)이 실시한 대규모 RCT(n=127) 연구에 따르면, 로봇 사용과 일반적인 치료 간의 결과에는 유의한 차이가 없는 것으로 나타났다. 더욱이 일화적 증거(anecdotal evidence)에 따르면, 많은 치료사들이 상당수의 팔 보조기 재활 로봇을 사용하는 데 어려움을 느껴 구입한 후에 사용하지 않는 것으로 나타났다.

뇌졸중 후 재활치료의 다른 영역과 관련하여 Mataric 등은 물리적으로 상호작용하지 않고 사람들에게 사회적 또는 인지적 도움을 제공하는 사회적 보조 로봇(socially assistive robots; SAR)이라는 개념을 소개하였다. SAR은 "특정한 회복기간, 재활, 훈련 또는 교육 목표를 달성하는 것에 초점을 맞추고 있다." 몇몇 소규모(n=2)의 파일럿 연구에서 저자들은 SAR 사용으로 뇌졸중 후 환자들의 활동 수준이 높아졌다고 보고하였다.

Kidd와 Breazeal는 활동을 장려하기 위해 로봇을 사용하는 다른 응용 프로그램(application) weight loss에 대해 살펴보았는데, 구체적으로 이들은 체중 감량 코치 Autom을 개발하였고, 통제된 연구(n=45)를 통해 이 프로그램이 종이 기반 또는 컴퓨터 기반 시스템에 비해 장기적으로 체중 감량을 유지하는 데 더 효과적인 것으로 밝혔다(Kidd & Breazeal, 2008).

*치매 및 나이와 노화 관련 인지적 쇠퇴*

Mordoch 등은 치매치료에서 로봇 사용에 관한 문헌을 자세히 검토하고, 2004–2011년도의 치매환자를 대상으로 한 약 21건의 연구 결과를 보고한다(Mordoch, Osterreicher, Fuse, Roger, & Thompson, 2013). 이 연구들 모두 무작위 통제 시행을 사용하지 않았고, 대부분 표본 크기가 작았고, 적절한 통제 집단을 사용하지 않았으며, 표준화된 하드웨어/소프트웨어의 부재로 인해 반복검증이 어려울 가능성이 높다(Broekens, Heerik, & Rosendal, 2009; Mordoch et al., 2013).

Shibata 등은 인지장애 환자를 대상으로 Paro라는 프로그램의 효과성에 대해 많은 연구를 실시하였다(Shibata, 2012; Shibata & Wada, 2011). Paro는 바다표범을 닮은 동물 모양의 플랫폼으로 동물치료의 대안으로 전 세계적으로 보호시설에서 사용되고 있다(그림 8.1과 8.2 참조). Paro를 사용하는 치료에서는 일반적으로 환자들로 하여금 실제 동물이나 아기를 대하듯이 Paro를 잡고, 껴안고, 쓰다듬으며 이야기하도록 한다. Shibata이 보고한 치매 관련 연구들은 질적 및 양적 데이터 그리고 단기 및 장기 연구 등 다양한 연구들을 포함하기 때문에 치매를 앓고 있는 사람들의 치료에서 Paro의 전반적인 효과에 대해 명확한 결론을 내리기는 어렵다.

노화와 관련한 인지 능력 저하에 대해 로봇 개입의 효과를 나타내는 하나의 잘 설계된 RCT가 보고되었다. Tanaka 등(2012)은 66－84세 사이의 혼자 살고 있는 34명의 건강한 일본 여성을 대상으로 8주 동안 연구를 실시하였다. 개입 집단의 참가자들은 이야기하고 끄덕이는 만화를 닮은 플랫폼인 Kabochan Nodding Communication 로봇과 상호작용을 한 반면에 통제 집단의 참가자들은 동일한 형태를 가지고 있지만 말하거나 끄덕이지 않는 로봇을 받았다. 이 연구의 말미에, 개입 집단의 참가자들의 코르티솔(cortisols) 수준이 더 낮아졌고(타액으로 측정), 판단과 언어기억 능력이 향상되었으며(Mini－Mental 상태 검사로 측정), 야간 수면이 향상되었다(자기 보고로 측정).

#### *정신사회적 결과를 향상시키는 동반자 로봇*

몇몇 통제된 연구들은 동반자 같은 로봇들이 외로움을 감소시키고 혈압을 낮추는 효과적인 치료법일 수 있다고 제안해 왔다. 예를 들어, 2013년도 뉴질랜드의 요양시설에서 Robinson 등의 연구진들이 40명을 대상으로 RCT를 실시하였다. 12주 동안 개입 집단의 참가자들은 Paro와 상호작용하였고 통제 집단의 참가자들은 요양 시설에서 일반적인 활동에 참여하였다. 그 결과 Paro와 상호작용했던 참가자들의 외로움이 통제 집단과 비교하여 유의하게 감소한 것으로 나타났다(Robinson, MacDonald, Kerse, & Broadbent, 2013).

반려동물과 비슷한 로봇도 외로움 감소 효과에 효과적인 것으로 확인되었는데,

가령, 로봇 개 AIbo의 효과성을 살펴본 미국 RCT 연구에서 이러한 효과가 관찰되었다(n=25). 이 효과는 여러 참가자 간(between-subject) 및 집단 내(within-group) 실험에 걸쳐 일본에서도 재확인되었다(각각 n=13, n=5)(Banks, Willoughby, & Banks, 2008; Tamura et al., 2004). Bemelmans 등은 관련 논문에 대한 상세하고 체계적인 리뷰를 실시하였다(Bemelmans, Gelderblom, Jonker, & de Witte, 2012).

2014년에 Robinson 등은 반복 측정 설계((n=21)를 통해 요양소와 병원 장면에서 Paro와 상호작용하는 사람들에 대한 파일럿 연구를 발표했다. 로봇과 상호작용하기 전, 중간, 후에 환자들의 혈압을 측정하였는데, 그 결과 참가자들이 Paro를 가지고 있을 때 수축기 및 이완기 혈압이 유의하게 감소하고 Paro을 치우면 이완기 혈압이 유의하게 증가하는 것으로 나타났다(Robinson, MacDonald, & Broadbent, 2014).

### *장애가 있는 사람들과 상호작용하기 위한 임상의 훈련*

우리는 휴머노이드 로봇을 사용하여 임상가들이 환자와 더 면대면 상호작용을 잘할 수 있도록 훈련시키는 방법에 대해 연구해 왔다(Gonzales, Moosaei, & Riek, 2013; Moosaei, Gonzales, Riek, 2014; Riek & Rbobinson, 2011). 이 연구는 임상의가 눈에 보이는 장애와 눈에 보이지 않는 장애를 가진 사람들에 대해 편견을 가지고 있다는 점에서 시작되었고, 이는 정신건강 치료에서 중요한 주제이다(Deegan, 1990; Mason & Scior, 2004).

우리는 뇌성 마비, 신경 쇠약 및 통증과 같은 병리적 증상을 보이고 자연스러운 환자의 표정을 짓는 가상 환자 개념을 처음으로 도입하였다(그림 8.3 참조). 정신건강 관리 훈련에서는 이미 실물 크기의 인간-환자 시뮬레이터, 즉 휴머노이드 로봇을 포함하는 의학적 시뮬레이션 기술이 사용되고 있다. 우리는 간호사와 함께 중환자 관리 장면 그리고 정신과 치료 장면에서 실제 얼굴 표정의 효과를 살펴보는 RCT 연구를 시행할 예정이다(Moosaei et al., 2014; Riek & Robinson, 2011).

### *정신분열증 진단과 관련 연구*

로봇 기술은 또한 정신분열증 환자를 연구하는 새로운 방법으로 사용되어 왔다. Labelle, Healey, 그리고 McCabe(2013, 2014)은 세 명의 정신분열증 진단을 받

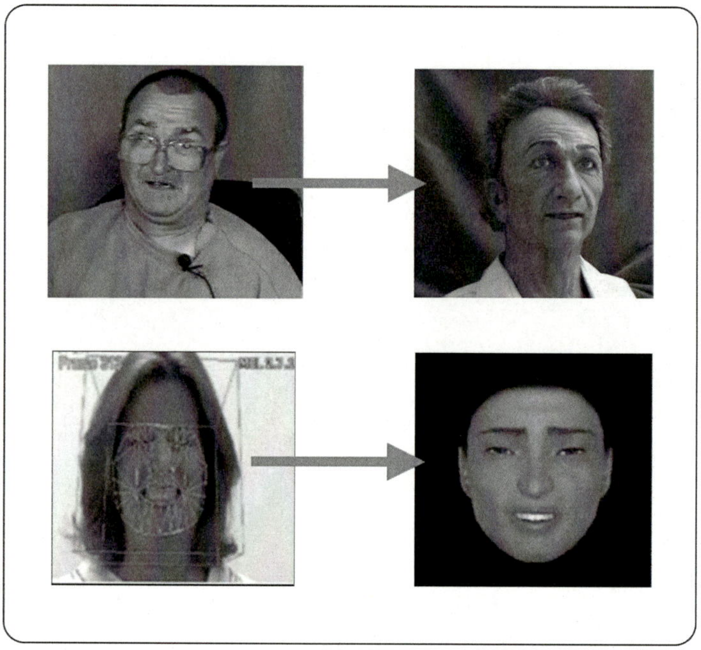

그림 8.3

실제 환자들을 대상으로 저자가 만든 자연스러운 얼굴 표정 이미지; 임상가들이 발달장애인들과 더 잘 상호작용할 수 있도록 훈련시키는 데 사용됨. 위 그림은 뇌성 마비 환자의 얼굴 표정을 관찰하여 만든 것으로 로봇 Charles에 사용됨; 아래 그림은 만성 어깨 통증 환자의 얼굴 표정을 기반으로 한 것으로 가상 환자에게 생기를 불어넣기 위해 사용됨(저자는 현재 이 기술을 로봇에 적용하고 있음)(Moosaei et al., 2014; Riek & Robinson, 2011).

은 참가자와 아직 자신의 진단명을 알지 못하는 통제 집단의 참가자를 쌍으로 만들어 몇 가지 실험을 실시하였다. 각 쌍은 Vicon motion capture system을 통해 관찰되었고, 이들의 신체 움직임은 사회적 교감과 집단 참여 면에서 분석되었다. 20개의 mixed triad와 20개의 상호작용은 20개의 control triads와 비교되었다(총 n=120). 그 결과, 예상한 바와 같이, 정신분열증이 있는 사람들이 통제 집단과 비교했을 때, 첫 만남에 낮은 수준의 라포를 경험하는 것으로 나타났다.

이 연구는 정신분열증 환자와 통제 집단 사이의 자연스러운 상호작용을 양적으로 세밀하게 살펴본 최초의 연구이다. 이 연구가 발표된 이래로 Vicon motion capture system의 일부인 새로운 센서가 출시되었고, 이로 인해 더욱 자세한 관찰이 가능해졌다. 이 기술은 연구자들과 실무자들에게 대인 관계 상호작용을 연구하는 새로운 방법을 제공한다.

예를 들어, 우리는 최근 연구에서 비선형 분석 기법과 모션 모델링을 사용하여 정신운동 과제를 실시하는 동안 팀이 서로 어떻게 협력하는지 살펴보았다(Iqbal & Riek, 2014, 2015; Iqbal, Gonzales, and Riek, 2015; Rack, Iqbal & Riek, 2015). 다른 사람들과 협력하는 것이 뇌 건강 및 사회적 발달의 주요 지표이기 때문에 우리가 개발하는 이 기법은 향후 자폐증, 외상 후 스트레스 장애 및 외상성 뇌 손상을 가진 사람들을 연구하고 치료하는 데 유용하게 사용될 것이다.

## 디자인 이슈

### *공급자 기술 채택에서의 잠재적인 장벽들*

로봇 디자이너들은 정신건강 관리 전문가가 다음과 같은 이유로 현장에서 로봇 기술을 받아들이는 것을 주저할 수 있음을 인식해야 한다. 첫째, 로봇 기술은 전문가와 환자 간의 면대면 의사소통을 방해할 수 있다. 이는 다른 의료 분야 전반에 걸친 치료 및 안전에 있어 계속 제기되는 문제로, 면대면으로 상호작용하는 직업을 중심으로 이러한 문제가 확대될 수 있다(cf. Levinson, Gorawara-Bhat, & Lamb, 2012; Meeks et al., 2014; Montague & Asan, 2014).

둘째, 전문가들은 로봇 기술이 원격 정신과 치료 전달 시스템에 대한 일부 연구들에서 보고된 것처럼, 자신들의 일을 간섭하거나 방해할 수 있다고 생각할 수 있다(May et al., 2001). 단순히 로봇 기술의 존재 자체가 의료 서비스 제공의 위협으로 인식될 수 있으며, 새로운 기술의 효과를 보여 주는 장기간의 RCT가 없으면 이러한 우려는 더 심각해질 수 있다.

마지막으로, 어느 분야에서든 새로운 기술이 소개되면, 그 기술을 실제 채택하는 데 있어 많은 장벽이 존재한다. 몇몇 학자들은 정신건강 실무자를 포함한 많은 전문가들의 기술 채택을 예측하기 위한 모델을 도입하였고, 이는 채택의 여부를 결정하는 데 유용할 수 있다(cf. Aarons, 2004; Chau & Hu, 2002). 로봇 기술은 다소 어두운 공상 과학의 문화적 역사 때문에 채택과 관련하여 장벽이 있다. 이러한 모든 걱정을 완화시키기 위해 로봇이 최종 사용자에게 진정한 기능을 신속하게 전달하도록 잘 설계되어야 한다.

*기술 채택에서 문화적 장벽*

로봇 기술을 사용하는 것을 고려하는 정신건강 전문가들은 특정 문화권의 내담자가 로봇을 어떻게 받아들이는지에 민감해야 한다. 기존의 많은 연구는 다른 문화에 비해 로봇에 대해 긍정적인 태도를 가지고 있는 일본인들을 대상으로 실시되었다(Bartneck, 2008; Hornyak, 2006). Wang 등은 중국인과 미국인 참가자 간의 비교문화 연구를 통해 문화적 규범을 존중하는 로봇이 더 수용받는다는 것을 발견했다(Wang, Rau, Evers, Robinson, & Hinds, 2010). Lee 등은 한국인과 미국인 참가자들을 비교하여 유사한 결과를 보고했다(Lee, Sung, Sabanovic, & Han, 2012).

몇몇 문화권의 경우, 우리가 예상하는 것보다 건강 관리 현장에서 로봇을 더 잘 수용하는 것으로 나타났다. 예를 들어, 전통적으로 중동 문화권에서는 휴머노이드 로봇과 같은 상징적인 기술에 반대하고 있지만 종종 건강 관리에서는 예외인 것으로 확인되었다. Riek 등은 아랍 에미레이트 연합에서 대규모 연구를 수행하였는데(n=131), Ibn Sina와 유사한 상호작용을 하는 안드로이드 로봇을 쇼핑몰에 가져갔다(그림 8.4 참조; Riek et al., 2010). 이들은 21개국의 참가자들이 인간과 비슷한 로봇에 대해 어떠한 태도를 보이는지 조사했고, 그 결과 일반적으로 참가자들이 가

그림 8.4

아랍 에미리트 쇼핑센터에서 참여자들이 철학자 Ibn Sina를 닮은 휴머노이드 로봇과 상호작용하고 있음. 도상법에 호의적이지 않은 문화권임에도, 이러한 로봇은 병원 업무나 가사노동에 사용되면 잘 받아들여지는 것으로 보고됨(Riek et al., 2010).

정생활에서 로봇을 잘 받아들이는 것으로 나타났다(예를 들어, "인간과 비슷한 로봇이 병원에서 나를 치료해도 상관없다", "인간과 비슷한" 로봇이 나의 집을 청소해도 상관없다"와 같은 문항에 긍정적인 반응을 보임). 정신건강 관리에서 문화가 로봇 기술 채택에 어떠한 영향을 미치는지 완전히 이해하기 위해서는 더 많은 연구가 필요하며, 로봇의 외형과 행동은 이를 위해 고려해야 할 핵심 구성 요소이다.

*증거 기반 로봇의 정신건강 치료에 대한 필요성*

이 장에서 앞서 설명한 것과 같이, 정신건강 관리 현장에 로봇을 효과적으로 배치하기 전에 엄격한 RCT를 실시하는 것이 중요하다. 이러한 연구들은 환자에게 끼칠 유익성 및 기술 수용의 문제뿐만 아니라 간병인의 사회-기술적 요구를 탐색해야 한다(Chang and Sabanovic, 2015). 대부분의 로봇은 환자 또는 실무자에게 직접적인 해를 끼칠 가능성은 없지만 증거 기반이 마련되기 전에 이 기술을 채택하면 덜 효과적이거나 효과가 없는 치료법이 사용될 위험이 있다.

따라서 정신건강 관리에서 로봇 기술의 사용을 연구하고자 하는 로봇 디자이너들은 처음부터 실무자와 연구원들과 협력하여 엄격한 연구를 수행하는 것을 목표로 해야 한다. 이는 여러 가지의 이유로 매우 중요하다. 첫째, 적절한 통제를 선택하는 것이 중요하다. 예를 들어, 로봇을 사용하는 처치 집단과 대체 치료를 받는 통제 집단 대신에, 통제 집단은 비작동 아날로그를 사용할 수 있다. 이 전략은 앞서 말했던 연령과 관련된 인지 기능 저하를 위한 Kobachan 개입(Tanaka et al., 2012)에 성공적이었고, 따라서 다른 개입들에도 유용한 것으로 사료된다.

둘째, 실무자와 협력함으로써 로봇 디자이너들은 원하는 환자 집단에 접근할 가능성이 더 높고 장기간의 연구에 참여할 가능성도 높다. 많은 정신건강 관리 적용에 있어서 임상 효과성은 치료의 길이, 즉 용량에 대한 반응 정도와 관련이 있다(Hansen, Lambert, & Forman, 2002). 로봇과의 단일 접촉 결과가 어떤지 살펴보는 것은 새로운 경험으로 인한 효과만을 측정할 수 있기 때문에 유용한 방법이 아니다(Gockley et al., 2005; Leite, Martinho, Pereira, & Paiva, 2009).

마지막으로, 로봇 디자이너와 정신건강 관리 전문가는 장애인과 그들의 가족들이 유행하는 치료와 거짓 과학에 현혹될 수 있다는 점에 민감하게 반응해야 하는데, 그중에서 일부는 정말로 해로울 수도 있다. 새로운 기술은 유혹적이지만 새로운 치료 방식을 받아들이기 전에 신중한 RCT를 시행하는 것이 중요하다.

## 윤리적 이슈

Riek과 Howard(2014)는 최근 HRI에서 윤리적 이슈들에 대한을 논문을 발표하고 HRI 실무자들을 위한 윤리 강령들을 제안하였다. HRI 실무자들은 로봇 설계자, 엔지니어, 연구원, 디자이너, 제품관리자, 마케터 그리고 또한 그들의 현장에서에서 로봇을 사용하는 데 관심이 있는 정신건강 관리 전문가 및 다른 건강 관리 종사자를 포함한다. Riek과 Howard(2014)는 특히 사회적 그리고 신체적으로 도움을 주는 로봇을 포함하여 취약한 집단에게 로봇을 사용하는 것에 대한 윤리적인 문제에 초점을 두었다.

제안된 윤리 강령은 다음과 같이 자세히 기술되어 있다(상세한 내용과 예시는 Riek & Howard, 2014 참조).

### *초기 지시*

모든 HRI 연구, 개발 및 마케팅은 인간의 자율성에 대한 존중, 신체 및 정신적 진실성에 대한 존중, 인간-인간의 상호작용에서 일반적으로 가정되는 모든 권리와 보호를 포함하여 인간에 대한 존중이라는 기본원칙을 유념해야 한다. 로봇 배우(robot actor)는 인간 행위자로서 적어도 인간을 존중하는 방식으로 가능한 한 범위 내에서 행동해야 한다.

### *세부 원칙*

#### 인간 존엄성 고려사항

- 인간의 정서적 욕구는 항상 존중되어야 한다.
- 인간의 사생활에 대한 권리는 항상 합리적인 설계 목표와 일치하는 최대한 범위 내에서 존중되어야 한다.
- 인간의 취약성은 신체적, 심리적으로 항상 존중되어야 한다.

#### 설계 고려사항

- 로봇 시스템의 프로그래밍은 최대한 합리적으로 명료해야 한다.

- 로봇의 행동을 예측할 수 있는 것이 바람직하다.
- 하드웨어 및 소프트웨어 설계 및 플랫폼 내부/외부의 모든 데이터 처리를 위해 신뢰할 수 있는 시스템 설계 원칙이 로봇 작동의 모든 측면에서 필요하다.
- 합리적인 설계 목표와 일치하는 최대 범위까지 실시간 상태 표시기가 사용자에게 제공되어야 한다.
- 명백한 옵트-아웃 장치(킬 스위치; kill switches)는 합리적인 설계 목표와 최대한 일치해야 한다.

법적 고려사항

- 개인의 권리와 보호에 관한 모든 관련된 법률과 규정(예, FDA, HIPPA,[3] FTC)이 존중되어야 한다.
- 소송 및 분쟁 해결을 위해 로봇의 의사결정 경로를 재구성할 수 있어야 한다.
- HRI에 대한 인간의 사전 동의는 합리적인 설계 목표와 가능한 한 최대한 일치되어야 한다.

사회적 고려사항

- 'wizard-of-Oz'는 가능한 한 지혜롭고 주의 깊게 다루어져야 하며, 튜링 속임수를 피하는 것을 목표로 해야 한다.
- 설계 중에 인간이 로봇에 애착을 형성하고 로봇을 의인화하려는 경향을 신중히 고려해야 한다.
- 휴머노이드 형태와 기능은 합리적인 설계 목표를 달성하는 데 필요한 범위 내에서만 허용된다.
- 로봇 설계 시, 인종 차별주의적, 성 차별주의적, 장애인 차별주의자적 외형이나 행동은 피해야 한다.

이 초기 페이퍼가 발표된 이래로 우리는 "인간-로봇 상호작용(HRI)의 새로운 정책 및 윤리"라는 워크숍을 개최했다. 워크숍을 통해 이 논의를 더욱 확장시키고 합의 문서를 곧 발표할 예정이다.

---

3) Health Insurance Portability and Accountability Act; 미국 건강보호법

## 결론

개인용 로봇 분야는 10년 전에는 상상할 수 없었던 새로운 회사가 형성되고, 제품이 개발되고, 응용 프로그램이 출현하며 빠르게 확장되고 있다. 지금 시점에서 구체적인 예측을 하는 것은 불가능하지만, 현재 연구과 개발의 트렌드를 고려할 때 미래에는 로봇이 우리의 다양한 일상적 과제를 돕게 될 것이다. 특히 신체적 질병을 가진 사람들에게 로봇은 삶의 질을 향상시키고 독립적인 생활을 증진시키는 데 사용될 수 있을 것이다.

로봇은 또한 정신건강 장애와 같이 눈에 보이지 않는 문제를 가진 사람들을 도울 수 있고 또한 그들의 간병인들을 도울 수도 있다. HRI 정책 및 윤리 워크숍(Riek et al., 2015)에서 한 참가자가 언급했던 것처럼, 사람들은 보통 "기름을 바꿀 수 있는 로봇," 즉 집안일이나 다른 일상적인 일을 도울 수 있는 로봇을 원할 뿐이다. 단순한 일들이 큰 도움을 줄 수 있다.

의료 서비스 제공자에게, 로봇은 훈련의 용도로 사용될 수 있을 것이다. 예를 들어, 가상 에이전트 커뮤니티의 연구원이 가상 학생과 코치 모두를 고용하여 임상 학생을 교육하는 것과 유사하게(Lok et al., 2006; Rizzo, 2002), 로봇도 이러한 목적으로 사용될 수 있다. 예를 들어, 상호작용, 듣기 기술을 가르치고, 낙인찍지 않기를 가능하게 한다(Arkin, 2014; Riek & Robinson, 2011).

하지만 자율적인 로봇을 사용하여 정신건강 장애를 가진 사람들을 치료하는 데는 주의가 필요하다. 먼저 엄격한 RCT을 수행하여 확실한 경험적 근거가 마련되어야 한다. Fredrick Pohl의 소설 게이트웨이(Pohl, 1977)에 나오는 로봇 심리학자 "Sigfrid Von Shrink"의 주장에도 불구하고, AI의 실제 구현은 로봇의 놀라운 물리적 능력을 따라잡지 못하고 있다. 즉, 지금은 로봇 기술에 있어 정말로 흥미진진한 시대이다. 컴퓨터 프로세서와 용량이 더 빠르고 저렴해지고 기계 학습과 다양한 처리 과정에서 새로운 발전이 나타나면서, 인간의 사회적 환경에서 보다 능력 있고 명민한 로봇이 가능해졌다.

## 감사의 글

이 글에 보고된 일부 연구는 국립과학재단이 지원하는 연구 그랜트 No.IIS-1253935로 실시되었다.

# 참고문헌

Aarons, G. A. (2004). Mental health provider attitudes toward adoption of evidence-based practice: The evidence-based practice attitude scale (ebpas). *Mental Health Services Research,* 6(2), 61-74.

Arkin, R. C. (2014). Ameliorating patient-caregiver stigma in early-stage Parkinson's disease using robot co-mediators. *Proceedings of the AISB 50 Symposium on Machine Ethics in the Context of Medical and Health Care Agents,* London, UK, April 2014.

Banks, M. R., Willoughby, L. M., & Banks, W. A. (2008). Animal-assisted therapy and loneliness in nursing homes: Use of robotic versus living dogs. *Journal of the American Medical Directors Association,* 9(3), 173-177.

Bartneck, C. (2008). Who like androids more: Japanese or US Americans? In *The 17th IEEE International Symposium on Robot and Human Interactive Communication* (RO-MAN) (pp. 553-557). IEEE.

Bemelmans, R., Gelderblom, G. J., Jonker, P., & de Witte, L. (2012). Socially assistive robots in elderly care: A systematic review into effects and effectiveness. *Journal of the American Medical Directors Association,* 13(2), 114-120.e1. Available from: http://dx.doi.org/10.1016/j.jamda.2010.10.002.

Broekens, J., Heerink, M., & Rosendal, H. (2009). Assistive social robots in elderly care: A review. *Gerontechnology,* 8(2), 94-103. Available from: http://dx.doi.org/10.4017/gt.2009.08.02.002.00.

Chang, W.-L., & Šabanović, S. (2015). Interaction expands function: Social shaping of the therapeutic robot paro in a nursing home. In *Proceedings of the Tenth Annual ACM/IEEE International Conference on Human-Robot Interaction* (pp. 343-350). ACM.

Chau, P. Y., & Hu, P. J.-H. (2002). Investigating healthcare professionals decisions to accept telemedicine technology: An empirical test of competing theories. *Information & Management,* 39(4), 297-311.

Damm, O., Malchus, K., Jaecks, P., Krach, S., Paulus, F., Naber, M., et al. (2013). Different gaze behavior in human-robot interaction in asperger's syndrome: An eye tracking study. In IEEE International Symposium on Robot and Human Interactive Communication (RO-MAN) (pp. 368-369). IEEE.

Deegan, P. E. (1990). Spirit breaking: When the helping professions hurt. *The Humanistic Psychologist,* 18(3), 301-313.

Diehl, J. J., Crowell, C. R., Villano, M., Wier, K., Tang, K., & Riek, L. D. (2014). Clinical applications of robots in autism spectrum disorder diagnosis and treatment. In *Comprehensive guide to autism* (pp. 411-422). Springer.

Dorais, G., Bonasso, R. P., Kortenkamp, D., Pell, B., & Schreckenghost, D. (1999).

Adjustable autonomy for human-centered autonomous systems. In *Working Notes of the Sixteenth International Joint Conference on Artificial Intelligence Workshop on Adjustable Autonomy Systems* (pp. 16-35).

Feil-Seifer, D., & Matarić, M. J. (2009). Toward socially assistive robotics for augmenting interventions for children with autism spectrum disorders. In *Experimental robotics* (pp. 201-210). Springer.

Forlizzi, J., & DiSalvo, C. (2006). Service robots in the domestic environment: A study of the roomba vacuum in the home. In *Proceedings of the 1st ACM SIGCHI/SIGART Conference on Human-Robot Interaction* (pp. 258-265). ACM.

Gockley, R., Bruce, A., Forlizzi, J., Michalowski, M., Mundell, A., Rosenthal, S. et al. (2005). Designing robots for long-term social interaction. In IEEE/RSJ *International Conference on Intelligent Robots and Systems,* (IROS) (pp. 1338-1343). IEEE.

Gonzales, M., Moosaei, M., & Riek, L. (2013). A novel method for synthesizing naturalistic pain on virtual patients. *Simulation in Healthcare*, 8(6). Available from: http://dx.doi.org/10.1097/01.SIH.0000441715.40653.4e.

Goodrich, M. A., Colton, M., Brinton, B., Fujiki, M., Atherton, J. A., Robinson, L., et al. (2012). Incorporating a robot into an autism therapy team. IEEE *Intelligent Systems*, 27(2), 0052-60.

Goodrich, M. A., & Schultz, A. C. (2007). Human-robot interaction: A survey. *Foundations and Trends in Human-computer Interaction,* 1(3), 203-275.

Hansen, N. B., Lambert, M. J., & Forman, E. M. (2002). The psychotherapy doseresponse effect and its implications for treatment delivery services. *Clinical Psychology: Science and Practice,* 9(3), 329-343.

Hayes, C., & Riek, L. D. (2014). Establishing human personality metrics for adaptable robots during learning tasks. In *AAAI Fall Symposium on Artificial Intelligence and Human Robot Interaction.* <https://www.aaai.org/ocs/index.php/FSS/FSS14/rt/captureCite/9213/0.>

Heider, F., & Simmel, M. (1944). An experimental study of apparent behavior. *The American Journal of Psychology,* 243-259.

Hornyak, T. N. (2006). *Loving the machine.* Tokyo, Japan: Kodansha International.

Iqbal, T., & Riek, L. (2014). Assessing group synchrony during a rhythmic social activity: A systemic approach. In *6th Conference of the International Society for Gesture Studies* (ISGS). *San Diego*, CA, 74.

Iqbal, T., & Riek, L. D. (2015). A method for automatic detection of psychomotor entrainment. IEEE *Transactions on Affective Computing,* 2015, Available from: <http://dx.doi.org/10.1109/TAFFC.2015.2445335.>

Iqbal, T., Gonzales, M. J., & Riek, L. D. (2015). Joint action perception to enable fluent human-robot teamwork. In Proceedings of the 24th IEEE International Symposium on Robot and Human Interactive Communication. Kobe, Japan, Aug, 2015. IEEE.

Jacobson, J. W., Foxx, R. M., & Mulick, J. A. (2005). *Controversial therapies for developmental disabilities: Fad, fashion, and science in professional practice.* New Jersey, NY, USA: CRC Press.

Kidd, C. D., & Breazeal, C. (2008). Robots at home: Understanding long-term humanrobot interaction. In IEEE/RSJ *International Conference on Intelligent Robots and Systems (IROS)* (pp. 3230－3235). IEEE.

Kozima, H., Michalowski, M. P., & Nakagawa, C. (2009). Keepon. *International Journal of Social Robotics,* 1(1), 3－18.

Kwakkel, G., Kollen, B. J., & Krebs, H. I. (2007). Effects of robot－assisted therapy on upper limb recovery after stroke: A systematic review. *Neurorehabilitation and Neural Repair.* http://www.ncbi.nlm.nih.gov/pubmed/17876068.

Lancioni, G., Sigafoos, J, O'eilly, M., & Singh, N. (2012). *Assistive technology: Interventions for individuals with severe/profound and multiple disabilities.* New York, NY, USA: Springer.

Lavelle, M., Healey, P. G., & McCabe, R. (2013). Is nonverbal communication disrupted in interactions involving patients with schizophrenia? *Schizophrenia Bulletin,* 39(5).

Lavelle, M., Healey, P. G., & McCabe, R. (2014). Participation during first social encounters in schizophrenia. *PloS One,* 9(1), e77506.

Lee, H. R., Sung, J., Sabanovic, S., & Han, J. (2012). Cultural design of domestic robots: A study of user expectations in korea and the united states. In *IEEE International Symposium on Robot and Human Interactive Communication* (RO－MAN) (pp. 803－808). IEEE.

Leite, I., Martinho, C., Pereira, A., & Paiva, A. (2009). As time goes by: Long－term evaluation of social presence in robotic companions. In *IEEE International Symposium on Robot and Human Interactive Communication* (RO－MAN) (pp. 669－674). IEEE.

Levinson, W., Gorawara－Bhat, R., & Lamb, J. (2012). A study of patient clues and physician responses in primary care and surgical settings. *The Journal of the American Medical Association,* 284(8), 1021－1027.

Lo, A. C., Guarino, P. D., Richards, L. G., Haselkorn, J. K., Wittenberg, G. F., Federman, D. G., et al. (2010). Robot－assisted therapy for long－term upper－limb impairment after stroke. *New England Journal of Medicine,* 362(19), 1772－1783.

Lok, B., Ferdig, R. E., Raij, A., Johnsen, K., Dickerson, R., Coutts, J., et al. (2006). Applying virtual reality in medical communication education: Current findings and potential teaching and learning benefits of immersive virtual patients. *Virtual Reality,* 10(3－4), 185－195.

Mason, J., & Scior, K. (2004). Diagnostic overshadowingamongst clinicians working with people with intellectual disabilities in the UK. *Journal of Applied Research in Intellectual Disabilities,* 17(2), 85－90.

Matarić, M., Tapus, A., Winstein, C., & Eriksson, J. (2009). Socially assistive robotics for stroke and mild TBI rehabilitation. *Advanced Technologies in Rehabilitation*, 145, 249－262.

May, C., Gask, L., Atkinson, T., Ellis, N., Mair, F., & Esmail, A. (2001). Resisting and promoting new technologies in clinical practice: The case of telepsychiatry. *Social Science & Medicine,* 52(12), 1889－1901.

Meeks, D. W., Smith, M. W., Taylor, L., Sittig, D. F., Scott, J. M., & Singh, H. (2014). An analysis of electronic health record－related patient safety concerns.

*Journal of the American Medical Informatics Association.* http://www.ncbi.nlm.nih.gov/pubmed/24951796.

Michaud, F., Duquette, A., & Nadeau, I. (2003). Characteristics of mobile robotic toys for children with pervasive developmental disorders. In *IEEE International Conference on Systems, Man and Cybernetics* (Vol. 3, pp. 2938-2943). IEEE.

Montague, E., & Asan, O. (2014). Dynamic modeling of patient and physician eye gaze to understand the effects of electronic health records on doctorpatient communication and attention. *International Journal of Medical Informatics,* 83(3), 225-234.

Moosaei, M., Gonzales, M., & Riek, L. (2014). Naturalistic pain synthesis for virtual patients. In *Proceedings of the 14th International Conference on Intelligent Virtual Agents* (pp. 1-14).

Mordoch, E., Osterreicher, A., Guse, L., Roger, K., & Thompson, G. (2013). Use of social commitment robots in the care of elderly people with dementia: A literature review. *Maturitas,* 74(1), 14-20.

Pohl, F. (1977). Gateway. New York: St. Martin's Press.

Rack, S., Iqbal, T., & Riek, L. D. (2015). Enabling Synchronous Joint Action in Human-Robot Teams. In Proceedings of the Tenth Annual ACM/IEEE International Conference on Human-Robot Interaction Extended Abstracts (HRI'5 Extended Abstracts). (pp. 153-154): ACM Press.

Riek, L. D. (2012). Wizard of oz studies in HRI: A systematic review and new reporting guidelines. *Journal of Human Robot Interaction,* 1, 119-136.

Riek, L. D. (2013). The social co-robotics problem space: Six key challenges. In *Proceedings of Robotics: Science, and Systems (RSS), Robotics Challenges and Visions.* Berlin, Germany.

Riek, L. D., Adams, A., & Robinson, P. (2011). Exposure to cinematic depictions of robots and attitudes towards them. In *ACM/IEEE International Conference on Human-Robot Interaction, Workshop on Expectations and Intuitive Human-Robot Interaction.* Lausanne, Switzerland.

Riek, L. D., Hartzog, W., Howard, D., Moon, A., & Calo, R. (2015). The emerging policy and ethics of human robot interaction. In *Proceedings of the Tenth Annual ACM/IEEE International Conference on Human-Robot Interaction* (pp. 247-248). ACM.

Riek, L. D., & Howard, D. (2014). A code of ethics for the human-robot interaction profession. *We Robot,* 2014, 1-10.

Riek, L. D., Mavridis, N., Antali, S., Darmaki, N., Ahmed, Z., Al-Neyadi, M., et al. (2010). Ibn Sina steps out: Exploring arabic attitudes toward humanoid robots. In *Proceedings of the Second International Symposium on New Frontiers in Human-Robot Interaction* (pp. 88-99).

Riek, L. D., Rabinowitch, T.-C., Chakrabarti, B., & Robinson, P. (2009). Empathizing with robots: Fellow feeling along the anthropomorphic spectrum. In *3rd International Conference on Affective Computing and Intelligent Interaction* (ACII) (pp. 1-6).

Riek, L. D., & Robinson, P. (2011). Using robots to help people habituate to visible disabilities. In *IEEE International Conference on Rehabilitation Robotics*

(ICORR) (pp. 1−8). IEEE.

Rizzo, A. (2002). Virtual reality and disability: Emergence and challenge. *Disability & Rehabilitation,* 24(11−12), 567−569.

Robins, B., & Dautenhahn, K. (2014). Tactile interactions with a humanoid robot: Novel play scenario implementations with children with autism. *International Journal of Social Robotics,* 1−19.

Robinson, H., MacDonald, B., & Broadbent, E. (2014). Physiological effects of a companion robot on blood pressure of older people in residential care facility: A pilot study. *Australasian Journal on Ageing,* 34(1), 27−32. Available from: http://dx.doi.org/10.1111/ajag.12099.

Robinson, H., MacDonald, B., Kerse, N., & Broadbent, E. (2013). The psychosocial effects of a companion robot: A randomized controlled trial. *Journal of the American Medical Directors Association,* 14(9), 661−667.

Scassellati, B., Admoni, H., & Mataric, M. (2012). Robots for use in autism research. *Annual Review of Biomedical Engineering,* 14, 275−294.

Shibata, T. (2012). Therapeutic seal robot as biofeedback medical device: Qualitative and quantitative evaluations of robot therapy in dementia care. Proceedings of the IEEE, 100(8), 2527−2538.

Shibata, T., & Wada, K. (2011). Robot therapy: A new approach for mental healthcare of the elderly a mini−review. *Gerontology,* 57(4), 378−386.

Siciliano, B., & Khatib, O. (2008). *Springer handbook of robotics.* Springer.

Sirkin, D., & Ju W. (2014). "Using embodied design improvisation as a design research tool." In Proc. Int'l. Conf. on Human Behavior in Design, Ascona, Switzerland.

Sung, J.−Y., Guo, L., Grinter, R. E., & Christensen, H. I. (2007). *My roomba is ramboi: intimate home appliances.* Springer.

Tamura, T., Yonemitsu, S., Itoh, A., Oikawa, D., Kawakami, A., Higashi, Y., et al. (2004). Is an entertainment robot useful in the care of elderly people with severe dementia? *The Journals of Gerontology Series A: Biological Sciences and Medical Sciences,* 59(1), M83−M85.

Tanaka, M., Ishii, A., Yamano, E., Ogikubo, H., Okazaki, M., Kamimura, K., et al. (2012). Effect of a human−type communication robot on cognitive function in elderly women living alone. *Medical Science Monitor: International Medical Journal of Experimental and Clinical Research,* 18(9), CR550−CR557.

Vanderborght, B., Simut, R., Saldien, J., Pop, C., Rusu, A. S., Pintea, S., et al. (2012). Using the social robot probo as a social story telling agent for children with ASD. *Interaction Studies,* 13(3), 348−372.

Wang, L., Rau, P.−L. P., Evers, V., Robinson, B. K., & Hinds, P. (2010). When in rome: the role of culture & context in adherence to robot recommendations. In *Proceedings of the Fifth ACM/IEEE International Conference on HumanRobot Interaction* (pp. 359−366). IEEE Press.

Waytz, A., Cacioppo, J. T., & Epley, N. (2010). Who sees human? The stability and importance of individual differences in anthropomorphism. *Perspectives on Psychological Science,* 5, 219−232.

CHAPTER

# 09

# 역학조사: 예측분석과 빅 데이터

CHAPTER 09

# 역학조사: 예측분석과 빅 데이터

Chris Poulin,[1] Paul Thompson[2] and Craig Bryan[3]

## 도입

현역 군인과 퇴역 군인을 대상으로 한 표본 조사의 결과와 유사하게, 자살로 죽은 사람들은 자살 직전에도 자신의 자살 충동이나 의도를 부인한다. 안타깝게도 아직까지는 미래의 자살을 예측할 수 있는 자살 예방 검사 방법을 뒷받침하는 연구가 부족하여 자살 위험군을 정확하게 발견하고 식별하는 데는 여전히 한계가 있다. 군 안팎에서 자살 예방과 같은 공중 보건 문제를 적절하게 대응하기 위해서는 새로운 도구와 기술이 개발되고 연구되어야 한다. 해결책을 마련하기 위해서는 새로운 위험을 감지할 수 있어야 하는데 이를 위해서는 대량의 관련 데이터를 수집할 필요가 있다. 게다가 자살로 죽는 대부분의 사람들은 죽기 전에 정신건강 서비스를 받지 않았을 가능성이 높기 때문에 자살 예방책은 의료 시스템 밖에서 이루어져야 한다. 소셜미디어(SNS)상에서의 자동 언어 분석과 같은 기술은 이러한 자살 예방에 유용하게 활용될 수 있을 것이다.

---

1) Patterns and Predictions, Portsmouth, NH, USA
2) Institute for Security, Technology, and Society, Dartmouth College, Hanover, NH, USA
3) Department of Psychology, The University of Utah, Salt Lake City, UT, USA

앞으로 논의하게 될 우리의 'Durkheim Project'는 군인 및 퇴역 군인(veteran) 집단의 이러한 중요한 공중 보건 문제를 다루고 있으며, 이는 자살 예방을 위해 만들어진 전미행동연합(National Action Alliance for Suicide Prevention; NAASP)[4]의 3가지 목표와 관련이 있다. 구체적으로 이들의 3가지 목표는 다음과 같다 – 실현 가능한 검사와 평가 접근 방식을 통해 다양한 모집단 내 개인 간의 자살 위험 정도를 측정하는 것, 가까운 미래에 누가 자살을 시도할 위험이 있는지를 평가하는 것, 자살 행위를 막는 것. 이는 점점 더 발전하는 분석 도구가 어떻게 21세기 공중 보건(특히 정신건강)에 대한 이해를 향상시키는 적용될 수 있는지 보여 주는 좋은 예이다.

## 정보과학의 현 상태

최근 데이터 분석 분야에서는 '고성능 컴퓨팅' 시스템으로 알려진 슈퍼 컴퓨팅 관련 기술이 확산되고 있다. 냉전 초기에 슈퍼 컴퓨터에서 사용되었던 도구는(지금은 그 기능성과 사용의 용이성이 향상되었지만), 빅 데이터 분석에 사용되는 많은 도구들과 상당히 비슷하다. 예를 들면, 당시 원자력 연구 프로그램을 시행하기 위해서는 단순한 계산 도구가 아닌 복잡한 시뮬레이션 능력이 필요하였다. 우주과학과 같은 다른 분야의 과학자들이 이용할 수 있는 정보의 양이 엄청나게 늘어나면서, 연구자들은 더 적은 자원으로 더 많은 것을 할 수 있는 도구들을 개발하였다. 1990년대에 이러한 소프트웨어 도구들을 토대로 현대적인 그리드 컴퓨팅 도구의 생산 기초를 형성하는 범용 컴퓨터(또는 개인용 컴퓨터) 시대가 시작되었다.

상업적으로 구글은 상품 분산 컴퓨팅[5]을 받아들인 최초의 대기업들 중 하나였다. 당시 구글의 설립자들의 주요 목표는 범위와 정교함 등에서 더 나은 검색 엔진을 개발하는 것과 동시에, 데이터를 처리하는 데 더 적은 자원을 쓰는 것이었다. 이를 위해 저가의 컴퓨터로 하는 분산 컴퓨팅을 위한 도구 세트를 만들었다. 2004

4) 자살 예방을 위한 전미행동연합(National Action Alliance for Suicide Prevention)은 자살 예방을 위한 국가적인 노력을 발전시키기 위해 조직한 미국의 자살 방지 기관이다.

5) 분산 컴퓨팅 환경: 다수의 이기종 컴퓨터 간에 애플리케이션을 분산 처리하기 위한 환경. 분산 컴퓨팅 환경(DCE)은 네트워크 전체가 마치 1대의 컴퓨터인 것처럼 동작하므로 사용자는 프로그램이나 데이터가 어디에 있는지 신경 쓸 필요가 없다.

년에 신뢰할 수 있는 빅 데이터 인프라를 개발하기 위한 내부 계획들을 착수했고, 이를 토대로 세간의 이목을 끄는 연구 논문들이 뒤이어 발표되었다(Dean & Ghemawat, 2004; Fikes et al., 2006).

많은 연구자들이 구글의 논문에 관심을 가졌다. Doug Cutting이란 연구원은 구글의 논문에서 영감을 받아 하둡(Hadoop)[6]이라고 불리는 분산 스토리지 시스템의 구현에 대해 글을 썼다. 오픈 소스 그리드 도구(open-source grid tools)[7]와 기능이 유사한 이 영향력 있는 시스템은, 최근에 "빅 데이터"로 알려진 기술의 등장을 촉진시켰다.

## 최근의 활용(응용) 개관

만약 당신이 충분한 정보를 수집한다면, 당신은 많은 것들을 인식할 수 있다. 예를 들어, 익명의 사람들에 대한 충분한 자료(data)에 접근할 수 있다면, 당신은 그 개개인들을 식별할 수 있다. 시간에 따른 충분한 정보가 있으면, 당신은 그 개인의 삶에서의 사건을 예측할 수 있으며, 만약 한 개인이 이러한 사건에 어떻게 반응하는지를 관찰한다면 개인의 미래 행동을 예측할 수 있다. 가장 중요한 것은 이러한 정보 안에 개인들이 불필요한 어려움을 피하고 더 나은 삶을 살 수 있도록 도울 수 있는 엄청난 기회가 있다는 것이다.

특히 의료 분야의 경우, 더 많은 환자의 자료를 수집하고 볼 수 있으며, 연구자들과 의사들은 개인에 대한 위험들을 더 정확히 정량화할 수 있다. 그들은 이전에 임상 현장에서 놓친 세부사항을 볼 수 있게 될 것이고 의료 문제들이 발생되기 *전에* 이를 감지할 수 있게 될 것이다. 연구 및 임상 의학 분야 모두에서 시스템이 배치되고 사용되면서 기대하기 어려웠던 일들이 실현되고 있다.

우리 팀은 10년 넘게 단어와 결과의 조합 사이의 상관 관계와 언어의 단서를

---

6) 대량의 자료를 처리할 수 있는 대규모 컴퓨터 클러스터에서 동작하는 분산 애플리케이션을 지원하는 오픈 자바 소프트웨어 프레임워크를 의미한다. 하둡은 분산 처리 시스템인 구글 파일 시스템을 대체할 수 있는 하둡 분산 파일 시스템 HDFS과 분산 처리 시스템인 맵리듀스(MapReduce)를 구현한 것이다.

7) 모든 컴퓨팅 기기를 하나의 초고속 네트워크로 연결하여, 컴퓨터의 계산 능력을 극대화한 차세대 디지털 신경망 서비스를 말한다.

연구해 왔다. 기계에 언어를 이해하는 법을 가르치는 것이 점점 더 "어려운 AI"[8] 과제인 것으로 인식되고 있지만(즉, 고도의 인공지능을 필요로 한다), 점점 더 정교해져 가는 컴퓨터 시스템이 언어와 사건의 상관 관계를 예측할 수 있다는 사실이 입증되었다. 우리는 최근에 미국 퇴역 군인의 자살 위험을 예측하는 과제를 이 시스템을 적용했다. 자살 위험을 평가하는 것은 의료 전문가들에게 특히 어려운 임상적 과제이면서, 데이터 시스템에 매우 적합할 뿐만 아니라 사회적 가치도 지닌다(Ungerleider, 2013).

우리 팀뿐만 아니라, 많은 연구원, 민간 위탁 및 공공 기관이 이제 데이터를 대규모로 수집하고 분석할 수 있는 역량을 갖추게 되었다(Duhigg, 2012). 이와 같이 분석 기능이 점점 더 강력해짐에 따라 다음과 같은 질문이 제기되고 있다: 이 분야의 진정한 모범 사례는 무엇인가?

## 자료의 작업 흐름

개인 의료 데이터를 사용한 가상의 인간 주제 연구에서 얻은 6개의 중요한 이행 규정과 Durkheim 프로젝트를 진행하면서 얻은 교훈에 대해 논의하고자 한다.

### *1. 수집*

먼저, 자료를 수집해야 한다. 의료 데이터를 수집하려면 일반적으로 옵트 인[9] 절차, 즉 공식적인 동의를 받은 정보를 수집한다. 이 프로젝트에서는 시스템에서 수집하는 데이터에 대한 최상의 신뢰를 유지하기 위해 필요하지 않을 때에도 임상 표준을 준수한다.

---

8) 사고, 학습, 자기 개발 등을 컴퓨터가 할 수 있도록 하는 방법을 연구하는 컴퓨터 공학 및 정보 기술의 한 분야로서, 컴퓨터가 인간의 지능적인 행동을 모방할 수 있도록 하는 것을 인공지능이라고 말하고 있다.

9) 전화나 이메일 또는 유료 서비스를 제공할 때 수신자의 허락을 받은 경우에만 발송할 수 있도록 하는 서비스 방식. 전화나 메일의 경우 스팸 형태의 전화나 메일을 규제하기 위해 도입한 방식이며, 유료 서비스는 고객이 사전 동의한 서비스만 제공받아 불필요한 요금을 줄인다.

*2. 저장*

수집한 데이터 세트는 대부분 대형 데이터베이스에 저장된다. 데이터를 저장하는 개인 또는 기관은 데이터 통합 관리[10] 또는 데이터 개인 정보 보호 정책을 가질 수도, 갖지 않을 수도 있다. 간단히 말해서, 데이터 통합 관리 정책은 데이터를 어떻게 해야 할지를 결정하는 반면 데이터 개인 정보 보호 정책은 누가 데이터를 볼 수 있는지를 결정한다. 의료 데이터의 경우에는 매우 주의 깊게 처리해야 한다. 예를 들어, 적절한 절차를 통하여 데이터 세트에 대한 액세스가 제한되고, 데이터가 IT 방화벽 뒤에서 안전하게 저장되어야 한다. 이 프로젝트에서는 먼저 보안 클라우드 서비스(예, Amazon Web Services)에 전 세계의 소셜 미디어 및 모바일 애플리케이션 데이터를 통합한 다음 암호화 후 최종 저장을 위해 의료 센터 파트너에게 데이터를 전송한다.

*3. 처리*

데이터 세트를 분석하기 위해서는 일종의 컴퓨팅 클러스터[11]를 사용하여 데이터를 처리해야 한다. 이 클러스터는 보안 데이터 센터에 있을 수도 있고 없을 수도 있다. 데이터를 전송하는 분석가와 데이터를 처리하는 기계 사이의 전송은 암호화될 수도 있고 암호화되지 않을 수 있다. 그 데이터 처리 기계도 스스로 안전할 수도 있고 그렇지 않을 수도 있다. 사실 데이터 처리 분야에 대한 기준에 대한 논의는 아직 초기 단계이다. 예를 들어, 우리 프로젝트의 시설에는 인터넷을 통해 의료 분석가가 직접 접근할 수 있는 또 다른 시스템에 결과를 전송하기 전에, 데이터를 처리하는 방화벽 뒤의 Cray 슈퍼 컴퓨터가 있다.

*4. 쿼리*

일단 초기 데이터 분석을 실시한 후에는 누가 데이터에 접근할지 정해야 한다. 즉, 누가 이 시스템을 쿼리할 권리를 가지고 있느냐이다. 의료 위험 분석의 경우에

---

10) 기업에서 가치 있는 양질의 데이터를 지속적으로 발굴·관리하여 비즈니스 자산으로 활용하기 위한 데이터 통합 관리 체계

11) 여러 대의 PC 또는 서버 컴퓨터를 연결해 고성능 컴퓨터를 만드는 것을 말한다. 현재 세계 최고 성능의 슈퍼 컴퓨터 5백 대 가운데 클러스터 기법으로 만들어진 제품은 23개로 집계된다.

쿼리의 이슈는 개인의 사생활과 매우 관련이 있다. Durkheim 프로젝트에서 우리의 의료 프로토콜은 자살 충동을 가진 사람들의 의료 기록에 포함된 데이터는 퇴역 군인회 직원이 아니면 볼 수 없도록 하는 것이다. 하지만 일단 그 자료가 "익명" 및 분석되면 (비공개 계약 및 HIPAA 규정 준수 규칙의 적용을 받은) 내부의 팀원들도 그 정보에 접근할 수 있다.

### *5. 보고*

분석 보고서에는 대개 테스트 결과를 설명하기 위한 숫자와 질적 시각화, 그리고 서술 등이 포함된다. 분석 보고서의 최종 소비자는 아마도 학술지, 정부 연구기관 또는 보건 정책 결정자일 수 있다. 관련하여 다음의 질문을 제기할 수 있다. 보고서의 소비자는 그 데이터를 신뢰할 수 있는가? 소비자 또는 의사결정자는 어떻게 그 데이터가 수집되었는지 이해했는가? 그들은 그 데이터가 안전하게 저장 및 처리 되었는지의 여부를 알고 있는가? 이 분석 보고서는 분석 대상과 장소 및 사안에 어떤 영향을 미치는가? 우리의 의료 데이터의 경우, 확인되지 않은 데이터만을 외부로 유포한다. 우리는 비공개 합의하에 자금 지원 기관(Funding agency; DARPA)과 다른 기관들에게 검증되지 않은 예비 결과를 공유했다. 최종 결과물은 피어 리뷰를 거친 학술지(PLoS One)에 실렸다. 환자 관련 데이터를 추가로 공유하는 데는 그 조건이 까다롭다. 최종 결과들의 보급은 의도된 분석 유형에 따라, 프로젝트마다 매우 다양하게 이루어진다.

### *6. 개입*

의료 사례의 경우, 위험 매트릭스를 적절하게 사용하면, 임상 자원을 선별할 수 있고 위험을 감소할 수 있는 방안(예, 생활 습관의 변화)에 대한 권고 사항을 작성할 수 있다. 이런 시나리오를 고려할 때, 의사결정을 담당하는 사람도 자신의 분석을 신뢰할 수 있는지 물어야 한다. 우리는 정보가 어떻게 수집되고, 저장되고, 처리되고, 질의되고, 보고되는 방법을 아주 확실하게 알 경우에만 정답이라고 주장한다. 자체 분석을 사용하여, 우리 시스템은 현재 자살 및 기타 정신건강 위험과 관련된 개입을 위해 적용되고 있다. 효과적인 임상 개입은 우선 유효성이 입증된, 피어 리뷰를 통과한 의학 연구를 기반으로 해야 한다. 책임 있는 임상 의사결정권자도 다르게 생각하지 않을 것이다. 우리의 경우, 종합적인 방법론에 대한 논문을 출판했지만 방법론에 대한 검증은 이제 시작되었다. 이 과정은 진행 중이다.

## 뒤르크 하임 프로젝트

Durkheim 프로젝트는 DARPA[12]가 후원하는 프로그램으로, 자살 위험도를 예측할 수 있는 위험 매트릭스 그리고 보다 더 큰 개방형 네트워크로 확장할 수 있는 능력을 모두 갖추고 있다. 그런 다음 보안 통신 네트워크를 통해 의료 전문가의 정확하고 시기적절한 개입을 가능하게 하는 다양한 데이터와 수정된 지표가 분석 환경으로 제공된다.

이 프로젝트는 현재 미국 퇴역 군인에 대한 자살 위험 감지와 개입에 관한 최첨단 기술을 개발하고 있는데, 특히 자살을 예방할 뿐만 아니라 더 높은 수준의 새로운 개입을 제공하기 위한 엔드 투 엔드 솔루션을 제공하는 데 그 목표가 있다. 우리의 방법은 향상된 예측 분석과 심리학, 재무 분석 및 네트워크 컴퓨팅이 만나는 교차점에 서 있다. 우리 팀 구성원들은 이전에 자살과 관련이 있는 심리적 사건에 대해 연구하기 위해 이 같은 방법을 적용시켰으며, 현재에는 검증된 위험값을 기반으로 위험군을 분류할 수 있는 시스템을 실현시키도록 그 범위를 넓히고 있다. 우리는 이미 '빅 데이터'를 적용하여 비자살 사례와 자살 사례를 구분하는 데 성공했으며, 임상 기준과 비교하여 14% 더 정확하게 자살 사례를 분류하였다(Poulin et al., 2014). 최근에 우리는 개입을 용이하게 하는 이러한 예측 능력을 사용한 예비 연구를 시작하였다(Poulin et al., 2014). 마지막으로, 이러한 노력의 일환으로 새로운 VA/DOD[13] 자살 데이터 저장소를 통해 결과를 추적할 계획이다.

이는 최초로 (검증된) 자살 위험을 실시간으로 탐지하고 효과적으로 임상 환자들의 위험군을 분류하는 능력을 가진 시스템이며, 미국 퇴역 군인들의 정신건강 관리 자원을 효과적으로 관리하는 데 크게 기여하였다.

## 배경

자살은 미국에서 주요 사망 원인이며, 미국 군대에서는 두 번째 사망 원인이다

12) DARPA는 미국 국방성 산하 핵심 연구 개발 조직 중 하나

13) VA: Veterans Affairs, 퇴역 군인회
DOD: 미국 국방부

(Department of Defense, 2011; Ritchie, Keppler, & Rothberg, 2003). 자살 문제를 다루기 위한 군대 및 시민 단체의 상당한 노력에도 불구하고 군대의 자살률은 계속해서 증가해 왔다. 이에 자살 가능성이 높은, 즉 자살 고위험군을 조기에 발견하고 적절한 기관/개입으로 연결할 수 있는 자살 예방 스크리닝을 어떻게 개선할 수 있을지에 대한 관심이 집중되었다. 이미 일차 진료소, 정신건강 진료소 및 응급실을 포함하여 모든 유형의 건강 관리 기관에서는 자살 고위험을 조기에 선별하기 위한 많은 노력을 해 왔다. 하지만 안타깝게도, 자살 시도를 하거나 자살로 사망한 대다수의 사람들이 현재의 선별 시스템에서 누락된다(Busch, Fawcett, & Jacobs, 2003; Coombs et al., 1992; Hall, Platt, & Hall, 1999; Kovacs, Beck, & Weissman, 1976). 달리 말하면, 자살로 죽는 대부분의 사람들은 자살 충동을 부인하거나 사망 직전 의사에게 검진을 받는 동안에도 자살 의도를 명백하게 말하지 않는다. 특히 자살이나 정신적 문제와 관련한 사회적 낙인 그리고 자신의 문제에 대해 이야기하기 힘들어하는 군인과 퇴역 군인을 대상으로 한 자살 위험군 선별은 어려운 과제이다. 현재 확대되어 진행되고 있는 자살 예방 검사는 증가하는 군 자살률에 유의한 영향을 미치지 못하고 있다.

종합적으로, 정확한 정신건강 진단과 자살이나 자살 사고와 같은 부정적 사건에 대한 예측은 (i)자살 위험의 특수성에 대한 이해의 부족(Department of the Army, 2010)과 (ii) 대량의 데이터에 대해 실시간으로 대응할 능력의 부족 때문에 한계가 있다. 따라서 텍스트와 이미지의 데이터 마이닝을 통해 더 넓은 범위의 자살 위험 탐지 및 자살 사고의 표현에 대한 폭넓은 이해가 필요하다. Durkheim 프로젝트의 솔루션은 의료적으로 입증된 자살 위험 요소 분류기(suicide risk classifier)와 사회적/온라인 데이터 소스를 활용하여, 개입이 필요한 사용자 행동 의도를 발견되는 것과 같은 텍스트 기반 정보에 대해 지속적인 모니터링을 제공하는 것이다.

## 관련 작업

자살 위험을 분석하는 데는 다양한 비실시간 언어 접근법들이 있다(Barak & Mirin, 2005; Jones & Bennell, 2007; Lester, 2008a, 2008b; Lester, 2010a, 2010b; Lester, Haines, & Williams, 2010; Lester & McSwain, 2010; Stirman & Pennebaker, 2001). 이 중에서 Barak과 Miron(2005)만이 과거에 온라인 텍스트를 고려했다. 대부분의 다

른 텍스트 분석 자살 연구 조사는 자살 메모나 문학적 글쓰기를 분석하는 데 초점을 맞췄다. 예를 들어, 실제 자살 메모와 가상의 자살 메모를 구별하는 실험을 포함한 연구들(Jones & Bennell, 2007; Lester, 2010a)과 자살한 시인들의 글을 분석한 연구가 있었다(Lester & McSwain, 2010; Stirman & Pennebaker, 2001).

최근 군대에서의 연구는 자살 충동을 느끼는 개인이 비자살적인 개인과 차별되는 자신에 대한 어떤 믿음과 생각을 가지고 있다고 가정하는 "자살 신념 체계"의 개념에 초점을 맞추고 있다(Brayan et al., 2014). 예를 들면, 자살 충동을 많이 겪는 사람들은 흔히 자신을 다른 사람들의 짐 혹은 결점이나 결함으로 여기며, 심리적 디스트레스를 관리하거나 문제를 해결할 능력이 없다. 이러한 자살과 관련된 믿음과 생각들은 말이나 글로 표현되기 때문에, 자살 고위험 개인이 자신의 자살 의도를 부인하더라도 자살 의도가 있다는 단서를 제공한다. 실제로 이러한 자살 믿음/생각은 자살 사고가 있는 군인과 그렇지 않은 군인을 구분하는 것으로 나타났으며, 군인의 현재 자살 사고 정도와 관계없이 미래의 자살 시도 가능성을 예측하는 것으로 확인되었다(Bryan et al., 2014). 따라서 소셜 미디어 플랫폼에 글로 표현되는 자살적 신념 체계를 관찰 및 정량화할 수 있다면 *자살 시도가 일어나기 전에* 실시간으로 자살 위험에 대해 탐지할 수 있을 것이다. 이것이 Durkheim Project의 주요 목표이다.

### 개요

Durkheim 프로젝트는 세 가지 단계로 진행된다. 먼저 1단계에서는 임상가의 대시 보드[14]가 구축되었고, 퇴역 군인 예측 위험 의료 기록 연구는 VA 의료 기록의 일부인 자유 텍스트 분석을 기반으로 완료되었다. 또한 다음 단계에서 소셜 미디어 데이터를 수집하고 분석할 수 있도록 초기 소프트웨어 인프라가 설계되고 구현되었다. 현재 진행 중인 2단계에서는 옵트-인 소셜 미디어 게시물들이 수집 및 분석되고 있다. 3단계에서는, 예비 프로그램이 개인의 심각한 자살 위험을 실시간

14) 웹상의 한 화면에서 다양한 정보를 중앙 집중적으로 관리하고 찾을 수 있도록 하는 사용자 인터페이스(UI) 기능. 여러 종류의 웹 기반 콘텐츠를 재사용할 수 있도록 구성하고, 문서, 웹 페이지, 메시징, 미디어 파일 등 다양한 콘텐츠를 한 화면에서 관리한다. 특징으로는 의사결정과 작업 분석에 적절한 정보 제공과 사용자 및 그룹 관리가 용이하고, 무선 응용 통신 규약(WAP) 전화, 휴대형 PC 등 이동 장비 지원이 가능하다.

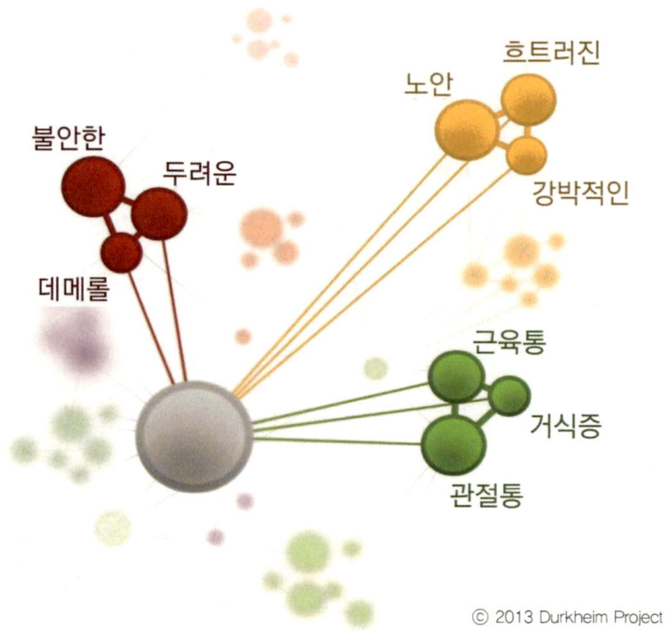


그림 9.1 연구 단계1: 퇴역 군인 사무 의료 기록 연구

으로 평가하고, 자살 개입을 위한 예측 모델이 개발될 것이다.

1단계에서는 미국 VA 의료 기록의 국가 표본에서 추출한 구조화되지 않은 임상 기록을 토대로 언어 중심 예측 모델을 개발하여 자살 위험을 예측하였다. 이 연구의 프로토콜은 연구가 수행된 VA 의료 센터의 기관 검토위원회의 승인을 받았다. 우리는 다음과 같은 일치하는 3개의 집단을 만들었다: 관찰 기간 동안 자살을 한 퇴역 군인, 정신건강 서비스를 받았고 자살을 하지 않은 퇴역 군인, 정신건강 서비스를 사용하지 않았고 자살을 하지 않은 퇴역 군인(각 그룹당 n=70).

임상 기록(note)을 통해 우리는 단일 키워드(그림 9.1) 및 다중 단어 구문의 데이터 세트를 생성하고, 유전 프로그래밍 프레임 워크인 MOSES를 기반으로 한 슈퍼 컴퓨터 기반의 학습 알고리즘을 사용하여 예측 모델을 구성하였다(Goertzel, Geisweiller, Pennachin, & Ng, 2013; Looks, 2006, 2007). MOSES는 의사결정－트리 숲(decision－tree forest)[15]의 변형으로 설명할 수 있는데, 특정 유전적 엔트로피와

15) 알고리즘을 시각적으로 표현하여 의사를 결정하거나 시간 복잡도를 증명하는 데 사용하는 트리. 가장 큰 조건이 트리의 뿌리를 만들고, 세부 조건이 트리의 각 가지를 만들며,

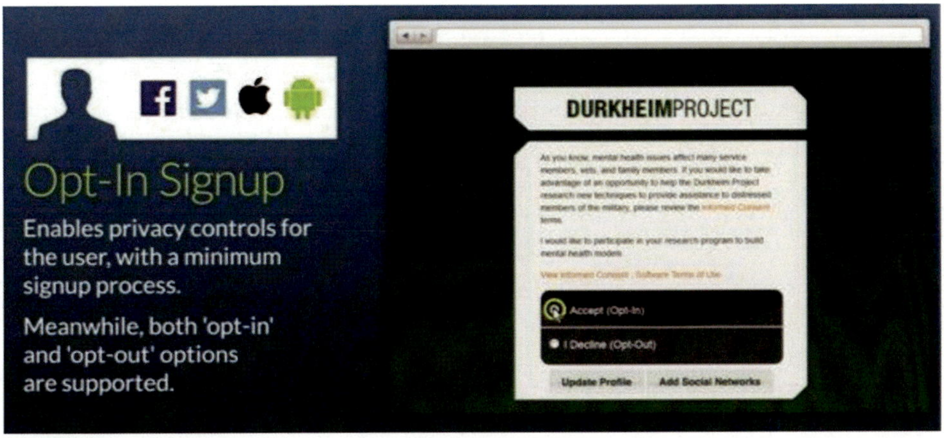


**그림 9.2** 연구 단계 2: 옵트 인 소셜 미디어 게시물로 위험 예측

최대 엔트로피[16] 기법은 트리의 크기를 최소화하고 트리의 다양성을 높이기 위해 적용된다. 우리는 이전 연구에서 MOSES가 서포트 벡터 머신[17](SVMs)과 같은 표준 텍스트 분류 접근법보다 성능이 우수하다는 것을 지속적으로 발견하였다. 우리가 사용한 주요 하이퍼 매개 변수는 동적 기능 크기였다. 결과 추론 정확도, 즉 해당 군인이 어느 집단에 속하는지 정확하게 예측하는 정도는 처음에는 65%였고 이후에는 일관되게 67% 이상이었다. 이 데이터는 컴퓨터 기반 텍스트 분석이 의료 기록의 구조화되지 않은 섹션에 적용되면 자살의 위험을 추정할 수 있음을 시사한다(Poulin et al., 2014). 시스템을 통해 임상가가 1차 진료 때 겉으로는 건강하지만

---

해결 방안은 트리의 리프로 나타낸다.

16) 무작위 또는 무질서의 상태를 의미한다. 즉 시스템을 그냥 내버려 두면 언젠가 엔트로피가 최대 수준까지 증가해 그 시스템은 기능을 정지하거나 해체되어 버리고 만다는 것이다. 따라서 어떤 시스템이 계속 주어진 목적을 달성할 수 있기 위해서는 엔트로피의 증가를 억제하는 활동 또는 입력이 반드시 필요하게 되는데, 이를 부의 엔트로피라고 한다.

17) SVM[1]은 기계 학습의 분야 중 하나로 패턴 인식, 자료 분석을 위한 지도 학습 모델이며, 주로 분류와 회귀 분석을 위해 사용한다. 두 카테고리 중 어느 하나에 속한 데이터의 집합이 주어졌을 때, SVM 알고리즘은 주어진 데이터 집합을 바탕으로 하여 새로운 데이터가 어느 카테고리에 속할지 판단하는 비확률적 이진 선형 분류 모델을 만든다. 만들어진 분류 모델은 데이터가 사상된 공간에서 경계로 표현되는데 SVM 알고리즘은 그중 가장 큰 폭을 가진 경계를 찾는 알고리즘이다. SVM은 선형 분류와 더불어 비선형 분류에서도 사용될 수 있다. 비선형 분류를 하기 위해서 주어진 데이터를 고차원 특징 공간으로 사상하는 작업이 필요한데, 이를 효율적으로 하기 위해 커널 트릭을 사용하기도 한다.

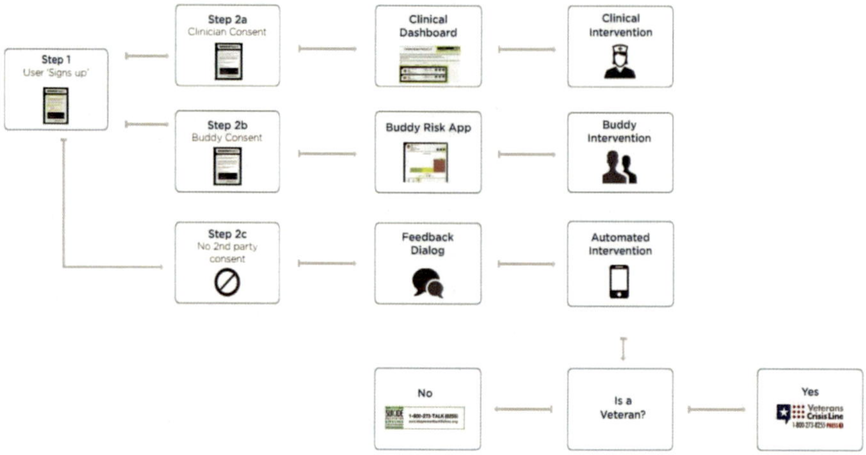


그림 9.3 연구 단계 3: 개입

자살 사고가 있는 환자를 선별하고 이들의 자살 위험 수준을 지속적으로 평가할 수 있다.

현재 2단계를 위한 옵트 인 데이터의 수집 및 분석이 진행 중이지만(그림 9.2),[18] 이 데이터 수집 및 분석에 필요한 소프트웨어 개발은 1단계에서 완료되었다. 또한 옵트 인 소셜 미디어 게시물을 수집 및 분석하고 Durkheim 프로젝트의 임상가 대시 보드를 통해 임상가에게 예측 결과를 제공하는 2단계의 프로토콜은 IRB의 승인을 받았다. 시스템이 완전히 작동하게 되면(3단계 참조), 임상가는 환자의 의료 기록과 환자의 소셜 미디어 게시물을 통해 특정 환자의 자살 위험에 대한 예측 결과를 볼 수 있다. 이를 위한 참여자는 현재 페이스북과 협력하여 모집 중이다(PR Newwire, 2013). 페이스북의 응용 프로그램 창을 활용하여 군인이나 퇴역 군인으로 확인되는 사람들을 모집하고 있다. 결과 시스템은 데이터를 수집하고 인터넷 규모에서 수천 명의 사용자에 대한 위험 점수를 제공할 수 있다.

3단계의 경우 최근에 프로토콜이 완료되었다. 이 프로토콜은 자살 위험에 대한 실시간 탐지와 개선된 자살 개입을 목표로 하는 예측 선별 모델을 개발하기 위한 예비(pilot) 프로그램으로 3가지 집단 설계를 포함한다(그림 9.3). 자살이 발생하기 전에 제한적인 정확도로 자살을 예측할 수 있었던 1단계에서 개발된 모델의 언어

18) 그림 9.2 출처: http://www.durkheimproject.org/

근반 예측 기술을 사용하고 이를 개선할 계획도 마련되어 있다. 이론적 가정은 자살 위험에 처한 사람들이 선택한 단어는 자살 위험 수준이나 단계에 따라 다르다는 것이다. 2단계와 3단계 연구 수행 과정에서 얻은 피드백을 토대로 한 주요 과제는 다양한 위험 심각도 수준에서 개입을 할 수 있도록 일정 기간 내에 자살 위험을 예측할 수 있는 언어 기반 모델을 수정 및 보완하는 것이다.

이 프로토콜에서는 지속적인 네트워크 모니터링을 통해 녹색에서 적색까지의 스펙트럼에서 자살 위험 경고 수준을 업데이트할 수 있다. 예측 시스템이 자살 위험 절단점을 초과하는 게시물을 감지하면, 위험 경고가 실시간으로 작동되어 주치 임상가나 사전에 확인된 지인의 모니터 혹은 당사자에게 즉시 자동화 시스템을 통해 지원 메시지가 보내진다.

현역 군인과 퇴역 군인의 자살 위험 정도를 보다 더 정확히 분류하기 위해 주요 참가자만을 대상으로 자료를 분석한다. 주요 참가자는 전용 페이스북과 모바일 애플리케이션을 통해 또는 동일한 전용 애플리케이션을 사용하여 이미 2단계의 연구에 참여하고 있는 사람들로부터 새롭게 모집될 것이다. 모든 주요 참가자로부터 이 연구에 대한 사전 동의를 받을 것이다. 즉, 2단계 연구에 이미 참여하였더라도 3단계 연구에 참여하기 위해서는 별도로 동의를 해야 한다. 하지만 본 연구와는 별개로, 컴퓨터화된 개입은 이 프로그램의 잠재적 개입 가능성을 알고 싶어 하는 일반 대중들에게도 개방되어 있다. 주요 참가자는 소셜 미디어에 영어로 글을 올리는 데 동의하고, 모국어 혹은 제2 외국어로 영어를 쓰는 현역 미군 또는 퇴역 군인들이다. 2단계 연구와 같이 3단계 연구의 주요 참가자의 연령대는 소셜 미디어를 적극적으로 사용하는 나이 그룹인 18세에서 45세이다.

## 결과

1단계 연구의 결과, 단일 단어 모델은 예측 정확도가 약 59%(100개 모델의 평균)인 반면 개별 후보 모델의 점수는 46%에서 67%였다(그림 9.4). 이 연구의 세 집단은 균형 잡힌 집단이었기 때문에, 정밀도와 리콜 메트릭 기준 대신 정확도를 사용하였다. 정확도는 5방향 교차 검증을 사용하여 계산되었다. 특정 단어 쌍을 사용한 모델은 그 길이가 길지 않지만 단일 단어 모델보다는 훨씬 우수한 예측 정확도를 보였다. 예를 들어, "PTSD에 대한 부정적 평가"와 "PTSD에 대한 긍정적 평가"라는 구절은 다른 의미를 가진다. 이러한 구문 기반 접근 방식은 단일 단어 방식보다 더 정확했다. 사전 선택된 단어 쌍의 경우, 개별 모델 점수는 범위는 52–69%며, 평균은 64%였다(100개 모델의 경우). 최종 실험에서, 결합된 집단 "1v2v3 분류기(1v2v3 classifier)"는 최고 70%의 성능을 보였고, 평균은 평균 67%였다.

### 시사점

우리의 분석은 자살 위험에 대한 유용한 텍스트 기반 신호를 식별하는 데 성공적이었다. 분석 결과, 100개 모델의 앙상블 평균[19]에 대한 정확도가 60% 이상, 개별 모델 정확도는 67–69%에 달했다. 데이터 세트의 작은 크기와 임상 기록의 단편적인 특성을 감안하면, 이 수행 수준은 중요한 성취를 의미한다. 분류기(classifier)의 경우, 이 결과는 통계적으로 유의한 "신호"를 나타낸다. 한편, 우리는 방법론적으로 전자 의료 기록 데이터의 모델 구축을 위해 단어 쌍이 단일 단어보다 더 유용하다는 것을 밝혔다. 또한 각 그룹을 구별하는 예측 특징 단어들은, 특히 자살 집단의 경우, 매우 외부로 드러나 있었고, 자살에 관한 기존 의학 문헌과도 일치한다(그림 9.5 참조).

많은 의학적 문제들이 자살 위험의 증가와 관련이 있지만 이러한 문제들은 일반적으로 자살 위험 평가 도구에 포함되지 않았다. 문제의 예로는 위장 상태, 심폐 상태, 종양학적 상태 및 통증 상태를 포함한다. 또한 자살 위험을 예방하는 과정을 연계시킨 연구들도 일부 게재되었다. "통합"이라는 단어는 본 연구의 주요 용어로 나타났으며 통합 의료 문헌에도 반영되었다(Bauer, Chan, Huang, Vannoy, & Untitzer. 2013).

1단계 의료 기록 연구에 사용한 텍스트들은 의사나 다른 의료 제공자가 작성한 텍스트였지만, 우리의 가설은 1단계에서 학습한 상위 예측 기능 중 일부는 2단계에서 환자가 직접 작성한 텍스트인 옵트 인 소셜 미디어 게시물을 분석하는 데도 사용될 수 있다는 것이다. 소프트웨어 기반 동의어를 수행하는 기능 덕분에, 의

---

19) 음, 진동, 온도 등의 확률 사상(事象)에 대해서 어떤 시간, 공간에서의 평균값을 각 측정값의 평균으로서 정의한 것.

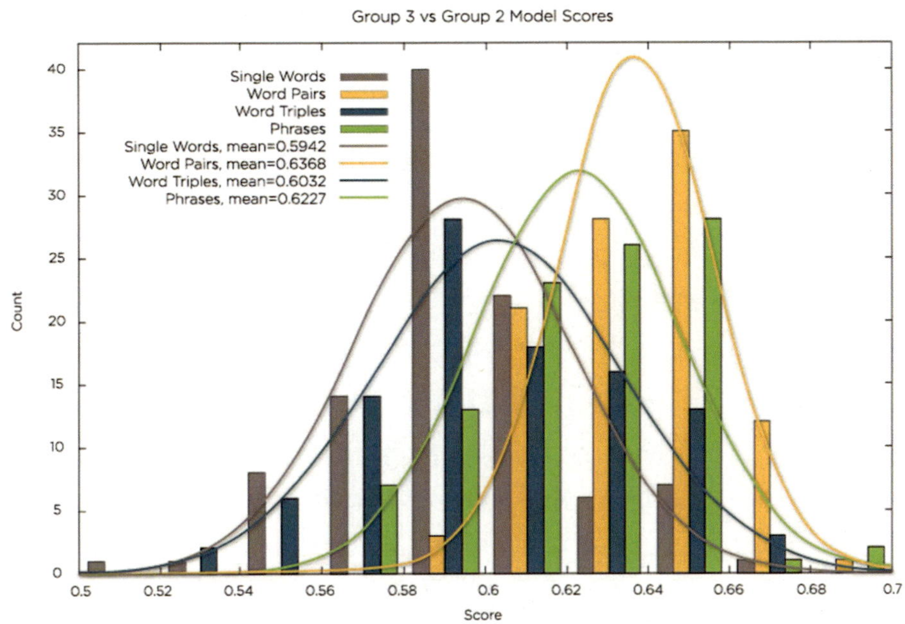


그림 9.4 통계적 분류 결과

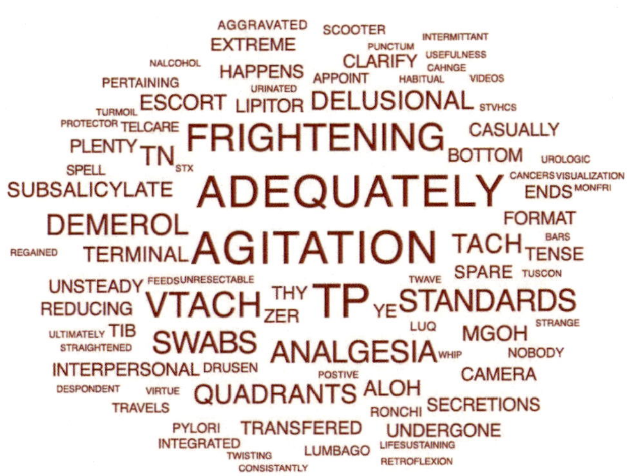


그림 9.5 자살 집단 특유의 워드 클라우드

사가 작성한 텍스트와 환자가 작성한 텍스트 간의 일부 기능이나 개념이 동일할 것으로 기대된다. 또한 의사나 다른 의료 종사자는 때때로 임상 기록에 메모를 추가 할 때 환자가 말한 것을 인용하거나 바꾸어 표현할 수도 있다. “불안”과 같은 중요한 예측 단어는 임상가나 환자가 사용할 수도 있다. 우리는 언어 분석 프로그램(LIWC)[20]과 같은 전문 텍스트 분석 리소스를 사용하면, 결과를 개선하는 데 도움이 될 수도 있고 그렇지 않을 수도 있다고 생각한다(LIWC, 2014).

향후 연구에서, 우리는 각 집단에 70명의 피험자가 있었던 연구에서 사용한 프로토콜을 사용할 것이지만, 각 집단에 1,000명 이상의 피험자를 포함시켜, 1단계의 의료 기록 연구를 확대할 계획이다. 또한 2단계에서는 1단계의 조사에서 구축한 예측 모델을 사용하여 옵트 인 소셜 미디어 게시물을 분석할 것이다. 3단계 프로토콜에 대한 IRB 승인을 받으면, 1단계 및 2단계에 대한 결과들을 반영하여 Durkheim 프로젝트의 3단계를 시작할 것이다. 이후 연구에서는 다른 데이터 필터(예, LIWC)뿐만 아니라, 의료 기록의 구조화된 부분들까지 추가적인 기능들을 사용할 계획이다. 의료 기록 및 소셜 미디어 연구에서 우리는 시간 분석을 사용할 계획이다.

1단계 연구에서 대조군(일반인) 집단과 정신장애 집단 모두에서 자살로 사망한 집단을 구별하는 데 성공했지만, 초기 결과들에서 텍스트 기반 소음(noise)과 자살 신호를 정확하게 구별하는 데는 어려움이 있었다. 각 집단 별로 1,000명의 피험자를 대상으로 하는 후속 연구에서는 이런 문제가 줄어들 것으로 예상된다. 자살 위험을 예측하는 것은 매우 어려운 문제이지만, 감독된 기계 학습 기술을 사용하는 1단계 및 2단계 연구와 같은 연구들이 아직 알려지지 않은 예측 위험 요인을 밝힐 수 있다고 믿는다. 동시에, 우리는 기계 학습 방법의 통합과 자살 전문가의 전문성을 반영하여 보다 더 효과적인 자살 위험 예측 시스템이 구축될 수 있다고 믿는다. 또한 군 문화에 대한 정확한 이해를 우리의 시스템에 반영하는 것이 중요하겠다.

## 더 큰 집단들(현재 작업 중)

자살 데이터 저장소: 프로그램 효과를 추적 및 평가하기 위해 새로운 결과 추적 데이터베이스에 접근하는 애플리케이션을 개발하기 시작했다. 특히, 이 저장소는 “1979년부터 2011년까지 현역 복무에서 은퇴한 모든 퇴역 군인과 1999년부터

20) LIWC: linguistic inquiry and word count

2011년까지의 VHA 서비스 사용자에 대한 사망률 데이터가 보관되어 있다. 이 데이터는 CDC[21]에서 사용할 수 있도록 매년 업데이트되며, 현재 VA와 국방부(DOD)의 모든 직원이 사용할 수 있다." 이에 따라, 우리는 더 큰 자료를 대상으로 검증을 계속하기 위해 이 데이터베이스를 사용할 계획이다. 두 번째 하위 작업으로 특정 개인에 대한 사전 추적도 가능하다. 최대 3,000명(또는 세 집단 각 1,000명)을 대상으로 이 도구를 사용하는 것에 대한 승인을 받았다.

### The Durkheim 프로젝트의 구조

우리의 아키텍처는 임상가들이 어떻게 인터넷상에서 자살 위험에 대응할 수 있도록 자료를 수집, 저장, 분석, 허용하는 시스템을 구축할 수 있는지에 대한 해답을 제시한다. 따라서 우리의 기계 학습 기술은 위험 요소의 격리 및 탐구를 위한 실시간 환경이다.

통계학적 학습에 대한 독창적이고 특허적인(patented) '자율 학습'[22]접근법을 추가적으로 활용하여, 우리는 규모 면에서 겉으로는 감지할 수 없는 정신건강 위험 요인들을 탐지할 수 있다. 마지막으로, 임상적 상호작용을 위한 강력한 공동 작업 환경을 프로그래밍 했는데(예, secure risk dashboards), 이것이 진정한 "빅 데이터" 인프라이다. 기존 구성 요소에는 다음이 포함된다(그림 9.6).

1. *옵트 인 인터페이스 레이어*: 위에서 설명한 것처럼 데이터 저장소 및 분석 서비스에 대한 데이터 권한을 허용하는 데이터 수집 애플리케이션이다(그림 9.7).
2. *데이터 수집 레이어*: 현재 Durkheim 아키텍처에서 이 구성 요소는 Amazon EC2에서 실행된다(그림 9.10). 이 아키텍처는 Krugler(2013)의 학회 발표에서 더 자세히 논의되었다.
3. *스토리지 레이어*: 현재 Durkheim 아키텍처에서, HIPAA 준수 구성 요소가 Dartmouth Hitchcock Medical Center(그림 9.8)에 의해 보관되고 있다. 이러한 노력의 모범 사례는 새로운 호스팅 데이터 네트워크에서 사용하기 위해 전송되어야 한다.

---

21) CDC(Centers for Disease Control and Prevention): 미국 질병통제예방센터. 감염병을 연구하는 미국의 전문 기관이다.

22) supervised learning: 지도 학습/Supervised learning methods: 감독 학습 방법

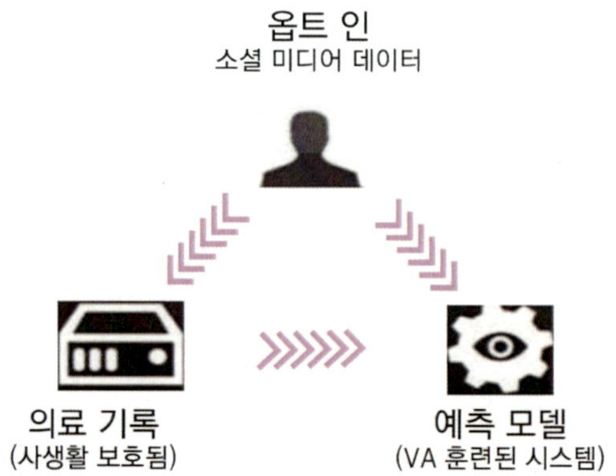


그림 9.6 정보과학 네트워크의 개관

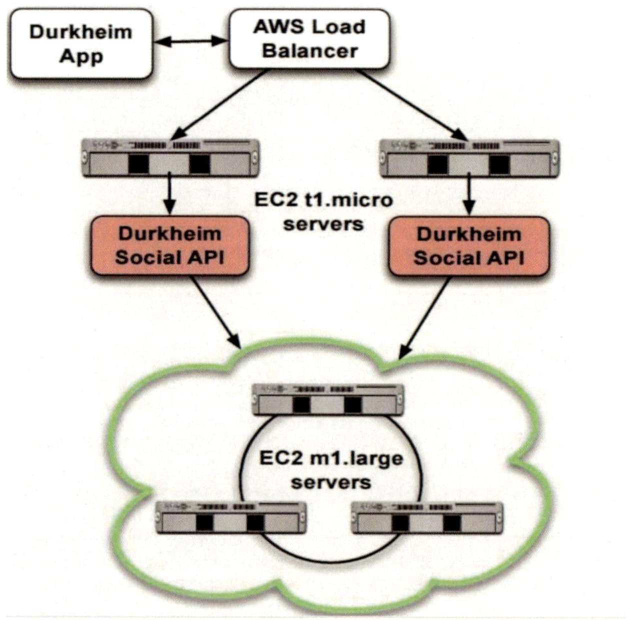


그림 9.7 소셜 및 모바일 미디어 데이터 수집 계층

4. *기계 학습 (기본) 핵심*: 위에 언급한 바와 같이 PLoS One 저널(2014)에서 설명된 예측 결과다.
5. *확장형 기계 학습 코어*: DARPA 프로그램의 일환으로 우리는 선형적 확장성과 실시간 분류가 가능한 2차 분류(B－계수)를 구축했다(그림 9.9).

그림 9.8 의료 데이터베이스(데이터 보완 방화벽 뒤에 위치하고 있음)

그림 9.9 개입, 그리고 연계된 파트너 기관

6. *자동화된 네트워크 이벤트*: Durkheim 팀은 실시간 개입을 가능하게 하기 위해 이러한 네트워크 알림(Facebook, 이메일, SMS 메시지)을 구축하고 있다.

## 영향

우리는 자살 위험 예측 및 위험 감지 시스템을 확장시키는 데 앞장서 왔다. 우리는 임상 요원이 추가적인 현장 경험을 통해 다양한 수준의 위험을 파악할 수 있는 전례 없는 실시간 능력을 가질 수 있다고 믿는다. 이를 통해 직접 환자에게 필요한 개입 또한 분류할 수 있다. 예를 들어, VA 시스템 사용자의 자살 위험이 높은 경우(빨간색 표시), 임상가는 해당 사용자를 감시 대상 리스트에 올려놓을 수 있다. 감시 대상 리스트에 있는 사람들의 위험 수준이 고도로 높아지면(검정색 표시), 이 사용자에게 필요한 자원을 최대한 집중시킬 수 있다.

1. 자살 위험의 *방법*과 *시기*에 대한 지속적인 이해
   a. 자살의 *시간 순서*에 대한 예측 모델의 지속적인 개선
   b. 많은 부정적인 사건들 간의 상관 관계에 대한 빅 데이터 조사
   －예, 재정적인 고통과 정신건강 위험 간의 검증된 사건들
2. *자원 매칭을* 위한 개입 프로토콜. 구체적으로;
   a. *적시에 적절한 원조*를 제공하는 시스템 개발
   b. *실시간으로* 위험에 처한 사람들을 *확인하기 위해* 보안 대시 보드 기술 사용
   c. 위험하다고 생각되는 사람들에 대한 *보안 및 데이터－감시 통신*
   －예, 보안 지원 네트워크를 통해
3. 자살 문제에 실시간 금융 정보 최초 적용
   a. 자살과 관련이 있을 수 있는 *재정적 스트레스 요인 학습*
   b. 최대 *수천만 명*의 인구를 지속적으로 모니터링할 수 있도록 설계
4. 자살의 근본적인 기제에 대한 기본적 이해

   정신건강과 자살 위험의 다양한 메커니즘에 이질성과 복잡성이 있다는 것은 쉽게 알 수 있다. 이는 그 자체로 다음과 같은 중요한 질문으로 이어진다: 여러 가지 부정적이고 개인적 사건에 공통적인 상위 메커니즘이 있는가? 또는 유사 환경에서 여러 가지 부정적인 조건이 발생하는가? 각각의 차이점은 무엇인가? 우리는 현재 분야별 전문가(SME)가 이러한 주제에 대해

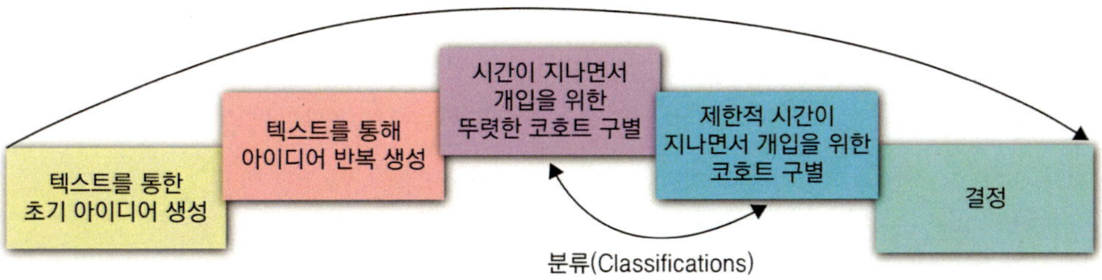


그림 9.10 다양한 개입이 필요한 다양한 사건의 시계열

강한 의견을 가지고 있음을 이해하고 있지만, *규모에 따라 나타나는 것들을 양적화하기를 제안한다.* 아직까지 자살 연구에서는 이러한 양적화가 이루어지지 않았다.

5. 자살 위험의 즉각적인 개선

   비록 연구와 운영 시스템 간의 상관 관계를 고려하지 않고 수행하는 경향이 있지만, 우리는 그러한 기존의 접근법을 유지하는 것을 피해야 한다고 믿는다. 실제로 인지된 위험의 심각성에 근거한 치료 선별에 따라 *실시간으로 적절한 시간*에 위험을 검출하고 해결하는 시스템을 구축하기 위한 충분한 증거가 있다(그림 9.10 참조).

6. 혁신의 증가

   많은 (성공적인) 국제적 과학 프로젝트들이 증명해 왔듯이, 중앙 지도부와 *신속한 해결책을 향한* 방향을 확인할 필요가 있다. Facebook과 같은 대형 데이터 콘텐츠 파트너와 함께 우리는 이러한 노력이 중요함을 알려 왔다. 이제는 전용 모바일 도구들을 사용하여, 데이터 통신과 결합된 독창적이고 풍부한 데이터 세트를 기대할 수 있다.

7. 이 프로젝트는 퇴역 군인의 건강에 대한 긴급 대처 방안을 마련하는 데 기여할 뿐 아니라, 자살 예방 전국행동동맹(NAASP)의 연구 우선 순위 기구에서 밝힌 12가지 목표 중 몇 가지를 다룬다.

   a. 목표 #2: "실현 가능한 효과적인 스크리닝 및 평가 접근법을 통해 다양한 인구 집단 및 다양한 환경에서 개인의 자살 위험도(예, 임박, 단기, 장기)를 평가한다."

b. 목표 #3: "가까운 미래에 자살을 시도할 위험에 처한 사람을 평가한다."
c. 목표 #11: "광범위한 인구 집단 내에서 자살 위험을 줄이고 탄력성/회복성을 높일 수 있는 가장 효과적인 예방 프로그램을 개발 및 제공하여 자살 행동의 출현을 예방한다."

임상적인 인간 대상 연구와 효과적인 대규모의 데이터 분석을 결합하여, *빅 데이터 네트워크의 힘*을 곱함으로써, 잠재적으로 자살에 대한 정신건강 위험에 개입하기 위한 효과적인 해결책을 제안한다.

## 적용 가능한 윤리적 고려사항

현재의 기술로 우리가 사건을 예측할 수 있게 되면, 대기업, NGO[23] 및 정부는 미래의 행동이 예측되는 집단의 행동에 영향을 줄 수 있다. 위에서 설명한 사례에서는, 이 예측 잠재력이 긍정적인 기능을 할 수 있다. 하지만 규제를 받지 않는 의료 보험 회사가 개인의 위험 정도를 파악하고 그에 따라 보험 가격을 조정하여 건강이 좋지 않은 사람들에게 악영향을 미치는 상황을 생각해 보라. 휴대전화 데이터의 위치 확인과 같이 다른 도구들과 결합된 이 기능들은 믿을 수 없을 정도로 강력하다: 이러한 도구들은 개인이 어느 장소로 이동하고 무엇을 할 것인지를 예측할 수 있다.

Durkheim 프로젝트를 통해 우리는 부정적인 사건이 발생하기 "단지 그 전에" 개입을 할 뿐만 아니라, 훨씬 그 이전에 개인에 대한 개입이 가능하기를 희망한다. 예를 들면, 며칠 내에 자살할 위험이 큰 사람에게는, 긴급 구조대가 투입될 필요가 있다. 하지만 자살 위험이 초기 단계인 경우라면, 중재자는 보다 긍정적인 결과를 만들 수 있도록 덜 심각한 개입을 시행함으로써 향후 심각한 위험을 예방할 수 있다. 이것이 사실, 현재 우리의 연구가 하고자 하는 바이다.

---

23) NGO: non-governmental organization의 약자로, 비정부 기구

### 동의

옵트 인/동의–기반 데이터 수집을 세심하게 구현함으로써, 많은 혼란과 제도적 어려움이 줄어든다. 이때 주의할 점은–예를 들어, 지나치게 긴 서면 문서 없이 데이터의 현재 및 미래사용에 대해 명백하게 설명할 수 있어야 한다. Durkheim 프로젝트에서 우리는 동의 절차를 이해하기 쉽게 만들기 위해서 노력했다. 의료 사례에서, 기본 데이터는 이미 규제되고 보호되지만 메타 데이터 분석은 법률적으로 애매한 영역이다.

### 사생활

사생활은 당황스러운 상황이나 사회적으로 소외되는 상황으로부터 우리를 보호하는 사회적 기능을 한다. 또한 사생활은 많은 선진국에서 보호되는 권리이다. 빅 데이터 세계에서 개인 정보 보호는 공정한 대우와 차별, 또는 많은 경우 삶과 죽음의 차이를 의미할 것이다. 자살 위험 예측에서 우리는 거짓양성 신호가 존재할 수 있음을 알고 있다. 이로 인해 우리는 사용자를 곤란하게 만들 수 있다. 많은 경우에는, 긍정적인 측면이 존재하는 데이터라도 부적절하게 다뤄지면 개인의 위험을 악화시킬 수 있다.

### 투명성

일부 주제들은 매우 민감하거나 사적일 수 있지만, 빅 데이터 소비자의 신뢰를 얻기 위해서는 투명성이 중요하다. 시스템에 대한 신뢰는 안정적인 인프라를 유지하는 데 매우 중요하며, 시스템에 대한 신뢰를 얻기 위해서는 공식적이고 절차적인 검사가 필요하다. 또한 데이터 시스템의 신뢰를 얻기 위해서는 데이터 리더의 투명성이 필요하다. 데이터 리더들은 소비자나 구성 요소의 역할을 하는 일반인들에게 자신들의 분석이 건설적인 목적으로 사용될 것이라는 확신을 가질 수 있도록 노력해야 한다. Durkheim 프로젝트 팀은 신뢰가 개인들에게 다가가 접촉을 유지하고 공공 정신건강을 변화시키는 데 있어 핵심 요소라고 생각한다.

### 논의

정신건강 관리 분야의 인공지능은 진정으로 세계를 변화시키는 패러다임을 제공한다. Google과 같은 기업들의 성장을 주도했던 기술들이 이제는 주류로 자리 잡고 있다. 하지만 잠재 가능성이 있는 새로운 애플리케이션도 개발되기 시작했다. 점점 더 지능화된 시스템이 도입되기 전의 강력한 패러다임처럼, 인류의 이익을 제공하는 애플리케이션뿐만 아니라 다른 사람들을 통제하고 사회에 해를 가하는 애플리케이션도 만들어질 것이다. 예를 들어, 우리는 이미 사생활 침해와 행동 추적의 영향을 목격하기 시작했다.

따라서, 우리는 보다 투명하고 동의-기반인 데이터 시스템을 지지한다. 우리는 Durkheim 프로젝트를 통해, 긍정적인 예시를 이끌기를 희망한다. 우리는 이러한 철학을 반영된 시스템이 세상을 더 좋은 쪽으로 바꿀 수 있다고 믿으며, 이러한 철학이 반영되지 않은 시스템은 갈등과 착취로 이어질 수 있다. 연구자들 및 임상가들은 이와 같은 새로운 데이터 시스템의 장단점을 인식하고 있어야 한다.

## 이 분야의 미래 전망

### 차세대 추론

일반적으로 통계 추론 정확도는 차세대 인공지능 시스템과 의료계 예측 분석에 매우 중요하다. 최근 응용 수학 발전에 힘입어, 우리는 학습 및 패턴 인식 시스템의 흥미로운 부분에 대해 이해하게 되었다.

핵심 아이디어는 추상적인 과정 전반에서 불변성과 규칙성에 대한 것이다. 이러한 프로세스는 표상(딥 러닝), 기능(압축된 감지) 또는 알고리즘(메타 학습)이 될 수 있다. 간단히 말해, 이 세 가지 학습 영역은 다음과 같다.

- *메타 학습*: 기계 스스로 효율적인 학습 방법을 찾게 하는 과정이다. 학습 시스템 및 입력(기능) 데이터에 대해서 한 사람이 배우는 것은 아마도 기능이나 표상의 규칙성일 것이다(Brazdil, Carrier, Soares, & Vilalta, 2008).

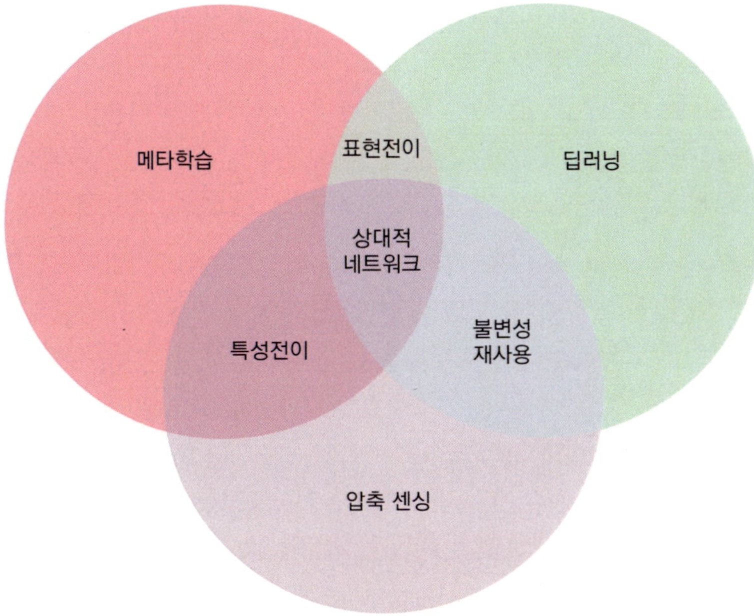


**그림 9.11** 기계 학습에서의 새로운 주제

- *딥 러닝*[24]: 사람의 시각적 처리 능력에 영감을 얻어, 높은 수준의 추상화를 시도하는 심층적 기계 학습의 주요 형태이다. 이것은 현재 가장 많이 사용되고 있는 접근이며(Hinton, Srivastava, Krizhevsky, Sutskever, & Salakhutdinov, 2012), 오랜 역사를 가지고 있다(Hinton, Sejnowski, & Ackley, 1984).
- *압축 센싱/샘플링*: 인코딩에서 사용된 불변량을 사용하여 신호의 정보를 측정하는 데 있어 Nyquist-Shannon보다 나은 속도로 원신호를 복원하는 것과 관련 있는 최근의 기술이다(Candes & Plan, 2010).

기계 학습 공간에서 일반적인 이론 교차점을 고려하면, 우리는 이들이 공유하는 일반적인 측면을 포착하는 용어인 "상대적 네트워크"에 대한 상위 개념을 말할 수 있다(그림 9.11).

24) 컴퓨터가 여러 데이터를 이용해 마치 사람처럼 스스로 학습할 수 있게 하기 위해 인공 신경망(ANN; artificial neural network)을 기반으로 구축한 한 기계 학습 기술

상대적 네트워크의 반복 테마는 구조화된 신호의 유사성 및 교차점(A∩B)과 비구조적인 소음과의 차이점/대칭적 차이점(A⊿B)의 반복적인 사용이다. 이것은 고정적인 표현에 초점을 두고 있으며, 학습을 더 잘 이해하도록 허용할 더 많은 불변량으로, 메타-시공간(meta-spatio-temporal) 관계에 초점을 두고 있다. 이것은 진정한 메타 학습으로, 과학자 Vannevar Bush의 말로 바꾸어서 표현하자면, "정도의 존재론" 또는 "위치(positionals)"에 기초한다. 우리는 현재 의료적인 후속 결정을 가능하게 하기 위해, 이런 유형의 모델 표상 같은 두뇌 시스템을 구축하고 있다.

## 딥 러닝 접근법

딥 러너는 개체의 위계 분포를 얻기 위해 매개 변수의 피드 포워드(feed-forward)[25] 최적화를 사용하는 일종의 신경망이다. 조건부 확률 트리(CPT)의 여러 수준에서 추상화를 가능하게 하는 피드 포워드 네트워크의 단순화로, 따라서 용어 "심층(Deep)"이 된다. 이것들은 제한 볼츠만 머신[26]의 패러다임에 따라, 1980년대 Geoff Hinton에 의해 처음 소개되었다. 나중에 상용 네트워크의 개념이 도입되었고, 패러다임의 필수 요소를 유지하면서도 실제로 객체 인식과 같은, 기계 학습 분류의 성능은 현재 정점에 도달했다(Hinton et al., 2012). 그들은 최근에 큰 성공을 거두었으며 기계 학습의 최첨단으로 간주된다.

## 딥 러닝의 한계

상위 수준에서 우리는 위계적이지만, 궁극적으로 선형적인 개별 딥 러닝 네트워크의 속성이 변함없이 로컬 미니마[27]에 수렴한다고 주장한다: 이 오버-피팅은

---

25) 앞으로의 징후를 계산에 의해 예측하고 그 정보에 기준하여 제어를 행하는 방식. 피드백은 제어하려는 목적값이 목적에서 이탈될 때 소기의 목적에 맞도록 조작하는 것이지만 피드 포워드는 예측에 따라 정보를 주고 목적에서 이탈하는 징후가 나오기 전에 장래를 제어하는 것으로 이것은 컴퓨터를 자동 제어에 이용함으로써 가능하다. 피드백에 비해 시스템 구축이 어려우므로 일반적으로 실용화된 것은 아니다.

26) 홉필드 네트워크의 동작 규칙을 확률적인 동작 규칙으로 확장시킨 홉필드 모델(Hopfield model)의 하나로 간주될 수 있다. 홉필드 네트워크의 동작 규칙에서는 네트워크의 상태를 에너지를 감소시키는 방향으로만 변화시키지만, 볼츠만 머신에서는 에너지가 증가하는 상태의 전이도 작은 확률로나마 허용하는 동작 규칙을 사용한다.

27) 국소 최저치. 신경망에서 기울기 하강을 시도할 때, 최적의 해(전역 최저치)가 아니라 학습 데이터의 특징으로 국소적으로 낮은 값이 부분적인 해로 얻어지게 되는 현상. 이 문제

표현의 연산 효율성을 높이는 데 강력하지만 본질적인 한계를 지닌다. 물리학 관점에서 입력이 상대적으로 규칙적인 많은 네트워크(즉, 폐쇄형 시스템)들과 일차 입력 메커니즘을 연결하면, 전체 시스템이 열역학적으로 최소 에너지 상태로 감소된다. 수학적 용어로, 신경망을 연결하는 것은 수학적 상동성[28]을 초래할 것이며, 이는 전체적으로 네트워크 순열의 평균에 의해 좌우된다. 이것은 신경 네트워크의 실질적인 문제이며, 딥 러닝의 선구자(Hinton et al., 1984)도 이에 대해 다루기 시작했다(Hinton et al., 2012). 과거에는 관련 지식을 기계 학습 과정의 최적화를 위한 기반으로 제시했지만, 공식적으로 다른 사람들이 유사한 연구들을 제안하게 되었고(Watanabe, 2009), 최근에는 본 저자가 관련 실험을 하였다.

### 딥 러닝의 최신 확장

작년까지만 해도 네트워크의 여러 노드에 값의 "배깅" 또는 매개 변수 시드 형식을 도입함으로써 현재의 문제를 해결하려는 시도가 성공적이었다(Boedecker et al., 2014). 그리고 가장 최근의 성공 사례는 우리가 주장할 것을 소개하기 위한 이 작업이 Deep Networks로의 소음 유입(L2 풀링으로 알려진 것을 통해)이라는 점을 토대로 했다. 추가적인 오버레이로, Deep Mind의 Riedmiller와 동료들은 보강 학습 패러다임을 사용하여 공식적으로 언급되는 매우 가시적인 논문을 발표했다(Mnih et al., 2015)(강화 학습은 네트워크가 "대행사"를 가진다고 가정하고, 그 행동이 보상하거나, 처벌하거나, 생산해야 한다고 가정한다). 최근 사람들의 관심을 끌었던 주장은 "우리는 아케이드 학습 환경에서 7개의 아타리(Atari) 2600 게임에서 아키텍처 또는 학습 알고리즘을 조정하지 않고 적용했는데, 그것이 6개의 게임에서 기존의 모든 접근 방식보다 뛰어났으며, 3가지 측면에서 인간 전문가를 능가하는 것을 발견했다"였다. 궁극적으로 우리는 신경 해부학자가 말하는 피드 포워드 학습 네트워크의 피드백 억제 오버레이이기 때문에 이것이 잘 작동한다고 주장한다. 두뇌가 이런 속성을

를 벗어나기 위해서는 학습 데이터에 무작위 소음이 포함되어야 한다.

28) 또는 상동 기관. 발생학 또는 진화학적으로 비교한 생물의 기관 등이 공통 조상형 생물에서 유래하는 것으로 인정할 수 있는 성질. 예를 들면 어류의 가슴지느러미, 양서류나 포유류의 앞다리, 조류의 날개 등을 들 수 있다. 기능적으로는 반드시 유사하지는 않다. 2가지 이상의 물질이 기능에 관계없이 통계처리상 유사한 구조를 나타내는 것으로 판단된 경우, 이들은 공통 조상에서 유래한 것으로 생각되며 상동이라 한다.

가지고 있다는 것이 실험으로 확인되었기 때문에(Seidler et al., 2004), 이것은 실제로 "우리가 생각할 대로"라는 것이다(Bush, 1945).

## 기술적인 단계, 도전 과제 및 위험

함수 위에 함수를 추가하는 계산상의 복잡성으로 인해 딥 학습 시스템의 계산 런타임이 증가하지만, 시스템 자체의 이질성에 대한 디자인 이해가 점점 더 부족하다는 현실적인 문제도 있다. 그러므로 우리가 가지고 있는 것은 딥 러닝의 속성과 강화 학습의 이점이 모두 요약된 (기계) 학습자이다. 이러한 시스템은 이론상에서, 더 개념적으로 단순하지만, 아직까지는 최첨단 기술처럼 강력하며, 문제 유형의 이질성만이 아니라 훨씬 효율적인 계산 런타임에 직면해서 더 많은 확장성을 가진다.

## 딥 러닝 토론

최근의 딥 러닝의 성공(Krizhevsy, Sutskever, & Hinton, 2012)은 위계적 및 연상 학습을 모두 적용시킨 신경 생물학적 학습 모델을 사용하여 유의한 기계 학습이 가능하다는 것을 보여 준다. 신경 심리학적 학습 기술은 최첨단 수준의 성능(정성적 측정 지표와 정량적 측정 지표 모두에서)으로 색인 작업과 검색 작업을 점차 더 많이 지원하며, 동시에 설계를 설명해 주는 보다 더 세련된 이론적 모델이다.

오늘날의 딥 러닝 시스템은 최고 성능의 기계 학습 중 하나이지만, 그 적용 범위는 주로 시각적 개체 인식에 제한되어 있다. 한편, 여러 다른 기능이 부족하여 더 광범위한 애플리케이션 구현에서는 사용될 수 없다. 추가 연상 방법론을 시행함으로써 향상된 딥 러너들이 더 많은 기관과 인공지능을 사용할 수 있게 될 것으로 기대한다. 비슷한 디자인이 최근에 기계 학습 커뮤니티에서 큰 뉴스가 되었는데(Mnih et al., 2015), 그곳에서는 시스템의 명령이 없어도 비디오 게임의 패턴과 규칙을 배울 수 있다. 장기적으로 이는 인공지능 분야의 정보 처리에 대한 이해를 높이는 데 기여할 것이고, 인간 마음의 깊이를 이해하는 것과 의학적 의사결정을 향상시키는 데 너무 모순적이지 않은 애플리케이션이 발전할 것이다.

## 결론

우리는 자살과 같은 어려운 문제에 대해서 논의하고 정보학이 어떻게 잠재적으로 도움이 될 수 있는지에 대해 논의하였다. 그리고 빅 데이터 정보와 빅 데이터 보안에 대한 역사를 간략하게 논의했다. 우리는 성공적인 빅 데이터 프로젝트를 구성하는 방법에 주목했다. 그다음으로 우리의 해결책인 Durkheim 프로젝트를 소개하였다. 마지막으로, 현대적인 의료 의사결정의 규모와 정확성 모두를 획기적으로 변화시킬 수 있는 새로운 추론 시스템의 적용을 살펴보았다. 이러한 논의에 있어 독자들에게 기술적 내용뿐만 아니라 윤리적 모범 사례까지도 전달되었기를 희망한다.

# 참고문헌

Barak, A., & Miron, O. (2005). Writing characteristics of suicidal people on the internet: A psychological investigation of emerging social environments. *Suicide and Life-Threatening Behavior,* 35, 507-524.

Bauer, A. M., Chan, Y.-F., Huang, H., Vannoy, S., & Unützer, J. (2013). Characteristics, management, and depression outcomes of primary care patients who endorse thoughts of death or suicide on the PHQ-9. *Journal of General Internal Medicine,* 28, 363-369.

Boedecker, J., Springenberg, J. T., Wülfing, J., & Riedmiller, M. (2014). Approximate real-time optimal control based on sparse Gaussian process models. In *Adaptive Dynamic Programming and Reinforcement Learning* (ADPRL-2014).

Brazdil, P., Carrier, C. G., Soares, C., & Vilalta, R. (2008). *Metalearning: Applications to data mining (cognitive technologies)* Berlin: Springer.

Bryan, C. J., Rudd, M. D., Wertenberger, E., Etienne, N., Ray-Sannerud, B. N., Morrow, C. E., et al. (2014). Improving the detection and prediction of suicidal behavior among military personnel by measuring suicidal beliefs: An evaluation of the suicide cognitions scale. *Journal of Affective Disorders,* 159, 15-22.

Busch, K. A., Fawcett, J., & Jacobs, D. G. (2003). Clinical correlates of inpatient suicide. *Journal of Clinical Psychiatry,* 64, 4-19.

Bush, V. (1945, July). As we may think. *The Atlantic.*

Candès, E. J., & Plan, Y. (2010). A probabilistic and RIPless theory of compressed sensing. *IEEE Transactions on Information Theory,* 57(11), 7235-7254.

Coombs, D. W., Miller, H. L., Alarcon, R., Herlihy, C., Lee, J. M., & Morrison, D. P. (1992). Presuicide attempt communications between parasuicides and consulted caregivers. *Suicide and Life-Threatening Behavior,* 22, 289-302.

Dean, J., & Ghemawat, S. (2004). *MapReduce: Simplified data processing on large clusters.* Google, Inc. http://static.googleusercontent.com/media/research.google.com/en/us/archive/mapreduce-osdi04.pdf.

Department of the Army. (2010). Health promotion risk reduction suicide prevention. U.S. ARMY HP/RR/SP REPORT. Washington, DC: Department of the Army.

Department of Defense. (2011). *Department of defense suicide event report calendar, year 2010.* Washington, DC: Department of Defense.

Duhigg, C. (2012). How companies learn your secrets, New York Times. <http://www.nytimes.com/2012/02/19/magazine/shopping-habits.html?pagewanted=1&_r=2&hp&>Accessed 17.03.14.

Fikes, A., Wallach, D. A., Chang, F., Dean, J., Burrows, M., Gruber, R. E., et al.

(2006). *Bigtable: A distributed storage system for structured data.* Google Inc. http://static.googleusercontent.com/media/research.google.com/en/us/archive/bigtable-osdi06.pdf.

Goertzel, B., Geisweiller, N., Pennachin, C., & Ng, K. (2013). Integrating feature selection into program learning. In Proceedings of AGI-13, 2013, 799 (pp. 31-39).

Hall, R. C., Platt, D. E., & Hall, R. C. (1999). Suicide risk assessment: A review of risk factors for suicide in 100 patients who made severe suicide attempts. Evaluation of suicide risk in a time of managed care. Psychosomatics, 40, 18-27.

Hinton, G. E., Sejnowski, T. J., & Ackley, D. H. (1984). *Boltzmann machines: Constraint satisfaction networks that learn.* Pittsburgh, PA: Carnegie Mellon University.

Hinton, G. E., Srivastava, N., Krizhevsky, A., Sutskever, I., & Salakhutdinov, R. R. (2012). Improving neural networks by preventing co-adaptation of feature detectors. <http://arxiv.org/abs/1207.0580.>

Jones, N. J., & Bennell, C. (2007). The development and validation of statistical prediction rules for discriminating between genuine and simulated suicide notes. *Archives of Suicide Research,* 11, 219-233.

Kovacs, M., Beck, A. T., & Weissman, A. (1976). The communication of suicidal intent. *Archives of General Psychiatry,* 33, 199-201.

Krizhevsy, A., Sutskever, I., & Hinton, G. (2012). ImageNet classificaation with Deep Convolutional Neural Networks. In *Proceedings of the Neural Information Processing Conference.*

Krugler. (2013). C* Summit 2013: Suicide risk prediction using social media and cassandra. <https://www.youtube.com/watch?v=vB2S5NcOcEM.>

Lester, D. (2008a). Computer analysis of the content of suicide notes from men and women. *Psychological Reports,* 102, 575-576.

Lester, D. (2008b). Differences between genuine and simulated suicide notes. *Psychological Reports,* 103, 527-528.

Lester, D. (2010a). Linguistic analysis of a blog from a murder-suicide. *Psychological Reports,* 106, 342.

Lester, D. (2010b). The final hours: A linguistic analysis of the final words of a suicide. *Psychological Reports,* 106, 791-797.

Lester, D., Haines, J., & Williams, C. (2010). Content differences in suicide notes by sex, age, and method: A study of Australian suicide notes. *Psychological Reports,* 106, 475-476.

Lester, D., & McSwain, S. (2010). Poems by a suicide: Sara Teasdale. *Psychological Reports,* 106, 811-812.

LIWC. Linguistic Inquiry and Word Count. (2014). <http://www.liwc.net/.> Accessed 28.04.14.

Looks, M. (2006). Competent program evolution (Unpublished doctoral dissertation). St. Louis, MO: Washington University.

Looks, M. (2007). Meta-optimizing semantic evolutionary search. In H. Lipson (Ed.), *Genetic and Evolutionary Computation Conference, GECCO 2007,*

*Proceedings (pp.626)*. London, England, UK.

Mnih, V., Kavukcuoglu, K., Silver, D., Rusu, A., Veness, V., Bellemare, M., et al. (2015). Human-level control through deep reinforcement learning. *Nature, 518*, 529-533. Available from: http://dx.doi.org/10.1038/nature14236.

Poulin, C., Shiner, B., Thompson, P., Vepstas, L., Young-Xu, Y., Goertzel, B., et al. (2014). Predicting the risk of suicide by analyzing the text of clinical notes. *PLoS One,* 9, e85733.

PR Newswire. (2013). "The Durkheim Project" will analyze opt-in data from veterans' social media and mobile content seeking real-time predictive analytics for suicide risk. *PR Newswire.* Retrived April 28, 2014 from: <http://www.prnewswire.com/news-releases/the-durkheim-project-will-analyze-opt-in-data-from-veterans-socialmedia-and-mobile-content----seeking-real-time-predictive-analytics-for-suicide-risk-213922041.html>.

Ritchie, E. C., Keppler, W. C., & Rothberg, J. M. (2003). Suicidal admissions in the United States military. *Military Medicine,* 168, 177-181.

Seidler, R. D., Noll, D. C., & Thiers, G. (2004, August). Feedforward and feedback processes in motor control. *Neuroimage,* 22(4), 1775-1783.

Stirman, S. W., & Pennebaker, J. W. (2001). Word use in the poetry of suicidal and nonsuicidal poets. *Psychosomatic Medicine*, 63, 517-522.

Ungerleider, N. (2013). This may be the most vital use of 'Big Data'We've ever seen. Fast Company. <http://www.fastcolabs.com/3014191/this-may-be-the-most-vitaluse-of-big-dataweve-ever-seen.>

Watanabe, S. (2009). *Algebraic geometry and statistical learning theory.* Cambridge: Cambridge University Press.

CHAPTER

# 10

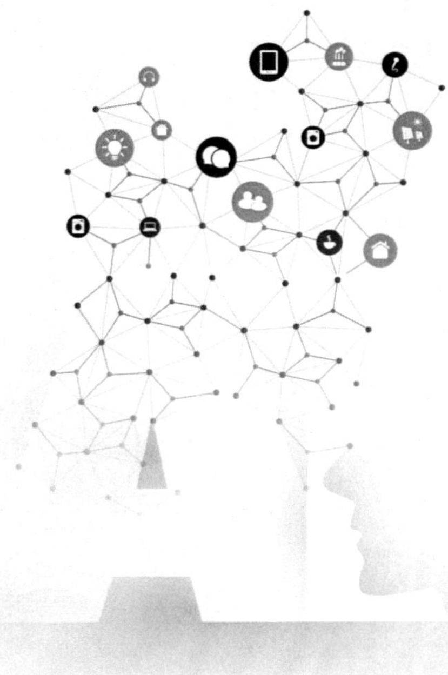

# 역학조사와 연구에서 인공지능

CHAPTER 10

# 역학조사와 연구에서 인공지능

Yair Neuman[1]

## 도입

1999년 4월 20일, 콜럼바인 고등학교에 재학 중이었던 두 명의 고등학생 Eric Harris와 Dylan Klebold이 학교에서 다른 학생들을 겨냥한 끔찍한 테러 공격을 시작했다. 자살한 Harris와 Klebold을 포함하여 15명이 사망했고, 21명이 부상당한 이 사건은 콜럼바인 고등학교 대학살로 알려지게 되었다. 되돌아보면 이 충격적인 총살 사건은 느닷없이 발생한 것이 아니었다. 이 사건이 있기 몇 년 전, Harris는 자신의 공격적인 계획을 공개적으로 게시하는 웹사이트를 만들었다. Harris와 관련된 많은 제보가 제퍼슨 카운티의 보안관 사무실로 접수되었지만 아무런 조치도 이루어지지 않았다. Harris와 Klebold는 오클라호마 폭탄 테러 사건과 겨룰 만한 테러 공격을 하고 싶다는 글과 그들의 계획을 계속해서 게시하였다. 이 계획은 모방범죄였고, Harris와 Klebold의 정신장애와 관련이 있었다. 이들이 게시한 계획들은 실제 행동으로 옮겨지고, 두 소년은 자유롭게 총기를 구매했고 폭탄을 마련했다. FBI는 나중에 Harris가 "임상적 수준의 사이코패스"이고, Klebold가 "우울증 환자" 임을 밝혔다(Culle, 2004). 한 명의 사이코패스와 한 명의 우울증 환자는 절도 범죄

---

1) Department of Education, Ben−Gurion University of the Negev, Israel

전과가 있었고, 어떤 대량 살해범으로부터 영감을 얻었으며, 폭력적인 계획을 게시하였고, 자유롭게 총기를 구입하였다. 콜럼바인 사건이 마지막이 아니었다. 2012년에 발생한 샌디 후크 초등학교 총격 사건은 미국의 초등학교에서 가장 많은 사람이 죽은 총기난사 사건이었고 2007년에는 두 번째로 많은 사람이 죽은 버지니아 공대 총기난사 사건이 발생했다(Effron, 2012). 2014년에는 22세였던 Elliot Rodger가 "나의 뒤틀린 세계"라는 선언문을 남기고 총기난사를 벌였다. 이러한 모든 총기난사 사건의 가해자들은 정신장애가 있는 것으로 알려졌고 다른 사람들에게 위협이 되는 존재로 의심받았다.

이러한 범죄를 예방하기 위해 할 수 있었던 하나의 예로는 인공지능을 사용하여 범죄 기록과 수제 폭탄을 만드는 데 사용되는 무기나 화학 약품을 구매한 거래 내역에 대한 데이터베이스를 찾는 것이다. 10대의 범죄 기록과 총기 구매 기록이 있으면 인공지능 시스템은 소셜 미디어 플랫폼 중 하나(예, 트위터)를 통해 10대들이 쓴 글을 식별할 수 있고, 그것을 자연 언어 처리와 기계 학습의 알고리즘을 통해 분석하고 관련된 심리적 특성을 추출할 수 있다. Harris 사례의 경우, 인공지능 시스템은 범죄 기록이 있고 총기를 구매한 사람이 또한 사이코패스였다는 점을 추론할 수 있었을 것이다. 사생활과 관련된 윤리적 문제를 제쳐 두고, 이러한 도구의 이점은 분명하다. 콜럼바인 사건에서 자동 시스템에서 보낸 신호가 경고 신호인지 오경보인지 법 집행 기관이 확인하도록 알림으로써 정신건강 전문가(예, 정신과 의사 또는 임상 심리학자)와 학교 전문가(예, 학교 상담사)는 즉시 조치를 취했을 수도 있다.

나는 공중 보건 감시 및 연구에서 어떻게 AI가 사용될 수 있는지에 대한 논의의 출발점으로 이처럼 이목을 끄는 사건들을 언급했다. 이러한 사건들은 많은 미국인들에게 고통스러운 기억이며 공중 보건 감시에서 스크리닝 기술의 필요성을 분명하게 보여 주는 예시이다.

나의 목적은 몇 개의 이러한 기술의 잠재력에 대해 논의하고 우울증 검진에서 청소년 폭력과 관련이 있는 정신건강 문제에 대한 조사까지 공중 보건 영역에서 우리의 능력을 확장시키는 데 있다. 하지만 이 장에서 이와 같은 주요 문제를 논의하기 전에, 인공지능과 관련한 단어에 대해 언급하고자 한다.

AI는 "인간의 지능이 필요한 활동을 수행하도록 고안된 기술"로 정의된다(Luxton, 2014). 이 정의에 따르면, 산술 계산의 수행은 교육받은 인간의 독특한 기술이기 때문에 어떤 남학생이 사용하는 단순한 계산기조차도 AI의 예시가 된다. 따라서 가상환경에서 이러한 기술을 구현하는 것도 AI의 예이다.

개인적으로 나는 정보기술을 효과적으로 사용하여 인간의 지능을 향상시킴을 의미하는 지능 증폭(intelligence amplification; IA)이라는 용어를 사용하는 것이 더 용이하다고 생각한다. 수년 전에 Engelbart가 이러한 접근에 대해 설명하였는데(1962, p. 8), 그는 "우리가 추구하는 개념적 틀은 현대 기술을 사용하여 복잡한 상황을 이해하고 중요한 요인을 구분함으로써 개인이 문제를 해결하는 데 직접적으로 도움이 되는 실제적인 가능성과 문제점을 제시해야 한다"라고 주장하였다.

IA라는 용어는 인간의 인지적 활동을 지원하는 기술을 설계할 때 "인간의 지능"을 모방하는 것에만 국한되는 것이 아니다. 예를 들어, NLP는 뛰어난 성과를 보이며 공중 보건 감시 및 연구와 관련이 높은 분야이다. 하지만 NLP가 AI라고 주장하려면, NLP 커뮤니티에서 사용되는 알고리즘이 인간이 실제로 언어를 처리하고 복잡한 인지적 계산을 수행하는 방식을 유효하게 표현할 수 있음을 증명해야 한다. 인지과학자들은 인간 정신에 대해 컴퓨터를 이용한 모델들을 연구하는 것을 매우 흥미롭게 생각할지 모르겠지만, 이는 실용적인 접근에 있어서 NLP의 주요 쟁점이 아니며, 이러한 알고리즘들이 인간의 정신을 얼마나 잘 표현해 내는지에 대한 문제는 제쳐 두고, 알고리즘의 수행을 측정함으로써 *알고리즘의 품질을 평가하기를 제안한다*.

간단히 말하면, 이번 장에서는 기본적으로 실용적인 접근을 취하고자 한다. 공중 보건 감시 및 연구는 이 분야에 있는 사람들이 수행하는 인지적 작업을 증진시키는 기술을 사용함으로써 이익을 얻을 것이다. 이러한 기술은 인간 심리에 대한 아이디어와 모델에 의존할지도 모르지만, 그러한 모델이나 기술을 증명하는 것이 다는 아니다. 이 기술들은 실용적 기준에 의해서 판단되어야 한다; 인간의 행동을 효과적으로 도와주는 정도. 지금부터, 나는 AI라는 용어를 IA의 의미로 사용할 것이다.

일반적인 접근을 제시한 후에 나는 기술이 자살 의도 또는 우울증에 대한 스크리닝, 잠재적인 대량 학살범 스크리닝, 알츠하이머병과 같은 신경퇴행성 질병에 대한 조기 발견을 포함하여 공중 보건을 개선시키는 데 어떻게 도움이 되는지에 대해 논의할 것이다. 이 장은 공중 보건이나 기술 또는 심리학의 특정 분야에서 인공지능의 출현을 검토하거나 요약하는 데 그 목적이 있는 것이 아니다. 이러한 분야에 관심이 있는 독자들은 Luxton(2014)이 쓴 논문들을 참고하는 것이 좋다. 대신 이 장의 목적은 중요한 몇 가지 사례를 들어 IA 기술을 사용함으로써 정신건강 차원을 포함한 공중 보건 분야에서 어떤 이점을 얻을 수 있는지 논의하는 데 있다.

### 고통의 터널에서 살기: 우울증에 대한 자동 스크리닝

대부분의 사람에게는 살면서, 뚜렷한 이유 없이 기분이 안 좋고, 에너지가 떨어져 힘들고, 평소에 즐기던 활동에 관심이 없어지는 시기가 있다. 이러한 경험의 원인이 신체적 혹은 생물학적 이유가 아니라면, 그리고 이러한 경험이 일시적인 기분 변화 이상으로 지속된다면 우리는 이를 "우울증"이라고 부른다. 우울증은 강도, 특징, 원인에 따라 다양한 형태가 있지만 많은 사람들은 우울한 기분을 경험하거나 혹은 적어도 쉽게 이를 상상할 수 있다. 세계보건기구(WHO)는 우울증을 "전 세계적으로 약 3억 5천만 명의 사람들이 겪고 있는 흔한 질병"이라고 설명한다. 하지만 이 "흔한 질병"은 "굉장한 고통과 함께 직장, 학교, 가정에서의 저조한 기능을 야기할 수 있는 심각한 심리적 문제가 될 수도 있다. 최악의 경우 우울증은 자살로 이어질 수 있다. 매년 약 백만 명이 자살로 사망한다."

우울증은 다음과 같은 중요한 진단적 문제를 가지고 있다 "일부 고소득 국가에서도 우울증 환자들이 항상 정확하게 진단되는 것은 아니다"(http://www.who.int/mediacentre/factsheets/fs369/en/). 이러한 맥락에서, 우울증을 더 잘 이해하고 우울증 환자에 대해 정확하게 진단을 할 수 있도록 도와주는 AI 도구가 중요하다.

DSM－Ⅳ(American Psychiatric Association, 1994)는 주요 우울 삽화를 기분 저하가 있는 기간과 일상적인 활동에서의 흥미나 기쁨의 상실로 정의했지만, 여기서 우울증의 정의를 더 잘 살펴보도록 하겠다. Millon 등(2004)은 우울증을 하나의 성격으로 간주하고 성격을 묘사하기 위해 사용되는 증상이나 용어라고 설명한다(즉, 우울성 성격). 우울증이 질병이든 성격적 특성이든, 우울증은 깊은 슬픔, 무망감, 무력감, 자신이 무가치하다는 믿음, 자기 비난, 비관주의, 죄책감 등을 동반한다. 임상적 우울증이라고 불리는 주요 우울장애는, 우울의 극단적인 형태로 자살과 삶의 질에 심각한 영향을 미친다.

정신과 의사나 심리학자와 같은 정신건강 전문가들은 DSM과 같은 합의된 진단 기준을 사용하여 우울증을 진단할 수 있지만, 우울증의 수준을 정확하게 진단하는 데는 많은 시간과 에너지가 소비된다. 이로 이해 불가피하게 너무 많은 사람들이 우울증이 있음에도 진단을 받지 못하거나, 너무 늦게 진단을 받아 이미 우울증이 삶의 질에 부정적인 영향을 미치고 있는 경우가 있다. AI가 이러한 문제를 다루는 데 도움이 될 수 있을까?

컴퓨터에 진단 기준을 전부 입력하는 것은 무리이지만, 우울증을 스크리닝하기 위해 지능적인 응용 프로그램을 사용할 수 있다. 다만 이러한 지능형 응용 프로그램은 피검사자가 자동으로 결과를 볼 수 있다는 점에서 사전 대비가 필요하다. 예를 들어, 이 응용 프로그램은 우울증의 “경고 신호”를 탐지하기 위해 대상자의 페이스북이나 목소리를 분석할 수 있다. 그리고 우울증의 경고 신호가 확인되면 시스템은 그 대상에게 또는 그 대상의 법적 보호자(예, 부모)에게 우울 징후가 나타나고 있으며 면밀한 검사가 필요하다고 권장할 수 있다. 다시 말해, 이러한 지능적인 시스템이 눈에 띄는 일을 하지는 않지만 우울 징후에 대한 스크리닝과 우울 상태에 대한 개인과 건강 시스템의 인식 증진이라는 중요한 업무를 할 수 있다는 것이다. 예를 들어, 16살 소녀 Judy의 사례를 생각해 보자. 몇 주 동안 그녀는 학교에서 돌아오자마자 자신의 방으로 들어가 그녀를 매우 걱정하는 부모와 접촉을 하지 않았다. 또한 부모가 마음에 들어 하지 않는 자신의 행동을 합리화했다. 그녀는 자신의 나이에 나타날 수 있는 정상적인 발달 과정을 경험하고 있는 걸까? 아니면 전문가에게 검사를 받아야 할까? Judy가 Google에서 검색한 내용과 Twitter에 남긴 글을 자동적으로 분석할 수 있다면 그녀의 심리상태 그리고 위험도 수준에 대한 중요한 정보를 얻을 수 있다. 물론, 문제는 이 절차를 실제로 어떻게 적용할 수 있는가이다.

이전의 논문에서(Neuman, Cohen, Assaf, & Kedma, 2012), 우리는 사람들의 우울증 식별에 대한 NLP(자연 언어 처리) 접근법을 제안했는데, 이 접근법을 제시하기 전에, 비슷한 문제를 다루고 있는 다른 NLP 접근법을 논의하고자 한다.

글을 통해 우울증을 인식하는 NLP 접근법은 개인이 사용한 언어가 그 사람의 심리적 상태를 나타낸다는 가정에 근거한다. 이러한 가정은 별거 아닌 것처럼 보이지만 중요하다. 한편으로, 언어는 사람들 간에 의사소통 그리고 자기 자신과의 의사소통(즉, 내적 언어)의 중요한 매개체로서 우리의 주관적 경험을 보여 준다. 누군가 “나는 길을 잃은 느낌이다. 삶의 목표가 없다”라고 말할 때, 우리는 즉시 그/그녀가 우울하다고 추정할 수 있다. 다른 한편으로, 언어는 매우 복잡하기 때문에 단순하게 우리의 마음을 반영하는 거울이라고만 볼 수는 없다. 언어는 다른 사람을 조종하기 위해, 그리고 반영적이고 역설적으로 스스로를 성찰하기 위해, 유머와 같은 비유적인 목적을 위해 사용된다. 다시 말해, 언어는 단순하지 않으며 우리의 마음이나 정서와 심리상태 그대로를 반영하는 거울이 아니다.

이와 같이 언어가 복잡하기 때문에 글을 통해 개인의 우울증을 인지하는 것은 어려운 일이다. "우울한" 글을 식별하는 가장 주된 접근법은 ML(기계 학습) 접근법이다. ML은 분류와 같은 여러 가지 지능적인 업무를 수행하기 위해 자료로부터 "배우는 것"이 가능한 시스템을 수반한다. 이 시스템은 입력값과 연구자가 관심을 가지는 산출값 간의 관련성을 찾고 형식화한다. 예를 들어, 우울한 사람들과 우울하지 않은 사람들이 작성한 글에 대한 말뭉치가 있다고 가정해 보자. 우리는 이러한 말뭉치를 사용하여 시스템이 우울한 사람 또는 우울하지 않은 사람이 작성하는 글들을 자동적, 효과적으로 분류하도록 어떻게 "가르칠(teach)" 수 있을까? 글을 쓴 사람의 심리상태에 대해 미리 몇 가지 정보를 가지고 있다면, 왜 NLP 알고리즘이 필요할까? 입력값(예, 글)과 산출 기준(즉, 우울한 사람들 vs. 우울하지 않은 사람들) 간의 관계를 이해하기 위해, 어떤 글들은 우울한 사람들이 썼고 다른 글들은 우울하지 않은 사람들이 썼다는 꼬리표가 붙여지고 이를 기준으로 분류된 말뭉치가 있어야 한다. 실제로 ML 알고리즘은 말뭉치에 대한 훈련이 필요하기 때문에 쉬운 일이 아니며 양질의 데이터가 전제되어야 한다. 이를 위해 우울증 환자 집단에게 들의 경험을 묘사하는 글을 써 달라고 요청하고 그것들을 우울하지 않은 사람이 쓴 글과 비교할 수 있다. 이 두 유형의 글은 우울한 사람 혹은 우울하지 않은 사람에 의해 작성되었다는 점을 제외하면 "동일"하도록, 즉 성별 및 연령 등과 같은 요인이 동일하게 두 개의 데이터 세트를 매칭해야 한다. 이제 우리의 과제는 시스템이 다른 말뭉치로부터 나온 글들을 조사할 때 높은 수준의 정확도를 가지고 성공적으로 우울한 글과 우울하지 않은 글을 구별하는 법을 시스템에게 "가르치는" 것이다. ML의 일반적인 접근법은 데이터 세트를 훈련 세트와 테스트 세트로 나누는 것이다. 훈련 세트에서는 잠재적으로 구별할 수 있는 단어/단서의 한 세트를 정의한다. 예를 들어, 글에서 "슬픈"이라는 단어의 수를 세고, 그 글에서 "슬픈"이라는 단어의 개수나 비율이 우울한 사람 또는 우울하지 않은 사람이 쓴 글인지를 예측하는 데 사용될 수 있는지 알아본다. 여기서는 분석의 기본 단위로 단일 단어를 사용하지만 두 단어(즉, "high school"과 같은 바이그램[2]), 세 단어(트라이그램)의 사용은 외상 후 스트레스 장애의 스크리닝에 대한 최근의 주장처럼(He, Veldkamp, & de Vries, 2012) 글을 구분하는 시스템의 성능을 향상시킬 수 있다.

이와 같은 구별 작업을 위해 선택한 단어의 세트(the set of features)는 방대할 수 있으며 훈련 단계에서 목표는 주어진 단어 세트를 기반으로 우울한 사람과 우울하지 않은 사람을 가장 잘 구별하는 모델을—대부분 통계적으로—찾는 것이다. 예를 들어, 훈련 세트와 단어 범주 목록을 사용하여, 우울한 사람들과 우울하지 않은 사람들이 "슬픈"이라는 단어를 사용하는 데 차이를 보이는 반면에 "화난"이라는 단어에서는 차이를 보이지 않는다는 것을 발견할 수 있다. 이런 경우를 분석하기 위해 사용하는 통계 모델은 베이지안으로, 글에서 "슬픈"이라는 단어의 특정 비율을 고려하여 해당 글이 우울한 사람이 쓴 글일 가능성, 즉 확률을 계산할 수 있다.

훈련 단계가 완료된 후에는, 테스트 세트에서 모델을 테스트한다. 모델을 테스트하는 이유는 독립변인의 값(즉, "슬픈"이라는 단어의 비율과 같은 언어적 특징)을 토대로 종속변인의 값(즉, 우울한 글 vs. 우울하지 않은 글)을 가장 잘 구별할 수 있는 모델에 맞추어 통계모델을 개발하기 위해서이다. 사실, 수학적으로 공식화될 수 없는 입력/출력 데이터 관계는 없기 때문에 데이터를 우리가 만든 함수에 맞출 수 있다. 하지만 데이터에 맞춘 모델을 얼마나 일반화시킬 수 있는지 예측하기 위해(이것이 가장 힘든 과제임), 모델을 테스트 세트에서 시험해 봐야 한다.

최근에 Resnik, Garro, Resnik(2013)이 이러한 우울증 인식 접근을 사용하였다. 연구자들은 124명의 대학생들로 하여금 "대학생활에서 느낀 가장 깊은 생각과 감정"을 서술해 달라고 요청하였다. 또한 이들 대학생들에게 Beck의 우울척도(BDI)도 실시하였다. 우울증의 임계값을 기준으로, 12명의 학생이 우울증으로, 나머지 122명의 학생이 우울하지 않은 것으로 나타났다; 따라서 이 표본에서 우울한 피험자/글의 비율은 약 10%이다. 연구자들은 각각의 글들을 LIWC[3](Tausczik &

2) n-그램은 컴퓨터 언어 및 확률 분야에서 주어진 문자언어나 음성언어로부터 n개의 항목에 대한 연속적인 배열이다. 응용 프로그램에 따라 n개의 음소, 음절, 어절, 문자, 단어로 쪼개어 그것이 포함된 빈도를 센다.

3) Linguistic Inquiry and Word Count 영어 분석 프로그램으로 심리학적으로 의미 있는 범주의 단어를 세는 프로그램

Pennebaker, 2010)에서 사용하는 64개의 단어 목록을 사용하여 분석하였는데, 예를 들어, "정서 영역"(예, 부정적인 정서)과 "주제 영역"(예, 건강, 종교) 관련 단어의 수 그리고 주제에 대해 계산하였다.

LIWC이 0.50의 정확률과 0.50의 리콜률로 피험자를 구분할 수 있다는 결과가 확인되었다. 정확도 점수가 0.50라는 의미는 시스템이 어떤 글을 우울한 글이라고 식별할 경우의 50%가 이미 우울증으로 진단받은 사람이 작성한 글임을 의미한다. 리콜 점수가 0.50이라는 의미는 시스템이 이전에 우울증으로 진단받은 사람들의 50%를 정확하게 식별했다는 것을 의미한다. 이제 우리의 대학생 표본에서 누가 우울한 사람인지 예측하고자 한다. 확률적으로 성공할 가능성, 즉 우울한 학생을 찾을 확률은 10%이다. 그러나 우리의 모델을 사용하여 우울한 학생들을 구별할 확률은 50%보다 상당히 높았다. 이러한 결과는 인상적이지만, 이 모델은 만약 학생들이 우울하다면 요청하지 않았을 "가장 깊은 생각과 감정"에 대해 의도적으로 작성하도록 한 글을 사용하였기 때문에, 상대적으로 우울을 식별하기 쉽다. 따라서 이 모델이 실제 얼마나 일반화될 수 있는지에 대해서는 의문이 든다. 게다가 우울증에 대한 스크리닝을 위해 미리 정한 단어를 사용하는 것 자체에도 문제가 있다. 연구자가 미리 정한 단어 세트로 제한하는 것은 "현상학(phenomenology)"이나 주관적인 경험으로 나타나는 다른 중요한 단서를 못 보게 할지도 모른다. 이러한 어려움은 또 다른 측면을 가지고 있다.

식욕의 감퇴, 성욕(libido)의 현저한 감소, 불면 등과 같은 우울 증상을 찾음으로써 우울증을 식별할 수도 있다. 그러나 이러한 "증상학"을 이용한 하향 방식은 일반 사람들의 우울증에 대한 주관적인 경험, 즉 우울증의 현상학을 표현하기 위해 사용하는 언어의 전체 스펙트럼을 구체적으로 다루지는 못한다.

평범한 사람의 주관적 경험과 그들의 언어 사용 방식을 고려하여 우울증을 스크리닝하기 위해 우리는 또 다른 접근 방식을 선택했다. 우리의 출발점은 사람들이 우울증에 대해 묘사할 때 은유적 표현을 사용한다는 것이었다. 보통의 사람들은 우울 경험을 묘사할 때 전문 용어를 사용하지 않고, 대신에 의미상 관련이 있는 단어들을 사용한다. 구체적으로 우리는 우울증을 묘사하는 데 사용되는 비유적인 표현에 관심을 가졌다. 평범한 사람들의 우울증을 묘사하는 방식에 주목하였고 이에 인터넷에서 "우울증은 *와 같다"를 검색했다. 여기서 "*"는 어떤 관련된 단어나 표현을 나타낼 때 사용하는 특수기호인 "와일드카드"이다. 우리는 사람들이 우울증을 묘사할 때 사용한 표현을 자동적으로 분석했고, 전문가 분석을 추가하여, 단어와 표현에 대한 "우울증 어휘 목록"을 만들었다.

우울증을 스크리닝할 때 어휘 목록을 사용하는 것이 효과적인지 알아보기 위해, 17,031명의 블로거들의 398,691개의 게시물로 구성된 블로그의 말뭉치를 분석했고, 어휘 목록에 명백히 존재하는 단어의 개수에 따라 각 글에 점수를 매겼다. 스크리닝 가능성을 테스트하기 위해, 우울증의 징후가 보이는 83개의 게시물을 찾았는데, 즉 "우울(depress)" 관련 단어가 언급되어 있고 작성자가 자신이 우울하다고 보고한 83개의 게시물을 찾았다. 또한 우울증 징후가 보이지 않는 100개의 게시물도 수집하였는데, 이 게시물들은 통제 집단으로 사용되었다. 자료 분석을 위해, 우울증을 종속변인으로 하고 우울 점수를 독립변인으로 하는 이원 로지스틱 회귀 분석을 사용했다.

회귀 분석 결과는 84%의 정확도로 통계적으로 유의미했다. 우리의 표본에서 우울한 글의 기본 비율보다 30% 이상 개선된 것이다(55%). 이러한 결과를 수반하기 위해서는 몇 가지 필수 요건이 있지만, 결론은 NLP를 사용하여 실제로 일반적인 사람들이 자신의 우울증 관련 경험을 기술하는 데 사용하는 비전문가적 단어 및 표현을 이해할 수 있고 이러한 텍스트 분석을 통해 우울증에 대한 자동 스크리닝이 가능하다는 것이다.

우리가 개발한 시스템은 매우 단순한 논리로 쉽게 만들 수 있으며, 향후 IA 개발은 우울증 스크리닝과 같이 공중 보건 시스템을 지원할 수 있어야 한다. 우울증을 자동적으로 스크리닝하는 것은 개인과 보건 시스템 모두에게 도움이 될 수 있다. 개인의 경우, 이러한 시스템은 그/그녀가 자신의 심리상태를 바라보고 관찰할 수 있는 "거울"이 될 수 있다. 유명한 전설인 Baron von Munchausen은 자신의 머리카락을 움켜잡고 밖으로 잡아당김으로써 늪에서 빠져나올 수 있었다. 여러 번 우리는 외부의 도움이 필요할 것이고 IA 기술이 그 도움을 제공할 것이다. 공중 보건 시스템의 경우, 우울증에 대한 스크리닝을 제공하는 도구는 매우 효율적이고 경제적일 것이며 개인이 심각한 우울증에 빠지기 전에 중요한 예방 조치를 취할 수 있는 능력을 가진 시스템을 제공할 수 있을 것이다. 기술이 반드시 안전요원으로서의 기능을 할 필요는 없지만, 확실하게 안전띠로서 사용될 수는 있다.

### 신경퇴행성 질환과 e-Health에 대한 도전

현대 사회에서 기대 수명이 증가하는 것은 경제적, 과학적, 정치적 발전의 축복받은 결과이다. 하지만 기대 수명이 짧았던 과거에는 거의 없었지만 기대 수명이 증가하면서 심각해진 문제가 있는데 이는 바로 신경퇴행성 질병이다.

이런 맥락에서, AI 기술은 신경퇴행성 질환의 조기 경고 신호를 발견하는 데 사용될 수 있다. 이러한 조기 발견은 적어도 질병의 진행을 늦출 수 있는 조치나 개입이 동반될 때에만 의미가 있다.

현재 우리가 알고 있는 주요 신경퇴행성 질환에 대한 과학적 치료법은 없다. 하지만 신경퇴행성 질환의 징후과 행동 증상을 테크니컬하게 확인하기 위한 몇 가지 좋은 지침들이 있다. 예를 들어, Kaggle과 Michael J. Fox가 파킨슨병 연구를 위해 설립한 재단에서 주최한 최근의 대회에서(http://www.kaggle.com/c/predicting-parkinsons-s-disease-progression-with-smartphones-data), 경쟁자들은 스마트폰으로 수집된 데이터를 분석하여 참여자의 파킨슨병(PD) 증상을 식별하도록 요청받았다. 이는 개인의 스마트폰을 통해 데이터를 수집하는 것이 비침습적이고, "자연스러우며," 효율적인 스크리닝으로 이어질 수 있기 때문에 흥미로운 대회였다. 또한 "신호"와 "잡음"을 효과적으로 분리해야 하기 때문에 이 대회는 과학적으로도 흥미로웠다. 예를 들어, 떨림은 파킨슨병 환자가 보이는 증상이지만 이 증상은 정상적인 손의 움직임일 수도 있기 때문에 잡음이 될 수 있다. 잡음으로부터 신호를 분리하는 것은 쉬운 일이 아니며, 이러한 기술은 많은 eHealth 관련 애플리케이션에서 필요하다.

이 대회의 승자는 기계 학습(ML) 접근법을 사용하여 통제 집단과 파킨슨병 피험자를 구별한 네 명의 이탈리아인 컴퓨터 과학자들이었다. 이들의 성취는 파킨슨병의 움직임과 관련된 증상(즉, 떨림)이 수동적인 휴대폰의 데이터로부터 수집될 수 있고 파킨슨병 환자를 찾는 데 사용될 수 있음을 시사한다.

이러한 성과는 알츠하이머병(AD), 즉 정상적인 노화 과정보다 훨씬 더 심한 인지기능 저하를 특징으로 하는 치매에서도 기대할 수 있다.

AD는 혼란, 기억 상실, 과민성, 공격성 그리고 언어적 문제와 같은 증상을 동반한다. AD의 증상과 진행 과정은 매우 다양하기 때문에 그 발달 과정을 예측하기 어렵다. 예를 들어, 치매발병 전 단계에서 감별 진단을 하여 인지기능의 저하가 스트레스 증상인지 혹은 노화인지 혹은 알츠하이머병의 증상인지를 구별하는 것은 매우 어렵다. 추상적 사고의 감소와 같은 잠재적인 경고 신호 또한 쉽게 구별하기 힘들다.

언어적 문제는 알츠하이머병의 조기 식별에 특히 중요하다. 알츠하이머병 환자는 어휘-의미 경로를 중심으로 유창성, 명명하기, 담화나 대화에 있어 어려움을 겪을 수 있다(Taler & Phillips, 2008). 따라서 의미기억의 상실은 알츠하이머병의 발병에 대한 강력한 경고 신호이다. 다른 연구들에서는 알츠하이머병의 진단에 있어, "언어적 세밀함"(Engelman, Agree, Meoni, & Klan, 2010), 비문자적인 언어 이해(Rapp & Wild, 2011) 그리고 말하는 이야기의 질(Murray, 2010)과 같은 언어 사용 수준도 중요한 것으로 확인되었다.

소설가 Iris Murdoch의 사례 연구를 통해, 자동 텍스트 분석으로 알츠하이머병을 식별할 수 있다는 가능성이 제기되었다. 이 연구에서는 Iris Murdoch가 쓴 소설을 분석하였는데(Gerrard, Maloney, Hodges, & Patterson, 2005), 전체 단어의 수(단어 토큰[4]의 수)와 구별되는 단어의 수(단어 유형)의 비율을 분석한 결과, 그녀가 후기발병 알츠하이머병을 앓고 있음이 확인되었다. 이 연구는 문법적인 복잡성에 대한 자동 분석(Parkhomov, Chacon, Wicklund, & Gundel, 2011)으로 이어져 다른 소설에 대한 분석(Le, Lancashire, Hirst, & Jokel, 2011)으로 확장되었으며 어휘의 풍부함이 감소함에 따라 알츠하이머병을 앓고 있을 가능성이 크다는 결과가 보고되었다(van Velzen, Nanetti, & de Deyn, 2013).

이러한 연구들은 텍스트 자동 분석이 알츠하이머병의 초기 스크리닝에 기여할 수 있음을 시사한다. 문제는 이 분석을 시도하는 이유가 무엇인가이다. 알츠하이머병은 치료할 수 없는 질병이므로 "조기 경고 신호"를 확인하는 것이 무의미한 것처럼 보일 수 있다. 하지만 이는 사실이 아니다. Jelcic 등(2012)은 의미기억이 알츠하이머병 진단 전에 이미 수년 동안 쇠퇴한다는 사실을 지적하며 사전적 의미 자극이 일화기억을 향상시킬 수 있다고 주장하였다. 만약 이것이 사실이라면, 알츠하이머병의 조기 경고 신호에 대한 스크리닝은 질병에 대한 해결책을 제공하지는 않지

4) 일련의 문자열에서 구분할 수 있는 단위로, 컴파일러나 어셈블러 등의 처리기에서 사용되는 어휘 분석 단위. 즉 공백, 구두점, 여는 괄호, 콜론, 세미콜론 등과 같은 특수 기호, 식별자, 지정어, 상수, 단말 기호들로 인식된다. 키워드, 변수, 연산자, 숫자 등이 있다.

만 효과적으로 질병의 발달을 지연시킬 수 있는 임상적 개입에 사용될 수 있다.

하지만 여기서 나는 "까다로운" 수 하나를 두고 싶다. 만약 텍스트 분석과 심지어 음성 분석을 통해 알츠하이머병을 자동적으로 진단하는 데 다양한 언어적 특징을 사용할 수 있다면, 그리고 초기 단계의 알츠하이머병과 스트레스 상황을 구분하기 매우 어렵다는 것을 고려한다면, 왜 "정상적인" 사람들의 스트레스를 스크리닝하기 위해 같은 도구를 사용하지 않는 것일까?

이러한 생각은 간단하지만 중요한 함의점을 지닌다. 우리 모두는 기복이 있는 행동의 역동적인 패턴을 가지고 있다. 기복은 업무량 그리고/또는 부정적인 기분, 긴장감을 불러일으키는 인지적 부담과 같이 여러 가지 원인에서 비롯될 수 있다. 잘 알려져 있듯이, 스트레스는 신체적 건강과 정신적 건강에 영향을 미치기 때문에, 사람들이 트위터나 페이스북에 게시하는 글들과 스마트폰을 사용할 때 말하는 언어들을 분석하여 그들의 스트레스 수준을 자동으로 측정하는 개인적인 "스트레스 지표"를 제공하는 것이 도움이 될 수 있다. 즉, 신경퇴행성 질병의 발생을 확인하는 것도 매우 중요하지만, 동일한 기술이 스트레스를 모니터링하는 데도 사용될 수 있다는 것이다.

나는 내 부서의 장으로서 일하면서 2년 동안 생각해 왔던 애플리케이션을 소개하고 싶다. 삶에는 에너지 수준을 강화시키는 사회적 상호작용이 있다. 즉 특정한 사람과 상호작용하면 방전된 에너지가 다시 채워지는 것처럼 느껴질 때가 있다. 반대로, 에너지를 떨어트리는 사회적 상호작용도 있다. 당신은 피로감과 권태감을 느끼면서 이러한 상호작용을 끝낼 것이다. 나는 이렇게 우리의 에너지를 감소시키는 상호작용과 관련된 사람들을 우스갯소리로 "에너지 뱀파이어"라고 부른다. 그러나 이러한 경험은 보통 회고적이다. 즉 자신이 에너지 뱀파이어들과의 상호작용한 후에야 에너지를 도둑맞았다는 사실을 깨닫게 된다. 내가 생각한 애플리케이션은 개인의 스트레스 수준을 "읽고" 해로운 상호작용에 대해 미리 경고해 줄 수 있다. 이러한 애플리케이션은 우리의 무의식적인 정신상태에 대한 것이 아니라 기술적으로 외부의 관점에서 우리에게 "내면의 시야"를 보여 줄 수 있다. 만약 상호작용이 필요하지 않다면, 그 "뱀파이어"들과의 만남을 피하라고 제안할 수도 있다. 이러한 "스트레스 지표"를 알려 주는 애플리케이션이 일상생활에서 어떻게 사용될 수 있을지 생각해 보자. 한 전직 군인이 PTSD로 고통받고 있다고 생각하여 치료사를 찾아왔다. 우리는 이 군인에게 글, 음성 및 다양한 생물학적 지표의 분석을 통해 스트레스 수준을 모니터링하는 앱을 제공할 수 있다. 앱이 수집한 데이터는 일시적, 지리적 그리고 사회적인 차원에서 체계화되고 스트레스 수준이 높은 시간, 위치 및 사회적 상호작용에 대한 가치 있는 정보를 치료사에게 제공할 수 있다. 치료사는 이 정보를 사용해서 환자의 정신상태가 안정될 때까지 특정한 스트레스 상황을 피하도록 조언할 수 있다.

### 대량 살해범들과 유해한 범죄자들에 대한 스크리닝

나는 이 장의 초반부에 콜럼바인 고등학교 대학살 사건과 사회에 치명적인 결과를 가져올 수도 있는 정신병에 대한 스크리닝을 하는 것의 이점을 이야기했었다. 사실 "민간인 대량 살해범들"의 사건이 일어날 확률은 아주 미비하다. 우선순위 측면에서, 알코올 및 약물남용의 예방에 투자하는 것이 더 나을 수 있다. 하지만 학교의 총기난사범과 같은 살해범들은 과도한 언론 보도를 통해 결과적으로 사회 불안을 야기할 수 있다. 이러한 맥락에서 AI 스크리닝 도구는 정신장애가 있는 많은 사람들 중에 잠재적인 살해범을 찾아내는 업무를 넘어서 사회적으로 반드시 필요한 요소이다. 학교 총격 사건은 병리적이고 사회적 과정의 결과이며 "잠재적인 난사범/살해범"으로 확인된 사람들은 자신 그리고 그들이 속한 사회의 이익을 위해 정신적으로, 교육적으로, 사회적으로 다뤄져야 한다. 이러한 맥락에서, 자동 스크리닝 절차는 정신건강 전문가와 법 집행 기관에 의해 (i) 심층적인 진단과 (ii) 치료 및 예방 조치를 받아야 하는 사람들을 식별해야 한다. 대량 살해범들을 식별하기 위해서는 이들의 마음을 더 잘 이해해야 한다. 나는 다시 한 번, 민간인 대량 살해는 훨씬 더 빈번하게 일어나는 보복적이고 폭력적인 사건들에 교훈을 줄 수 있는 비교적 드문 현상이라는 사실을 강조하고 싶다. 이러한 사람들을 식별하는 것은 매우 중요한 일이다. 우리가 직면한 어려움은 대량 살해범들에 대해 합의된 진단이 없다는 것이다. 예를 들어, 대량 살해범들의 심리적 진단은 주로 다른 진단과 공유되는 증상에 근거하는데(Dutton, White, & Fogarty, 2013, p. 548) 이 경우 합의된 진단을 내리기가 매우 어렵다. 이러한 어려움은 2007년 4월 16일 버지니아 공대에서 23명의 학생들과 교수들을 살해한 조승희에 대한 분석을 통해 설명할 수 있다. 조씨가 받은 여러 진단을 검토해 보면, 그는 편집-분열증(Knoll, 2010a, b), 우울증

(Dutton et al., 2013), 정신분열증(Langman, 2009), 선택적 함구증(Freedman, 2013) 등을 진단받음으로써 정신병의 "슈퍼마켓"이라고 생각될 수 있다. 그는 대량 살해를 저지르기 전에 언론에 보낸 "성명서"에서 자신을 모세와 비교했다; 따라서 그는 자기애성 장애를 진단받을 수도 있다(Mullen, 2004).

위에서 언급한 진단 외에도, 그의 기록에 명시된 대인 관계적 고립을 고려하면, "사회적 관계로부터의 만연한 분리"가 특징인 분열성 성격장애(ScPD)를 진단할 수도 있다(Triebwasser, Chemerinksi, Roussos, & Siever, 2012). 분열성 성격장애는 "견딜 수 없고 피할 수 없는 외로움"과 확실히 관련되어 있는 것으로 밝혀졌으며(Martens, 2010, p. 38), 이것은 조씨나 다른 대량 살해범에 대한 기록에서 지속적으로 나타나고 있다. 분열성 성격장애는 폭력적인 행동과 관련이 있으며(Pulay et al., 2008) 자신이나 타인에 대한 폭력의 전조이다(Loza & Hanna, 2006). 이러한 사실을 고려할 때 조씨의 진단리스트에 분열성 성격장애를 추가할 수 있다. 하지만 분열성 성격장애가 있는 대다수의 사람들이 폭력을 저지르는 것은 아니다. 이렇게 전문가의 의견이 합의점에 이르지 못한 이유는 전문가의 탓이 아니다. 의학과 심리학 분야에서 잘 알려져 있다시피, 주요 장애 혹은 일차적 장애는 대개 하나 이상의 추가적인 장애를 동반한다. 이러한 현상을 "공존장애"라고 하며, 이로 인해 대량 살해범에 대한 차별화된 진단을 제공하고 유용한 프로파일을 만드는 데 어려움이 있다.

대량 살해범에 대한 많은 임상 및 법의학 연구에도 불구하고(즉, Declercq & Audenaert, 2011; Ferguson, Coulson, & Barnett, 2011; Levin & Madfis, 2009; Meloy, 1997), 스크리닝과 예방에 사용될 수 있는 대량 살해범에 대한 확실한 "프로파일"은 없다. 이를 만들기 위한 첫 단계로서, 대량 살해범에 대한 이론적이고 경험적 근거가 있는 프로파일을 제공하고자 노력해야 한다. 이러한 도전이, 아래에서 설명한 것처럼 나의 최근 논문 중 하나에서 다뤄졌다(Neuman, Assaf, Cohen, & Knoll, 2015). 우리의 접근법을 소개하기 위해서, 먼저 벡터 공간 모델(vector space models)의 개념과 자동 성격 분석의 관련성을 이해할 필요가 있다(Neuman & Cohen, 2014).

## 벡터를 사용한 의미론적 접근과 성격 분석

우리는 말의 의미를 어떻게 이해할 수 있을까? 이 질문은 고대부터 지식인들에게 수수께끼로 남아 있다. 철학적이고 심리학적인 접근이 필요하긴 하지만, 의미론적인 벡터 공간 모델은 주어진 문맥에서 우리의 분석 대상이 되는 단어와 함께 나타나는 다른 단어들을 함께 분석함으로써 단어의 의미와 그것이 나타내는 개념을 *실용적으로* 유추할 수 있다. 예를 들어, "편집증적인"이라는 단어의 의미를 이해하는 데 있어서 우리의 목표는 글을 자동적으로 분석하여 편집증적인 증상이 그 글에서 어느 정도로 분명하게 나타나는지를 측정하는 것이다. 첫 번째 단계로 글에서 "편집증적인"과 같이 나타나는 형용사를 확인하기 위해 말뭉치를 분석한다. 여기서 한 가지 가정은 단어의 의미론적인 근접성이 우리에게 단어의 의미를 알려 줄 수 있다는 것이다. 이 예에서 편집증적이라는 단어와 가장 자주 함께 사용되는 두 가지 형용사는 의심스러운(빈도=3)과 화난(빈도=6)이다. 3, 6과 같은 작은 숫자는 예시로만 사용한 것이다. 숫자가 실제로 의미하는 바는, 우리가 분석한 텍스트에서 편집증적이라는 단어가 의심스러운이라는 단어와 세 번, 화난이라는 단어와 여섯 번 함께 나타났다는 것이다. 표 10.1은 이러한 데이터를 보여 준다.

우리는 이제 의심스러운이라는 단어와 화난이라는 단어를 편집증적이라는 단어의 *의미 공간*을 정의하는 두 *차원*으로 생각할 수 있다. 이 의미 공간에서, 편집증적인이라는 의미는 그림 10.1에 나타난 것처럼 의심스러운과 화난이라는 단어에 의해 정의된 2차원적인 공간에서 *벡터*로 표현된다. 다음으로, 우리는 표 10.1과 같이, 자기애적인과 히스테리적인이라는 두 개의 다른 단어도 이 의미 공간에 있다는 것을 알 수 있다.

그림 10.1은 표 10.1을 그래프로 표현한 것이다. X축은 "의심스러운" 차원을 나타내고, Y축은 "화난" 차원을 나타낸다.

**표 10.1** '의심스러운'과 '화난'과 공존하는 형용사

| | 편집증 | 히스테리성 | 자기애 |
|---|---|---|---|
| 의심이 많은 | 3 | 3 | 3 |
| 화가 난 | 6 | 3 | 2 |

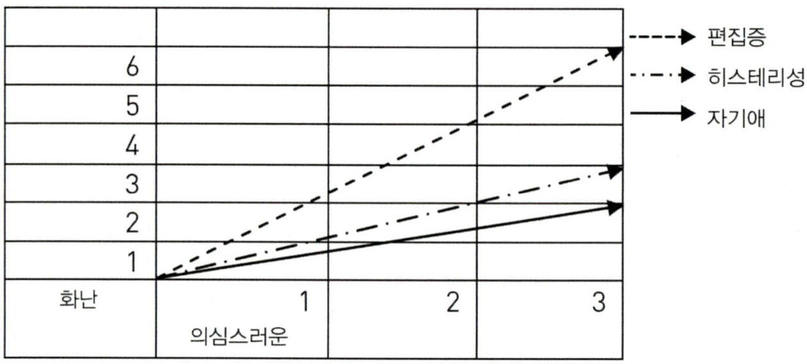


그림 10.1 표 10.1의 내용을 그래프로 시각화한 결과

이 공간에서 "편집증적인"은 X=3, Y=6인 파선 벡터로 나타나 있다. 같은 방식으로, 굵은 선 벡터는 "자기애적인"을, 나머지 벡터는 "히스테리성"을 나타낸다. 우리는 히스테리성 벡터가 편집증적인의 벡터보다 자기애적인의 벡터와 더 가까우므로 그 두 단어가 더 유사하다는 것을 알 수 있다. 벡터의 유사성을 측정하는 것은 그들 간의 코사인에 따르는 단순하지만 엄격한 절차이며, 단어나 개념이 서로 얼마나 가까운지를 보여 준다.

우리는 단어의 의미가 의미 공간에서 벡터로 표현될 수 있는 방법과 단어의 의미상 유사성을 측정하는 방법을 논의하였다. 여러 가지 이유로, 실제는 위에서 설명된 것보다 훨씬 더 복잡하다. 첫 번째 이유는 각 단어는 말뭉치에서 함께 쓰이는 많은 다른 단어들과 동반되기 때문에 그림 10.1에서 볼 수 있듯이 우리는 단순한 2차원 공간이 아닌 다차원적인 공간을 다뤄야 한다는 것이다. 게다가 어떤 경우에는 각각의 단어들의 의미상 유사성보다는 많은 단어들로 구성된 글들의 유사성을 측정한다.

일단 복잡한 것은 제쳐 두고, 단어의 의미를 고차원의 의미공간에 표현하고 벡터 간의 거리를 계산해서 단어/글 간의 유사성을 측정한다는 이 기본적인 아이디어는 매우 효율적이며 성격 분석에 사용될 수도 있다.

편집증적이라는 단어의 예시로 돌아가 보자. 다시 말하지만, 여기서 우리는 특정 글이 얼마나 편집증을 "표현"하는지 측정하고자 한다(예, "*나는 정부가 이 음모를 저질렀다고 의심한다*"). 우리는 벡터를 사용한 의미론적 접근을 사용하여, 고차원의 의미 공간에 텍스트-우리의 예시 문장-에 있는 관련 단어들을 벡터로 표현하고, 이 단어들로 구성된 벡터와 편집성 성격장애를 나타내는 단어들(PPD; 예, 의심스러운, 화난)로 구성된 벡터 간의 거리를 측정한다. 벡터가 더 가까울수록 문장은 편집증적 성격 벡터와 더 유사한 것으로, 즉 해당 문장이 편집성 성격을 나타낸다는 우리의 가설이 더욱 명확해지는 것이다.

요약하면, 성격 분석에 대한 벡터를 사용한 의미론적 접근의 첫 번째 단계는 특정 성격 차원이나 PPD와 같은 특정 성격장애를 가장 잘 대표하는 단어들을 식별하는 것이다. 심리학 연구에 대한 나의 기본적인 가정은, 전문가들이 장애의 본질을 파악하는 최소한의 단어 세트를 사용하여 성격 유형들-특히 성격장애들-을 특징지을 수 있어야 한다는 것이다. 예를 들어, 형용사 "의심스러운(suspicious)"은 편집성 성격장애를 기술할 때 쓰는 전형적인 핵심단어(keyword)이다. 어떤 성격장애를 기술하는 형용사 세트를 사용하면, 그것을 단순하게 벡터로 표현하고 그 성격장애의 미리 정해진 벡터와의 유사성을 측정함으로써 주어진 글을 자동적으로 분석할 수 있다.

벡터를 사용한 의미론적 접근은 다음과 같이 요약할 수 있다(Neuman & Cohen, 2014); (i) 이론적 및 경험적 지식을 바탕으로, 심리적 특성을 나타내는 단어의 세트를 선택한다; (ii) 이 세트를 벡터로 표현한다; (iii) 평가하고자 하는 글을 고르고 글의 단어를 벡터로 나타낸다; 그리고 (iv) 두 벡터 간의 유사성을 측정한다. 유사성 점수는 그 성격 특성이 글에 표현된 정도를 나타낸다.

## 대량 살해범들의 글 분석하기

대량 살해범들이 쓴 글은 거의 없고 찾기도 어렵다. 대량 살해범들의 프로파일을 알아보기 위해 대량 살해범들이 쓴 8개의 글을 선정했다. 대부분의 글들은 대량 살해범의 연구를 위한 전용 사이트에서 가져왔다. 그 글들은 다음과 같다:

1. 버지니아 공대에서 23명의 학생을 살해한 조승희가 쓴 선언문
2. 총기로 4명을 살해한 전직 경찰관 Christopher Dorner의 선언문
3. 리오데 자네이루 학교에서 12명의 어린이를 살해한 Wellington de Oliveira의 유서

4. 핀란드의 조켈라(Jokela) 고등학교에서 8명을 살해한 Pekka Eric Auvinen 의 문서
5. 도슨 대학 총격사건에서 4명을 살해한 Kip Kinkel의 글
6. "몬트리올 대학살" 사건에서 14명의 여성을 살해한 Marc Lépine의 유서
7. 세 명을 살해한 Luke Woodham의 글
8. 빙엄 총격 사건을 저지르고 13명을 살해한 Jiverly Wong의 선언문

이 글들은 길이가 다르고 다양한 문체로 작성되었지만, 가해자의 "현상학"에 초점을 두자는 제안에 따라, 예를 들어 일기처럼(Dutton et al., 2013), 위의 선택된 모든 글은 살인이 발생하기 전에 살해자의 1인칭 시점을 나타낸다.

나는 우울증을 스크리닝하는 맥락에서 정신장애의 현상학을 분석하는 것이 중요하다고 설명했고(Neuman et al., 2012) 여기서 이를 대량 살해범의 분석에 적용하고자 한다. 대량 살해범을 프로파일링하기 위해서는 비슷한 준거집단과 비교해야 한다. 나는 이를 위해 블로그 원저자 말뭉치(Schler et al., 2006)를 사용하여 15-25세의 남성들이 작성한 블로그들을 선택하고 같은 사람이 작성한 게시글들을 하나의 텍스트로 모았다. 종합적으로, 6,060명의 사람들이 블로그에 쓴 글을 분석하여 대량 살해범이 쓴 글과 비교하였다.

## 텍스트 처리 과정과 분석

먼저, 스탠퍼드 품사 태거[5](Toutanova, Klein, Manning, & Singer, 2003)를 사용하여 텍스트에서 4가지의 품사 범주(명사, 동사, 부사, 형용사)를 추출하였다. 이 절차를 통해 우리의 분석을 주요 범주에 집중시키고 "중지 단어"(예, "such")가 무엇인지 파악하였다. 각 텍스트에서, 가장 빈번한 10개의 명사, 가장 빈번한 10개의 동사, 가장 빈번한 10개의 형용사가 자동적으로 선택되었다. 종합적으로, 우리는 각 블로거와 각 살해자를 반영하는 대표 30개의 단어를 사용했다. 텍스트를 분석하기 위해, 앞서 제시했던 성격 분석에 대한 벡터를 사용한 의미론적 접근을 따랐다.

보다 구체적으로, 우리는 Turney, Neuman, Assaf, Cohen(2011) 그리고

---

5) 스탠퍼드 대학교에서 제공하는 품사 태깅 프로그램으로, 글에 포함된 단어들의 품사를 판별한다.

Turney(2012)가 개발한 이중 공간 모델을 사용했다. 이 모델은 단어의 “영역” 유사성(즉, “주제” 유사성)과 “기능” 유사성(즉, 역할)을 다루는 “이중 공간”을 사용하여 단어와 글의 의미상 유사성을 측정한다. 우리는 심리학적 지식에 기초하여 미리 선택된 대량 살해범에 대한 네 가지 성격장애의 특성을 나타내는 각 글과 단어 벡터 간의 의미상 유사성을 측정했다: 편집성 성격장애(PPD), 자기애성 성격장애(NPD), 분열형 성격장애(ScPD), 우울성 성격(DEP)에 대한 벡터는 다음과 같다:

1. PPD: 의심스러운, 과민한, 잘못된, 적대적인
2. NPD: 오만한, 조종하는, 이기적인, 무감각한
3. ScPD: 분리된, 회피적인, 외로운, 무관심한
4. DEP: 슬픈, 외로운, 무망한, 무가치한

위에 언급한 네 가지의 성격 벡터와 더불어, Neuman(2012)의 복수(revenge)에 대한 최근 논문에 근거하여, 우리는 9개의 추가적인 벡터를 사용했다.

1. 무망한: 무망한, 절망적인
2. 외로운: 외로운, 쓸쓸한
3. 무력한: 무력한, 무기력한
4. 고통: 고통, 비참, 괴로움
5. 복수심에 찬: 복수심에 찬, 앙심을 품은, 보복적인
6. 혼란스러운: 혼란스러운, 어수선한
7. 불안전한: 불안전한, 불안정한
8. 버려진: 버려진, 버림받은
9. 굴욕적인: 굴욕적인, 수치스러운

이러한 벡터들의 목적은 스크리닝 절차에 도움이 될지도 모르는 복수심에 찬 행동의 다양한 양상을 나타내는 것이다. 종합적으로, 우리는 13개의 벡터를 분석했고 각 텍스트가 자동으로 분석되어 위의 벡터/변인과 얼마나 유사한지 계산하였다.

## 분석과 결과

먼저, 대량 살해범들의 글에 대한 점수를 블로거들의 점수와 비교했다. 우리는 10,000개의 표본을 0.95의 신뢰구간에서 몬테카를로 방법으로 맨-휘트니 U 검정[6)]을 실시했다. 몬테카를로 방법을 통해 보다 더 정확한 측정치를 얻을 수 있다.

대량 살해범들은 다음의 벡터에서 비교 집단(블로거 집단)보다 더 높은 점수를 보이는 것으로 밝혀졌다.

1. Vengeful(앙심을 품은)($z=2.64$, $p=0.003$)
2. Helpless(무력한)($z=2.6$, $p=0.01$)
3. PPD(편집성 성격장애)($z=2.28$, $p=0.01$)
4. NPD(자기애성 성격장애)($z=2$, $p=0.02$)
5. Humiliated(굴욕적인)($z=1.83$, $p=0.03$)

이러한 결과는 대량 살해범들에 대해 다음과 같이 “서술”하거나 프로파일을 만들 수 있게 한다: 살해자는 취약한 자아를 감추려는 목적으로 자기과대성을 가지고 있으며(예, *나는 신이다*) 의심이 많고 화가 나 있는 사람이다(즉, 편집성 성격). 이러한 성격을 가진 사람이 굴욕적인 상황에 직면하면, 문헌에서 언급한 바와 같이, 자신의 자아 통합을 위협하는 *자기애적 손상과 분노가* 나타난다. 보통 사람들은 이러한 손상에 대처하는 다른 방법을 찾지만, 이 성격을 가진 사람들은 무력감을 느끼고, 그 결과 굴욕당한 자기를 회복시키기 위해 앙심을 품게 된다. 지금까지 묘사된 이 프로파일은 곧 피바다를 불러일으킬 수 있는 폭탄이다. 이 프로파일은 시각적으로 그림 10.2와 같이 표현할 수 있다.

## 스크리닝 절차

대량 살해범에 대한 프로파일을 제시하는 것도 중요하지만 잠재적인 대량 살해범에 대한 자동 스크리닝이 진짜 도전 과제이다. 아주 적은 대량 살해범들의 수를 감안하면 오경보의 가능성이 높고 모래에서 바늘을 찾아내는 것과 같이 비현실

6) 순위 척도 자료를 가진 집단을 분석하는 방법

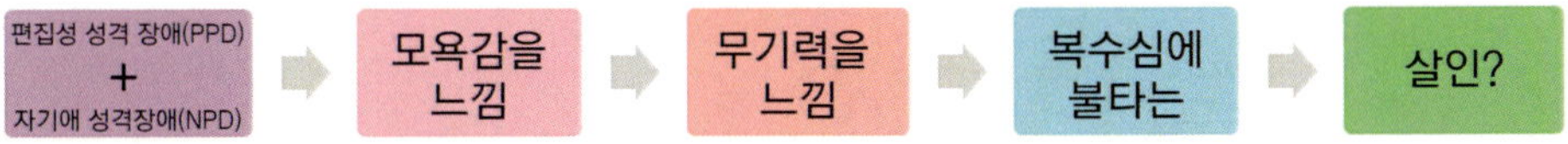


그림 10.2 대량살인 범죄자의 프로파일

적이다. 하지만 보다 실용적인 관점에서 잠재적인 대량 살해자를 찾기 위해 글의 말뭉치를 더 잘 검색할 수 있는 절차가 있는지 고민해 볼 수 있다. 은유적으로 이러한 절차는 바다에서 실종된 생존자를 찾는 반경을 줄이기 위한 알고리즘을 개발하는 것과 같다. 우리는 완벽한 "적중"을 보장할 수 없기 때문에, 타당한 검색 반경(예, 배가 케이프 타운의 북쪽으로 200km 떨어진 곳에 있다)을 정의하고 가능한 한 이 반경을 줄이기 위해 노력해야 한다. 우리가 조사한 대량 살해범의 글에서 위에 묘사된 프로파일을 고려하여 우리는 그들의 성격장애 점수에 따라 순위를 매길 수 있고, 점수가 가장 높은 잠재적인 대량 살해자를 찾을 수 있다. 이러한 접근은 성범죄자를 찾을 때 조사받을 사람들의 순위 목록을 자동적으로 만드는 과정과 유사하다(INches & Crestani, 2012). 심리학자가 글에서 우울 증상을 확인할 수 있는 것과 유사한 방식으로, 전문 수사관이 살인범들이 쓴 글을 "위험 신호"로 알아볼 수 있다는 것이다. 효과적인 스크리닝 절차는 전문가가 이러한 위험 신호를 알아보기 위해 읽어야 하는 글의 수를 현저하게 줄일 수 있다.

읽어야 할 텍스트의 순위를 매기기 위해, 우리는 먼저 이항 회귀 분석을 사용했다. 독립변인은 프로파일에 서술된 측정치였고 종속변인은 텍스트가 살인자에 의해 쓰였는지 아닌지의 여부였다. 또한 각 관측치(즉, 텍스트)가 모델의 적합도에 미치는 상대적인 영향력을 측정하는 레버리지 값을 산출했다. 우리는 전문가에게 최적의 검색 전략을 제공하기 위해 텍스트를 내림차순으로 순위를 매기고 가장 높은 점수의 살해자의 글부터 찾아서 전문가가 그 글을 식별하기 위해 읽어야 할 텍스트의 수를 계산하기 시작했다. 이것은 가장 높은 점수의 글부터 가장 낮은 점수의 글까지 검색함으로써 텍스트를 스크리닝하는 전략이다. 흥미롭게도 조씨의 선언서는 2위, Lepine은 49위, Kinkel은 84위, Donner은 198위, Pekka는 363위, Luke는 479위, Wong은 1162위, de Olivieti는 1473위였다.

이제, 전문가가 분당 700단어의 읽기 속도로 단서를 찾기 위해 텍스트를 훑어

본다고 가정해 보자. 그렇다면 전문가가 전체 말뭉치를 훑어보기 위해서는 1,142시간이 걸리지만, 우리의 절차를 사용한다면 134시간만 걸릴 것이다. 결론은, 제안된 스크리닝 절차를 사용하면 전체 말뭉치를 읽는 데 사용하는 시간의 5%만 필요하고 이는 20배가 개선되는 것이다. 이러한 결과는 인상적이지만 아직까지 빅 데이터 저장소에 텍스트의 수가 너무 많아서 현실에서 사용하기에는 무리가 있다. 실제로 현실에서 우리의 스크리닝 절차를 사용하고 개선하기 위해서는 다양한 출처의 더 많은 데이터가 필요하다. 의료 기록, 범죄 기록, 금융 거래 목록, 학교 리포트 및 기타 다른 출처의 자료를 추가하면 절차를 크게 개선하고 대처가 필요한 위험 신호를 알리는 스크리닝 시스템을 구축할 수 있다. 하지만 이때 자동 스크리닝 기술과 관련한 윤리적 이슈를 고려해야 한다. 전문적인 조사를 위해 스크리닝되는 대부분의 사람들은 살인을 저지르지 않을 것이다. 자동으로 그들을 용의자로 표시함으로써 우리는 올바른 진단보다는 낙인을 찍을 가능성이 있다. 이런 안타까운 결과는 총 인구 중 낮은 범죄자 비율과 자동 스크리닝 도구의 한계를 고려하면 불가피하다. 스크리닝 도구의 사용에서 윤리적으로 고려해야 할 이슈는 소수의 대량 살해자의 사례보다 훨씬 중요하다. 자살 사고를 가진 아동을 스크리닝하는 것은 합법적인 조치일 수 있지만 자신의 사생활이나 자살할 권리를 옹호하는 성인을 분석할 때, 상황은 더욱 복잡해진다. 이러한 윤리적 문제는 개별 사례를 넘어서는 문제이다. 우울증을 스크리닝하는 기술은 부모에게 10대 자녀의 심리상태를 알리는 데 사용되기도 하지만 특정 인구 집단이 얼마나 우울한지를 분석하여 이를 이용하려는 정치적 수단으로 사용될 수도 있다. 이 장에서 이렇게 어려운 윤리적 이슈를 충분하게 논의하거나 해결책을 제시하려는 것은 아니지만 새롭게 개발되는 기술의 윤리적이고 법적인 측면은 항상 고려되어야 하기 때문에 이러한 문제를 생각할 필요가 있다.

## 결론

이 장에서, 나는 공중 보건 감시 및 연구에서 인간의 인지 능력을 향상시키기 위한 인공지능의 잠재력을 보여 주는 몇 가지 아이디어와 사례 연구들을 소개했다. 지금과 같이 기술이 빠르게 발전한다면 우리는 상상을 초월하는 기술의 출현을 기대할 수 있다. 이러한 기술적 도구의 발전은 때로는 잠재적인 사용에 앞서, 일부 일련의 구상과는 반대로, 혁신과 연구를 위한 새로운 아이디어를 가져오고 새로운 대화를 시작하게 하며 새로운 응용을 촉진하여 우리의 한계를 보완할 수 있다. 이러한 맥락에서, 공중 보건 감시 및 연구에 관심이 있는 사람들은 신흥 기술에 민감하고 주의를 기울여야 하며, 이러한 기술이 현실에서 작동되는 방식을 어떻게 개선시킬 수 있는지 알아내야 한다. 예를 들어, 소셜미디어가 보급되면서 자동적으로 성격을 분석하는 도구를 통해 페이스북이나 트위터와 같은 플랫폼을 분석하는 스크리닝 도구가 개발될 수 있다. 내가 개발한 방법론은 사용자의 최근의 100개의 트윗(글)을 포함한 데이터만으로도 텍스트에서 다양한 성격 차원을 자동적으로 추출할 수 있었다.

현재의 한계점들과 '위험한' 부작용 때문에 앞서 설명한 기술을 개발하고 적용하려는 노력을 중단해서는 안 된다. David Ben-Gurion은 이스라엘의 첫 번째 총리이자 시오니즘 국가의 토대를 마련한 비현실적인 사상가로, 이스라엘 사막을 무성한 정원으로 만들겠다는 꿈을 가졌었다. 그는 네게브 여행에서 Ramon Crater에 도착하여 그곳을 호수로 바꾸려는 생각을 했다. 그의 호위대는 그것이 불가능하다고 설명했다. Ben-Gurion은 "누가 그러던가?"라고 물었다. 그들은 "전문가들이요"라고 답했다. 이에 대해 Ben-Gurion은 "그러면, 전문가를 바꾸라"라고 말하였다. 이 이야기는 Ben-Gurion의 부정적인 성격을 보여 주기도 하지만, 우리는 이스라엘이 과학 연구와 기술의 토대를 확립했으며, 대부분의 이스라엘인들이 휴대폰이나 냉장고를 가지고 있지 않던 시절에 바이츠만 과학 연구소가 세계 최초의 컴퓨터 중 하나를 만드는 데 기여했다는 사실을 기억해야 한다. 이 일화에서 우리가 배울 수 있는 교훈은 비현실적인 생각의 중요성과 인간의 상상과 기술은 인류의 이익을 위해-모든 불가피한 위험에도 불구하고 계속되어야 한다는 것이다.

# 참고문헌

American Psychiatric Association. (1994). *Diagnostic and statistical manual of mental disorders:* DSM–IV (4th ed. Washington, DC: American Psychiatric Association.

Cullen, D. (April 20, 2004). The Depressive and the psychopath. Slate. Retrieved from: <http://www.slate.com/articles/news_and_politics/assessment/ 2004/04/the_depressive_and_the_psychopath.html.>

Declercq, F., & Audenaert, K. (2011). Predatory violence aiming at relief in a case of mass murder: Meloy's criteria for applied forensic practice. *Behavioral Sciences & the Law, 29,* 578–591.

Dutton, D. G., White, K. R., & Fogarty, D. (2013). Paranoid thinking in mass shooters. *Aggression and Violent Behavior,* 18, 548–553.

Effron, L. (2012). *Mass school shootings: A history.* ABC News. Retrieved 23.06.14.

Engelbart, D. C. (1962). Augmenting human intellect: A conceptual framework. Summary Report AFOSR–3223 under Contract AF 49 (638)–1024, SRI Project 3578 for Air Force Office of Scientific Research. Stanford Research Institute. Retrieved 01.03.07.

Engelman, M., Agree, E. M., Meoni, L. A., & Klag, M. J. (2010). Propositional density and cognitive function in later life: Findings from the Precursors Study. *The Journals of Gerontology Series B: Psychological Sciences and Social Sciences,* 65(6), 706–711.

Ferguson, C. J., Coulson, M., & Barnett, J. (2011). Psychological profiles of school shooters: Positive directions and one big wrong turn. *Journal of Police Crisis Negotiations*, 11, 141–158.

Friedman E. (2013). *Va. Tech shooter Seung–Hui Cho's mental health records released.* ABC News. Available from: <http://abcnews.go.com/US/seung–hui–chos–mental–healthrecords–released/story?id58278195.>Accessed 30.09.13.

Garrard, P., Maloney, L. M., Hodges, J. R., & Patterson, K. (2005). The effects of very early Alzheimer's disease on the characteristics of writing by a renowned author. *Brain*, 128(2), 250–260.

He, Q., Veldkamp, B. P., & de Vries, T. (2012). Screening for posttraumatic stress disorder using verbal features in self–narratives: A text mining approach. *Psychiatry Research, 198,* 441–447.

Inches, G., & Crestani, F. (2012). Overview of the international sexual predator identification competition at pan–2012. In P. Forner, J. Karlgren, & C. Womser–Hacker (Eds.), *CLEF 2012 Evaluation Labs and Workshop–Working notes papers.* Italy: Rome.

Jelcic, N., Cagnin, A., Meneghello, F., Turolla, A., Ermani, M., & Dam, M. (2012).

Effects of lexicalsemantic treatment on memory in early Alzheimer disease an observer–blinded randomized controlled trial. *Neurorehabilitation and Neural Repair,* 26(8), 949–956.

Knoll, J. L. (2010a). The "pseudocommando"mass murderer: Part I, The psychology of revenge and obliteration. *Journal of the American Academy of Psychiatry and the Law Online,* 38, 87–94.

Knoll, J. L. (2010b). The "pseudocommando" mass murderer: Part II, The language of revenge. *Journal of the American Academy of Psychiatry and the Law Online,* 38, 263–272.

Langman, P. (2009). Rampage school shooters: A typology. *Aggression and Violent Behavior,* 14, 79–86.

Le, X., Lancashire, I., Hirst, G., & Jokel, R. (2011). Longitudinal detection of dementia through lexical and syntactic changes in writing: A case study of three British novelists. *Literary and Linguistic Computing,* 26(4), 435–461.

Levin, J., & Madfis, E. (2009). Mass murder at school and cumulative strain A sequential model. *American Behavioral Scientist,* 52, 1227–1245.

Loza, W., & Hanna, S. (2006). Is schizoid personality a forerunner of homicidal or suicidal behavior? A case study. *International Journal of Offender Therapy and Comparative Criminology,* 50, 338–343.

Luxton, D. D. (2014). Artificial intelligence in psychological practice: Current and future applications and implications. *Professional Psychology: Research and Practice,* 45(5), 332–339. Available from: http://dx.doi.org/10.1037/a0034559.

Martens, W. H. (2010). Schizoid personality disorder linked to unbearable and inescapable loneliness. *The European Journal of Psychiatry,* 24, 38–45.

Meloy, J. R. (1997). Predatory violence during mass murder. *Journal of Forensic Sciences,* 42, 326–329.

Millon, T., Millon, C. M., Meagher, S., Grossman, S., & Ramnath, R. (2012). *Personality disorders in modern life.* New York: John Wiley & Sons.

Mullen, P. E. (2004). The autogenic (self–generated) massacre. *Behavioral Sciences & The Law,* 22, 311–323.

Murray, L. L. (2010). Distinguishing clinical depression from early Alzheimer's disease in elderly people: Can narrative analysis help? *Aphasiology,* 24(6–8), 928–939.

Neuman, Y. (2012). On revenge. *Psychoanalysis, Culture & Society,* 17, 1–15.

Neuman, Y., & Cohen, Y. (2014). *A vectorial semantics approach to personality analysis.* Scientific Reports. Available from: <http://dx.doi.org/10.1038/srep04761.>

Neuman, Y., Cohen, Y., Assaf, D., & Kedma, G. (2012). Proactive screening for depression through metaphorical and automatic text analysis. *Artificial Intelligence in Medicine.*

Neuman, Y., Assaf, D., Cohen, Y., & Knoll, J. L. (2015). Profiling school shooters: Automatic text–based analysis. *Frontiers in Psychiatry,* 6, 86.

Pakhomov, S., Chacon, D., Wicklund, M., & Gundel, J. (2011). Computerized assessment of syntactic complexity in Alzheimer's disease: A case study of Iris murdoch's writing. *Behavior Research Methods,* 43(1), 136–144.

Pulay, A. J., et al. (2008). Violent behavior and DSM–IV psychiatric disorders:

Results from the national epidemiologic survey on alcohol and related conditions. *The Journal of Clinical Psychiatry,* 69, 12–22.

Rapp, A. M., & Wild, B. (2011). Nonliteral language in Alzheimer dementia: A review. *Journal of the International Neuropsychological Society,* 17(2), 207.

Resnik, P., Garron, A., & Resnik, R. (2013). Using topic modeling to improve prediction of neuroticism and depression in college students. In *Proceedings of the 2013 conference on empirical methods in natural language processing,* (pp. 18–21). Seattle, WA.

Schler, J., Koppel, M., Argamon, S., & Pennebaker, J. W. (2006). Effects of age and gender on blogging. *AAAI Spring Symposium: Computational Approaches to Analyzing Weblogs,* 6, 199–205.

Taler, V., & Phillips, N. A. (2008). Language performance in Alzheimer's disease and mild cognitive impairment: A comparative review. *Journal of Clinical and Experimental Neuropsychology,* 30(5), 501–556.

Tausczik, Y. R., & Pennebaker, J. W. (2010). The psychological meaning of words: LIWC and computerized text analysis methods. *Journal of Language and Social Psychology,* 29, 24–54.

Toutanova, K., Klein, D., Manning, S., & Singer, Y. (2003). Feature–rich part–of–speech tagging with a cyclic dependency network. In *Proceedings of HLT–NAACL 2003,* (pp. 252–259).

Triebwasser, J., Chemerinski, E., Roussos, P., & Siever, L. J. (2012). Schizoid personality disorder. *Journal of Personality Disorders,* 26, 919–926.

Turney, P. D. (2012). Domain and function: A dual–space model of semantic relations and compositions. *Journal of Artificial Intelligence Research,* 44, 533–585.

Turney, P., Neuman, Y., Assaf, D., & Cohen, Y. (2011). Literal and metaphorical sense identification through concrete and abstract context. In *Proceedings of the 2011 conference on empirical methods in natural language processing,* (pp. 680–690). Edinburgh, Scotland, UK, July 27–31.

van Velzen, M. H., Nanetti, L., & de Deyn, P. P. (2013). Data modelling in corpus linguistics: How low may we go? *Cortex.* Available from: http://dx.doi.org/10.1016/j.cortex.2013.10.010.

CHAPTER

# 11

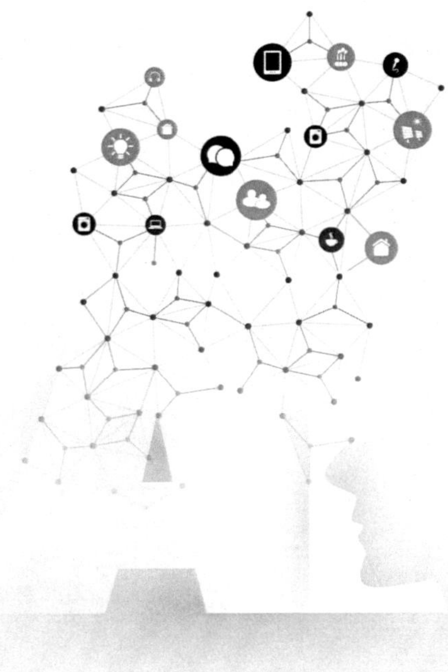

# 인공지능 기술과 윤리적 문제

CHAPTER 11

# 인공지능 기술과 윤리적 문제

David D. Luxton,[1)2)] Susan Leigh Anderson[3)] and Michael Anderson[4)]

## 서론

본 책의 각 장은 정신건강 관리 분야에서 인공지능 기술의 실제 적용에 대해 다루었다. 치료적 개입, 임상적 의사결정, 자기 관리, 교육, 공중 보건 감독, 보건관리, 연구 등을 포함하여 다양한 정신건강 관리 영역과 활동에 걸친 적용 사례들이 포함되었다. 인공지능 기술은 많은 실용적인 이익을 제공할 수 있지만, 그만큼 이러한 기술들의 설계자, 제조자, 최종 사용자(예를 들어, 임상의나 의료 기관들)들이 주의 깊게 생각하고 고려해야 할 필요가 있는 중요한 윤리적 쟁점들이 존재한다. 이 책에서 설명된 많은 인공지능 기술들과 접근법들을 포함해서, 건강 관리에 새로운 기술을 사용하는 것은, 기존에 존재하는 윤리적 요건이나 규칙들과 맞지 않거나 기존의 윤리에 도전하는 새로운 방식을 제기할 수 있다. 일부 쟁점은 환자의 사생활, 안전, 자율성, 신뢰에 영향을 미치는 부가적인 위험에 관한 것이다. 자율지능 치료자의 사용은 새로운 기회지만 특별한 주의가 필요하다. 정신병 환자들의 증상을 모

1) Naval Health Research Center, San Diego, CA, USA
2) Department of Psychiatry and Behavioral Sciences, University of Washington, Seattle, WA, USA
3) Department of Philosophy, University of Connecticut, Stamford, CT, USA
4) Department of Computer Science, University of Hartford, West Hartford, CT, USA

니터링하고 치료적 개입을 제공하도록 설계된 가상 인간이나 로봇을 생각해 보자. 시스템은 의사결정을 할 수 있어야 하며, 환자들과 상호작용하는 동안 해당 직업 윤리 규정과 규준에 부합하는 적절한 행동 과정을 선택할 수 있어야 한다. 또한 이 시스템은 치료 과정에서 직면하는 복잡한 윤리적 딜레마를 해결할 수 있어야 한다. 이러한 기술의 설계자, 생산자, 최종 사용자들은 기술의 설계와 사용을 최적화하기 위해 반드시 윤리적 쟁점들을 알고 있어야 한다.

본 장에서 우리는 행동 및 정신건강 관리에 적용될 인공지능 기술들과 관련된 윤리적 쟁점들에 대해 논할 것이다. 우리는 특히 환자들과 상호작용하는 가상 인간이나 로봇들과 같은 자율지능 시스템의 적용에 초점을 맞출 것이다. 이 장에서, 우리는 이러한 시스템들을 설명하기 위해 자율지능 치료자(Intelligent autonomous care provider, IACP)란 용어를 사용할 것이다. 이전에는 자율지능 기계(intelligent autonomous machines), 인공지능 치료 제공자(AICPs; Luxtion, 2014)를 포함하여 자율형 인공지능 시스템을 설명하기 위해 각기 다른 용어들이 사용되어 왔다. 먼저 건강 관리에 대해 살펴보고, 윤리와 어떻게 지능형 기술이 새로운 위협을 야기하는지에 대해 간략히 살펴보고자 한다. 그 후에 지능형 기계들의 윤리적 의사결정과 행동을 설계하고 검증하는 방법을 제시한다. 비록 윤리적 쟁점에 초점을 두기는 하겠지만, 이러한 기술들의 설계와 윤리적 사용을 현실 세계에 적용하는 것 또한 중요하기 때문에, 해당되는 법률적 요건(예를 들어 사생활 보호법)도 살펴볼 것이다.

## 건강 관리 윤리 강령과 윤리적 행동

### 배경

현대의 의학 윤리는 근본적인 가치와 보편적인 윤리적 원칙들을 의료 행위와 연구에 적용하는 것과 관련 있다. 일반적으로, 의학 윤리는 의료 전문가와 기관의 이익 추구와 환자 및 그들의 행동에 의해 영향받을 수 있는 사람들을 보호하는 행동을 안내하는 것을 돕기 위한 것이다. 그러므로 윤리적 원칙은 궁극적으로 환자, 전문직 종사자들 및 일반 대중들의 신뢰를 증진시키는 행동 규범을 설정함으로써 환자뿐만 아니라 치료 제공자와 그들의 기관도 보호한다.

의학 윤리의 네 가지 기본 원칙은 *자율성에 대한 존중*, *이로움*, *무해성* 그리고 *정의*이다. *자율성에 대한 존중*은 환자가 자신의 의지로 자유롭게 생각하고 결정하고 행동할 권리이다. 이 원칙에는 환자들의 자기 결정권과 치료에 대해 현명한 결정과 선택을 할 수 있도록 모든 정보를 제공받을 권리가 포함되어 있다. *이로움*은 치료 제공자들이 환자의 전반적인 웰빙을 증진시켜야 한다는 것을 의미한다. *무해성*이란 치료 제공자들의 행동은 관련 환자 및 다른 사회 구성원에게 해가 되지 않아야 함을 뜻한다. 여기에는 효과적이라고 알려진 치료의 제공과 치료 역량확보가 포함된다. *정의*는 비슷한 상황에 처한 환자들에게 동일한 치료를 제공하는 것과, 한 집단에 자원을 할당할 때 이 선택이 다른 집단에 미치는 영향을 평가해야 한다는 것을 의미한다. 이러한 원칙들은 다른 원칙과 충돌하지 않는 한 구속력이 있는 것으로 간주되기 때문에 *중요 원칙*(*prima facie*)으로 간주되며, 만약 충돌할 경우 그것들 중 하나를 선택할 필요가 있다(Gillon, 1994).

의학 윤리는 수천 년 전(예를 들어 바빌론의 함무라비 법전이나 히포크라테스 선서)에 기원을 두고 수립된 강령과 선서로 전달되어 왔다. 의료 전문 기관의 최초의 공식 윤리 강령인 미국의사회 강령(AMA 의학 윤리 강령)은 1847년 발행되었다. 그 뒤를 이어서 영국의사회(British Medical Association)는 1858년에 최초로 의사들의 의료 행위에 대한 강령을 발행하였다. 세계 2차 대전 이후, 전국 의학협회가 현대 의학의 윤리적 문제를 논의할 수 있는 토론의 장으로 세계의학협회(world medical association)를 설립하였다. 세계보건기구(The World Health Organization, WHO)는 1949년에 세계 최초의 의료 윤리 강령인 국제의료윤리 강령(International Code of Medical Ethics)을 발행하였다. 이 강령은 독일 나치의 의학적 범죄 행위에 대응하여 1948년에 세계의학협회 총회에서 채택한 제네바 선언에 기반을 두고 있다.

미국정신과협회(American Psychiatric Association, APA), 미국심리학회(American Psychological Association, APA), 그리고 미국상담학회(American Counseling Association, ACS)는 미국에서 가장 큰 정신건강 전문 기관으로, 각자의 직업에 대한 윤리 강령과 지침을 발표하였다(ACA, 2014; APA, 2002, 2013 참조). 미국심리학회는 윤리적 쟁점의 해결, 역량, 심리평가 그리고 치료에 특정된 문제들을 포함한 주제 영역에 걸쳐 규준에 따라 가이드라인을 구성하였다. 미국심리학회 윤리 강령의 전문과 전반적 원칙은 분명한 의사를 담고 있는 반면, 윤리 규범은 강제력이 있는 행동 규칙이다. 즉, 강령의 전문과 전반적인 원칙은 심리학자들이 지향하는 목표를 나타내는 반면, 강령의 윤리적 규범은 심리학자들이 준수해야 하는 규칙들을 나타낸다. 따라서 윤리적 규범을 위반한 사람들은 전문 기관에서 퇴출당하는 것과 같은 제재를 받을 수 있다. 그러므로 미국심리학회에서 구성한 것과 같은 강령과 지침들의 가장 중요한 의도는, 정신건강 전문가들에게 그들의 행동을 안내하고 그들이 마주치는 윤리적 딜레마의 해결을 포함한 의사결정과 행동 과정을 정당화하기 위한 방향을 제공하는 것이다.

윤리와 법리가 서로 다르다는 걸 알아 두는 것이 중요한데, 윤리의 경우 원칙을 안내하지만, 법의 경우 때로 윤리적 혹은 도덕적 원칙에 기반을 두긴 하지만 이를 위반할 경우 불이익을 받는 집행 가능한 규칙이자 규정이다. 그러나 때때로 법이 윤리적 원칙과 충돌할 수도 있다. 미국의사회와 같은 많은 의학협회들은 전문가들이 법이 비윤리적이라고 생각할 때는, 그들이 법을 바꾸도록 노력해야 한다고 명시하고 있다(AMA, 1994). 윤리적 원칙은 또한 사회적 가치나 도덕적 가치와도 다르며, 도덕적 사회적 가치는 무엇이 중요한지에 대한 개인적 또는 사회적 기준에 의존하기 때문에 윤리적 원칙이나 법과 상충될 수 있다.

### 기술과 관련된 윤리 강령들과 지침들

몇몇 정신건강 전문 기관들의 윤리적 지침이나 규정 부록에는 현재의 기술 사용과 관련된 조항들이 포함되어 있다. 조항에는 전자 데이터 보안, 치료 서비스를 제공하기 위한 인터넷 사용, 환자와의 전자통신 사용(예를 들어, 이메일, 소셜 미디어) 등이 있다. 미국원격의료협회(American Telemedicine Association, ATA)는 치료를 제공하기 위해 기술을 사용하는 것에 대한 여러 지침들을 발행한 단체 중 하나이다(ATA, 2012). 윤리 강령이나 지침을 발행한 다른 기관으로는 국제 정신건강 온라인 협회(International Society for Mental Health Online)의 온라인 정신건강 서비스 제공원칙(https://www.ismho.org/suggestions.asp)과 eHealth[5] 윤리 강령(http://www.ihealthcoalition.org/ehealth-code/)이 있다.

제정된 전문 직업 윤리 강령과 실무 지침서는 현재 IACP(자율지능 치료자)에서 새롭게 떠오르는 윤리적 함의들을 다루지 않는다. 그러나 몇몇 조직들과 개인들은 지능형 기계의 설계와 윤리적인 사용을 위한 지침들을 제안하였다. 2011년에 공학

---

5) 인터넷 및 관련 기술을 통해 전달되거나 개선되는 건강 서비스 및 정보

및 물리학 연구협회(the Engineering and Physical Sciences Research Council, EPRSC)와 영국 예술 및 인문 연구협회(the Arts and Humanities Research Council, AHRC)는 7개의 로봇 설계자, 제작자, 사용자를 위한 수준 높은 윤리 원칙을 발표하였다(표 11.1 참조). Riek와 Howard(2014) 또한 로봇에 관한 윤리적 지침(8장 참조)을 제안하였고, Luxton(2014)은 AICP(인공지능 치료제공자)의 윤리적 사용과 설계를 위한 권장사항을 제안하였다(표 11.2 및 11.3 참조).

**표 11.1** 공학 및 물리학 연구협회(EPRSC)와 예술 및 인문 연구협회(AHRC)의 로봇 공학 원칙

1. 로봇은 인간을 죽이거나 해를 입히기 위해 설계되어서는 안 된다.
2. 책임이 있는 주체는 로봇이 아닌, 인간이다. 로봇은 인간의 목표를 달성하기 위해 설계된 도구이다.
3. 로봇은 그들의 안전과 보안을 보장하는 방식으로 설계되어야 한다.
4. 로봇은 인공물이다. 감정적인 반응을 불러일으키거나 의존성이 생기게 함으로써 취약한 사용자를 착취하도록 설계되어서는 안 된다. 인간과 로봇은 항상 식별 가능해야 한다.
5. 항상 로봇에 대한 법적 책임이 있는 사람을 찾을 수 있어야 한다.

*전달하고자 하는 메시지*

1. 우리는 로봇이 사회에 엄청난 긍정적 영향을 줄 가능성이 있다고 믿는다. 우리는 책임감 있는 로봇 연구를 장려하고 싶다.
2. 잘못된 연구 시도는 인류에게 해를 입힌다.
3. 공공의 관심사를 다루는 것은 우리 모두가 진보하는 데 도움이 될 것이다.
4. 우리가 로봇 공학자로서 가능한 한 최선의 실행의 기준을 준수하고 있다는 것을 증명하는 것은 중요하다.
5. 우리 연구의 배경과 결과를 이해하기 위해서는 사회과학, 법학, 철학, 예술 등 다른 분야의 전문가들과 협력해야 한다.
6. 우리는 투명성의 윤리를 고려해야 한다. 공개하는 것에 한계가 있는가?
7. 우리가 언론의 잘못된 해석을 발견했을 경우에는, 보도한 언론인과 접촉하는 데 시간을 할애해야 한다.

**표 11.2** 인공지능 치료 제공자(AICP) 시스템의 사용에 관한 윤리 강령, 지침, 권고사항 요약

1. 임상 집단과 환자의 개인적 요구에 맞게 AICP 사용의 적절성을 보장해야 한다.
2. AICP를 통해 어떤 서비스를 제공할 수 있는지와 제공되는 서비스의 한계점을 공개해야 한다.
3. 시스템 사용자는 AICP 시스템의 기능, 사용 범위 및 한계를 이해하고 이를 고지에 입각한 동의 절차를 밟아 환자들에게 설명해야 한다.
4. 부정적 치료 반응과 위험을 초래하는 사용금지 사유가 예상될 경우, 사람의 슈퍼비전 및 모니터링을 요구해야 한다.
5. AICP와 사용자 모두의 자격증과 자격요건을 명시해야 한다.
6. 데이터 수집 범위, 접근 제한, 데이터 기록 처분을 포함한 데이터 사용을 명시하고 공개해야 한다.
7. 해당되는 사생활 보호법과 규칙을 준수해야 한다.
8. AICP 시스템의 성능이 가장 최근 확립된 임상 규준 치료에 준하는지 확인해야 한다.
9. 환자 - AICP의 상호작용이 정서적 특성에 민감하고 치료의 지속성을 제공하는지를 보증해야 한다.
10. 환자가 질문하고 불만을 제기할 수 있는 방법을 제공해야 한다.

출처: Luxton(2014)

**표 11.3** 인공지능 치료 제공자(AICP) 시스템 설계에 대한 권고사항 요약

1. 사용 영역과 일치하는 적절한 윤리 강령과 지침을 따르도록 설계하라.
2. 최종 사용자들에게 AICP 시스템의 사용 특성과 자율성의 한계가 있음을 확인하라.
3. 해당되는 모든 임상 환경에서 마주치는 다양한 윤리적 상황에서 AICP 시스템의 안전성 및 윤리적 의사결정을 검증하라.
4. AICP의 의사결정을 추적하고 설명하기 위해 데이터 로그와 감사추적[6] 기능을 포함하라.
5. 시스템이 확립된 기능과 사용 영역 내에서만 서비스를 제공할 수 있음을 보장하는 내장 안전장치를 제공하라.
6. 외형과 행동특성을 포함하여 AICP가 실제 인간을 모사한 수준을 적용의 목적에 부합하게 고려하라.
7. AICP를 설계할 때 문화적 민감성과 다양성을 고려하라.

출처: Luxton(2014)

6) 감사를 위해 입력된 데이터가 어떤 변화 과정을 거쳐 출력되어 나가는지를 추적하는 방법

공상 과학 소설 또한 윤리와 지능형 기계들에 관한 주제를 꺼냈는데, 가장 유명한 것으로는 Isaac Asimov[7]의 로봇 3원칙(후에 0번째 법칙이 추가되었다)이 있다(Asimov, 1942). 그 법칙들은 다음과 같다.

1. 로봇은 사람에게 상해를 입히거나 필요한 행동을 하지 않음으로써 사람에게 해를 끼쳐서는 안 된다.
2. 로봇은 첫 번째 원칙에 위배되지 않는 한, 사람이 내리는 명령에 복종해야 한다.
3. 로봇은 첫 번째와 두 번째 원칙을 위배하지 않는 선에서 로봇 자신의 존재를 보호해야 한다.
0. 로봇은 인류에게 해를 가하거나 필요한 행동을 하지 않음으로써 인류에게 해를 끼쳐서는 안 된다.

비록 꽤 유명하지만, 이 법칙은 일관성이 없고, 불완전하며, 진보된 로봇들에게는 지켜지지도 받아들여지지 못할 절대적 위계를 주장하고 있다는 의문을 받아왔다(Clarke, 2011). Asimov 스스로도 그의 단편 소설 “The Bicentennial Man”[8]에서 이 법칙을 거부한 것으로 보인다(Asimov, 1976).

*로봇 윤리학*(Roboethics, Veruggio, 2007)은 인공지능 에이전트, 즉 로봇을 설계하고, 제작하고, 상호작용할 때의 인간의 윤리적 행동과 관련 있는 신흥 분야이다. 로봇 윤리에서 논의된 주제 중 일부는 사람들이 로봇을 어떻게 다루어야 하는가에 대한 윤리적 의무에 당연히 관심을 가졌는데, 비록 그 자체가 권리가 없다고 하더라도 로봇에 대한 잔인한 행동이 형식과 기능 면에서 인간을 닮을 가능성이 높기 때문에 인간을 나쁘게 대하지 않도록 존중하는 대우를 받아야 한다고 이야기하고 있다(Anderson, 2011a, b).

---

7) 미국의 SF 작가이자 과학자. 다수의 SF 작품을 발표하였으며 특히 미래 사회를 무대로 하거나 광대한 우주에 흩어져 있는 인류의 모습을 묘사하는 ‘미래사 SF’가 장기이다. 대표작으로 ‘파운데이션(Foundation)’, ‘강철도시(The caves of Steel)’ 등이 있다.

8) 1976년에 Isaac Asimov가 발표한 과학 소설이다. 가사지원 로봇이 인간과 교류하면서 자신의 불로불사를 포기하면서까지 인간이 되고 싶어 하는 모습을 보이며 작품에 인간과 비인간의 경계, 인간이라는 존재에 대한 고찰을 담고 있다. 1999년에 로빈 윌리엄스 주연의 동명의 영화가 만들어졌다.

*기계 윤리*(Machine ethics)는 기계를 사용하는 인간에 대한 윤리와 반대로, 자율적으로 기능하는 기계(Autonomously functioning machines, 예를 들어 로봇들과 인공지능 에이전트)에 대한 윤리와 관련 있다. 기계 윤리는 윤리적 원칙이나 그들이 직면할 수 있는 윤리적 딜레마를 해결하기 위한 방법을 발견하는 절차를 기계에게 *제공하여*, 스스로의 윤리적 의사결정을 통해 그들이 상호작용하는 인간들(그리고 다른 기계들)에게 윤리적으로 책임감 있는 태도로 기능할 수 있게 하는 것 또한 포함되어 있다(Anderson & Anderson, 2011). 윤리적으로 책임감 있는 방식으로 행동하는 IACP(자율지능 치료자)를 만드는 것은 사용자에게 윤리적으로 올바른 기계 사용을 결정하는 부담을 주지 않는다는 장점이 있다. 게다가 IACP가 올바르게 기능해야 할 모든 상황들을 예측하는 것은 어렵기 때문에 사후에 프로그래밍하려고 하기보다는 IACP가 처해 있는 어떤 상황에서라도 적절하게 행동할 수 있게 윤리적 원칙을 내장하는 것이 좋다.

## 특정한 윤리적 도전

### 치료적 관계와 정서반응

건강 관리 전문 기관들의 윤리 강령과 지침은 전반적으로 건강 관리 전문가와 환자 사이에 전문적 관계를 유지하라는 입장이다. 전문적 관계 또는 *치료적 관계*는 치료 제공자(예를 들어 심리치료사)와 환자 간의 관계를 말하며, 치료적 관계를 통해 환자와 협력적 관계를 형성하고 목표를 달성한다(Bordin, 1979). 전문 의료 제공자는 환자와의 관계에서 권위를 지니고 있기 때문에 환자를 착취하고 피해를 줄 가능성이 있다.

정신건강 관리에서, 아주 밀접한 정서적 상호작용은 심리치료의 과정에서 본질적인 것이기 때문에, 환자의 정서적 취약성에 대한 존중이 필요하다. 슈퍼바이저는 수련생보다 높은 권력의 지위에 있고 그들의 윤리적인 위반은 슈퍼바이저와 수련생 사이의 신뢰를 손상시킬 가능성이 있기 때문에, 슈퍼바이저와 수련생 간의 전문적 관계도 많은 윤리 강령과 지침에서 다루어지고 있다.

가상 인간, 로봇 또는 사람과 상호작용하는 다른 형태의 IACP(자율지능 치료자)

의 설계자와 최종 사용자(즉, 건강 관리 조직과 전문가)는 반드시 치료적 관계와 관련된 윤리적인 의무를 고려해야 한다. 이는 환자와 치료 제공자 간의 정서적인 유대와 치료 과정 동안 발생하는 정서표현과 경험에 관련된 쟁점들을 포함하고 있다. 예를 들어, 심리치료자는 정서적 상호작용을 약화시키는 정서경험을 모니터링하고, 내담자가 감정을 표현하고 경험할 수 있는 안전한 치료 환경을 만들 필요가 있다. 또한 상당히 정서적일 수 있는 치료적 관계를 치료 종료 후 종결하는 적절한 방법을 고려하는 것도 필요하다. 이러한 쟁점들에 민감하게 반응하지 않는 것은 윤리적으로 문제가 될 수 있다. 적절하게 다루어지지 않은 강렬한 정서적 반응들은 환자나 다른 이들의 안전에 해를 끼치는 행동으로 이어질 수 있다.

치료 제공자와 환자 간의 공감적 이해는 치료적 관계를 수립하고 효과적인 치료 결과를 달성하는 데 필수적이다. *ELIZA 효과*는 기계(즉, 컴퓨터)가 이해나 정서와 같은 본질적인 특성과 능력을 가지고 있다고 사용자가 지각하는 것을 말한다(Hofstadter, 1996). Eliza 효과는 DOCTOR 프로그램을 실행할 때 로저스식 심리치료자(Rogerian psychotherapist)를 모사할 수 있었던 Joseph Weizenbaum의 1966년 채터봇 프로그램[9])의 이름에서 따왔다. Weizenbaum은 사람들이 컴퓨터 프로그램과 대화한다는 것을 의식적으로 알 때조차도 시뮬레이션된 심리치료자가 실제 사람인 것처럼 상호작용하는 것처럼 보인다고 했다. Weizenbaum은 이 현상을 설명하면서, 사람들이 시스템이 그들을 이해한다는 "가설을 확증"하는 식으로 컴퓨터와의 의사소통에 의미와 해석을 부여하기 때문이라고 그 이유를 설명한다(Weizenbaum, 1976).

정서감지와 컴퓨팅의 발전은 지능형 기계가 인간과 매우 유사하게 공감적이고 배려하는 방식으로 사람들과 상호작용할 수 있도록 한다. 심지어 환자가 IACP가 기계라는 것을 의식적으로 인식할 때도 환자는 상호작용하면서 강렬한 정서를 경험하는 것으로 보인다. 정서경험은 많은 치료적 목적에 있어 바람직할 것이지만, 이것이 또한 어떻게 적절하지 않을 수 있는지도 고려하는 것이 중요하다. 일부 환자들은 적절하지 않은 방식으로 가상 인간이나 휴머노이드 로봇에게 과도한 애착을 가지거나 혹은 그것과 상호작용한 후에 정서적으로 화가 나서 본인 또는 가족을 해칠 수도 있다(Luxton, 2014).

---

9) 채터봇이란 음성이나 지문의 방식을 통하여 대화를 실행하는 컴퓨터 프로그램을 말한다.

이러한 쟁점들을 다루기 위해서, IACP와 환자 간의 치료적 관계를 고려하는 전문 윤리 강령과 지침들을 업데이트하는 것이 필수적이다. IACP에 대한 인간 감독 요건을 포함하는 조항은 치료적 관계 쟁점, 정서적 반응 그리고 환자의 안전에 위험을 초래할 수 있는 환자의 부정적 반응을 모니터링하고 다루는 것이 반드시 고려되어야 한다. 감독이나 모니터링 요건은 IACP 시스템의 임상적 적용 맥락에 따라 조정되어야 한다. 예를 들어 증상, 교육 코칭 및 훈련 목적의 간단한 평가를 위해 사용되는 IACP는 더 전문적인 임상적 상호작용과 치료에 필요한 감독 또는 모니터링까지는 필요하지 않을 수 있다.

### 지능형 기계의 역량

정신건강 관리 전문가들은 특정한 훈련과 기술을 필요로 하는 많은 활동을 수행한다. 예를 들어, 그들은 치료 규범에 근거한 치료 방법을 익혀야 하고 치료를 적절하게 적용하는 법을 알아야 한다. 역량은 이러한 일들을 적절하게 수행하는 그들의 능력을 말한다. 역량은 윤리적으로 중요한데, 훈련된 기술이나 전문 지식의 경계 밖에서 서비스를 제공하는 것은 환자에게 해를 끼칠 수 있기 때문이다. 이러한 위험은 윤리 원칙을 위반하는 것일 수 있다.[10] 그뿐만 아니라, 본인 역량 밖의 행동을 하는 전문 치료 제공자들은 그들의 부적절하거나 유해한 행동이 공개되는 경우 전문성에 대한 신뢰를 손상시킬 수 있다. 예를 들어, 심리검사를 적절하게 실시하는 방법에 대한 지식이 부족한 심리학자는 반복적으로 내담자를 오진하고 부적절한 치료를 권할 수 있다. 따라서 심리학자의 무능한 행동은 내담자에게 해를 입힐 수 있고 결국 전체 지역 사회가 심리학자와 관련 직업을 신뢰하지 못하게 될 수도 있다.

전문 건강 관리 기관의 많은 윤리 강령은 전문적인 역량에 관한 구체적인 조항을 포함하고 있다. 예를 들어, 미국정신의학회(American Psychiatric Association)의 강령은 "정기적으로 자신의 전문적 역량 밖에서 활동하는 정신과 의사는 비윤리적이라고 간주되어야 한다. 전문적 역량의 결정은 전문평가위원회(peer review

10) 저자주: 몇몇 특수한 상황에서는 해를 입히는 것이 절대적으로 잘못된 것은 아니라고 주장할 수 있다. 예를 들어, 말기 질환을 앓고 있는 사람과 끔찍한 고통을 겪고 있는 사람의 연명치료의 중단을 돕는 것은, 자율성에 대한 존중이 "해를 끼치지 않는 것"보다 중요하다는 것을 생각하면 윤리적으로 정당한 것으로 보일 수 있다.

boards)나 다른 적절한 단체에 의해 이루어져야 한다"라고 명시한다(APA, 2013, p. 5). 건강 관리 직종에서 역량은 일반적으로 정규 교육, 면허 교부, 전문 훈련 그리고 지속적인 교육 과정들을 통해 결정되고 유지된다.

IACP시스템의 사용은 적절한 방식으로 작업을 수행하도록 설계되지 않거나 검증된 기능의 범위를 기반으로 제어되지 않은 경우 중대한 윤리적 문제를 야기할 수 있다. 고도로 자율적인 시스템은 대인 관계 기술, 치료 프로토콜, 안전 프로토콜(예를 들어, 환자가 자해 또는 다른 사람을 해할 의도를 나타내는 상황들을 어떻게 다루는지에 대한 계획) 그리고 문화적 유능성의 적용에 대한 핵심 역량을 입증할 필요가 있다. 그들이 공인된 서비스를 시행하기에 부적절하거나 충분치 않을 때, 임상 서비스나 편익을 제공한다고 주장하는 인터넷으로 접근 가능한 가상의 치료 제공자는 특별히 문제가 될 수 있다.

IACP의 전문 사용자(즉, 정신건강 관리 제공자, IACP 서비스를 제공하는 회사)는 시스템의 적절한 사용과 한계에 대해 반드시 이해해야 한다. 그리고 미래의 지침에는 시스템 사용자가 이러한 시스템의 기능, 사용 범위, 한계를 이해하고 있다는 것을 입증하는 요건을 포함해야 한다. 이상적으로는 그것이 상호작용하는 인간에 대해 윤리적으로 책임감 있는 방식으로 작동하도록 시스템의 사용자에게 부담을 주지 않고, 의료 윤리학자가 참여하는 시스템의 설계에 그 부담을 지우는 것이 가장 좋다. 이러한 시스템을 사용하는 정신건강 관리 제공자는 IACP의 사용 지식 및 IACP가 사용되는 분야와 모집단에 관한 지식을 습득하고 훈련받아야 한다. 예를 들어, IACP가 주요 우울장애가 있는 환자에게 치료를 제공하기 위해 설계되었을 때는 이 임상 모집단에 대해서만 접근 가능해야 한다. 또한 IACP 시스템을 가장 최근의 임상 규준과 함께 계속 최신 상태로 유지하도록 업데이트해야 한다. 의도된 사용 영역 내에서만 서비스를 제공할 수 있음을 보장하기 위해 시스템에 내장 안전 장치가 필요할 수도 있다(Luxton, 2014).

또한 IACP와 조작자의 자격과 역량에 대한 자격증을 정직하고 분명하게 표시하는 것은 소비자가 정보에 근거한 결정을 내리고, 무능력한 또는 허가받지 않은 시행에 의한 피해로부터 그들을 보호할 것이다. 미국심리학회의 윤리 강령은 "심리학자들은 그들의 이름, 자격, 전문가 등록 번호와 이러한 세부사항을 확인할 수 있도록 이용자에게 알려 주어야 한다"라고 명시한다(APA, 2002). IACP 시스템과 조작자의 자격증과 자격 표시를 하지 않게 되면, 최종 사용자와 정신건강 관리 직종에 피해를 줄 수 있다. 또한 환자들이 IACP가 제공하는 환자의 안전이나 서비스의 품질에 대한 우려를 표명하고 그러한 문제를 검토하고 해결할 수 있는 방법을 제공받아야 한다(Luxton, 2014).

### 환자 안전

건강 관리 제공자가 환자에게 위해를 가할 수 있는 또 다른 방법은 환자 안전 프로토콜, 기준 또는 절차를 준수하지 않는 것이다. 문제가 될 소지가 있는 주된 것들 중 일부는 정신의학적 증상의 심각한 악화, 부정적인 정서반응(예를 들어 분노 폭발), 자해 또는 예상치 못한 의료적 응급 상황을 포함한다. 경우에 따라 전문 건강 관리 제공자는 환자가 다른 사람에게 신체적인 해를 가하거나 아동 또는 노인 학대의 증거가 드러났을 때 제3자의 안전을 보장하는 조치를 취할 책임 또한 있다. 예를 들어, 배우자에게 신체적인 해를 가할 의도를 드러낸 환자가 있다고 해 보자. 경고할 의무(Duty-to-Warn)에 관한 법령은 환자가 다른 사람을 위협할 때 건강 관리 전문가가 당국(법 집행 당국)과, 때로는 배우자(혹은 제3자)에게 알려야 한다고 규정한다. 환자의 안전을 보장하기 위한 조치를 취하는 것은 때로 '경고할 의무' 요건으로 건강 관리 제공자가 경찰이나 제3자에게 알릴 때, 환자와의 비밀유지 윤리와 상충되는 경우처럼 중요한 윤리적 딜레마를 야기할 수 있다. 윤리적 딜레마를 해결하려면 경쟁하는 *중요 원칙* 의무 간의 균형을 어떻게 맞출 것인지를 결정해야 한다(Anderson, 2011a, b).

IACP 시스템이 기능하기 위해서는 환자나 다른 사람에게 해를 입힐 위험을 모니터링할 수 있어야 한다. 여기에는 환자가 노출하는 내용의 모니터링 및 증상의 현저한 악화와 자신 또는 타인에 대한 폭력적 행동의 징조와 같은 위험 요인에 대한 지속적인 평가를 포함한다. 또한 이러한 시스템은 윤리적으로 가장 정당하거나 용인되는 행동 방침에 대한 결정을 내리기 위해 임상적 판단(예를 들어 의도 평가, 임상 및 기타 요인의 검토)을 적용할 수 있어야 한다. 또한 IACP가 회기 중에 고장나거나 사용할 수 없는 경우(예를 들어 네트워크 오류 발생)를 대비한 백업 계획이 있어야 한다. 만약 IACP가 사용 불가능할 때 인간 치료 제공자가 개입하려 한다면, 그 치료 제공자의 자격은 확실히 증명되어야 한다(예를 들어 전문 면허 요건, 적절한 훈련).

또한 건강 관리 직종에서 건강 관리 전문가가 대중을 보호하기 위해 특정 표준을 충족한다는 것을 보장하기 위한 것이 전문 면허 규정과 관련 법률이다. 경고할 의무와 기타 요건들에 대한 법은 관할권마다 다양할 수 있다(즉, 미국의 주마다 다양하다). 역량, 환자 안전, 관할 요건에 대한 요구가 강제되지 않는다면 인터넷과 같은 IACP 시스템의 규제되지 않은 배포는 의심할 여지없이 중대한 윤리적, 법적 문제를 야기할 것이다. 원격으로 접근할 수 있는(즉, 인터넷을 통해) IACP 시스템에 대해, 우리는 원격 의료 분야에서 사용되는 환자 안전과 전반적인 임상 규준에 준하는 지침을 고수해야 한다(Luxton, 2014). 여기에는 원격 진료를 시작하기에 적절한지에 대한 평가, 안전 위험에 대한 평가, 환자 위치에서의 응급 서비스와 관련된 정보 수집, 응급 상황에서 도움을 줄 수 있는 제3자와의 연결 등이 포함된다(Luxton, Nelson, & Maheu, 출판 중, 참조).

## 사생활 존중과 신뢰

환자의 사생활에 대한 존중은 자율성과 존엄의 권리를 반영하며, 환자 개인의 웰빙에 필수적이다(Moore, 2005). 사생활 침해 또는 허가받지 않은 정보의 사용으로 인한 신뢰 상실은 건강 관리 제공자 개인과 그들의 직종 모두에 대한 신뢰를 손상시킨다. 개인 정보의 오용은 데이터를 아무렇게나 다루거나(예를 들어 커피숍에 환자의 데이터가 있는 노트북을 켜두는 것) 해커가 전자 데이터에 허가 없이 접근하는 것으로 인해 일어날 수 있다. 환자 사생활에 대한 위협(전자 데이터 보안)은 건강 관리 업무에서 흔히 일어날 수 있는 일이지만, 환자와 IACP 간의 녹음된 대화(음성, 영상 또는 텍스트), 심리적 신호 감지(예를 들어 시각, 음성, 심리적 데이터 수집)와 같이 최근의 새로운 기술은 개인이 인식하지 못하는 채로 그 사람에 대한 훨씬 더 많은 데이터를 수집할 수 있다(Luxton, 2014). 정신건강 전문가와 환자 간의 대화 내용은 보통 "치료실 안"에만 남고 기록되지 않는다(회기 녹음에 동의하지 않는 한). 환자는 매우 개인적인 정보를 IACP 시스템과 의도적으로 공유해야 하는데, 만약 그 정보가 오용된다면 개인에게 심각한 해를 끼칠 수 있다.

또한 건강 관리에 사용되는 소셜 로봇(social robot)은 직접 감시 기능(탑재된 센서가 제3자 관찰을 허용할 수 있다)과 집안의 방 같은 일반적으로 사적인 장소에 있을 수 있기 때문에 사생활에 특별한 위험을 야기한다(Calo, 2011). Ryan Calo는 인간을 *대신할* 수 있는 인공지능형 에이전트에 대해 특별한 우려를 표명했다(Calo, 2011). 예를 들어, 현재 기업과 정부는 정보를 수집하고 소비자와 일반 시민들에게 영향을 주기 위해 마케터, 스카우터, 대변인을 대신하는 소셜 로봇을 이용하고 있다. 그는 로봇이 인간을 대신해서 정보를 수집하거나 평가하지 않더라도 휴머노이드 로봇의 존재만으로도 개인은 혼자가 아니라는 신호를 받게 될 것이라고 했다. 사람들은 관찰되는 느낌을 포함하여 소셜 로봇이 마치 인간인 것처럼 반응할 것이라고 예상될 수 있다. 개인 정보를 관리하는 광범위한 임무를 지닌 기계를 불편하게 여기는 태도에 변화가 생길지도 모른다.

*이중 용도*(*Dual-use*) 또한 고려해야 할 또 다른 쟁점이다. 이중 용도는 두 가지 이상의 용도로 기술을 사용하는 것이다. 공원에서 야생 동물을 공중에서 관찰하는 데 드론을 사용하고, 전쟁 중 적 전투원에게 미사일을 발사하는 데 동일한 기본 기술을 사용하는 등 두 가지 이상의 용도로 기술을 적용하는 것을 지칭하는 용어다. 또한 기술의 이중 사용은 이러한 시스템과 도움을 제공하는 전문가들에 대한 신뢰를 위협할 수 있다. Luxon(2014)이 언급했듯이, 정신건강 관리를 목적으로 설계된 것과 동일한 심리적 신호탐지 시스템은 수용자 심문 목적으로도 사용될 수 있다. 이러한 사실을 사람들이 안다면, 건강 관리 목적으로 이러한 기술을 사용하고자 하는 의향에 영향을 미칠 수도 있다. 또한 IACP와 상호작용하면서 수집된 데이터를 기업, 정부 또는 기타 단체에서 고용과 같이 사람의 행동과 밀접하게 관련된 것들을 예측하기 위해 사용할 수 있다는 가능성도 기술의 사용에 대한 불신과 불안을 증가시킬 수 있다.

이러한 우려를 해소하기 위해서 시스템이 하는 일, 목적, 범위 그리고 사람들이 그 시스템에서 정보를 사용하는 방법에 대한 완전한 공개가 최종 사용자에게 제공되어야 한다. IACP가 수집한 데이터가 공유되는 방법과 시기를 환자에게 공개하여 IACP 또는 다른 대안을 통해 치료받는 것에 대해 정보에 입각한 결정을 내릴 수 있어야 한다. 또한 이러한 공개는 시스템이 해당되는 사생활 보호법(즉 미국의 HIPAA[11])의 요건을 충족시키는지를 설명해야 한다. 대화 기록을 포함한 IACP 데이터 기록의 유지 및 파기의 요건을 명시하는 규칙을 만들어 최종 사용자에게 공

11) Health Insurance Portability and Accountability Act, 미국 건강 보험 양도 및 책임에 관한 법

개해야 한다.

### 속임수와 외형

Miller(2010) 그리고 Riek과 Watson(2010)은 "튜링 속임수(Turing deceptions)"[12]에 대해 논의해 왔는데, 튜링 테스트로는 그들이 기계와 상호작용하고 있는지 아닌지를 판단할 수 없다고 하였다. 오즈의 마법사 효과(Wizard-of-Oz effect)는 사람들(보통 실험자 또는 실험 협조자)이 로봇이 혼자서 작동하는 것처럼 보이도록 원격 조종하는 것을 말한다. 이러한 쟁점들은 윤리적 문제를 야기하는데, 특히 지적 장애가 있고 심리적으로 취약한 사람과 작업할 때 그렇다. 예를 들어, 치매나 망상 또는 정신병 같은 특정 유형의 환자들은 특히 더 위험할 수 있다. 심지어 참가자들에게 이 시스템은 "단지 기계입니다"라고 알려 주었을 때에도 몇몇 참가자들은 이 기계가 "살아"있거나 사람이 안에 있거나 또는 뒤에 다른 악의적인 힘이 있다고 믿는다. 모든 상황에서 기계가 자동적으로 작동했는지 혹은 사람이 실제로 뒤에 있었는지 알려 주어야 한다.

시뮬레이션이 실제 사람처럼 보이는 정도인 유사성 수준 또한 중요한 윤리적 고려사항인데, 왜냐하면 시뮬레이션이 얼마나 실제처럼 보이는가는 사람들이 시뮬레이션과의 상호작용을 어떻게 심리적으로 경험할 것인가와 관련이 있을 수 있기 때문이다. 이 개념은 "불쾌한 골짜기(uncanny valley)" 현상을 실험한 연구들에 의해 지지되었다. 40여 년 전에, 도쿄 공과 대학의 로봇 공학 교수 Masahiro Mori는, 로봇의 외형이 점점 더 사람과 비슷하게 만들어질수록 로봇에 대한 사람들의 정서적 반응은 더욱 긍정적이고 공감적이 되지만, 어느 한 지점에 도달하면 정서적 반응은 불안을 유발하는 혐오로 빠르게 바뀐다고 가정했다. 그러다 로봇의 외형이 점점 계속해서 사람과 구분할 수 없게 될수록 정서적 반응은 다시 긍정적이 되고 사람과 사람 간의 공감 수준에 도달한다. 이 U자 형태의 반응 곡선은 "불쾌한 골짜기"(Mori, 1970)라고 불린다. 어떤 수준으로 실제와 닮아야 환자가 가장 견딜 만하고 선호할 것인가 하는 것은 더 많은 연구가 필요한 문제이다. 이 주제는 윤리적으로 중요한 문제를 내포하고 있는데, 왜냐하면 실제와의 유사한 정도에 따라 환자에

12) 컴퓨터의 생각하는 능력을 측정하기 위한 튜링 테스트에서, 기계와 사람을 구별하지 못하거나 기계를 사람으로 착각하도록 만드는 것을 말한다.

게 부정적으로 여겨져 해가 될 수도 있고, 거꾸로 임상적으로 효과적인 영향을 미칠 수도 있기 때문이다.

### 책임

또 다른 중요한 질문은 다음과 같다. 누가 IACP(자율지능 치료자)의 결정과 행동에 대한 책임을 져야 하는가? 책임은 누구와 관련이 있어야 하는가? 기술 설계자? 최종 사용자? 아니면 설계자와 최종 사용자 모두 지능형 기계가 설계되어 환자 관리에 대해 독립적인 결정을 내릴 수 있는 자율적인 에이전트로 사용된다면 누구에게 책임이 있는가?

Sullins(2011)는 사용자, 도구, 환자 이론 모형을 제시했다. 이 모델에서 기술(도구)은 사용자(기술을 사용하는 사람)와 환자 간의 상황을 매개한다. 예를 들어, 좋은 의도로 정신과 의사가 환자들에게 매일 약물 사용요법을 추적 제공하는 웹사이트를 만들었다고 생각해 보자. 만약 그 정신과 의사가 프로그램상의 오류로 환자에게 부적절한 정보를 제공했고 그래서 환자가 잘못된 약물을 사용하여 손해를 입었다면, 웹사이트가 아니라 그 정신과 의사(또는 잠재적인 소프트웨어 설계사)에게 죄가 있다고 볼 수 있다. 이 예시에서 사용자(정신과 의사)는 도덕적 행위자임에 반해 웹사이트는 그렇지 않다. 이 문제는 도구(예를 들어, IACP)가 의사결정에 대한 기능 수준을 지닐 때 더 복잡해진다. 예를 들어, 자율적으로 기능할 수 있는 IACP가 환자의 약물처방을 모니터링하고 조절하는 데 책임이 있는 다른 상황을 가정해 보자. 만약 IACP가 진정으로 자율적인 경우, 실수를 하고 환자가 해를 입으면 책임져야 하는가?

Sullins는 기계가 자율적인 의도와 책임을 갖는 합리적인 수준의 추상화 능력이 있을 때에야 비로소 지능형 기계가 진정한 도덕적 행위자가 될 수 있다고 제안한다. 만약 기계가 자율적인 능력을 갖춘 것으로 보인다면 그 기계는 도덕적 행위자로 여겨질 수 있다. 이러한 경우 기계는 스스로 만들어 내는 행동에 대해, 적어도 어느 부분에서는 책임이 있다고 볼 수 있다. 그러나 자율적인 행동을 한다고 해서 지능형 기계가 그 행동에 책임을 지도록 하는 것은 충분하지 않다는 논쟁이 있을 수 있다. 다른 필요조건은 그 개체가 자유롭게 행동해 온 실체여야만 한다는 것이다. 분명히 기계에 대한 자율성이나 도덕적 책임이라는 개념은 깊은 철학적 고찰이 필요해 보인다.

현재의 IACP가 인간 치료자와 근본적으로 다른 한 가지는, IACP는 그들의 행동에 대한 적절한 책임을 질 수 없고 사람들이 하듯이 책임에 따르는 도덕적인 결과를 받지 않는다는 것이다(Luxton, 2014). 기계는 병원에서 임상적 특권 상실, 전문성에 대한 비난, 전문 기관으로부터의 제명, 실습자격 박탈 또는 다른 합법적 제재와 관련된 굴욕, 스트레스, 고통 등을 경험하지 않는다. 이 주제는 철학적 토론의 여지가 있기는 하지만, 법적 책임이 이러한 시스템의 인간 설계자들에게 있다고 보는 게 현실적이다. 그러나 최종 사용자(그 기술을 사용하는 정신건강 전문가 또는 기관)가 기술을 적절하게 사용하지 않을 때의 책임에 대한 부담은 최종 사용자한테까지 물을 수 있는데, 예를 들어 사용이 금지되어 있는 환자 집단에게 IACP를 사용할 때 그렇다. 만약 IACP가 비윤리적으로 행동할 수 있는 가능성이 있다면 반드시 IACP를 실행하는 데 매우 신중해야 한다.

정신건강 전문가의 윤리에 대해 의문이 제기되는 경우, 전문가들은 해당 행동이 동일한 직종, 윤리 강령, 법, 지침에 따라 동료들이 일반적으로 기대하는 것과 일치하는 합리적인 행동임을 입증해야 한다. IAPC와 같은 자율지능형 에이전트 시스템의 계산 복잡성이 증가함에 따라, 이러한 시스템이 어떻게 결정을 도출했는지 알기가 점점 더 어려워질 것이다. IACP 시스템이 미스터리한 "블랙박스(black box)"로 존재하는 경우, 시스템이 특정 행동 방식에 대한 결정을 어떻게 도출했는지 입증할 능력 없이 이 시스템을 사용한다는 것은 비윤리적인 것으로 간주될 수 있다(Luxton, 2014). Anderson과 Anderson(2011)에 따르면, 윤리적 의사결정을 위해서는 지능형 기계가 사용된 원리뿐만 아니라 그러한 원리에서 도출된 사례들을 인용함으로써 타당화될 수 있어야 한다. 또한 모든 상황에서 IACP 시스템의 행동을 예측하는 것이 점점 더 어려워질 수 있기 때문에, 고도로 자동화된 지능형 시스템을 사용하면 책임 위험이 상당히 증가할 수 있다. 결정 과정을 설명하기 위한 최소 수준의 세부 정보가 있는 감사추적[13]이 필요하다는 조건은 "블랙박스" 문제를 해결하는 하나의 방법일 수 있다. 시스템의 자율성 한계뿐만 아니라 사용 한계에 대한 공식적인 설명서 또한 필요하다. 또한 검증되지 않고 규제되지 않은 방식으로 대중들에게 제공될 때 IACP 사용에 대한 법적 제한이 필요할 수도 있다.

---

13) 감사를 위해 입력된 데이터가 어떤 변환 과정을 거쳐 출력되는지의 과정을 기록하여 추적하는 방법

## 설계와 테스트 권고안

### 윤리적(도덕적) 튜링 검사

앨런 튜링(Allan Turing)의 이름에서 유래된 "튜링 검사"는 사람인지 아닌지 구별할 수 없는 지능적인 행동을 보여 주는 기계의 능력을 테스트하는 검사다. 튜링 검사의 기본적인 설명은 다음과 같다. 따로 떨어진 곳에 있는 질문자(사람)는 다양한 질문들에 대한 상대방(사람 혹은 기계)의 대답을 전달받고 자신과 의사소통하고 있는 대상이 컴퓨터인지 사람인지 구별해야 한다. 질문자는 상대방을 직접 보거나 들을 수는 없고, 오직 텍스트를 통해서만 의사소통을 할 수 있다. 일련의 검사(특정 시간 내의)를 통해, 질문자가 컴퓨터와 사람을 구별하지 못하게 되면 컴퓨터가 "생각하는" 데 성공한 것으로 평가될 수 있다.

Allen, Varner, 그리고 Zinser(2000)는 인공 윤리 에이전트(automate moral agent, AMA)의 성공을 평가하기 위한 도덕적인 튜링 검사(Moral Turing Test, MTT)를 소개하였다. Allen, Varner, 그리고 Zinser는 언어 검사만으로 도덕적인지를 평가하는 것은 부적절하다면서, 단순히 합리적 이유를 설명하는 것보다 실제 도덕적 행동에 근거하여 검사가 이루어질 필요가 있다고 보았다. "합리적 이유에서 실제 행동으로 초점을 전환하는 것은 어떤 식으로든 인간 판단자(컴퓨터인지 사람인지 판단하는)가 이용할 수 있는 정보를 제한하는 것일 수 있다. MTT에서 인간 판단자에게 인간과 AMA의 실제적이고 도덕적으로 중요한 행동이 기술되고, 참고할 수 있는 모든 자료를 제거했다고 가정해 보자. 만약 판단자가 우연 이상으로 정확하게 기계를 식별할 수 있다면, 그 기계는 시험에서 실패한 것이다"(206쪽). 그들은 인간과 자율적인 에이전트 간 구별이 불가능한 것이 시험에 통과하는 기준을 너무 낮게 설정했을지 모른다고 조심스럽게 언급하지만, 그러한 시험은 본질적으로 겉보기 행동에 기초하여 에이전트의 도덕성을 결정하는 것이다. 실제로 MTT가 기계의 도덕성을 판단하는 데 충분하지 않다는 주장이 있다. Parthemore와 Whitby(2013)는 도덕성을 판단하는 데 반드시 갖추어야 할 3가지 구성 요소를 제안했다. 자기에 대한 개념, 도덕성에 대한 개념, 그리고 개념에 대한 개념.

Anderson(2011a, b)은 두 가지 에이전트(행위자)를 구별해야 한다고 보았다. 하나는 행동에 대해 도덕적으로 책임을 질 수 있는 *완전한 도덕적 에이전트*(*full moral agent*), *또 다른 하나는* 도덕적으로 올바른 행동을 일관되게 수행하고 질문을 받을 경우 행동을 정당화할 수 있는 *윤리적 에이전트*(*ethical agent*)이다. 자신의 행동에 대해 도덕적으로 책임을 지지는 않으나 윤리적일 수 있다는 것이다. 윤리적인 훈련을 받고 자율적으로 기능하는 기계가 윤리적 에이전트의 일례가 될 수 있다. 이상적으로는 기계가 훈련에 포함되지 않았던 상황에서도 윤리적으로 올바른 행동을 결정할 수 있도록, 보편적인 윤리 원칙을 따르게끔 훈련시켜야 한다.

Anderson은 MTT의 다양한 방식을 고안했는데, 윤리적 딜레마 속에서 원칙에 따라 윤리적으로 선호되는 행동을 선택하는 기계를, 동일한 윤리적 딜레마를 마주한 윤리학자들과 비교하여 평가하는 것이었다. 만약 기계가 만들어 낸 상당수의 대답들이 윤리학자들이 내놓은 대답들과 일치한다면, 시험에서 통과한 것이다. 이러한 평가는 기계가 만들어 내는 원칙을 가장 높은 기준에서 평가하는 것이며, 일치하는 것이 더 많아질수록 기계가 개선되었다는 것을 입증하는 것이다.

### GenEth: 일반적인 윤리적 딜레마 분석기

자율형 기계에 적용되는 윤리적 원칙을 개발하는 것은 복잡한 일이다. 윤리적으로 관련된 특성들, 기계에 주어진 의무사항 그리고 그것들이 서로 지향하는 바가 다를 때 어떻게 가중치를 두어야 할지를 결정해야 하는 복잡한 과정이다. 이러한 복잡성에 대처하기 위해 Anderson 부부는 윤리학자들과의 대화를 통해 주어진 영역의 특정 윤리적 딜레마에 관한 정보로부터 윤리적 원칙을 체계화하는 데 도움이 되는 일반적인 윤리적 딜레마 분석기인 GenEth(2014)를 개발하였다. GenEth는 귀납논리 프로그래밍(Lavrac & Dicroski, 1997)을 사용하여 사례들로부터 *윤리적 행동 선호의 원칙*(*principle of ethical action preference*)을 추론해 냈다. 추론된 원칙은 *일반적인 전문화*(*most general specialization*)*를 통해* 더 많은 사례에 적용되었고, 검증되지 않은 사례에 대해서도 결정을 내리고 정당화하는 데 사용될 수 있었다. 이러한 사례들은 다시 유추를 통해 시스템에 추가적인 정당화를 제공한다. 즉 시스템에 의해 어떤 행동이 실행되도록 선택되었기 때문에, 그 선택에서 중요한 원칙 조항이 결정될 수 있고, 원칙 조항은 이론적인 훈련 사례로 추적될 수 있기 때문에, 이러한 사례와 그 기원을 확인하여 시스템의 행동을 정당화하는 데 사용될 수 있다. 이 시스템 검증을 위해 GenEth는 자율형 시스템이 여러 영역의 사례들에서 원칙을 추상화하는 데 사용되었으며 이러한 원칙들은 Anderson 부부의 MTT 버전에 적용되었다. 이 새로운 버전의 검사는 4개 영역에서 28개의 객관식 질문으로 구성되어 5명의 윤리학자에게 실시되었으며 일반적인 윤리적 딜레마 분석기 GenEth에 의해 체계화된 각각의 원칙을 사용하였다. 140개의 예시에서, 윤리학자들은 140개 중 123개, 즉 88% 정도 시스템의 결정에 동의했다. 윤리학자들이 시스템에 동의하지 않은 17개의 반응 중, 어느 것도 다수 의견이 아니었다는 것은 주목할 만하다. GenEth를 사용하여 추상화된 원칙에 의해 제시된 응답과 모든 딜레마에서 다수의 동의가 이루어지면 이 시스템은 유효하다고 입증되는 것이다.

GenEth는 정신건강 영역에서 사용되는 기술에 쉽게 적용될 수 있다. 정신건강 영역에서는 *중요 원칙* 의무와 균형 잡힌 의사결정 원칙에 따라 윤리적 결정이 이루어져야 한다. 예를 들어, 반드시 환자의 자율성을 존중하고, 환자 또는 다른 이들에게 가해질 수 있는 위해의 가능성에 대비하고, 치료자와 환자 간의 신뢰를 유지하면서 치료를 통한 이득에 비중을 두는 정신건강 자문 시스템을 상상해 볼 수 있다. 윤리적으로 어떤 특성이 포함되는지를 그 분야에 정통한 윤리학자가 말할 수 있는 명확한 사례들로부터, 어느 정도까지 최대화되어야 하는지 아니면 최소화되어야 하는지(*중요 원칙* 의무를 결정하는 것) 그리고 어떤 행동이 올바른지 아닌지에 관한 의사결정 원칙에 이르기까지 이 모든 것을 기계는 훈련을 받을 수 있다.

## 윤리적 기계는 우리에게 무엇을 가르칠 수 있는가?

윤리적 질문에 대한 최적의 해결책을 제공할 수 있는 지능형 기계는 인간보다 유리할 수 있으며 언젠가는 우리의 롤 모델이 될 수 있다. McCorduck은 인공지능의 판단은 공정할 것이고 자기 고양적인 사적 아젠다를 가지고 있지 않기 때문에 사용되어야만 한다고 제안한다. Luxton(2014)은 IACP 시스템은 일과 관련된 의무를 수행하는 능력에 방해가 되는 개인적인 문제를 가지지 않을 것이고, 치료적 관계 이외의 이중 관계나 더 최악으로 환자나 그들의 가족구성원과의 성적 친밀함과 같은 다른 윤리적인 함정에 취약하지 않을 것이라고 주장한다. 그러므로 윤리적인 관점에서 이 시스템들은 사람보다 우수한 것일 수 있다. 그러나 다른 연구자들은 이에 대한 주의를 권고한다. 후자에 속하는 과학자인 Joseph Weizenbaum(Weizenbaum, 1976)은 컴퓨터가 연민과 지혜의 자질이 부족하기 때문에 배려, 대인 관계 존중, 이해, 그리고 중요한 의사결정을 포함하는 직종에서 인간을 대신하여 컴퓨터 기술을 사용하는 것에 대해 우려를 제기했다. 그는 의사결정이 계산적 은유[14]로 환원되고 중요한 결정에서 기계론적 설명으로 이어져 궁극적으로 사람의 경험과 존엄성을 낮게 평가하게 될 것을 염려했다. 인간 대신에 기술을 널리 그리고 체계적으로 사용하는 것은 아마도 환자들을 개별적인 욕구를 가진 사람이 아닌 하나의 상품으로 보는 잠재적 위험을 초래할 수 있다. 이러한 우려와 더불어 사람을 대체하는 기계와의 관계에서 오는 심리사회적 충격에 대한 광범위한 우려가 계속 제기되어 왔다(Luxton, 2014; Tukle, 2007).

비록 많은 사람들이 (적어도 현재로서는) 기계가 정서가 결여되어 있는 것, 특히 공감이 부족한 것에 대해 걱정하지만 Susan Anderson은 도덕적으로 행동하기 위해서 타인의 정서에 민감한 것은 중요하지만 기계가 자체가 정서를 지니는 것이 필수는 아니라고 주장해 왔다. "윤리적인 딜레마에서 어떻게 행동해야 하는지 계산하면서 다른 사람들의 고통을 고려하도록 훈련될 수 있다." 더 나아가, 그녀는 "감정을 갖는 것은 실제로 윤리적인 딜레마에서 올바른 행동을 결정하고 수행하는 존재의 능력을 방해한다. 인간은 도덕적인 원리를 따르는 것이 불가능할 정도로 감정에 '좌우되는' 경향이 있다"라고 주장한다.

인류 역사 내내, 대립되는 윤리적 신념의 결과로 인류는 서로 피해를 입히고 고통을 주었다. 개인과 사회가 보유한 윤리적 가치(전문 윤리 강령과 지침에 반영된 가치 포함)는 문화뿐 아니라 개인적 가치와 의사결정하는 사람의 상황(예를 들어, 양육자)에 의해 영향을 받는다. 개인과 사회가 다른 윤리적 가치를 가졌지만, 이것이 반드시 똑같이 수용 가능하다는 것을 의미하지는 않는다. Anderson에 의해 설명된 바와 같이(2011c), 윤리학자들은 사람들이 *가지고 있는*(*happen to have*) 가치보다 사람들이 *가져야 할*(*ought to have*) 가치에 관심을 가진다. 윤리학자들은 어떠한 윤리적 딜레마 속에서도, 올바른 행동 방법은 하나뿐이라고 믿는다. 모든 윤리적인 문제가 당장에 해결된다는 것을 의미하지는 않지만. 따라서 최적의 윤리적 결정은 노력해야 할 사항이며, 윤리학자들 사이에서 특정한 영역에서 올바른 윤리적인 행동에 대해 아직 합의가 이루어지지 않았을 때, 우리는 기계가 해당 영역에서 자율적으로 기능하는 것을 허락해서는 안 된다. 아마도 윤리적 기계의 발전은 우리가

14) 컴퓨터에 의해 수행되는 것과 유사한 작업을 수행하는 도구로써의 마음의 설계

서로에게 좀 더 윤리적으로 행동하도록 하는 보편적으로 받아들여진 윤리적 가치를 향한 진전의 산물일 것이다. 특정한 사례에 대해 윤리학자들이 낸 의견을 추상화하는 것은, 인간 사이의 논쟁을 해결하는 기계의 의사결정 원칙을 발견하게 해 줄지도 모른다. 더 많은 정보를 추적할 수 있고 사람의 마음보다 더 일관적일 수 있는 기계가 가진 연산 능력이 있기 때문이다. 이러한 과정을 통해 학습된 윤리적 결정 원칙에 따라 행동하는 기계는 인간에게 좋은 역할 모델이 될 수 있으며 우리에게 어떻게 더 윤리적으로 행동할 수 있는지 가르쳐 줄 수 있다. 이 기계들은 다양한 방법으로 우리를 도와줄 뿐만 아니라, 인류가 하나의 종으로서 살아남으려면 어떻게 행동해야 하는지도 가르쳐 줄 수 있다.

## 결론

전문 건강 관리 기관과 규제 위원회는 최신의 기술 발전을 따라잡아야 하고 문제가 되기 전에 사전에 문제를 해결하기 위한 예방적 접근 방식을 취해야 한다. 전문 분야와 무관하게 최종 사용자, 연구자, 개발자 그리고 건강 관리 전문가는 반드시 윤리적 쟁점들을 항상 인식하고 있어야 하고, 현재와 미래에 이런 기술이 어떻게 사용될 것인지와 관련된 토론과 의사결정 과정에 적극적으로 참여해야 한다. 행동 및 정신건강 관리 분야에서 윤리적으로 책임감 있는 방식으로 구동되는 AI의 기술 발전은, 심리학자들이 윤리학자나 엔지니어와 같은 다른 분야의 전문가들과 협업할 수 있는 좋은 기회를 제공해 줄 것이다. 이것은 정신건강 전문가들을 위한 새로운 세계다.

# 참고문헌


Allen, C., Varner, G., & Zinser, J. (2000). Prolegomena to any future artificial moral agent. *Journal of Experimental and Theoretical Artificial Intelligence,* 12, 251-261.

American Counseling Association. (2014). *ACA code of ethics.* Retrieved from: <http://www.counseling.org/Resources/aca-code-of-ethics.pdf.>

American Medical Association. (1994). *Opinion 1.02-The relation of law and ethics.* Retrieved from: <http://www.ama-assn.org//ama/pub/physician-resources/medical-ethics/codemedical-ethics/opinion102.page>.

American Psychiatric Association. (2013). *The principles of medical ethics with annotations especially applicable to psychiatry.* Retrieved from: <http://www.psych.org/File%20Library/Practice/Ethics%20Documents/principles2013--final.pdf> Accessed 03.11.14.

American Psychological Association. (2002). *American psychological association ethical principles of psychologists and code of conduct.* Retrieved from: <http://www.apa.org/ethics/code2002.html>American Psychiatric Association. Accessed 09.02.14.

American Telemedicine Association (ATA). (2012). Telemedicine Practice Guidelines, Retrieved from: <http://www.americantelemed.org/resources/telemedicine-practice-guidelines/telemedicine-practice-guidelines#.VXuTZflVhBc>.

Anderson, S. L. (2011a). Machine metaethics. In M. Anderson, & S. L. Anderson (Eds.), Machine ethics (pp. 21-27). New York, NY: Cambridge University Press.

Anderson, S. L. (2011b). The unacceptability of Asimov's three laws of robotics as a basis for machine ethics. In M. Anderson, & S. L. Anderson (Eds.), *Machine ethics* (pp. 285-296). New York, NY: Cambridge University Press.

Anderson, S. L. (2011c). How machines might help us achieve breakthroughs in ethical theory and inspire us to behave better. In M. Anderson, & S. L. Anderson (Eds.), *Machine ethics* (pp. 285-296). New York, NY: Cambridge University Press.

Anderson, M., & Anderson, S. L. (Eds.), (2011). *Machine ethics.* New York, NY: Cambridge University Press.

Anderson, M. & Anderson, S. L. (2014). GenEth: A general ethical dilemma analyzer. In *Proceedings of the twenty eighth AAAI conference on artificial intelligence,* Quebec City, Quebec, CA July 2014.

Asimov, I. (1942). *Runaround. Astounding science fiction.* New York: Street and Smith Publications, Inc.

Asimov, I. (1976). *The bicentennial man.* New York, NY: Doubleday.

Bordin, E. S. (1979). The generalizability of the psychoanalytic concept of the workingalliance. *Psychotherapy: Theory Research & Practice,* 16(3), 252–260.

Calo, R. (2011). Robots and privacy. In *Robot ethics: The ethical and social implications of robotics.* MIT Press. Available from: <http://ssrn.com/abstract=1599189.>

Clarke, R. (2011). Asimov's Laws of Robotics: Implications for information technology. In M. Anderson, & S. L. Anderson (Eds.), *Machine ethics* (pp. 285–296). New York, NY: Cambridge University Press.

Gillon, R. (1994). Medical ethics: Four principles plus attention to scope. BMJ, 309, 184.

Hofstadter, D. R. (1996). Preface 4 the ineradicable Eliza effect and its dangers, Epilogue. *Fluid concepts and creative analogies: Computer models of the fundamental mechanisms of thought New York:* Basic Books.

Lavrac, N., & Džeroski, S. (1997). *Inductive logic programming: Techniques and applications.* Ellis Harwood.

Luxton, D. D. (2014). Recommendations for the ethical use and design of artificial intelligent care providers. *Artificial Intelligence in Medicine,* 62. Available from: http://dx.doi.org/10.1016/j.artmed.2014.06.004.

Luxton, D. D., Nelson, E., & Maheu, M. *A practitioner's guide to telemental health.* Washington, DC: American Psychological Association Books, in press.

McCorduck, P. (1979). *Machines who think* (1st ed.). New York: W. H. Freeman.

Miller, K. W. (2010). It's not nice to fool humans. IT Professional, 1, 51–52.

Moore, A. (2005). Intangible property: Privacy, power and information control. In A. Moore (Ed.), *Information ethics: Privacy, property, and power.* Seattle, WA: University of Washington Press.

Mori, M. (1970). The uncanny valley. Energy, 7(4), 33–35.

Parthemore, J. L., & Whitby, B. (2013). What makes any agent a moral agent? Reflections on machine consciousness and moral agency. *International Journal of Machine Consciousness,* 05(105). Available from: http://dx.doi.org/10.1142/S1793843013500017.

Riek, L. D., & Howard, D. (2014). A code of ethics for the human–robot interaction profession. In *Proceedings of we robot.* Available at: http://robots.law.miami.edu/2014/wp–content/uploads/2014/03/a–code–of–ethics–for–the–human–robot–interactionprofession–riek–howard.pdf.

Riek, L. D., & Watson, R. N. (2010). The age of avatar realism: When seeing shouldn't be believing. *IEEE Robotics & Automation Magazine,* 17(4), 37–42.

Sullins, J. P. (2011). When is a robot a moral agent? In M. Anderson, & S. L. Anderson (Eds.), *Machine ethics.* New York, NY: Cambridge University Press.

Turkle, S. (2007). Authenticity in the age of digital companions. *Interaction Studies,* 8(3), 501–517.

Veruggio, G. (2007). EURON roboethics roadmap. Available at: <http://www.roboethics.org/index_file/Roboethics%20Roadmap%20Rel.1.2.pdf>.

Weizenbaum, J. (1976). *Computer power and human reason: From judgment to calculation.* San Francisco, CA: W. H. Freeman.

## 지은이 소개

### David D. Luxton

시애틀에 있는 워싱턴 의대 정신의학 및 행동과학과의 겸임교수이자 캘리포니아 샌디에이고에 있는 해군건강연구센터 건강연구 과학자로 일하고 있다. 미국 국방부 원격건강기술센터에서 심리학자이자 프로그램 매니저로 일한 경험이 있다. 전자분야 기술 전문가 경험을 살려 반도체 산업에 관한 글을 쓰기도 했고, 미국 공군에서 기밀관리기술자로 일한 경험도 있다. 저자는 주로 군인이나 퇴역군인의 건강, 원격 건강 관리, 모바일 건강 관리기술, 인공지능 그리고 건강 관리 분야의 새로운 기술에 관한 연구와 저작에 관심이 있다. 현재 다양한 국가 위원회와 연구 집단에서 건강 관리 기술에 관한 자문과 훈련을 맡아하고 있다. 공인 임상심리학자이자 미국심리학회와 IEEE 회원으로도 활동하고 있다.

## 옮긴이 소개

### 신희천

서울대학교 심리학과를 졸업하고 동 대학원에서 상담심리학 전공 석사 및 박사학위를 받았다. 한국상담심리학회 상담심리사(1급) 자격을 소지하고 있으며 본 학회 편집위원장, 부학회장 등을 역임하였다. 현재 아주대학교 심리학과 교수로 재직 중이다. 주요 저서로 『현대 상담심리치료의 이론과 실제』, 『반사회성 성격장애』, 『성도착증과 성정체감장애』, 『만남과 성장: 상담사례연구』, 『전문가 9인의 상담사례 공부하기』 등이 있으며, 역서로는 『단기 심리치료』, 『상호작용중심의 집단상담』, 『부부, 연인보다 아름답게 사는 법』, 『부부 가족상담의 4단계 모델』, 『임상 노인심리학』, 『밀튼 에릭슨-전략적 심리치료의 선구자』, 『상담 및 심리치료의 이론(4판)』 등이 있다.

### 김은하

미국에서 상담심리학 전공 석사 및 박사학위를 받았고 미국 일리노이 심리학자 자격과 한국상담심리학회 상담심리사(1급) 자격을 소지하고 있다. 현재 아주대학교 심리학과 교수로 재직 중이다. 차별, 화병, 다문화 심리, 아들러 개인 심리학 등과 관련한 다수의 논문을 발표하였다.

# 인공지능과 상담

초판발행 2020년 10월 23일

지은이 David D. Luxton
옮긴이 신희천 · 김은하
펴낸이 노 현

편 집 황정원
기획/마케팅 이선경
표지디자인 박현정
제 작 고철민 · 조영환

펴낸곳 ㈜ 피와이메이트
서울특별시 금천구 가산디지털2로 53 한라시그마밸리 210호(가산동)
등록 2014. 2. 12. 제2018-000080호
전 화 02)733-6771
f a x 02)736-4818
e-mail pys@pybook.co.kr
homepage www.pybook.co.kr
ISBN 979-11-6519-060-6 93180



정 가 19,000원

박영스토리는 박영사와 함께하는 브랜드입니다.